Zu diesem Buch

«Wenn Lady Idina Gordon Gäste auf ihrer Farm im ‹Happy Valley›, einem abgelegenen Hochtal im Norden Kenias, einlud (und das tat sie oft), so gab sie sich erst zufrieden, wenn alle Gäste ihre Partner zu Besuchsende ausgetauscht hatten. Man soff, tratschte und schnupfte Kokain. Und die einheimischen Dienstboten behandelte man wie Sklaven oder – schlechter noch – wie Vieh ... Lady Idinas Mann, Josslyn Hay, Earl of Erroll, war stets ein Hauptakteur bei diesen Ausschweifungen. Gut aussehend, aus alter Familie, ein ewiger Don Juan. Am 24. Januar 1941 fand man den Lord erschossen ein paar Meilen außerhalb von Nairobi. Es kam zu einer aufsehenerregenden Gerichtsverhandlung, die aber mit dem Freispruch des Angeklagten endete. Der war auch ein Adeliger – Sir John Broughton. Und auch ein betrogener Ehemann, der gerade zwei Monate verheiratet war. Seine viel jüngere Frau Diana, schön, blond und mit Sex-Appeal, war gleich nach ihrer Ankunft in Nairobi Lord Errolls Geliebte geworden und hatte vor, ihren Mann zu verlassen.

Auch nach zwanzig Jahren war dieser Mordfall noch immer Gesprächsstoff der Weißen in Kenia. Schon gar, da die skandalumwitterte Hauptperson Diana mitten unter ihnen lebte, als schmuckbehängte reiche Witwe. Denn sie hatte nach ihrer Scheidung von Sir John rasch hintereinander zwei der wohlhabendsten Männer Kenias geheiratet ... Über die nach wie vor mysteriösen Vorfälle des Jahres '41 durfte in ihrer Gegenwart kein Wort fallen. Dies hinderte aber den englischen Journalisten James Fox nicht, den Spuren dieses ungelösten Kriminalrätsels zu folgen. Sein Buch liest sich wie ein Kriminalroman, am Schluß erfährt man auch den wahren Täter. Doch abgesehen davon schildert Fox auch sehr genau ein Stück recht ruhmloser englischer Kolonialgeschichte, die von einem Rudel verantwortungsloser und verschwenderischer Aristokraten geprägt wurde, die Kenia, seine Menschen und Tiere ausbeuteten, ohne auch nur einen Funken Verständnis für sie aufzubringen» («Kurier», Wien).

James Fox, geboren 1945 in Washington, wuchs in England auf. Nach dem Studium arbeitete er für verschiedene Zeitungen in Afrika und Großbritannien, unter anderem für «Sunday Times» und «Observer». «Weißes Verhängnis» wurde mit Geraldine Chaplin verfilmt.

James Fox

WEISSES VERHÄNGNIS

«Die letzten Tage in Kenya»

Deutsch von Gabriele Burkhardt
und Ute Mäurer

rororo
Rowohlt

Umschlaggestaltung Jürgen Kaffer
(Szenenfoto mit Greta Scacchi und Charles Dance
aus dem Film «Die letzten Tage in Kenya»
nach diesem Roman, Regie Michael Radford.
Mit freundlicher Genehmigung
der Filmwelt Verleih GmbH, München)

Veröffentlicht im Rowohlt Taschenbuch Verlag GmbH,
Reinbek bei Hamburg, Februar 1990

Die englische Originalausgabe erschien 1982
unter dem Titel «White Mischief»
bei Jonathan Cape Ltd., London
Gesetzt aus der Life (Linotronic 500)
Gesamtherstellung Clausen & Bosse, Leck
Printed in Germany
1080-ISBN 3 499 12617 6

Für Cloe, Thomas und Ruby

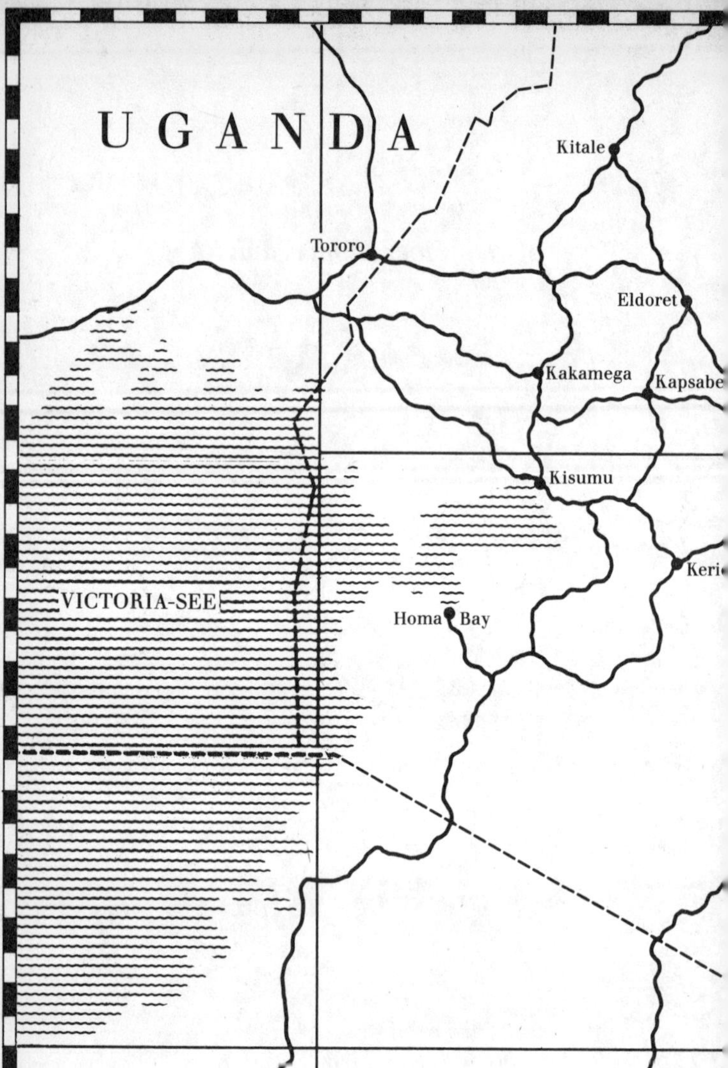
UGANDA
Kitale
Tororo
Eldoret
Kakamega
Kapsabe
Kisumu
Keri
VICTORIA-SEE
Homa Bay
TANSANIA
34°

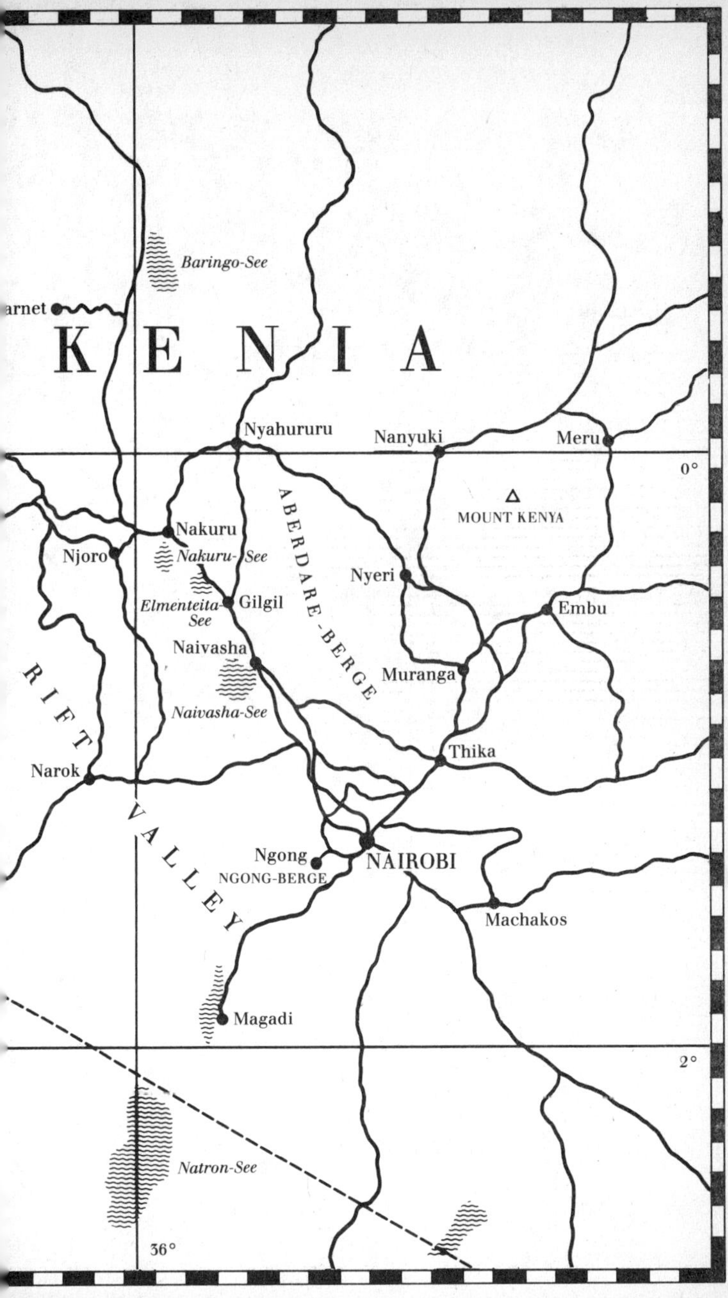

arnet
K E N I A
Baringo-See
Nyahururu
Nanyuki
Meru
0°
MOUNT KENYA
ABERDARE-BERGE
Nakuru
Nakuru-See
Njoro
Nyeri
Embu
Elmenteita-See
Gilgil
Naivasha
Muranga
RIFT VALLEY
Naivasha-See
Thika
Narok
Ngong
NGONG-BERGE
NAIROBI
Machakos
Magadi
2°
Natron-See
36°

Inhalt

Einleitung

In den frühen Morgenstunden des 24. Januar 1941, als man in Großbritannien an nichts anderes dachte, als die deutschen Luftangriffe zu überstehen, wurde Josslyn Hay, Earl of Erroll, an einer Straßenkreuzung ein paar Meilen außerhalb von Nairobi auf dem Boden seines Buick mit einer Kugel im Kopf aufgefunden. Den beiden Afrikanern, die den Wagen im Feld neben der Straße fast auf der Seite liegend entdeckten, fiel auf, daß die Scheinwerfer brannten. Vom Täter jedoch fehlte jede Spur.

Lord Erroll war High Constable von Schottland und von seinem Rang her nach der königlichen Familie der Erste Mann in Schottland. Mit neununddreißig war er bereits eine führende Persönlichkeit in der weißen Gesellschaft der Kolonie Kenia, und erst kurz zuvor hatte man ihn zum Heeressekretär ernannt. Er war weitherum bekannt für seine Abenteuer mit verheirateten Frauen, und seit er Eton verlassen hatte, bewunderte man überall seinen Charme und sein blendendes Aussehen. Erst seit fünf Jahren hatte sich Erroll ernsteren Dingen als der Jagd nach dem Vergnügen zugewendet, doch er galt bereits als der künftige Wortführer der weißen Siedler.

Es gab damals viele Leute in Kenia, die ein Motiv gehabt hätten, Erroll zu töten, und es gab viele, die an diesem Abend die Möglichkeit dazu gehabt hätten. Doch keiner wurde des Mordes an Erroll überführt, und die Frage, wer ihn umgebracht und den tödlichen Schuß an der Kreuzung abgegeben hatte, wurde zu einem klassischen kriminalistischen Rätsel. Die ganze Angelegenheit war gleichzeitig ein Skandal und eine *cause célèbre*; im Augenblick größter Gefahr für Großbritannien und Westeuropa trat der extravagante Lebensstil einer Gruppe von Adligen der weißen Gesellschaft Kenias mit einem Schlag ins Rampenlicht.

Erroll wurde genau an dem Tag ermordet, als in Nairobi der Feldzug begann, um Mussolinis Armee aus Abessinien zu vertreiben. Unglücklicherweise war Erroll als Heeressekretär auch noch für den Zusammenzug europäischer und afrikanischer Truppen verantwortlich gewesen. Die Evakuierung von Dünkirchen im Mai und Juni 1940 und die Bombardierung britischer Städte lasteten schwer auf dem Gewissen der weißen Gesellschaft in Kenia. Sie wurde unausweichlich mit der Tatsache konfrontiert, daß sie vor den größten Mühen und Gefahren des Krieges bewahrt war. Das Letzte, was sich Nairobis gesellschaftliche Elite wünschte, war, vor Gericht zur Schau gestellt zu werden und weltweit für Schlagzeilen zu sorgen, die auf den Titelseiten mit den neuesten Nachrichten über den Krieg konkurrierten. Die Angelegenheit war hochnotpeinlich. Eine Schlagzeile lautete: «Leidenschaftlicher Peer kriegt sein Fett!»

Solche Nachrichten aus der Kolonie bestätigten nur die Gerüchte, die in Großbritannien und Amerika ohnehin in Umlauf waren, und ließen die Legende von «Happy Valley» wieder aufleben, einem Ort im Weißen Hochland, der seit den zwanziger Jahren als Tummelplatz von Adligen galt, die Großbritannien aus den unterschiedlichsten Gründen verlassen hatten.

Happy Valley war von Erroll und von Lady Idina Gordon, seiner späteren Frau, mit der er sich 1924 dort niedergelassen hatte, gegründet worden. Freunde aus England, die sie besuchten, berichteten daheim von ausschweifenden Vergnügungen inmitten einer berauschenden Landschaft, umgeben von adligen Gästen und vielen, vielen Dienstboten.

Durch die entsprechenden Zirkel in New York und London geisterte bald die Legende vom Kreis einiger Mitglieder der feinen Gesellschaft in den Aberdare-Bergen, deren Dasein in nichts anderem bestand als in Verschwendung und sinnlichen Vergnügungen. Happy Valley galt als Musterbeispiel für diese Lebensweise. Gerüchte über endlose Orgien, Partnertausch, Trinkgelage und Striptease machten die Runde, und im Eifer des Gefechts wurde das Gehörte oftmals kräftig ausgeschmückt. Man sagte, der Wanjohi Fluß laufe über vor lauter Cocktails, und es kursierte der schale Witz, dessen Aktualität seines Erfolges wegen so schnell erschöpft war: «Sind Sie verheiratet, oder leben Sie in Kenia?» Auch nur in die Nähe von Happy Valley zu gehen hieß, alle Unschuld zu verlieren und sich dem Laster hinzugeben.

Mit dem Mord an Erroll und dem nachfolgenden Skandal war die Aura von Happy Valley für immer zerstört. Für die Weißen in Kenia bedeutete es das Ende eines Lebensstils, der drei Jahrzehnte dominiert hatte. Der Zauber war verflogen, das Selbstvertrauen, das die Grundlage dieses außergewöhnlichen Treibens gebildet hatte, war dahin: es würde nie wieder dasselbe sein.

Doch das Geheimnis um den Mörder von Lord Erroll blieb bestehen und verdichtete sich, und es übt auch weiterhin eine seltsame Macht auf all diejenigen aus, die damit in Berührung kommen. Innerhalb der in Kenia verbliebenen weißen Gesellschaft spricht man immer noch davon, als wäre das Ganze erst gestern geschehen. Der Bazillus der Spekulation hat überlebt, und noch heute wimmelt es in der Gegend von «Fachleuten». Man hört von vielen verschiedenen Leuten, die alle den Schlüssel zum Geheimnis haben sollen, die man aber niemals zum Sprechen bringe. Andere, darunter ein ehemaliger Gouverneur von Kenia, heizten die Spannung an, indem sie versprachen, des Rätsels Lösung in ihrem Testament zu hinterlassen – doch die Testamentsvollstrecker standen jedesmal mit leeren Händen da. Vieles an dieser mündlich überlieferten Geschichte ist entstellt durch verzerrte Darstellungen und inzestuöse Phantasien, wobei von jeder Version hartnäkkig behauptet wird, es handle sich dabei um die Wahrheit – dies als Warnung für jeden, der das Thema im Muthaiga Country Club anschneidet.

Das Geheimnis war so verlockend, daß es in den sechziger Jahren sogar die Gedanken eines so hervorragenden Literaten wie Cyril Connolly beherrschte. Achtundzwanzig Jahre nach dem Ereignis, im Frühjahr 1969, beschlossen Connolly und ich, für das Magazin der *Sunday Times*, für das ich als ständiger Mitarbeiter tätig war, der Geschichte nachzugehen.

Wir stellten fest, daß sich alles, was bisher über diesen Fall geschrieben worden war – einschließlich des einzigen Buches –, auf das offizielle Protokoll des Gerichtsverfahrens stützte, daß diesem nichts Neues hinzugefügt worden und daß man einer Lösung des Falles nicht näher gekommen war als das Oberste Gericht von Nairobi im Jahre 1941. Zu unserem Erstaunen war es niemandem eingefallen, auf die ursprünglichen Beweisquellen zurückzugreifen, die Meinungen und Erkenntnisse in der Öffentlichkeit zu erforschen oder die eklatanten Lücken im Beweismaterial zu schließen, das das CID (Criminal Investigation Department; Kriminalpolizei) von Nairobi in den Wochen nach dem Mord gesammelt hatte.

Unser Artikel, dem wir den Titel «Weihnachten in Karen» gaben, bildete nur den Auftakt einer sehr viel längeren Forschungsarbeit. Er rief unerwartete Reaktionen hervor, weckte Erinnerungen und brachte eine Menge neuer Erkenntnisse mit sich. Auf dieser Spur gingen wir weiter. Und Connolly, der Literaturkritiker par excellence, nahm seine zur fixen Idee gewordene Aufgabe keineswegs auf die leichte Schulter. Dies beweist die Unmenge von Aufzeichnungen, die er mir in seinem Testament hinterließ. Auch mich hatte diese Geschichte im Jahr unserer gemeinsamen Arbeit, in dem wir Sherlock Holmes und Doktor Watson spielten, in Bann gezogen. Diese Faszination erwachte erneut, als ich kurz nach Connollys Tod im Jahre 1974 die Notizbücher wieder aufschlug. Ich entschloß mich, der Spur zu folgen, die wir damals aufgenommen hatten.

Unsere gemeinsame Besessenheit galt in erster Linie dem Rätsel als solchem, an das Connolly wie ein Romanschriftsteller heranging, denn er glaubte, die Lösung auf Grund von Charakterstudien zu finden. Doch die Geschichte weckte in ihm auch schlummernde soziale Vorurteile und die Neugier auf die Welt der Vornehmen der dreißiger Jahre, auf die betitelte Aristokratie und ihr dicht gewebtes Netz verwandtschaftlicher Verbindungen. Er studierte *Debrett's* mit wissenschaftlichem Respekt, wie wenn es sich dabei um das Alte Testament gehandelt hätte.

Überdies hatte ein Aspekt der Sache für Connolly einen ganz besonderen Reiz: Einige der männlichen Charaktere in der Geschichte, darunter Lord Erroll selbst, waren in Eton seine Kommilitonen gewesen – in jenem Eton, das er in seinem Buch *Enemies of Promise* beschrieben hat. Sie waren darüber hinaus in die großartige Landschaft Kenias versetzt worden, die er so oft mit beredten Worten beschrieben hatte. Dieses Zusammentreffen von Umständen hatte eine starke Wirkung auf seine Phantasie, seinen Neid und seine geradezu fieberhafte Neugier.

Und unter der Oberfläche des Geschehens verbarg sich noch ein Weiteres, nämlich die außergewöhnliche Geschichte der britischen Aristokratie in Kenia, die, einem tropischen Klima und ungewohnter Höhe ausgesetzt, zwischen englischer Tradition und afrikanischen Gebräuchen hin und her schwankte und mehr oder weniger nur sich selbst verantwortlich war. Die britischen Kolonisten hielten sich abseits, waren immer auf der Hut und zudem der festen Überzeugung, Afrika habe sich ihren Bedürfnissen anzupassen und fraglos ein importiertes, übersteigertes Ideal von klassengestützten Privilegien mit all seinen Regeln und Umgangsformen sowie dem Verlangen nach Dienstleistungen und Luxus zu akzeptieren. Sie bemühten sich, ihren Dienstboten die wichtigsten Lektionen beizubringen – das Silberbesteck richtig auszulegen, das Teewasser zu erhitzen und die Hoheit von König George anzuerkennen. Die Afrikaner reagierten auf diese Invasion mit unendlicher Geduld, oftmals sehr zum Ärger der weißen Memsahibs, die diese Haltung fälschlicherweise für Widerspenstigkeit oder sogar für Dummheit hielten.

Für die Kolonisten war Afrika ein gefährliches Land, das extremes Verhalten geradezu provozierte, unterdrückte Wünsche freisetzte und Gewalt weckte. Am oberen Ende der Skala stand die unterschwellige Angst, einer könnte die Klassenschranken durchbrechen und sein Land verraten, indem er sich «mit den Eingeborenen einließe», obwohl nie in Worte gefaßt werden konnte, in welcher Form sich dies äußern würde.

Die Kolonisten teilten das seltsame Gefühl, von aller Welt abgeschnitten zu sein, mit allen Engländern, die im Exil leben. Viele von ihnen hatten Geld. Viele waren von ihren Familien ausbezahlt und in Schande davongejagt worden. Waren ihre Energie und ihr Standesbewußtsein in diesem feudalen Paradies aber erst einmal zurückgekehrt, dann konnten sie der Versuchung, sich danebenzubenehmen, selten widerstehen, und sowohl Männer als auch Frauen erlagen in der dünnen Höhlenluft leicht zwei besonderen Versuchungen: dem Alkohol und dem Ehebruch. Kein Wunder also, daß man zu Hause über die Kolonien allerhand Mutmaßungen anstellte und daß der Fall Erroll eine Welle der Empörung auslöste.

Die Geschichte der Untersuchung ist untrennbar mit dem auftauchenden Beweismaterial verbunden und liegt der eigentlichen Erzählung des Geschehens zugrunde. Im ersten Teil wird der Fall, der aus vielen verschiedenen, über einen längeren Zeitraum hinweg gesammelten Fragmenten besteht, wie ein Puzzle zusammengesetzt. Im zweiten Teil, in dem es um die Suche nach der Lösung geht, werden in der Erzählung auch lückenhafte Darstellungen, verzwickte Situationen, Sackgassen und durchschlagende Erkenntnisse eingefügt, und zwar an jenen Stellen, wo sie der Fülle an Informationen und Beweisen etwas Nützliches hinzufügen und der Untersuchung neue Impulse geben könnten. Es gab auf dem Weg auch einige Umwege, die zu interessant erschienen, als daß man sie hätte auslassen können.

Als Hommage an Cyril Connolly, den gewissenhaften Ermittler, möchte ich an dieser Stelle einen seiner eigenen Ratschläge zitieren (der, so hätte er gesagt, zur Kenntnis genommen werden sollte, bevor man sich auf das Unternehmen einläßt). Er stammt aus *The Missing Diplomats*, der Darstellung einer anderen, vergänglicheren Obsession: des Falls Burgess und Maclean.

> Wer von einem Rätsel besessen ist, ist nicht unbedingt der, der es wirklich lösen wird. Hier ist eines, über dem ich ein Jahr lang gebrütet habe und von dem ich mich nun befreien möchte. Einiges von dem, was ich niedergeschrieben habe, mag Schmerz bereiten, doch ich muß das riskieren, weil die Wahrheit, wo Menschen betroffen sind, niemals ans Licht kommen kann, ohne daß schmerzliche Dinge ausgesprochen werden, und weil ich glaube, daß dieser Bericht dazu führen kann, daß jemand sich an einen Vorfall oder ein Wort erinnert, die auf einmal alles ganz klar erkennen lassen werden.

1. Teil

DER MORD

– 1 –
Das Weiße Hochland

Im allgemeinen erweisen wir einem Land eine Wohltat, wenn wir die Herrschaft übernehmen. Wir bringen Frieden, wo Krieg herrschte, Gerechtigkeit, wo Ungerechtigkeit regierte, und den Heiden das Christentum. Ob es der Eingeborene in demselben Licht sieht, ist eine andere Frage. Ich fürchte eher, daß er sich möglicherweise bislang seines Vorteils nicht bewußt ist.

Lord Cranworth, 1912

Ich würde Haushaltsführung hinzufügen [auf einer Liste mit Ratschlägen für Ehefrauen künftiger Siedler], wenn nicht die Beaufsichtigung der einheimischen Dienstboten geradezu eine Kunst für sich wäre. Man kann aber beispielsweise in England nicht aus Erfahrung lernen, wann es an der Zeit ist, einen Dienstboten dafür verprügeln zu lassen, daß er Tafelsilber auf dem Kiesweg reibt, um es zu säubern, und das trotz mehrmaliger Ermahnung.

Lady Cranworth, 1912

Lady Cranworth wurde im Buch ihres Mannes, das als Leitfaden für Neuankömmlinge gedacht war und in dem er das erste Jahrzehnt der Besiedlung durch die Weißen schilderte und Kenia als den Himmel auf Erden für den weißen Mann pries, ein eigenes Kapital zugestanden. Das Buch bekam den Titel *Profit and Sport in East Africa*, eine spätere Ausgabe nannte Lord Cranworth mit mehr Zurückhaltung *A Colony in the Making*. Er beschrieb darin das Vergnügen, das man in dieser Erfahrung fand, das unverfälscht Edle der Landschaft, mit der sich Engländer und Schotten, die aus Gutsbesitzerfamilien stammten, sofort verbunden fühlten, die unbegrenzten Möglichkeiten für die Jagd, die Fruchtbarkeit des Bodens und die Millionen Hektar unberührten Weidelandes, das nur darauf wartete, bewirtschaftet zu werden. Obwohl, wie er andeutete, sich Schüler einer Privatschule anderswo im englischen Empire einen schlechten Ruf als Kolonisten erworben hätten, sei dies in Kenia anders. Hier seien die örtlichen Gegebenheiten für sie angemessen. Was die hohe Meinung angehe, die sie von sich hätten, seien ihnen die Eingeborenen, vor allem die Massai, darin ganz ähnlich; ihre «oft ungeheure Unwissenheit im Bereich der Landwirtschaft werde ihnen den Vorteil bieten, den ungewöhnlichen Hindernissen, die die Tropen ihnen in den Weg stellten, unvoreingenommen zu begegnen, und was ihre Vorliebe für die Jagd betreffe, so gebe es nichts, was die Eingeborenen mehr schätzen, als große Mengen Fleisch zu verzehren. Lady Cranworth vertrat, wie die kreischenden Memsahibs, die Tania Blixen später beschrieb, natürlich bereits die strengen Maßstäbe an der häuslichen Front.

Die britische Regierung hatte das Land 1895 offiziell als Protektorat Ostafrika übernommen, um mit der Expansion der Deutschen in Ostafrika Schritt zu halten. Die Deutschen waren bereits dabei, vom Hafen Tanga aus eine Eisenbahnlinie ins Landesinnere zu bauen. Die Briten holten auf und begannen, ihre eigene, fünfhundertachtzig Meilen lange Eisenbahnlinie von Mombasa an der Küste bis zum Victoria-See zu legen. Es dauerte fünfeinhalb Jahre, und 1901 war sie endlich fertig und wurde mit viel Beifall bedacht.

Davor war jede Reise landeinwärts entweder eine arabische Sklavenexpedition nach Uganda oder ein mörderisches Abenteuer gewesen, das höchstens ein tollkühner weißer Mann unternahm, ein Thompson oder ein Livingstone, mit einer Armee von immer wieder desertierenden Lastenträgern und unter der ständigen Bedrohung, von den nomadischen Massai angegriffen zu werden.

Die indischen Eisenbahnarbeiter, die die Briten ins Land geholt hatten, starben in großer Zahl, aber nicht durch die Speere der Morans (junge Krieger der Massai), die sich anscheinend mit der Eisenbahn ebenso wie mit der Überlegenheit der britischen Waffen abfanden, sondern an Ruhr, Malaria, Schwarzwasserfieber, durch Stiche der Tsetsefliege und die große Hitze. Andere fielen den menschenfressenden Löwen von Tsavo zum Opfer, die die Arbeit um mehrere Wochen verzögerten und die eine Zeitlang unbesiegbar zu sein schienen.

Die Eisenbahn war ein großartiges und kühnes technisches Unternehmen, auf das man sich unter entsetzlichen Bedingungen und mit wahrhaft viktorianischer Zuversicht eingelassen hatte. Die Gleise durchquerten Wüstengebiete, schlängelten sich Berge hinauf, führten Steilhänge hinunter und liefen durch Wälder und Sümpfe. Die Strecke stieg bis annähernd zweieinhalbtausend Meter hoch über den Meeresspiegel und zog sich quer durch das Weideland der Massai und das Gebiet des Kikuyu-Stammes, der dieser Invasion nicht sehr wohlwollend gegenüberstand.

Das mechanische Spielzeug mit seinen vier Wagen und seinem unförmigen Kessel, das auf Gleisen stand, die so biegsam aussahen wie verlöteter Draht, schien der Aufgabe unmöglich gewachsen zu sein. Aber die Reise damit war phantastisch. Zunächst war man der mörderischen Hitze der Taru-Wüste ausgesetzt und wurde den überall klebenden roten Staub nicht los, der den Boden des Abteils bedeckte. Doch danach bot sich in der kühlen Ebene von Voi ein unvergeßlicher Anblick: riesige Herden von Zebras, Giraffen, Kongonis (Unterart der Kuhantilopen), Gnus, Grant- und Thompson-Gazellen, die in der Savanne grasten oder zu acht oder zehnt nebeneinander herliefen.

Nairobi entstand 1899 an der Grenze zwischen den Stammesgebieten der Massai und der Kikuyu, und zwar als letzte mögliche Eisenbahnstation, bevor sich die Gleise den sechshundert Meter hohen Kikuyu-Hang hinaufschlängelten, der die östliche Begrenzung des Great Rift Valley, des Ostafrikanischen Grabens, bildet. Für jeden, der zum erstenmal den Blick über die riesige Fläche der Talsohle gleiten ließ, war die schiere Weite der Landschaft einfach überwältigend – eine ganz neue sinnliche Erfahrung.

In Naivasha, wo das Hochland beginnt, wurde der Tee eingenommen, und auf der anschließenden Strecke nach Gilgil und Nakuru enthüllte das Gelobte Land allmählich seine ganze immense Vielfalt und Schönheit. Nach einigen Meilen, die von Dornbüschen und roten Felsen gesäumt waren, folgte eine Tausende von Hektar große, hügelige englische Parklandschaft, und ein Schleier von blauem Gras hob und senkte sich dem Horizont zu, unberührt vom Pflug und, so schien es, gänzlich unbewohnt. Ein Teil davon war der Landschaft im westlichen Schottland ähnlich: dieselben dramatischen Felsformationen, die Weideflächen, die Nebelschleier. Bäche schlängelten sich durch die Täler, und in den Wäldern wuchsen wilde Feigen (sie sind den Kikuyu heilig) und Oliven. Die Luft war herrlich erfrischend und rief ein nie gekanntes Wohlbefinden hervor; das Licht war unbeschreiblich. Und dann die verschiedenen Gerüche: das undefinierbare Aroma des pfefferartigen roten Staubes und der beißende Rauch von verbranntem Holz, der bittersüße Erinnerungen an die Heimat wachrief.

Doch wenn das Land nicht profitbringend genutzt wurde, dann hatte dieser «verrückte Zug», wie ihn seine Gegner in England nannten, keine Daseinsberechtigung. Man hatte ihn lediglich aus Prestigegründen und im Wettstreit mit einer anderen Großmacht gebaut, und die einzige Wirkung war bisher, daß er das Budget der Kolonie aufzehrte.

Der Ostafrika-Beauftragte Sir Charles Eliot, ein angesehener Oxford-Gelehrter und Diplomat, arbeitete deshalb kurz nach seiner Ankunft im Jahre 1901 einen Plan aus, um Siedler aus dem Empire anzuwerben, die das Land bebauten. Das Hauptziel war, daß die Eisenbahn sich bezahlt machte, indem sie Fracht vom Hochland zur Küste transportierte. Die Entwicklung der Kolonie war nebensächlich, ja fast ein Zufall. In London wurde eine Werbekampagne gestartet, und die erste Welle von Siedlern kam im Jahre 1903 aus England, Kanada, Australien und Südafrika. Auf den Fotos sind sie als «Neunundvierziger vom Yukon» bezeichnet – und sie waren viel weniger vornehm als die späteren Ankömmlinge, die zur Hauptsache dem Adel und der britischen Offiziersklasse angehörten. Dennoch waren auch unter diesen ersten Ankömmlingen viele Peers – zum Beispiel Lord Hindlip, Lord Cardross und Lord Cranworth – und Opfer des englischen Erstgeburtsrechts wie Berkeley und Galbraith Cole, die jüngeren Söhne des Earl of Enniskillen.

Es waren auch Millionäre darunter, etwa der imposante Amerikaner Northrop MacMillan, ein enger Freund von Theodore Roosevelt. Und es gab geradezu legendäre Gestalten wie etwa Ewart Grogan, einen überaus chauvinistischen Engländer, der die Strecke vom Kap bis nach Kairo zu Fuß zurückgelegt hatte. Dazu kamen Flüchtlinge, Taugenichtse und Spekulanten.

Vor allem aber war auch der Mann dabei, der von der Jahrhundertwende bis zu seinem Tod im Jahre 1931 der unbestrittene

Führer der weißen Siedler war: Hugh Cholmondeley, der dritte Baron Delamere. Er hatte das Hochland von Kenia erstmals im Jahre 1897 erblickt, am erlösenden Ende einer zweitausend Meilen langen Reise, die er von Somalia aus auf dem Rücken eines Kamels unternommen hatte. Danach war er für sechs freudlose Jahre nach England zurückgekehrt, um sich um seine Güter zu kümmern, doch das Kenia-Fieber hatte auch ihn gepackt, und 1903 fuhr er dorthin zurück, um Land zu kaufen.

Lord Delamere war der geborene Führer der Siedler. Kurz nach seinem Abgang aus Eton – wo er sich als rücksichtsloser und wilder Bursche hervorgetan hatte, den die Klassiker mitnichten beeindrucken konnten – hatte er ein großes Gut in Cheshire und ein riesiges Vermögen geerbt. Er war arrogant, verschwenderisch, unberechenbar und jähzornig; seine politischen Ansichten waren stark feudalistisch geprägt. Von der Statur her war er untersetzt und muskulös und keineswegs gutaussehend, doch er besaß ein ungeheures Selbstvertrauen, das er auch auf seine Vision von der Zukunft der Kolonie übertragen konnte, wobei er von einem altmodischen Pflichtgefühl gegenüber dem Empire inspiriert wurde – die Pflicht bestand ganz einfach darin, im Interesse des Empire weitere Gebiete zu annektieren.

Nach dem Ersten Weltkrieg war Kenia bei den Aristokraten beliebter als Uganda oder Tanganjika. Uganda war etwas zu weit von der Küste entfernt, und Tanganjika war bis anhin deutsche Kolonie gewesen. Die besten Grundstücke im Weißen Hochland von Kenia hatten eine englische Atmosphäre, fast wie das Hügelland von Wiltshire, aber alles in einem geradezu übernatürlichen Ausmaß und unter einem so weitgespannten Himmel, daß man, wenn man zum erstenmal dort war, angesichts der hoch oben vorübereilenden Wolken von Schwindel gepackt einer Art von Größenwahnsinn verfallen konnte. Solch einer grandiosen Umgebung konnten die englischen Siedler nicht widerstehen, und oftmals stieg sie ihnen wirklich zu Kopf.

Im frühesten Siedlungsprojekt wurden eine Million Hektar Land auf 999 Jahre verpachtet. Der Vertrag sah vor, daß in den ersten fünf Jahren Kapital investiert und eine jährliche Pacht an die Regierung bezahlt werden mußte. Nichterfüllung der Bedingungen zog Konfiszierung des Landes nach sich.

Delamere erhielt das erste Stück Land in Njoro, der Bahnlinie nordwestlich von Nakuru entlang. Hier in Njoro begann er das Experiment, das ihn selbst beinahe ruinierte, das aber praktisch die Grundlage für die gesamte landwirtschaftliche Entwicklung von Kenia bildete.

Die Verteilung des Landes lief chaotisch ab, und der Ablauf konzentrierte sich auf das Land Office in Nairobi. Als im Jahre 1904 das Norfolk-Hotel gebaut wurde – auf Grund seiner Gästeliste, auf der fast nur englische Trophäenjäger standen, bald als das «House of Lords» bekannt –, sah die Stadt mit ihren aneinandergereihten Hütten und ihren behelfsmäßigen Straßen, auf denen man entweder knietief im Dreck versank oder roten Staub aufwirbelte, der in einer Wolke über der Stadt hing, noch einem trostlosen und überfüllten Durchgangslager ähnlich. Angehende Siedler schlugen ihre Zelte in der Nähe des Land Office auf und warteten oft monatelang darauf, daß sich die mit Arbeit überhäuften Beamten mit ihren Anträgen befaßten. Der Whitehall-Plan entwickelte sich zu einem regelrechten Grenzstreit – fast jeden Abend brachen im Norfolk-Hotel erschreckende Kämpfe aus –, und unter dem Druck wurden die Gesetze, die das traditionelle afrikanische Landrecht schützten, oftmals kaum beachtet. Das Weideland der Massai im Rift Valley beispielsweise betrachtete man als unbewohnt, und Teile des Kikuyu-Gebietes wurden ohne Federlesen den Farmen entlang dem Reservat zugeschlagen – ein kostspieliger politischer Fehler.

Die englischen Siedler wußten meist herzlich wenig über Afrika – seine Geschichte, die Stammesunterschiede, die wilden Tiere, von denen man noch annahm, daß sie sofort und prinzipiell angreifen. Sie waren entsetzt über die bösartigen Krankheiten, die die Ernte und das Vieh heimsuchten – einige von ihnen ließen sich in Gebieten nieder, von denen die Massai seit Generationen wußten, daß sie für die Viehzucht nichts taugten –, und ärgerten sich über die Schwierigkeiten, die zwangsläufig überall auftraten, wo ihre aristokratisch britischen Ansichten auf die ganzheitliche Weltanschauung der Kikuyu oder der Massai trafen. Es gab lauter Mißverständnisse. Geduld und Höflichkeit, insbesondere gegenüber Fremden und Gästen, waren die Grundlage der afrikanischen Wesensart. Doch die westlichen Formen der Dankbarkeit waren den meisten Stämmen fremd – in der Sprache der Kikuyu gibt es kein Wort für danke. Aus ihrer Sicht hörten sich daher die Befehle der kreischenden Memsahibs, die sie zudem in einem schlechten Kisuaheli mit einem starken englischen Akzent hervorstießen, für afrikanische Ohren schrill und unhöflich an.

Doch es gab bedeutende Ausnahmen. Eher feudalistisch gesinnten Pionieren wie Delamere gelang es, zur afrikanischen Bevölkerung eine Beziehung herzustellen, die eine natürliche Vertrautheit zuließ, eine Art von überraschtem, gegenseitigem Respekt, der sich in der nächsten Generation nicht wiederholen sollte.

Die größte Furcht hatten die Europäer vor der Äquatorsonne, von deren Strahlen man nicht nur behauptete, sie schädigten das Rückgrat (daher hatten «Rückenpolster» – ein breiter Streifen aus Baumwollgaze, der vom Nacken bis zum Gesäß reichte und unbequem zu tragen war – in Londoner Geschäften für Tropenbekleidung Hochkonjunktur), sondern auch Leber und Milz. Lord Lugard empfahl das Tragen von Leibgurten aus dickem Flanell. Winston Churchill, der als Staatssekretär für die Kolonien eine inoffizielle Reise nach Kenia unternahm, befürchtete Auswirkungen auf das Nervensystem, das Gehirn und das Herz. Wenn es schon notwendig sei, den Hut auch nur für einen Moment abzunehmen, dann, so schrieb er, «sollte es im Schatten eines großen Baumes geschehen». Einige rieten, ihn nicht einmal in den Häusern abzunehmen, weil man Wellblech, obwohl es eine britische Erfindung war und einen unübersehbaren Beitrag zur britischen Architektur der Kolonialzeit leistete, nicht für ausreichend hielt, um vor den Sonnenstrahlen zu schützen. Daher kam es in Mode, zwei breitkrempige Schlapphüte übereinander zu tragen. Man entledigte sich dieser Schutzbekleidung auf dem Bett stehend, weit genug entfernt von den *siafu*, den Safari-Ameisen, die ihre Beute – alles bis hin zu großen Antilopen – in Kolonnen bis zu einer Meile Länge mit einer Zangenbewegung gekonnt einkreisten.

Die Nerven der Weißen ließen sich nicht dadurch beruhigen, daß man bei den hohen Temperaturen in Afrika die wärmsten Uniformen trug. Das Ausmaß, in dem die Siedler versuchten, die

Sonne zu besänftigen, deutet auf eine geradezu irrationale Furcht hin, die weit über die Angst vor einem Sonnenstich hinausging. Es ist durchaus wahrscheinlich, daß sie aufs neue dem viktorianischen Gebot erlagen, wonach es unschicklich und unanständig sinnlich war, sich der Sonne auszusetzen, und daß es zu den Dingen gehörte, die man mit Sicherheit nicht in Anwesenheit von Afrikanern tat. So wurden Tabus aufgestellt, und das Merkwürdigste war den Frauen vorbehalten, die angewiesen wurden, ihre Kleidung und Kopfbedeckung nicht mit Flanell abzufüttern, sondern mit leuchtend scharlachrotem Wollstoff.

Man warnte vor Schwächeanfällen, Reizbarkeit, ja sogar Nervenzusammenbrüchen ebenso wie vor plötzlichen Stimmungsumschwüngen von Begeisterung zu Depression, und zwar alles auf Grund der Hitze und der Höhenlage, und man war auch überzeugt, daß kleine Beschwerden nur zu rasch in große umschlagen könnten. «Nehmen Sie nach Sonnenuntergang viel Wein zu sich», ordnete Lord Cranworth an, «insbesondere Burgunder und Portwein. Das reichert das Blut an und ist ein ausgezeichnetes Vorbeugungsmittel.»

Die Bewirtschaftung des Landes erwies sich als außerordentlich schwierig, als erschöpfender Prozeß des Herumexperimentierens, der auch den ehrgeizigsten Pioniergeist aufs äußerste herausforderte. Doch trotz ihrer privilegierten Herkunft erwiesen sich die ersten Siedler als Leute vom richtigen Kaliber. Da jedoch die meisten von ihnen ständig unter Geldmangel litten, hätte mancher jede Hoffnung auf Erfolg aufgeben müssen, wäre da nicht Delamere gewesen. Er gab die Lehren, die er aus seiner unermüdlichen Experimentierfreudigkeit zog, weiter und konnte einen Rückschlag immer meistern, indem er aus seinem riesigen Vermögen erneut investierte. Delamere verbrachte fast ebensoviel Zeit damit, seinen Nachbarn Ratschläge zu erteilen, wie damit, seinen eigenen weitverzweigten Interessen nachzugehen. Im Jahre 1906 bewirtschaftete er 160000 Hektar Land auf der Equator Ranch – das Ganze eingezäunt von einem rund tausend Meilen langen Stacheldraht. Drei Jahre später war er bankrott. Der Besitz in Cheshire war ausgeplündert, und er war gezwungen, zu verkaufen und einen Kredit auf den verbleibenden Rest des Familienbesitzes aufzunehmen.

Seine Zwangslage war typisch, wenn auch dramatischer als die der meisten übrigen Siedler. Er hatte es mit Schafzucht versucht, indem er einheimische Mutterschafe mit englischen Schafböcken und einheimische Schafböcke mit Mutterschafen aus Neuseeland kreuzte, und mit Großviehzucht, indem er Hereford- und Shorthorn-Rinder mit einheimischen Boran-Rindern kreuzte. Doch fast alle Tiere gingen an verschiedenen Krankheiten ein: an Rinderpest, die das Fleisch von Rindern verfaulen läßt, an Pleuropneumonie und dem sogenannten Texas-Fieber, das vor allem die Hereford-Rinder befiel, an Schafpocken, Schafräude, Schweinepest, Maul- und Klauenseuche und am sogenannten Ostküsten-Fieber, dem gefährlichsten Virus, das in den Herden durch Zekken übertragen wurde.

Es kam vor, daß Delamere sein Gewehr nahm und eine ganze Zebraherde abschoß, um zu verhindern, daß die Tiere das Virus verbreiteten. Er rieb sein Vieh jeden Tag mit einer Desinfektionslösung ein, aber das hatte wenig Wirkung. Dann entdeckte er, daß es dem Boden an Mineralien mangelte, und stieg deshalb auf den Anbau von Gerste und Weizen um, doch die Ernte wurde immer wieder vernichtet. Nach dem Pilzbefall kamen die Heuschrecken, und von 1907 an herrschte im Land eine drei Jahre andauernde Dürre. Delamere brachte seine Rinder und Schafe nach Soysambu, Elmenteita, dem heutigen Hauptsitz der Delamere-Besitzungen im Talgrund des Rift Valley in der Nähe des Naivasha-Sees. Dort gediehen sie prächtig. Darauf erprobte Delamere neue Produktionsbereiche, pflanzte Luzerne an, um das Gras zu verbessern, und Erdbeeren für die müßigen Genießer, die sich in Nairobi vermehrten. Er versuchte es sogar mit Straußenfedern, die bald den Weg jeder Modetorheit gingen und vom Autoboom verdrängt wurden.

Eines der größten Probleme, die gemeistert werden mußten, waren die bürokratischen Hindernisse, die das Land Office in Form von kleinlichen und nutzlosen, für die Farmer beinahe unerträglichen Vorschriften immer wieder aufstellte. So benötigte man etwa eine schriftliche Erlaubnis, um Wasser aus dem Fluß abzuzapfen, der das eigene Farmland durchquerte. Die simpelsten Entscheidungen mußten in London gefällt werden, wo die Akten monatelang liegenblieben. Wie üblich übernahm Delamere auch in diesem Kampf die Führung. Als sein Antrag, an einer geeigneten Stelle eine Mühle zu bauen, abgelehnt wurde, stapelte er Brennholz unter dem Land Office und drohte, alles in Brand zu stecken. Die Behörden machten daraufhin ihre Entscheidung schleunigst rückgängig.

Delamere war der Ansicht, daß man die Siedler, wenn sie schon bereit waren, bei der Erschließung des Landes einen geringen Profit in Kauf zu nehmen, nicht mit Behördenkram belästigen sollte. Aus den anfänglichen Konflikten entwickelte sich zwischen den Siedlern und der Regierung eine bittere Feindschaft in allen Fragen, die die Übernahme und Bewirtschaftung des Bodens betrafen, und sie sollte die Geschichte der Kolonie bis zu deren Unabhängigkeit beherrschen.

Im Jahre 1907 war Delamere eine exzentrische Erscheinung. Er ließ die Haare zum Schutz gegen die Sonne um seine Schultern wallen, und er war umgeben von ockerfarben bemalten Massai-Häuptlingen, die sich täglich um seinen Frühstückstisch versammelten und beobachteten, wie er sein morgendliches Ritual vollzog. Es bestand darin, daß er seine einzige Schallplatte mit dem Lied *All Aboard for Margate* auf seinem Phonographen abspielte. Delamere lebte jetzt fast als Mitglied ihres Stammes, er bewunderte sie geradezu leidenschaftlich und hatte ihre Sprache gelernt. Allerdings konnte man ihm niemals vorwerfen, er lasse sich mit den Eingeborenen ein: Dafür war er viel zu vornehm.

Von den Massai war Delamere seit dem Tag beeindruckt, als er einige von ihnen vergnügt und ausgelassen mit ihren langen Keulen Totenschädel zertrümmernd kennengelernt hatte. Nur feudalistisch Gesinnte konnten sie zu Verbündeten machen, solange es zu ihren Gewohnheiten gehörte, vom Victoria-See bis zum Indischen Ozean Viehherden zu überfallen und die Hirten sowie deren Frauen und Kinder aus lauter Stolz umzubringen. Zunächst stahlen die Massai rücksichtslos Tiere auch aus Delameres Herden, weil sie daran glaubten, alles Vieh auf Gottes Erdboden gehöre ohnehin ausschließlich ihrem Stamm und selbst Delameres importierten Hereford-Stier habe man ihnen vor langer Zeit weggenommen. (Von diesem Glauben her rührten auch ihre vernichtenden Blicke, wenn sie kamen, um sich Viehauktionen der Europäer anzusehen.)

Nichts ist für die Massai kostbarer als Vieh, und an zweiter Stelle steht wahrscheinlich ihre Passion, den Körper zu bemalen und zu verzieren. Weil sie weder Fleisch aßen noch ihr Vieh schlachteten oder verkauften, besaß jeder der Massai-Häuptlinge, mit denen sich Delamere anfreundete, bis zu 50000 Stück Vieh, und 1910 schätzte man, daß dem Stamm ungefähr drei Millionen Rinder gehörten. Doch seit man im Jahre 1905 damit begonnen hatte, Reservate einzurichten, verloren die Massai auf Grund der Verträge, die die Weißen mit ihnen abschlossen, immer mehr von ihrem Weideland. So hatte man beispielsweise auf die Gebiete, in die sie sich in Zeiten der Dürre oder der Pest seit eh und je zurückzogen, überhaupt keine Rücksicht genommen, und im Jahre 1914 litten die Massai bereits unter Landmangel.

Die Somali waren in der Anfangszeit die bevorzugten Diener und die besten «Boys» in jedem weißen Haushalt. Sie waren ungeheuer stolz und elegant, und mit ihren Umhängen und goldenen Uhrketten, ihren leisen, heiseren Stimmen und ihrer streng mohammedanischen Lebensweise waren sie der Inbegriff edlen Nomadentums. Viele von ihnen besaßen, wie die Massai, in ihrem eigenen Land jenseits der Nordgrenze von Kenia eine Menge Vieh. Ihr Ruf und ihr Schicksal waren eng mit dem ihrer Arbeitgeber verknüpft, und auch beider Namen waren miteinander verbunden, zum Beispiel Delamere mit Hassan, Berkeley Cole mit Jama, Denys Finch Hatton mit Bilea und Tania Blixen mit Farah. Tania Blixen schrieb einmal, ein Haus ohne einen Somali sei wie ein Haus ohne Lampe: «Wo wir auch hingingen, folgten uns im Abstand von eineinhalb Metern diese edlen, geheimnisvollen und wachsamen Schatten.»

Die Kikuyu, deren Gebiet sich von Nairobi bis zu den Hängen des Mount Kenya erstreckte und die später alle anderen Stämme an politischem Ehrgeiz übertreffen sollten, wurden als Landarbeiter und Hauspersonal eingestellt. Bei Ausbruch des Ersten Weltkrieges wurden sie mit Angehörigen anderer Stämme zusammen zu den African Rifles des englischen Königs und zum Carrier Corps als Lastenträger abkommandiert, und sie starben zu Tausenden bei einem der schmachvollsten Feldzüge, die eine britische Armee je geführt hat: Zu Beginn der Feindseligkeiten wurden 250000 Soldaten des britischen Empire von 10000 Deutschen unter Graf von Lettow-Vorbeck in Schach gehalten. Am Ende des Kampfes waren von der britischen Truppe 35000 Mann und von der deutschen noch 1300 Mann übrig.

Als die Gedenksteine für die gefallenen afrikanischen Soldaten aufgestellt wurden, erging man sich in den üblichen Sentimentalitäten. In diesem Fall hatten die Eingeborenen «außerordentlich loyal auf den Appell der Regierung reagiert, sich als Lastenträger zur Verfügung zu stellen». In Wirklichkeit war ihnen gar keine Wahl geblieben. (Eine in der Erinnerung völlig verdrängte Schlacht dieses Krieges fand zwischen den Massai, die sich der Einberufung widersetzten, und den britischen Truppen statt.) Die Kikuyu wurden für ihre Verdienste nicht belohnt. Nach dem Krieg dachte man sich einen neuen Plan aus, um ehemalige Soldaten aus Großbritannien dafür zu gewinnen, sich in Kenia niederzulassen und dadurch die europäische Bevölkerung zu vermehren. Diesmal wurde das Land durch eine Lotterie verteilt. Mit der neuen Welle von Siedlern, die über das Hochland hereinbrach, erhöhte sich der Druck auf die Kikuyu. Der Lohn für die Farmarbeit wurde gekürzt, Hütten- und Kopfsteuern wurden erhoben und Kennkarten ausgegeben, die die Schwarzen von den Weißen noch stärker abhängig machten.

Die wichtigsten Produktionsstätten wurden Anfang der zwanziger Jahre aufgebaut. Gilgil und Nakuru waren die Zentren des Viehhandels, Thika war das Zentrum für Kaffeeanbau, Njoro für Weizen, Naivasha für Schaf- und Rinderzucht und Londiani im Westen für den Anbau von Flachs.

Alle Siedlungsprojekte hatten die Europäer eindeutig auf Kosten der afrikanischen Bevölkerung begünstigt. Es war eine kurzsichtige Politik, und 1922, nur zwei Jahre, nachdem Kenia offiziell zur Kronkolonie erklärt worden war, kam es unter den Kikuyu zum erstenmal zu einem organisierten Protest.

Die Siedler hatten nun mit dem Gesetzgebenden Rat zwar ihr eigenes Parlament, doch der Gouverneur war weiterhin die oberste und letzte Instanz, und er wiederum hatte sich gegenüber der Regierung in London zu verantworten. Die Spannungen zwischen beiden Seiten nahmen zu. Als Politiker waren die Siedler, gelinde gesagt, streitsüchtig und arrogant, und es mangelte ihnen an jeglicher Diplomatie. Ihre Stimmung wurde außerdem zusätzlich durch die Abwertung der Rupie im Jahre 1921 – die ihre überzogenen Konten mit einem weiteren Drittel belastete und viele von ihnen ruinierte – und durch den gleichzeitigen Zusammenbruch des Absatzmarktes für Flachs getrübt, den man als Wundermittel betrachtet hatte. Die Siedler hofften auf ein System der Selbstverwaltung, wie es 1922 in Rhodesien eingeführt worden war. Sie argumentierten, schließlich seien sie es gewesen, die das Land zum Leben erweckt hätten, also stehe es ihnen zu, das Land zu führen, und nicht unfähigen Bürokraten und jungen Distriktbeamten, die eben erst aus London gekommen seien.

Doch sie erreichten ihr Ziel nicht. Mittlerweile hatte man in London die Aufmerksamkeit der Frage nach den politischen Rechten der restlichen Bevölkerung zugewandt, die früher tabu gewesen war. Auf die Regierung wurde Druck ausgeübt, die Einwanderung von Indern nach Kenia zu genehmigen und der asiatischen Bevölkerung, die bereits dort lebte, das Wahlrecht zu erteilen.

Das Kolonialministerium unter dem Vorsitz des Herzogs von Devonshire hatte überdies für die Kolonie eine Politik vorgesehen, die die «dringlichen einheimischen Interessen» über die der übrigen Bevölkerung stellen sollte. Die skeptischen Farmer gründeten unter der Führung von Delamere eine «Bürgerwehr», um sich dem Plan, den Asiaten das Wahlrecht zu gewähren, zu widersetzen. Delamere brachte eine Abordnung von Siedlern nach London, richtete sich mit ihnen in einem vornehmen Haus in Mayfair ein und setzte sich überall lautstark für eine Änderung des Plans ein. Wieder zu Hause, begannen sich die Siedler auf die Übernahme der Macht vorzubereiten und heckten einen Plan aus: den Gouverneur – einen leidenschaftlichen Angler –, gefangenzunehmen und ihn an einem abgelegenen Forellenbach so lange festzuhalten, bis ihre Forderungen erfüllt waren. Mit dem «Kompromiß», der am Ende zustande kam, müssen die Siedler zufrieden gewesen sein. Das Hochland sollte für immer ausschließlich den Weißen vorbehalten bleiben; es sollte keine Einwanderung von Indern geben, und im Gesetzgebenden Rat sollte nur eine sehr begrenzte Anzahl von Asiaten vertreten sein. Trotz der abgegebenen «Dringlichkeitserklärung» unterstützte das Außenministerium weiterhin den Vorschlag der Siedler, das Land von jetzt an selbst zu führen.

Die zwanziger Jahre, in denen sich die Weißen sicher fühlen

konnten, waren der Beginn einer prächtigeren und expansiveren Zeit. Die alten Häuser aus Lehm und Strohwerk wurden durch schönere ersetzt. Man errichtete Bungalows im sogenannten «Surrey-Tudor-Stil» – einem für Kenia und die dort tätigen indischen Baumeister typischen Stil – mit Ziegeldächern anstelle von Wellblech, mit offenen gemauerten Kaminen und großen, komfortablen Wohnzimmern sowie luftigen Veranden, die von Backsteinsäulen getragen wurden.

Sie konnten eine gewisse provinzielle Geschmacklosigkeit allerdings nicht verbergen, die sich bis heute in den Wohnvierteln am Rande von Nairobi gehalten hat. Der Eindruck wird zum Teil durch die immer gleichen Metallfensterrahmen und die kleinen Fenster hervorgerufen, die vor den gefürchteten Sonnenstrahlen schützen sollten, und durch die Düsterkeit des grau-gelben Steins, den die indischen Handwerker aus dem Fels hauten, um die Mauern so massiv zu bauen wie bei einer Festung. Bei Regenwetter sehen diese Häuser besonders trist aus.

Doch die Gärten wurden prachtvoll angelegt. Als erstes wurde der Rasen eingesät und gewalzt, dann wurden tiefe Löcher für die Einfassung ausgehoben. Der Boden war fruchtbar, es gab das ganze Jahr hindurch keine Ruheperiode für die Vegetation, und der Garten sah daher immer sehr schön aus. Es gab purpurfarbene Kannas, Frangipani und leuchtende Bougainvillea, gemischt mit zarten englischen Rosen, langstieligen Lilien und Fuchsien, und die Wege waren gesäumt mit Jacaranda und Eukalyptus. Die Luft war erfüllt von Jasmin- und Mimosenduft. Zahlreiche Gärtnergehilfen sprengten und schnitten jeden Tag und köpften die Halme des dichten Kikuyu-Grases, das die Rasen, Tennisplätze und Krocketfelder zierte.

Die Siedler hatten das ganze Drum und Dran ihrer Zivilisation mitgebracht – ihr Silber, ihre Familienporträts und Stiche, ihre guten Möbelstücke, ihr chinesisches Porzellan und alles, was auf den Dachböden ihrer Häuser zu finden war, die sie für immer verlassen hatten. Viele beauftragten indische Handwerker, Nachbildungen von Möbeln aus der Zeit von James I. anzufertigen.

Auf Grund der großen Zahl von Dienstboten, denen täglich neue Anweisungen gegeben werden mußten, wurden Aristokraten wie Angehörige der Mittelklasse zu Sklaven der vorgeschriebenen Riten eines Haushalts mit Personal. Der Tisch wurde mit Sets gedeckt, auf denen Jagdszenen abgebildet waren, und natürlich durften auch die Schale mit den Bougainvilleablüten, die Flasche Piri-Piri (eine Kreation aus Indien) sowie der Sherry für die Suppe nicht fehlen. Das erstaunliche Talent der Afrikaner, europäisches Essen, vor allem aber englischen Pudding, zuzubereiten, sorgte für unerwarteten Komfort. Die Afrikaner waren ihrerseits entsetzt über die Anzahl von Mahlzeiten, die die Europäer jeden Tag zu sich nahmen, und über die Mengen, die sie verzehrten. Für sie schienen die Europäer ständig beim Essen zu sein.

Abends lösten der Gesang der Wiedehopfe und Nachtschwalben, das melodische Klopfen der Nashornvögel, das sich anhörte, als ob drei oder vier kleine indische Trommeln im Takt geschlagen würden, und oft auch das Gebrüll der Löwen die Geräusche des Tages ab.

Die Siedler bemühten sich, die Lebensweise des englischen Landadels beizubehalten. Ihre Vergnügungen wurden formell organisiert, und man genoß sie mit legendärer Leidenschaft. Man hatte Poloplätze, Rennbahnen, Clubs, Gymkhanas (Geschicklichkeitswettbewerbe für Reiter) und Lunch-Partys, und immer gab es einen schier unerschöpflichen Vorrat an Champagner. (Trotz seines überzogenen Kontos gab Lord Delamere 1926 ein Essen für zweihundertfünfzig Leute, bei dem die Gäste zusammen sechshundert Flaschen leerten.)

Um Freunde zu besuchen, wurden weite Strecken zurückgelegt. Am aufregendsten, aber auch am anstrengendsten war die Überwindung des Steilhangs des Rift Valley, vor allem, wenn die schmale Straße, an deren Rand der Abgrund lauerte, bei Regen und Schlamm passiert werden mußte. Die Bugattis, Hispano-Suizas und Fords des Modells T blieben oft über Nacht hoffnunglos im Schlamm stecken, was man aber gern dazu benutzte, eine ausgelassene Party zu improvisieren.

Lord Francis Scott, der zweite Sohn des Duke of Buccleuch, war einer der führenden «Soldaten-Siedler» und der richtige Mann, um das Nachkriegsprojekt fortzuführen. Scott sollte nach Lord Delameres Tod im Jahre 1932 dessen Nachfolger als Wortführer der Siedler werden.

Seine Frau Eileen, Tochter des Earl of Minto, führte ein Tagebuch, in dem sie mit spontaner Unbefangenheit ihre Erfahrungen der ersten Zeit in dieser großartigen Landschaft schilderte. So berichtete sie etwa von einer Jagd in der Nähe von Nakuru: «Man kommt herrlich voran, prächtiges Gras und keine Löcher. Zehn Hundemeuten aus der Belvoir-Zucht, alle ganz jung, aber sehr schnell.» (Belvoir ist der Familienbesitz des Duke of Rutland.) Sie erzählt auch von einem Besuch bei Nachbarn, kurz nach ihrer Ankunft, bei dem sie Flüsse durchwaten und mit großer Mühe über Felsbrocken klettern mußten, bis sie schließlich das kleine Zelt entdeckten, neben dem ihre Freunde saßen und aus einer Konservenbüchse von Fortnum and Mason zu Mittag aßen. Nach einer Safari schrieb sie nach Hause:

> Nie werde ich die Schönheit unseres letzten Morgens im Camp beschreiben oder vergessen können. Die Sonne geht etwa um sechs Uhr auf. Kurz darauf erwachte ich, lag da und beobachtete von meinem Bett aus die sich wandelnde Lieblichkeit. Es war vollkommen still, dichter Tau glitzerte auf dem Gras, und in der Ferne schimmerte golden ein Nebelschleier, wie an einem schönen Septembermorgen bei uns zu Hause. Unser Feuer brannte noch, und ab und zu wurde ein Duftwölkchen von köstlichem Rauch in unser Zelt geweht. Überall Vogelgezwitscher. Die Farben der Vögel und der Schmetterlinge sind unglaublich – strahlendes Grün, Blau und Purpurrot. Der Duft der Akazienblüten ist himmlisch, und ständig liegt der Duft von Mimosen in der Luft.

Lord Francis hatte bereits einen Poloclub gegründet und einige Somali-Ponys gekauft, als er sein Land noch immer vom Zelt aus kontrollierte, in dem das chinesische Porzellan von Lady Francis – ein Service fürs Kinderzimmer und eines für sie selbst – in Kisten in der Ecke aufgestapelt lag. Sie waren offenbar reichlich mit Haushaltsgegenständen versorgt. Im Jahre 1979 wurde ich von ihrer Tochter Pam in das große Haus eingeladen, das sie 1922 in Rongai gebaut hatten. Sie gab mir ein Leinenhandtuch mit einer Krone und der Jahreszahl 1916 darauf. Ich bemerkte dazu, daß sich Lady Francis' Leinen aber außerordentlich gut gehalten habe. «Das meiste davon ist immer noch verpackt», erklärte mir Miss Scott.

Viele der neuen Siedler, auf die die Vorkriegsgeneration mit

Verachtung herabsah, hatten Geld übrig und kein großes Interesse daran, Profit zu machen, und heimsten sich selbst die abschätzige Bezeichnung «Veranda-Farmer» ein. Unter ihnen befand sich Jack Soames, ein ehemaliger Eton-Schüler, der mit zweiunddreißig Jahren nach Afrika kam. Er kaufte mehrere Tausend Hektar Land in Burgeret in der Nähe von Nanyuki am Fuß der Aberdare-Berge, richtete sich für ein nutzlos zu verbringendes Jahrzehnt ein und nahm schnell die Gewohnheit an, Besuchern, ganz gleich zu welcher Tageszeit, einen Gin anzubieten. Sein ehemaliger somalischer Diener, der heute über siebzig ist, es aber trotz der langen Zeit, die inzwischen vergangen ist, immer noch vorzieht, anonym zu bleiben, schilderte mir in seiner Sprache das Leben in Burgeret:

> Er hatte viele Dienstboten und eine Menge Geld. Es gab zum Beispiel einen Diener, dessen einzige Aufgabe darin bestand, Whisky und Soda zu mixen, einer mußte sich um die Hunde kümmern, ein anderer mußte den Generator in Gang setzen, einer war für die Jagd zuständig usw. Sie verdienten zwischen dreißig und vierzig Shilling im Monat. Der Bwana hielt es in diesem riesigen Haus alleine nie aus, und deshalb fuhr er oft viele Meilen, um seine Freunde zu besuchen. Ich begleitete ihn überall hin. In der Regel waren immer viele Gäste da. Jedem Hausgast wurde sein eigener Diener zugeteilt, und Dienstboten, die die Gäste mitgebracht hatten, durften sich nicht in der Nähe des Hauses aufhalten. Jeden Tag kamen die Gäste nach und nach zum Frühstück herunter und fingen um ein Uhr an zu trinken. Gegen vier Uhr spielten sie dann Tennis und begannen wieder zu trinken, und am Abend tanzten sie bis in die frühen Morgenstunden. An den meisten Abenden spielte der Bwana Klavier und Geige.

Zu dieser «Gemeinschaft von englischen Gutsbesitzern, die sich am Äquator niedergelassen hatten» – wie Evelyn Waugh sie beschrieb –, gesellten sich andere Vertreter der schillernden neuen Zeit.

Eine Expedition nach Kenia wurde für die Reichen bald zu einem romantischen Abenteuer, und zwar zunächst vor allem wegen der Safaris, die Denys Finch Hatton als einer der ersten organisierte. Der zusätzliche Reiz der Gefahr zog auch große Abenteuerinnen wie Vera, Lady Broughton, an, die während ihrer

Nachforschungen über Kannibalenstämme in Borneo Menschenfleisch gegessen haben soll und die erwiesenermaßen zahlreiche Elefanten eigenhändig erlegt hat.

Ein paar Siedler der feinen Gesellschaft – die ausschließlich daran interessiert waren, ihrem Vergnügen nachzugehen, und unter denen auch einige «Veranda-Farmer» waren – sammelten sich in einer Gegend, der man Anfang der zwanziger Jahre den Namen Happy Valley gab. Für Happy Valley hätte sich überall zwischen den Aberdare-Bergen und Gilgil in der Ebene ein geeigneter Ort finden lassen. Doch das eigentliche Happy Valley lag am Wanjohi-Fluß, der vom Kipipiri herunterkommt – jenem Berg, der an seinem Oberlauf aufragt – und der durch einen sattelförmigen Zedernwald mit den Aberdare-Bergen verbunden ist.

Es ist eine außerordentlich schöne Landschaft – das Tal selbst eine weite Grasebene, der Abhang bewaldet und mit Büschen von wildem Stechginster bewachsen. Vom Wanjohi-Tal aus kann man am nächsten Berg, dem Kinangop, vorbei, der sich wie eine langgezogene Halbinsel vorschiebt, ins Rift Valley hinunterblicken.

Zu den großen gesellschaftlichen Ereignissen zählten die Rennwochen an Weihnachten und im Hochsommer, wenn die Farmer nach Nairobi kamen und die Stadt auf den Kopf stellten, Wagenrennen veranstalteten, die Straßenlaternen kaputtschossen, sich total betrunken in den Kneipen prügelten – angeführt von Delamere selbst, der auf die Flaschen in den Regalen zielte – und jedem sexuellen Abenteuer nachjagten, das sie in den vorangegangenen Monaten verpaßt zu haben glaubten.

Die Siedler sammelten sich in den wenigen Hochburgen des Luxus, die es in den späten zwanziger Jahren gab. Das älteste Etablissement war das Norfolk-Hotel, das von einer eindrucksvollen Dame, die unter dem Namen «Auntie» bekannt war, geleitet wurde. («Sie regiert praktisch das Land», bekam man zu hören.) Daneben gab es Torr's Hotel, das Grogan 1928 erbaut hatte. Dort fanden jeden Nachmittag im runden Palm-Court-Salon *thés dansants* statt.

Das vornehmste von allen aber war der Muthaiga Country Club. Graf Frédéric de Janzé schrieb als junger Besucher über den Muthaiga Club in *Vertical Land* [Duckworth, 1928], einem Buch mit «Porträts und Reiseskizzen»:

Warum gehören wir alle dem Muthaiga Club an?
Warum fahren wir fünf Meilen für einen Cocktail?
Warum müssen wir während der Rennwochen um ein Zimmer kämpfen?
Warum müssen wir uns damit abfinden, daß man unsere Sachen stiehlt und daß unsere Wäsche vertauscht wird?
Warum trinken wir Champagner zu fünfunddreißig Shilling die Flasche?
Warum sollen wir wie unartige Jungs um ein Uhr zu Bett gehen?
Warum ertragen wir langweiliges Essen und zugige Korridore?
Warum wohnen wir in Zimmern ohne Moskitonetze?
Warum finden wir uns damit ab, daß unsere «Boys» verdorben werden?
Warum ertragen wir das Lächeln des Komitees?
Warum halten wir mit unserem Geld Muthaiga am Leben?
Damit wir zweimal im Jahr als «ordentliche Mitglieder» in der Schar zusammenkommen können, alle zusammen, einmal mehr vergnügt, mit klopfenden Herzen und durstigen Kehlen; aus Moyale, aus London, aus Rhadjputna, aus Queenstown, aus New York und Tyrone.
Wir können das Lokal zusammenschlagen, die Gläser zerbrechen und am nächsten Tag bei zahllosen «Prärieaustern» bereuen.

Der Muthaiga Club an der St. James Street, mit Golfplatz, Squash-Plätzen, Krocketfeldern und Ballsaal, war ausschließlich ein Club für Farmer aus dem Landesinnern. Während es unumgänglich war, Frauen den Zutritt zu gewähren, durften Juden nicht hinein. Einmal wurde das Klavier des Clubs mit Paraffin in Brand gesteckt aus Protest gegen den Vorschlag, sie sollten inskünftig zugelassen werden. Der Vorschlag wurde daraufhin schleunigst zurückgenommen. Die Beamten und Geschäftsleute von Nairobi blieben als separate Gruppe im Nairobi Club unter sich – es herrschte eine streng beachtete Klassentrennung, und von seiten der Beamten gab es viele Spötteleien (und mehr als das) über die Vorgänge am anderen Ort.

Der Muthaiga Club war von indischen Baumeistern im herkömmlichen Stil aus großen Steinblöcken errichtet und mit rötlichem Putz verkleidet. Er hatte die üblichen Metallrahmen um die Fenster und war mit kleinen dorischen Säulen verziert, um dem Ganzen einen Hauch von Erhabenheit zu verleihen. Die Wände waren cremefarben und grün wie in einer gut geführten Privatklinik, und der Fußboden war mit glänzendem Parkett belegt. Die weichen, tiefen Sessel und die Chintzbezüge erinnerten an die vornehme Atmosphäre in einem Landsitz des Themse-Tals.

Junggesellen schliefen im spartanischen «Militärflügel» in zellenähnlichen Schlafzimmern. Die Doppelzimmer mit zwei Einzelbetten waren groß, aber schmucklos im Kolonialstil gehalten, die Badezimmer luxuriös ausgestattet.

Alle Zahlungen wurden auf Zetteln von unterschiedlicher Farbe abgewickelt – niemals wechselte Bargeld den Besitzer. Man konnte zu jeder Tageszeit einen Drink bekommen, aber zwischen sechs und acht Uhr abends war die Bar ausschließlich für Männer bzw. «knallharte Burschen» reserviert, wie Waugh die Mitglieder des Clubs beschrieb, die er dort kennengelernt hatte. Manchmal war der Club tagelang leer, und dann war es plötzlich wieder unmöglich, einen Tisch zu bekommen, es sei denn, man war bei einem einflußreichen Somali namens Ali gut angeschrieben – er hatte die Aufsicht über den Speisesaal und galt als Genie im Umstellen von Tischen. Jedes Jahr gab Lord Delamere ein Dinner für die Gouverneure von Kenia, Uganda und Tanganjika, und ansonsten wurden die Abende in der Hauptsache für Bridge, Backgammon und die vielen privaten Feste, einschließlich des jährlich stattfindenden Eton-Balls, beansprucht.

Während der Rennwochen jedoch war im Club wirklich etwas los. Die Trinkgelage begannen kurz nach der Tagesmitte mit dem üblichen Gin vor dem Lunch, gefolgt von Gin-Fizz zur Teestunde im kühlen Schatten, Cocktails gegen Abend und jeder Menge Whisky und Champagner, bis alle Lichter ausgingen.

Auf den abendlichen Bällen sah man Garderoben, als hätten die Gäste sich für einen königlichen Empfang hergerichtet, und die Frauen mußten jeden Abend ein anderes Kleid tragen. Wenn man zu fortgeschrittener Stunde zu improvisierten Rugby-Spielen überging, wurde das Mobiliar des Ballsaales in hemmungslosen Ausbrüchen von schülerhaftem Rowdytum zertrümmert. Eine beliebte Attraktion war ein Gentleman namens Tich Miles, der bis unters Dach kletterte und sich von den Balken herunterhängen ließ wie ein Affe. Derek Fisher, ein Bewohner von Happy Valley, pflegte den Dienstboten zu befehlen, die Stühle in einer Reihe aufzustellen, damit sie aussahen wie ein Zug. Dann schob er sie durch die Räume und pfiff und schnaubte dabei unter dem aufmunternden Geschrei seiner Freunde. Daraus entwickelte sich das Spiel «Reise nach Jerusalem», und die Stühle wurden der Reihe nach durch die Fenster ins Freie befördert.

Die Bälle endeten meist um sechs Uhr in der Frühe, und so ging es in der Hochsaison vier oder fünf Abende hintereinander. Anschließend wandte man sich sofort Squash und Golf zu. Keiner wollte schlafen gehen. Am nächsten Tag war bis zum Lunch dann alles sorgsam und geduldig weggekehrt, die Bußen wurden auf den Rechnungszetteln des Clubs zur Zahlung vorgelegt, und schlimmere Rowdies wurden ins Büro des Geschäftsführers zitiert.

Bei allen Schilderungen dieser rauschhaften Nächte ist bemerkenswert, wie wenig Zeit man für den Schlaf beanspruchte, ganz im Gegensatz zu den sexuellen Ausschweifungen, für die der Club bekannt war. Eigentlich hätte die Höhe besonders müde machen müssen. Statt dessen schien sie stimulierend, ja sogar aggressionsfördernd zu wirken. Während der Rennwochen waren Auseinandersetzungen und Schlägereien an der Tagesordnung, und in der lüsternen, feuchtfröhlichen Atmosphäre kam es zu unbeschreiblichen Vorkommnissen.

Edward, der damalige Prinz von Wales, besuchte Kenia 1928 und fühlte sich in der Atmosphäre des Muthaiga Clubs sofort zu Hause. Sir Derek Erskine, der später als einziger Europäer vor der Unabhängigkeit Kenyatta unterstützte, erinnerte sich an einen dieser Abende, an dem er im Club anwesend war:

> Edward P., wie wir ihn damals nannten, war ein liebenswerter Mensch, doch es machten sich bei ihm bereits Anzeichen eines zu Zügellosigkeit neigenden Verhaltens bemerkbar, wenn ich auch sagen muß, daß er sich immer außerordentlich fit hielt. Nach einem anstrengenden Tag bestand er darauf, die ganze Nacht zu tanzen. Der Muthaiga Club hatte noch keine eigene Tanzkapelle. Samstagabends spielte Syd Zeidler mit seiner Band im Club. An den anderen Tagen mußten wir uns mit Schallplatten begnügen. Eines Abends tanzte Edward P. mit meiner Frau, und mit einemmal verlor er vollkommen die Beherrschung, weil er fand, es seien die völlig falschen Schallplatten, und zu meinem großen Bedauern muß ich sagen, daß er, unterstützt

von meiner Frau, alle Schallplatten nahm und aus den Fenstern des Ballsaales warf, was nach Ansicht einiger Leute möglicherweise der Grund ist, weshalb er zwanzig Jahre später einstürzte. Tja, ich mußte die Rechnung für sämtliche Schallplatten bezahlen, und ich erinnere mich noch gut daran. Edward P. ging damals etwa um vier Uhr morgens zu Bett, und um halb sieben war er bereits wieder auf der Rennbahn. Ich erinnere mich noch ganz genau, wie Sonny Bompas, der unten an der Rennbahn wohnte und dort Pferde trainierte, zu mir sagte: «Haben Sie etwas dagegen, langsam um die Bahn zu reiten? Edward P. möchte nämlich herumlaufen und sich dabei an Ihrem Steigbügel festhalten.»

So ging der Wahnsinn weiter. Man schrieb 1928, das Jahr vor dem großen Börsenkrach, der die Zahl der Siedler drastisch verringerte. Im selben Jahr starb Josslyn Hays Vater, und Josslyn wurde Earl of Erroll und High Constable von Schottland. Er lebte zu der Zeit bereits seit vier Jahren in Kenia, mitten im Herzen des Happy Valley.

– 2 –
Happy Valley

Fu I loved the high cloud and the hill,
Alas, he died of alcohol.

Ezra Pound

Es war im Jahre 1923, Mitte Juni, zu Beginn des Hochsommers, als ich Josslyn Hay kennenlernte. Er muß sich seines ausgesprochen guten Aussehens zwangsläufig bewußt gewesen sein, zudem war er arrogant und stets elegant gekleidet. Sein glattes hellblondes Haar war an beiden Seiten des Kopfes in einem Schwung nach oben gebürstet. Er gehörte zu der Sorte von jungen Männern, die mein Vater grundsätzlich verachtete, und in Gegenwart meines Vaters schien er noch großspuriger zu werden. Er nannte ihn nie «Sir», wie es die meisten jungen Männer taten, und beim Tennis schlug er ihn ständig. Josslyn hatte eine Art, die Menschen von oben herab zu betrachten – ein Seitenblick aus halb geöffneten Augen –, und mit diesem unverschämten Blick maß er sogar meinen Vater.

Es gab einen fürchterlichen Krach, als mein Vater entdeckte, daß ich auf Bällen mit ihm manchmal draußen auf der Hintertreppe saß. Am Morgen nach dieser Szene schickte mir Josslyn einen riesigen Strauß roter Rosen. Ich hielt sie im Waschbecken meines Schlafzimmers versteckt, bis sie verwelkt waren – die ersten Blumen, die ich je geschenkt bekommen hatte.

Daß mein Vater Josslyn ablehnte, trug nur noch mehr zu seiner Faszination bei, und ich fing gerade an, mir einzubilden, ich sei in ihn verliebt, als er plötzlich mit einer verheirateten Frau nach Kenia durchbrannte. [Daphne Fielding, *Mercury Presides*, London 1954]

Josslyn Hay war damals zweiundzwanzig. Mit siebzehn hatte man ihn aus Eton hinausgeschmissen, oder besser gesagt, man hatte ihn «aufgefordert, zu gehen». Als Erklärung gab er jeweils eine verrückte Geschichte zum besten, die etwas mit dem Verkauf eines Motorrades und einem jüdischen Jungen zu tun hatte und die wegen seines schauspielerischen Talents immer gut ankam.

Er war sicherlich der attraktivste Junge an der Schule, und als viele Jahre später ein englischer Peer gefragt wurde, mit wem er, wenn er homosexuell gewesen *wäre*, am liebsten ein Verhältnis gehabt hätte, verblüffte dieser seine Zuhörer mit der Antwort: «Mit Josslyn Hay.»

Sacheverell Sitwell, ein ehemaliger Mitschüler aus Eton, bestätigte, das Hay früher der Schwarm vieler Schüler gewesen war. Er schrieb an Connolly: «Ich glaube, es war im Sommerhalbjahr 1916. Ich sah ihn mehr als einmal gefolgt von einer Horde Jungs die Keate's Lane hinuntergehen. Und hörte viel Gerede über ihn.

Victor Perowne, ein guter Freund von mir, der später Abgesandter des Heiligen Stuhls war – er ist jetzt tot –, ‹nahm es auf sich... voll und ganz›. Er veröffentlichte sogar mehrere Gedichte und Prosatexte über ‹Haystacks› (eine, zugegeben, recht plumpe Assoziation) im *Eton Chronicle* (wo sie sogar noch zu finden sein müßten), die der Herausgeber offenbar wohlwollend aufnahm und von denen er vielleicht sogar betroffen war. Doch ich selbst erinnere mich nur dunkel an Josslyn.»

Hay stammte aus einer alten und vornehmen Familie. Die Earls of Erroll, die seit dem Jahre 1315 den Titel des Hereditary Lord High Constable von Schottland trugen, gingen bei Krönungsfeiern direkt hinter der königlichen Familie. Lord Kilmarnock beherrschte das Familiengeschlecht, aber Josslyns Urgroßmutter war eine uneheliche Tochter von William IV. gewesen (der keine legitimen Nachkommen hatte), wodurch vielleicht die Tapferkeit der Hochländer mit hannoveranischer Zähigkeit gemischt wurde. Es hatte Familiensitze in Slains, Aberdeen und Rosenglass in Cumberland gegeben, doch das Familienvermögen war vom 19. Earl allmählich vermindert worden, weil es ihm nicht gelang, ökonomisch zu wirtschaften oder die Verwaltung seines Besitzes zu regeln, nachdem er aus dem Krimkrieg zurückgekehrt war. Viele Vermögenswerte der Familie wurden von Josslyns Großvater, dem 20. Earl, veräußert. Er hatte die königliche Kavallerie kommandiert und war Kammerherr am Hof Edwards VII., als das Empire auf dem Höhepunkt seiner Macht stand. Josslyns Vater Victor, Lord Kilmarnock, war Patenkind von Königin Victoria und ging 1919 als Chargé d'affaires nach Berlin. Er war der erste Diplomat, der nach dem Waffenstillstand nach Deutschland geschickt wurde. Josslyn begleitete ihn als ehrenamtlicher Attaché – sein einziger Job, seit er Eton verlassen hatte –, mit der Begründung, daß ein wenig praktische Erfahrung nicht schaden könne, bevor der Junge seine Prüfungen für das Außenministerium ablege.

Josslyn kehrte 1922 nach London zurück, bestand seine Prüfungen und begann seine sexuelle Attraktivität in der Londoner Gesellschaft zu nutzen, während die ältere Generation begann, ihn als «verdorben» zu bezeichnen. Darüber bestand zwar kein Zweifel, aber er war auch verletzlich.

Im Jahr darauf verliebte er sich in Lady Idina Gordon, die «verheiratete Frau», mit der er nach Kenia durchbrannte. Sie war eine geborene Idina Sackville, Tochter des achten Earl De La Warr, und sie war bereits zum zweitenmal verheiratet. Mit ihrem ersten Mann, Euan Wallace, hatte sie zwei Söhne, und vom zweiten, Charles Gordon, ließ sie sich 1923 scheiden. Gordon nahm die Scheidung widerspruchslos hin.

Idina muß unwiderstehlich gewesen sein. In der guten Gesellschaft galt ihr Ruf als angeknackst. Sie hatte im Laufe ihrer beiden Ehen viele Liebhaber gehabt, darunter Oswald Mosley, der ihr eine mit Perlen eingelegte Frisierkommode geschenkt hatte. «Sie konnte einen Jungen von einem Ast pfeifen», sagte ein alter Bekannter. «Sie spannte keiner Frau den Mann aus, aber wenn die Männer einfach so herumlagen, dann hob sie sie eben auf.» Sie hatte eine perfekte Figur, schlank und ein wenig mädchenhaft, für die sie sehr bewundert wurde. Sie trug immer die schicksten Kleider und lief so oft wie möglich ohne Schuhe herum, «um die Zartheit ihrer Füße voll zur Wirkung zu bringen». Ihr Gesicht konnte man als schön bezeichnen, wenn man über das fliehende Kinn hinwegsah. Sie galt als intelligent, belesen und als anregende Gesellschafterin.

Josslyns Verhältnis mit Idina wuchs sich zu einem Riesenskandal aus. Idina war nicht nur zweimal geschieden, sondern sie wollte außerdem in Kürze einen Mann heiraten, der acht Jahre jünger als sie selbst und Erbe einer Grafschaft war. Ihr wurde vorgeworfen, sie habe seine Chancen auf eine Karriere im Außenministerium zunichte gemacht, die sein Vater ihm, trotz des Makels, der ihm seines schmachvollen Abgangs aus Eton wegen anhaftete, hatte sichern können. Selbst nach ihrer Heirat im September 1923 wurde angedeutet, daß Joss und Idina «in Ascot nicht willkommen» gewesen wären, hätten sie England nicht verlassen. Idina hatte bereits mit ihrem zweiten Mann Charles Gordon ein Jahr in Kenia gelebt, und nun schien es der nächstliegende, ja sogar der einzige Ort zu sein, wo sie hingehen konnten. Ihre Abreise im April 1924 begründete den Ruf der Kolonie, ein Ort zu sein, der außer Reichweite der öffentlichen Kritik lag und damit jenseits aller Grenzen des Erlaubten. Doch dies war noch harmlos im Vergleich zu den Skandalen, die folgen sollten. Das Paar richtete sich in Slains häuslich ein, einem eher bescheidenen Bungalow an den Hängen der Aberdare-Berge, benannt nach dem Schloß, das Joss' Großvater verkauft hatte.

Im Jahre 1925 siedelten sie von Slains in ein Haus im Tal über, das sie Clouds nannten. Es war ein langgezogenes, niedriges, mit Stroh gedecktes Gebäude mit vielen Gästezimmern in jedem Flügel und mit Blick auf einen Hof. Bald kamen Gäste aus England in großer Zahl, und es war oft so matschig auf dem Steilhang und so schwierig, ihn mit dem Auto zu überwinden, daß es sich kaum lohnte, schon bald wieder wegzufahren. Darüber hinaus machte Idina es ihren Gästen ohnehin schwer, überhaupt wegzufahren.

Es sollten zwar noch zehn Jahre vergehen, bis sie den Gipfel ihrer Macht erreichte, aber sie beherrschte bald das gesellschaftliche Leben in diesem abgelegenen Teil des Weißen Hochlandes, und dort entstand auch, wesentlich unter ihrem Einfluß, die Legende von Happy Valley.

Wenn man denjenigen glauben darf, die ihre Partys überlebt haben – und man hielt es auch im Government House, wo sie auf der schwarzen Liste stand, für die Wahrheit –, so war Idina erst dann zufrieden, wenn *alle* Gäste ihre Partner, Ehefrauen oder Ehemänner bei Einbruch der Nacht oder spätestens bei Abschluß des Wochenendes oder des Besuchs ausgetauscht hatten. Hin und wieder arrangierte sie nach dem Dinner ein Spiel, bei dem eine Feder über ein Laken gepustet wurde, das die um den Tisch herumstehenden Gäste ausbreiteten. Es war ein wildes Spiel, und es erzeugte eine Erregung, die nahe an Hysterie grenzte. Wenn die Feder niedersank, waren alle Blicke auf Idina gerichtet, die wie eine Hohepriesterin über ein heiliges Ritual wachte, weissagte und schließlich verkündete, wer mit wem schlafen sollte.

Die Schlafzimmer waren verschlossen, und Idina besaß numerierte Schlüssel mit passenden Nachschlüsseln, die auf den Tisch gelegt wurden, damit jeder sich mit Hilfe des Zufalls, oder was man dafür hielt, seinen Bettgenossen aussuchen konnte. «Wir nannten Idinas Bett immer das Schlachtfeld», erklärte ein Überlebender, «und jeder von uns landete zu irgendeiner Tages- oder Nachtzeit darin.»

Lady Altrincham (damals noch Lady Grigg und Frau des Gouverneurs) setzte Idina auf ihre schwarze Liste. Sie erinnert sich an einen Besuch in Clouds und wie schockiert sie war, als sie Idinas Kleider und Perlen auf dem Boden verstreut fand, die Hunde unversorgt und die Diener fort. Man vermutete, daß es Idina auf schamlose Weise in Gegenwart von Afrikanern trieb, und das – ein derart schlechtes Beispiel zu geben – wurde ihr nicht verziehen. Im nachhinein sagte man ihr sogar nach, sie habe durch ihr skandalöses Benehmen in bedeutendem Maße dazu beigetragen, daß es zum Mau-Mau-Aufstand und damit zum Ende der britischen Herrschaft kam.

Lord Francis Scott sah es ungern, wenn junge Offiziere das Wanjohi-Tal oder Clouds besuchten. Vielleicht hatte Eileen etwas damit zu tun, die es Idina niemals nachsehen konnte, daß sie sich so mühelos in diesem Land integriert hatte.

Sie schrieb in ihr Tagebuch: «Die meisten Frauen tragen jetzt Shorts, eine Mode, die von Lady Idina eingeführt wurde, die diesem Land viel Schaden zugefügt hat. Es ist häßlich und überflüssig.»

«Überflüssig» war das Schlüsselwort. Opfer und Mühe waren die Markenzeichen der Siedler, die Eileen auf ihre Angehörigen zu Hause projizieren wollte. Glanzvolle Exzentrizität trivialisierte das Ganze und ließ alles einfach und amüsant erscheinen, oder sogar noch schlimmer. Idina verdarb alles. Sie brachte Eileen, die fest an die Überlegenheit und Tugend derer glaubte, die zum Herrschen geboren waren, damit zur Raserei. Nach einem miserablen Abendessen bei Nachbarn schrieb Eileen: «Ich bin neugierig, wie Idina es genießen wird, wenn sie versucht, diesen Fraß zu essen, und wenn sie sich in einer angeknacksten alten Zinnschüssel waschen muß. Alles ist so furchtbar trocken. Die Haut wird rissig, und die Haare spalten sich. Alle Frauen in diesem Land, außer Lady Idina, sind von der Sonne ziegelrot verbrannt, und das ist nicht gerade kleidsam.» Einmal trafen sie sich bei den Rennen in Nakuru: «Lady Idina trug ein Kleid wie in Ascot und einen reizenden braunen Hut mit Straußenfedern. Ich kann mir einfach nicht erklären, warum sie nicht an einem Sonnenstich gestorben ist.»

Die Idina am nächsten stehenden Nachbarn waren Graf Frédéric de Janzé und seine junge amerikanische Braut Alice. Frédéric war sechsundzwanzig, elegant, lakonisch, adlig. Er war in Le Mans Rennen gefahren, hatte im Rif gekämpft und sich später dem literarischen Zirkel von Proust, Anna de Noailles und Maurice Barrès angeschlossen.

Sein Buch *Vertical Land* enthält namentlich nicht gekennzeichnete Porträts einiger Bewohner von Happy Valley, deren Namen der Autor mit Bleistift in mein eigenes Exemplar des Buches hineingeschrieben hat. Er rief sich Idina folgendermaßen in Erinnerung:

> Sie steht da, mit dem Rücken zum Feuer, mit golden glänzendem Haar, in Rot und Gold gehüllt. Wir, in Sesseln versunken, die Beine am Boden sitzend übereinandergeschlagen, gegen die Wand gelehnt, und unser aller Augen ruhen auf dieser schlanken Gestalt. Das Feuer flackert, ihre halb geschlossenen Augen sind sich unserer stummen Bewunderung bewußt. Wie immer wabern Verlangen und sehnsüchtig inhalierter Tabakrauch um ihre Knöchel und winden sich allmählich um die schlanke Gestalt, schlängeln sich um ihren Hals: ein Schauder, sie schließt die Augen. Zufriedenheit! Macht! Die Gestalt im goldenen Kekoi.

Er beschrieb Happy Valley als die «Heimat der Unbändigen und gänzlich Freien»:

> In dieser Umgebung lebt ein Kreis von Menschen, nicht eigentlich Kolonisten – Wandervögel, vielleicht, rastlos Vergnügungssüchtige, erschöpft oder vertrieben aus vielen Gründen, vielen Ländern. Außenseiter, Neurastheniker, aus gutem Haus und mit viel Charme, denen der Mut fehlt, alt zu werden, und die Kraft, sich aufzuraffen und in diesem Land noch einmal von vorn anzufangen.

De Janzé beschrieb die wichtigsten Personen, darunter Fabian Wallis, einen Homosexuellen und engen Freund Josslyns, Michael Lafone, einen Schürzenjäger mit Monokel, dessen Ehe mit Elizabeth Byng, Tochter des Earl of Strafford, kurz und schrecklich war, und vor allem Raymond de Trafford, der Inbegriff eines Mannes, der von Überweisungen aus der Heimat lebt.

Raymond stammte aus einer vornehmen Familie aus Lancashire und war bei den Coldstream Guards gewesen, bevor er nach Kenia kam. Er sah geradezu teuflisch gut aus, war schlagfertig, originell, kultiviert, hoffnungslos indiskret und ein leidenschaftlicher Spieler und Trinker. Wenn ihm danach zumute war, konnte er zu Frauen äußerst zuvorkommend sein, und es war erheiternd, sich mit ihm zu unterhalten. Evelyn Waugh nannte ihn einen «liebenswürdigen Desperado». Er faßte eine große Zuneigung zu ihm, als er ihn 1931 in Kenia kennenlernte, und blieb auch danach mit ihm in Kontakt. «Er ist manchmal eine Nervensäge», bemerkte er, «s. nett, aber so *verdorben*, und immerzu kämpft und spielt und vögelt er und ist t. b. [total betrunken].» Raymond und Evelyn Waugh hielten sich zusammen bei den Delameres in Elmenteita auf. Waugh schrieb über Trafford in sein Tagebuch: «Er war sehr betrunken und brachte eine Schlampe mit nach Hause. Er weckte mich später, um mir zu sagen, daß er gerade mit ihr geschlafen habe, und mit ihrer Mutter auch.» [Duckworth, 1931]

Folgendes Liedchen machte denn auch in Nairobi die Runde:

> There was a young girl of the Mau
> Who said she didn't know how,
> She went for a cycle with Raymond and Michael,
> She knows all there is to know now.

Zusammen mit dem Champagner hatten auch die Drogen der neuen Zeit, Kokain und Morphium, ihren Weg ins Happy Valley gefunden. Der größte Drogenhändler war Frank Greswolde Williams. Er bekam seine Lieferungen aus Port Said und betrieb sein Gewerbe ganz offen im Muthaiga Club. Eine seiner besten Kundinnen war die Amerikanerin Kiki Preston, geborene Whitney, eine Schönheit, die oft mit Idina zusammen war. Sie hatte viele Liebhaber, darunter die beiden Valentinos, de Trafford und Lafone – und der inzwischen verstorbene Duke of Kent.

Wenn ihr Vorrat zur Neige ging, schickte Kiki ihr Flugzeug nach Nairobi, um Nachschub zu holen. Cockie Hoogterp, eine enge Freundin von Kiki, erinnert sich an ihren außergewöhnlichen Umgang mit der silbernen Spritze:

> Sie war immer vergnügt und sehr witzig, und sie hatte überhaupt keine Skrupel wegen des Morphiums. Sie sah immer blendend aus, war immer sehr offen und stach sich die Nadel in die Haut, während wir herumsaßen und Whisky tranken. Sie ging nie vor vier Uhr morgens in Bett. Am nächsten Morgen hatten wir alle einen Kater und schliefen, aber sie war um acht schon wieder auf den Beinen, war schön angezogen und sah so hübsch aus, als ob nichts gewesen wäre.

«Ich muß leider gestehen», sagte Sir Derek Erskine, dessen Frau dem Prinzen von Wales dabei geholfen hatte, die Schallplatten des Muthaiga Clubs zu vernichten, «daß Drogen in dieser Zeit eine sehr große Rolle spielten. In Happy Valley nahm man Kokain wie Schnupftabak, und gewiß tat es niemandem gut.» Auf einer anderen Dinner-Party, die 1928 für den Prinzen von Wales im Muthaiga Club stattfand, beobachtete Erskine, wie Greswolde Williams plötzlich von einem weißen Jäger namens Archie Richie aus dem Saal befördert wurde. Als Erskine fragte, was passiert sei, erklärte man ihm: «Sogar in Kenia gibt es bestimmte Grenzen, und wenn jemand dem Thronerben Kokain anbietet, dann muß man einschreiten, vor allem wenn es am Tisch zwischen den Mahlzeiten geschieht.»

Josslyns Tage waren gewöhnlich mit Pferderennen und Polo ausgefüllt – was als brutales, aber erfrischendes Heilmittel gegen Katerstimmung betrachtet wurde. Er besaß eine Farm in Nakuru, aber er kümmerte sich kaum darum. In der Nähe von Gilgil hatte man in der Ebene am Fuß des Kinankop vier Polofelder aus dem großen Park grünschwarzer Kaktusbäume und -sträucher herausgeschnitten und angelegt – aus dieser etwas bedrückenden Landschaft, die man noch immer ein paar Meilen weit auf staubigen Wegen durchqueren muß, wenn man heute zu den Polofeldern gelangen will. Josslyn trug hier knappe Shorts mit breiten Kordsamtstreifen, und er hatte immer ein ockerfarbenes und rotes Somali-Tuch um die Schultern geschlungen.

Im Gegensatz zu Berkeley Cole und Denys Finch Hatton, die das Somali-Tuch mit einem Hang zum Romantischen verbanden, trug Josslyn sein Tuch ohne eine Spur von Bewußtsein vielmehr im Geist der privilegierten Jungs von Pop in Eton, die das Recht hatten, an ihrer Schuluniform auffällige Veränderungen vorzunehmen, und die sich in hellen Flanell kleideten. Josslyns Charme und sogar seine Arroganz brachten ihn den Männern um ihn herum näher. Die Führerrolle übernahm er jeweils mühelos.

Petal Allen, die Tochter von Sir Derek Erskine, erinnert sich, daß Josslyn Hay der erste wirklich elegante Mann war, den sie als Kind gesehen hat. Er stützte sich dabei auf einen Schießstock neben der Rennbahn und hielt Petal auf den Knien. Er hatte ein weißes Hemd aus Tussahseide, eine gepunktete Fliege und einen Panamahut an. Im Wanjohi-Tal trug er oft einen Schottenrock. Sein Haar war immer noch pomadisiert und auf beiden Seiten nach hinten gekämmt, und sein Äußeres war von einer geradezu übernatürlichen Perfektion. Bei den meisten Kolonisten war er wegen seiner Freundlichkeit und Schlagfertigkeit überaus beliebt – eine auffallende Erscheinung, die bei den Leuten einen nachhaltigen Eindruck hinterließ.

Und doch ist, außer der Don-Juan-Legende, relativ wenig über sein Leben in Kenia bekannt. Die wenigen noch lebenden Kolonisten, die ihn gekannt haben, erinnern sich kaum an ihn, und England besuchte er nur selten. Entweder hat der Alkohol die Erinnerung ausgelöscht, oder der knappe Stil der Kolonistensprache, bei denen jedes Wort gleichzeitig das letzte ist, hat sie verdrängt. «Oh! *Ungeheuer* charmant. *Das* war er.»

Fragt man aber nach Details, treten sofort Widersprüche auf. Und die Beurteilungen sind oft aufschlußreich. David Begg, ein Schotte, der bei den Weißen um den Kinankop herum als «Bwana» Begg bekannt ist, kannte Josslyn Hay gut. Er wohnt in einem Haus im strengen Hochland-Stil, neben den Polofeldern in Gilgil, die ihm gehören und die er vor fünfzig Jahren selbst angelegt hat. Er spielt sehr geschickt, obwohl er bereits über siebzig ist, und er spricht immer noch mit einem starken schottischen Akzent. «Er war ein erstklassiger Kamerad», sagte er. «Er war wie viele, die nie etwas zu tun hatten. Er war clever und gescheit. Er wußte immer eine Antwort. Ich habe oft Polo mit ihm gespielt. Ich gab ihm Ratschläge, wie er seine Pferde satteln soll, und er war immer bereit, einen Rat anzunehmen. Er hatte ein gutes Auge für den Ball, und er war ein starker, kräftiger Bursche.»

«Hartnäckig», stieß jemand hervor, «aber sehr attraktiv. Wurde von Frauen ausgenutzt, für die er unwiderstehlich war.»

«Er war sehr witzig, und es war amüsant, mit ihm zusammenzusein. Er spielte sehr gut Bridge, und er war ein *wundervoller* Polospieler», erklärte ein anderer Zeitgenosse, «aber er war ständig auf Eroberungen aus und hatte unzählige Frauengeschichten. Natürlich kann man mit zweitausend Pfund im Jahr gut leben und eine ungeheure Show abziehen.»

Eine der wenigen Frauen, die ihn nicht als Inbegriff sexueller Attraktivität betrachtete, war Dushka Repton, eine russische Schönheit, die mit dem Farmer Guy Repton verheiratet war. (Er war auf seine Frau krankhaft eifersüchtig und starb am Alkohol.) Nur einmal fand Mrs. Repton Josslyn «unwiderstehlich», und zwar als er auf einem Kostümball im Muthaiga Club in einer schwarzen Abendrobe mit Ziermünzen und Perlen erschien. Die Perlen gehörten Idina. Sie erinnert sich, wie Joss sagte: «Perlen müssen *getragen* werden.»

Die Parties, die Joss und Idina in Clouds gaben, waren grandios und berüchtigt für ihre Exzesse. Die 1901 geborene Nina Drury ging als junge Braut von Jack Soames Mitte der zwanziger Jahre oft mit ihm nach Clouds zum Dinner. «Was sich dort gewöhnlich abspielte, war unglaublich», berichtete sie. «Ich nehme an, es muß am Klima gelegen haben.»

Die Abende begannen mit einer gewissen Förmlichkeit und einer rituell anmutenden Vorbereitung. Zu ihrer permanent stattfindenden mehrtägigen Party lud Idina zusätzlich auch ihre Nachbarn und alle ihre jungen Männer ein, und sie akzeptierte keine Absagen. Sie hatte einen somalischen Küchenchef, der für seine Kochkünste bekannt war, und viele Diener, die die Tische deckten und frische Blumen in die Zimmer stellten. Zu einer festgesetzten Stunde nahm Idina dann ihr Bad – die Badewanne befand sich in der Mitte ihres großen Badezimmers –, und wie eine königliche Mätresse badete sie und kleidete sich vor den Augen ihrer Gäste an, redete die ganze Zeit, bestand auf ständiger Gesellschaft und begrüßte neu angekommene Gäste.

Die Erregung durch Idinas Gegenwart und durch das Betrachten ihrer Toilette wurde noch durch ständiges Herumreichen von Cocktails erhöht, und wenn das Dinner serviert wurde, waren die meisten Gäste bereits berauscht. Nina Drury erinnert sich, daß eines Abends eine junge Frau mit lauter Stimme sagte, sie habe eine Liste von all ihren Liebhabern zusammengestellt, die sie seit ihrer Ankunft in Kenia hatte. «Nicht gerade nett», meinte Josslyn, «wo sie doch heute nachmittag mit mir im Bett lag.»

Daraufhin brach zwischen Raymond de Trafford und Frédéric Janzé ein heftiger Streit aus. Jack Soames sagte zu seiner jungen Braut: «Nun, mein Kind, jetzt wird es hier wahrscheinlich Ärger geben, und du solltest wohl besser zu Bett gehen.» Nina war sehr verärgert, weil sie das Drama nicht weiterverfolgen konnte. «Und dann», fuhr sie fort, «führte man verschiedene Leute in mein Zimmer, und sie schluchzten und weinten und sagten, es gebe ein Duell und sie würden sich gegenseitig umbringen.» Auf dem Höhepunkt eines dieser Abende stürzte Raymond de Trafford, vom Alkohol rasend, nach draußen und steckte mehrere afrikanische Hütten in Brand. Seine Tat wurde wie eine Spielschuld behandelt – er mußte einfach bezahlen.

Es hat den Anschein, als wäre Josslyn in solchen Momenten ganz nüchtern gewesen. Seine eigene Rücksichtslosigkeit ging andere Wege: Er widmete sich der Verführungskunst mehr als alle anderen. Dennoch stellte er das Recht seiner Freunde nie in Frage, hemmungslos loszuschlagen, wie sehr es auch das afrikanische Personal treffen mochte. Diener waren dazu da, daß man sie belästigte. «Hay bezahlte seine Diener nie», erzählte sein früherer somalischer Boy, «aber die Somalis sorgten sich nicht: Wenn er sich schließlich dazu durchrang, gab er die Löhne dem Somali, der die anderen beaufsichtigte. Manchmal warteten sie sechs Monate auf ihren Lohn, aber sie hatten zu essen, Kleidung und ein Dach über dem Kopf.»

Paula Long, zu jener Zeit eine bekannte Schönheit, die mit «Boy» Long, einem Viehzüchter in Elmenteita, verheiratet war, erinnert sich an Josslyns Unfreundlichkeit gegenüber dem Personal: «Er behandelte die Afrikaner furchtbar und beschimpfte sie auf Kisuaheli. Das Personal mußte die ganze Nacht aufbleiben, und er war richtig skrupellos.»

Diese zynische, brutale Seite von Josslyns Charakter kam auch innerhalb seines engsten Freundeskreises zum Vorschein, und die lauten Witze und seine Unterhaltsamkeit konnten das nur bis zu einem gewissen Punkt wettmachen. Nur zu oft brachte er Leute mit seinem verletzenden Ton und seiner sexuellen Arroganz gegen sich auf. Seine unzähligen Geliebten hatten alle eines gemeinsam – sie waren verheiratet. «Zum Teufel mit Ehemännern», pflegte er zu sagen. Und einen Mann unbedacht zum Hahnrei zu machen, während er ihm auf die Schulter klopfte oder eine Fünfpfundnote von ihm borgte, bereitete ihm geradezu Vergnügen.

Patricia Bowles lebte während ihrer beiden Ehen als enge Freundin und Nachbarin von Idina im Happy Valley, und manchmal nahm sie an ihren Zeremonien teil. (Sie hat sich mittlerweile nach Kilifi zurückgezogen.) Obwohl sie Josslyn mochte, erinnert sie sich noch sehr gut an diesen bösartigen Zug in seinem Wesen.

«Eines Tages sagte er im Norfolk-Hotel zu einem Kind: ‹Komm zu Daddy.› Ich dachte: ‹Du Schurke!› Es wollte mir nicht in den Kopf, daß er so etwas Scheußliches indirekt zu jemandem sagen konnte, der in Hörweite war. Aber er fand so etwas spaßig. Und er konnte sehr demütigend und schroff zu Frauen sein. So konnte er beispielsweise ohne Umschweife sagen: ‹Was für ein scheußliches Kleid. Gott, wie ich Mauve hasse!›» Die Männer-Bar im Muthaiga Club war der passende Ort, um diese besondere Form von Witzigkeit vorzuführen und mit seinen Eroberungen zu prahlen. In diesen Unterhaltungen mit seinen Freunden wurden die Frauen kurzerhand in drei Kategorien eingeteilt: «Schlaffe, Pralle und Superpralle.»

«Gewöhnlich ließ er sich in der Bar über dieses Thema weiter aus und erzählte die schmutzigsten Geschichten. Er war ein furchbares Klatschmaul», sagte Patricia Bowles, «bis er wieder ein hübsches Gesicht sah, hinging und die Fremde ansprach. Er dachte an nichts anderes als an Frauen, mochte es, wenn sie reich waren, und zerstörte viele Ehen.»

Eine der ersten Ehen, die durch Josslyn bedroht wurden, war die Ehe von Frédéric und Alice de Janzé.

– 3 –
Der schnellste Schuß im Gare du Nord

Alice verliebte sich auf der Stelle in Joss, als sie ihn 1925 bei ihrem ersten Aufenthalt in Kenia gemeinsam mit ihrem Mann kennenlernte. Sie war fünfundzwanzig, seit drei Jahren verheiratet und hatte zwei kleine Töchter. Patricia Bowles, die zu ihrer engsten Freundin wurde, sagte über die Affäre mit Joss: «Es war ein dauerndes Hin und Her, Hin und Her, bei sehr vielen und verschiedenen Gelegenheiten. Es war niemals so etwas wie eine richtige, einigermaßen konstante Affäre. Aber ich glaube, sie war immer in ihn verliebt.»

Alice war wohl die gefährlichste seiner vielen Geliebten, vielleicht aber auch die faszinierendste und mit Mitte Zwanzig, bevor die Exzesse von Wanjohi sie ruinierten, die am eindrucksvollsten aussehende. Sie hatte ein blasses, feingeschnittenes Gesicht mit hohen Wangenknochen und großen, ruhig blickenden Augen von tiefvioletter Farbe. Ihr Körper war zart gebaut, fast zerbrechlich, und die kurzen, schwarzen Haare waren im Nacken straff zusammengebunden. Gewöhnlich trug sie Kordhosen und helle, weite Flanellhemden.

Alice war das einzige Kind von William Silverthorne aus Chicago, einem reichen Fabrikanten schottischer Abstammung, und durch ihre Mutter Erbin des Armourschen Fleischverpackungsvermögens. Sie besaß alle Eigenschaften, die Josslyn unwiderstehlich fand: Sie war geheimnisvoll, sie war verheiratet, und sie war reich.

Das Gefährliche an Alice waren ihre Launen und ihre Unbeständigkeit, die durch die Tollheit der zwanziger Jahre noch verstärkt wurden, von der sie auf verhängnisvolle Weise infiziert war. Sie war ein wilder Teenager gewesen, der Schrecken aller Debütantenpartys in Chicago, doch irgendwo in ihrer Seele war etwas zerbrochen, und sie war beherrscht von tiefer Melancholie. Ihre Mutter war an Schwindsucht gestorben, als Alice fünf Jahre alt war, und auch sie neigte von Geburt an zu dieser Krankheit. Sie war in verschiedenen großen Häusern in New York meist von einer deutschen Gouvernante aufgezogen worden. Nach einem traumatischen, allerdings nie ganz aufgeklärten Vorfall zwischen ihr und ihrem Vater, der Alkoholiker war, hatte ein Onkel die Vormundschaft übernommen. Doch ihr Vater nahm sie oft mit nach Europa, hüllte sie in Samt und Seide und führte sie in Nightclubs aus, als sie noch ein Teenager war.

Alice entwickelte bald eine Neigung zu Cocktails und eine leidenschaftliche Vorliebe für Tiere. Sie war nicht zu übersehen, wenn sie in Nizza auf der Promenade des Anglais ihren schwarzen Panther an einem weißen Halsband spazierenführte. Mit einundzwanzig lernte sie in einem Pariser Antiquitätengeschäft den sensiblen Literaten Graf Frédéric de Janzé kennen, der aus einer alten bretonischen Familie stammte. Sie heirateten im Jahre 1922 in Chicago und verbrachten den Großteil ihrer kurzen Ehe, die Zeit zwischen der Geburt ihrer beiden Töchter, auf einer Reihe von Safaris in Kenia.

Die faktische Abwesenheit von Kindern in Happy Valley ist ein Phänomen. Kinder hätten den legeren Tagesablauf der Erwachsenen bestimmt gestört, und es ist eine Leistung der Bewohner des Wanjohi-Tals, daß sie es schafften, selbst Kinder des Zufalls davon abzuhalten, ihnen in die Quere zu kommen. Joss und Idina hatten eine kleine Tochter namens Diana. Nina Drury fand sie einmal in der Garage, auf dem Rücksitz des Hispano-Suiza schlafend, wie eine achtlos hingeworfene Einkaufstasche. Alice löste das Problem einfach dadurch, daß sie ihre Kinder in Europa zurückließ und später ganz aus ihrem Leben verbannte. Sie wurden von Frédérics Schwester auf einem Familienschloß in der Normandie und in Paris aufgezogen. «Alice wußte, daß sie eine schlechte Mutter war», sagte Patricia Bowles. «Ich bewundere ihre konsequente Ehrlichkeit.»

Alice sah ihre Kinder nur gelegentlich bei ihren seltenen Besuchen in Paris, wo sie im Hôtel de Bourgogne wohnte. Nolwen, eine ihrer Töchter, verheiratet mit Lord Clark, erinnert sich erstaunlicherweise nicht daran, bei diesen Begegnungen auch nur eine Spur von Groll oder *angoisse* empfunden zu haben. Vielmehr sei sie von der Schönheit dieser geheimnisvollen Mutter, die in Afrika lebte, beeindruckt gewesen. «Ich habe große Ehrfurcht vor ihr gehabt», sagte sie, «und später, als ich älter wurde, habe ich ihre Tugenden, ihren Mut und ihre seelische Stärke bewundert. Aber es war ihre Schönheit, ihre feine, transparente Schönheit, und ihre wunderbare Anmut und Eleganz – es war *das*, was mir das Herz stocken ließ, wenn ich sie anschaute. Ihre Hüte, ihre Schals und ihre Schuhe nahmen einen buchstäblich gefangen. Sie kleidete sich mehr als nur perfekt, sie kleidete sich mit instinktivem und geheimnisvollem Feingefühl.»

Alice machte großen Eindruck in Happy Valley und auf Idina selbst und schien bei allen ihren Freunden Zuneigung zu wecken. Immer stand sie im Mittelpunkt des Geschehens. Sie hatte einen ausgesprochenen Sinn für Komik, und sie unterhielt die anderen mit der Ukulele, zu der sie mit tiefer, leicht rauher Stimme sang. Sie war auch sehr emotional und konnte wütend den Kopf zurückwerfen, wenn ihr Gerechtigkeitsgefühl verletzt wurde – vor allem, wenn es um die Behandlung von Tieren ging. Frédéric schrieb über sie in *Vertical Land*: «Niemand wird je an ihre unnahbare Seele rühren, die überschattet ist von Erinnerungen, ungefestigt, selbstmörderisch.»

Es gibt ein vielsagendes, wunderschönes Foto von Alice, wie sie in Kordhosen und einem breitkrempigen Filzhut, der damaligen Mode gemäß in einem Korbstuhl auf ihrer Veranda sitzt. In ihrem Schoß liegt ein junger Löwe, der mindestens vierzig Pfund wiegt und ganz offensichtlich zu groß ist, um als Schoßhund gehalten zu werden. Seine Tatzen sind so groß wie ihre Hände, und sein Schwanz hängt fast bis zu ihren Knöcheln hinab. Alice schaut mit dem abwesenden Blick einer Madonna in die Ferne. Es wurde oft von ihr gesagt, ihr Blick sei der einer «verruchten Madonna», und vielleicht parodiert sie sich mit dieser Pose selbst.

Den jungen Löwen Samson hatte Alice selbst aufgezogen. Auf ihrer Farm war im Laufe der Zeit eine ansehnliche Menagerie zusammengekommen. Als Samson ausgewachsen war, mußte er wöchentlich mit zwei Zebras gefüttert werden. Alice konnte das nicht ertragen, deshalb gab sie ihn weg.

Das Foto weckt lebhaft die Erinnerung an jene Zeit Mitte des Jahres 1926, als in Kenia ihre stürmische Romanze mit Raymond de Trafford begann. Ihre wechselvolle Beziehung mit Joss, die sie trotz ihrer neuen Leidenschaft fortsetzte, hatte sich in einer gewissen Heimlichkeit abgespielt und eine Weile sogar ohne Frédérics Wissen. Aber mit Raymond, der aus jeder Situation immer das Maximum an Dramatik herausholte, war das unmöglich.

Zunächst hatte Alice Raymond gegenüber eine so heftige Abneigung geäußert, daß Frédéric argwöhnte, es sei noch eine andere Affäre am Laufen. Alice erzählte später, Joss sei der erste gewesen, der die Sache entdeckte, nachdem er an einer rauschenden Party in Clouds bemerkt hatte, daß sie und Raymond sich zurückgezogen hatten. Er schlich in das angrenzende Schlafzimmer, kletterte die Trennwand hinauf, legte sich bäuchlings darauf und hörte zu, wie das Paar Fluchtpläne schmiedete. «Und was soll aus dem armen Joss werden?» unterbrach er sie. Die beiden brannten in jener Nacht tatsächlich miteinander durch, allerdings nur bis zu einer Hütte auf Idinas Grundstück.

Nina Drury erinnert sich, daß Idina am Tag zuvor darüber gejammert hatte, daß die Affäre von Joss und Alice außer Kontrolle gerate. Jetzt sagte sie: «Ich wünschte, Sie würden Alice für mich finden.»

Nina antwortete: «Aber Idina, sind Sie denn nicht verärgert darüber, wie sie sich mit Joss aufführt?»

Darauf Idina: «Sie scheinen zu vergessen, daß Alice meine beste Freundin ist.»

Am nächsten Morgen versammelte man sich, um zu beraten, wie Alice zurückgebracht werden könnte. Frédéric, der langmütige Ehemann, erklärte sich bereit, sie zu suchen, und fand sie in der besagten Hütte. Raymond hatte das Bett belegt, und Alice schlief auf einem Stuhl. Das, so hieß es allgemein, sei typisch für Raymond. «Ich werde nie vergessen, was für ein Empfang ihr bereitet wurde, als sie zurückkehrte», erzählte Nina Drury. «Sie wurde wie eine Königin empfangen. Alle Männer beugten das Knie vor ihr.»

Um ihre Ehe zu retten, brachte Frédéric Alice heim nach Paris, aber sie kehrte fast sofort wieder um und fuhr zurück nach Kenia, um bei Raymond zu sein. Dann fuhr sie wieder zurück nach Paris und bat Frédéric um die Scheidung. Am 25. April 1927 kam Raymond von London nach Paris, um Alice mitzuteilen, daß seine Familie – gläubige Katholiken – ihm verboten habe, sie zu heiraten, und ihm gedroht habe, ihn zu enterben, falls er es dennoch tue. Ein Freund bemerkte dazu: «Raymond hätte einen Brief schreiben können, aber er liebte Aufregung und Schwierigkeiten.» Und davon bekam er mehr, als er erwartet hatte. Bevor er nach London zurückfuhr, aß er gemeinsam mit Alice in einem *cabinet privé* im Lapérouse. Danach gingen sie in ein Sportgeschäft, wo Alice am andern Ende des Ladentisches eine kleine Schachtel einpacken ließ, während Raymond sich die Büchsen anschaute. Am Gare du Nord kletterte Alice mit in den Waggon, um sich von Raymond zu verabschieden. Sie kniete sich vor ihn hin, küßte ihn, zog ein Gewehr hervor und schoß zuerst auf ihn, dann auf sich selbst. Beide wurden schwer verletzt: Raymond in der Nähe des Herzens, Alice hatte einen Bauchschuß.

Alice hatte den Hund ihrer Freundin dabei, einen deutschen Schäfer, der verrückt spielte und keinen der Hilfeleistenden oder Polizeibeamten an das verletzte Paar heranlassen wollte. Paula Long, die Besitzerin des Hundes, sagte später, es sei typisch, daß Alice, als sie blutend auf einer Bahre davongetragen wurde, nur daran gedacht habe, daß der Hund auch an die richtige Adresse zurückgebracht werde, was sie mehrmals wiederholte. Im englischen Krankenhaus erzählte Alice Paula mit einigem Vergnügen von einer Krankenschwester, die, in jedem Arm einen toten Säugling, in ihr Zimmer geschaut und gesagt habe: «Bin gleich wieder da.»

Alice wurde wegen versuchten Mordes vor Gericht gestellt. Der Skandal erregte enormes Aufsehen, und Alice wurde getragen von einer Woge öffentlicher Sympathie, auf Bewährung freigesprochen. Sie galt als die unglückliche Heldin eines Verbrechens aus Leidenschaft, und der Richter wurde verführt. *«Vous êtes une traîtresse, Madame»*, sagte er, bevor er sie gehen ließ. Im Laufe der Vernehmung stellte sich heraus, daß Alice bereits viermal versucht hatte, sich das Leben zu nehmen. Als die Frage angeschnitten wurde, warum sie ihre Kinder im Stich gelassen habe, sagte sie ein wenig naiv: «Meine einzige Antwort darauf ist, daß meine Handlungsweise zeigt, wie groß meine Liebe zu dem Mann ist, fur den ich das Opfer bringe.»

Anfang des folgenden Jahres war Alice wieder in Kenia, hatte aber die Anordnung vom Government House, ihre Sachen zu pakken und das Land als unerwünschte Ausländerin zu verlassen. In den ihr verbleibenden Wochen nahm sie ihre alte Affäre mit Josslyn wieder auf. In einem Brief an ihre ältere Schwester beschrieb Tania Blixen die Ankunft der beiden in ihrem Haus im Februar desselben Jahres. Sie hatte Joss in Nairobi getroffen und ihn «auf eine Flasche» hinaus auf ihre Farm eingeladen. Er fragte, ob er Alice mitbringen dürfe. Am selben Tag wurde Tania Blixen überraschend von Lady MacMillan (Northrop war eine Ehrenritterwürde verliehen worden) und drei «wahrhaft gewaltigen und korpulenten», alten amerikanischen Damen besucht, die ihr Schiff verlassen hatten, um eine Besichtigungstour im Landesinneren zu machen. Ihre größte Hoffnung war, einen Löwen zu Gesicht zu bekommen. Tania Blixen schrieb:

> Sie begannen über all die schrecklich unmoralischen Leute zu reden, die in Kenia lebten, auch Amerikaner, leider, und als die schlimmste von allen nannten sie Alice, und ich, die ich selbstverständlich wußte, daß sie bald auftauchen würde, ließ sie die Angelegenheit in allen Einzelheiten erörtern. Als dann ihr Wagen vorfuhr, ging ich hinaus, um sie zu begrüßen, kam wieder zurück und stellte Lord Erroll und Comtesse de Janzé vor. Ich glaube, selbst wenn der Teufel persönlich eingetreten wäre, hätte er keine größere Wirkung haben können. Es war zweifellos besser als der größte Löwe, und außerdem bot es ihnen viel mehr Stoff für Gespräche mit ihren Mitreisenden. [Isak Dinesen, *Letters From Africa, 1914–1931*, London 1981; Tania Blixen schrieb auch unter dem Namen Isak Dinesen.]

– 4 –
Bonny Earl of Erroll

Im Jahre 1928 ging der Titel Earl of Erroll mit dem Tod seines Vaters auf Joss über. Seine Ehe mit Idina ging in einer Hölle von Bitterkeit und hohen Schulden zu Ende, die er auf ihren Namen bei indischen Kaufleuten gemacht hatte. Gelegentliche Affären hätte Idina vielleicht noch toleriert, nicht aber eine ernsthafte Romanze, die ihn über lange Zeiträume hinweg von zu Hause fernhielt und ihr gesellschaftliches Programm störte.

Erroll hatte sich inzwischen in Molly Ramsay-Hill verliebt, auch eine verheiratete Erbin und eine Schönheit und wie Idina älter als er selbst. Sie war eine kleine, schlanke und lebhafte Frau mit kastanienbraunem Haar. Ihr Ehemann war Major Cyril Ramsay-Hill, ein Rancher, der sich am Ufer des Naivasha-Sees ein riesiges, weißgetünchtes Schloß in marokkanischem Stil erbaut hatte, mit krenelierten Mauern, einem Minarett und sanft zum Wasser hin abfallenden Rasenflächen. Oserian, wie der Sitz eigentlich hieß, war seit den Tagen von Happy Valley als «Djinn Palace» bekannt. Verglichen mit der Düsterkeit der übrigen Siedlerarchitektur ist das Haus mit der prachtvollen Art-Deco-Bar vor dem Speisezimmer von geradezu bezaubernder Schönheit.

Heute noch erzählt man sich in Nairobi die Geschichte, wie Ramsay-Hill Erroll auf dem Vorplatz des Norfolk-Hotels «vor einem gemischten Publikum aus Afrikanern, Asiaten und Europäern» auspeitschte, weil er Molly verführt hatte. Errolls Somali-Diener, der anonym bleiben möchte, hat den Vorfall, der sich vor vielen Jahren ereignete, miterlebt und erinnert sich anders an ihn.

Er war mit Erroll zum Djinn Palace gefahren, wo eine Party stattfinden sollte. Eines Tages befahl ihm Erroll, die zwei Buicks von Major Ramsay-Hill für eine Safari ins Massai-Reservat in Richtung Narok zu beladen. Der erste Buick startete mit Erroll und Mrs. Ramsey-Hill, der zweite folgte mit dem Gepäck. Als Major Ramsay-Hill entdeckte, daß seine Frau und seine Buicks weg waren, schickte er seinen eigenen Somali-Diener aus, um sie zu suchen, und beteiligte sich dann selbst an der Jagd. Wie viele Tage die Suche in Anspruch nahm, ist nicht mehr auszumachen, aber sie führte auch zum Norfolk-Hotel in Nairobi, das bereits rund hundert Meilen vom Ausgangspunkt entfernt war und zudem weitab von der Route lag. Die Somalis wußten zwar genau, wohin die Gesellschaft gefahren war, verrieten jedoch nichts davon, offenbar aus absoluter Diskretion und weil sie es längst gewohnt waren, daß die Bwanas auf diese Art ihre Zeit zu verbringen wünschten.

Ramsay-Hill fand das Paar schließlich in einem Zeltcamp bei Narok. Er hatte eine Nashornpeitsche mitgebracht und schlug mit allen Kräften auf Erroll ein, während er ihn vor sich her durch den Busch jagte. Dann schwang er sich in einen seiner Buicks und fuhr zurück nach Oserian. Bei der Scheidungsverhandlung ließ Ramsay-Hill Erroll vorladen und bekam dreitausend Pfund Schadensersatz zugesprochen, um die Schulden begleichen zu können, die das Paar auf seinen Namen hinterlassen hatte. Den Djinn Palace durfte Molly jedoch behalten.

«Es ist offensichtlich», sagte der Richter, «daß der Mitbeklagte ein Lump ist.» Was Molly betreffe, sei es ebenso offensichtlich, daß sie eine Frau von sehr schlechtem Charakter sei, wenn dies auch «hauptsächlich auf den Einfluß des Mitbeklagten zurückzuführen ist». Nachdem der Richter Major Ramsay-Hill den Schadensersatz zugesprochen hatte, bemerkte er: «Ich dachte, er sei froh, eine schlechte Frau los zu sein, aber er sieht das ganz anders. Es ist offensichtlich, daß er eine große Zuneigung zu ihr hegt.» Mittlerweile ließ Idina in ihrer eigenen Scheidungsklage Molly vorladen und präsentierte zwei Detektive, um ihr einen «Ehebruch» in einem Apartment in der Londoner Sloane Street im April 1928 nachzuweisen.

Molly und Erroll heirateten im Jahre 1930 und zogen in den Djinn Palace. Der schottische Lord muß sich am Ufer des prachtvollen Sees wie zu Hause gefühlt haben. Umgeben von Bergen und Ebenen, war er einem Loch im wilden schottischen Hochland sehr ähnlich. Das Wasser zwischen den weiten, grasbedeckten Ufern sah an einem schönen Tag von der Veranda des Djinn Palace wie ein klares, bläulich kühles Bassin aus. Wie eine Verzierung wirkten die Reiher, die Schwarzenten und die kreideweißen Silberreiher, und zwischen Inseln von Papyrus, die auf dem Wasser trieben, tauchten Nilpferde auf und unter.

Die Schlafzimmertüren führten auf einen Innenhof mit einem gekachelten Bassin und einem Springbrunnen in der Mitte. So konnte man leicht beobachten, wer hineinging oder herauskam. In der Hauptsuite gab es eine in den Boden versenkte, marmorne Badewanne mit schwarzen und goldenen Kacheln – um, wie es heißt, unmäßigen Gästen das Erbrechen zu erleichtern. Die Zimmer und die Veranda waren mit bequemen Sofas und Sesseln möbliert, die mit geblümtem Chintz überzogen waren. Oben auf dem Treppenabsatz hing ein Porträt von Erroll in Lebensgröße, in unbezahlten Krönungsgewändern. Einmal mehr war er finanziell abgesichert: Mollys Grundbesitz warf ein jährliches Einkommen von achttausend Pfund ab.

Es dauerte nicht lange, bis Langeweile und ein feines Gespür für seine Fähigkeiten dazu führten, daß sich in Erroll Machtgelüste bemerkbar machten und, ermutigt von Lord Francis Scott, der sein Talent für Politik erkannte, aufblühten. Möglichkeiten, Macht zu erlangen, gab es in jener Gemeinde unendlich viele: Der Wahlbezirk war winzig, und es fehlte an jeglicher Konkurrenz. Der Erste Earl von Schottland konnte damit rechnen, als gewichtige Persönlichkeit betrachtet zu werden. Zudem gab er einige durchaus eindrucksvolle politische Anschauungen zum besten. Im Jahre 1934 wurde er zahlendes Mitglied der British Union of Fascists.

Nellie Grant, Elspeth Huxleys Mutter, beschrieb in einem Brief an Oswald Mosley Errolls Heldentaten:

> 11. Dezember 1934. Vergangenen Mittwoch fand im (Muthaiga) Club Joss Errolls Versammlung statt, auf der er den britischen Faschismus vorstellte. Es waren nicht weniger als 198 Leute da, und die Versammlung lief in guter Stimmung ab, da alle wie ein Echo über alles jubelten, was irgend jemand sagte. Britischer Faschismus bedeutet demnach nichts anderes als hochste Loyalität gegenüber der Krone, keine Diktatur, absolute religiöse und soziale Freiheit, ein «isoliertes Empire», das mit dem schmutzigen Ausländer Handel treibt, höhere Löhne und niedrigere Lebenskosten.

> Alle Fragen und Antworten wurden laut bejubelt. Wenn immer Joss sagte, der britische Faschismus stehe für absolute Freiheit, konnte man hören, wie Mary Countess [Molly] am anderen Ende des Raums sagte, innerhalb von fünf Jahren werde Joss Diktator von Kenia sein. [Elspeth Huxley, *Nellie: Letters From Africa*, London 1981]

Im folgenden Jahr marschierte Mussolini in Abessinien ein, und Joss Erroll trat aus der Britischen Faschistenvereinigung aus. Statt dessen wurde er, mit damals vierunddreißig Jahren, in das Präsidentenamt des Convention of Associations genannten «Parlaments der Siedler» – ein inoffizielles und rivalisierendes Gegenstück zum Gesetzgebenden Rat – gewählt. Eileen Scott, die Erroll «große Fortschritte» zubilligte, war bei der Wahl zugegen:

> Zu meiner freudigen Überraschung und für die meisten Leute völlig unerwartet wurde Joss Erroll mit großer Mehrheit gegenüber dem linken Flügel zum Vorsitzenden gewählt. Auch in der Exekutive sind vornehmlich solide Männer. Es ist ein Jammer, daß Joss nicht ein Jahr mehr Übung und Erfahrung hat. Er ist blitzgescheit, und es fällt ihm schwer, dieser zwar soliden, aber etwas schwerblütigen Gemeinschaft geduldig zuzuhören. Wie auch immer, jedenfalls ist es ein großartiger Schritt in die richtige Richtung. Er ist sehr begabt und ein Gentleman. Fast jeder hatte erwartet, es werde ein Bolschewist gewählt.

Inzwischen hatte Erroll das Interesse an seiner zweiten Countess verloren, und für Molly begann ein trauriger Niedergang. Sie wünschte sich verzweifelt ein Kind und einen Erben und hatte viele Scheinschwangerschaften. Als sie merkte, daß sie Joss verlor, begann sie zu trinken und spritzte sich schließlich auch Rauschgift.

Erroll blieb immer länger weg. «Er benahm sich Molly gegenüber sehr ungehörig», sagte Patricia Bowles. «Er verschleuderte all ihr Geld und war ständig auf Tour.» Sein Somali-Diener erinnert sich: «Bwana Hay sagte zu den Bediensteten: ‹Mir ist es egal, wenn sie stirbt.› Sie war furchtbar betrunken und hatte die Flaschen versteckt. Er sagte: ‹Gebt der Frau soviel zu trinken, wie sie will. Wenn sie sterben will, laßt sie sterben. Wenn sie einen Drink will, gebt ihr einen Drink.› Dann starb sie.» Es war August 1939.

Dr. Joseph Gregory, der Arzt des Muthaiga-Club-Clans, erin-

Von außen sah man es ihm nicht an…

nert sich, daß es im Haus nach Champagner und Erbrochenem roch, wenn er kam. Mollys Körper war durch die Heroininjektionen von Abszessen übersät. Gregory schilderte ihr letztes Gespräch folgendermaßen:

> Sie war lange Zeit krank und einsam gewesen und sagte zu mir: «Versprechen Sie mir, daß Sie zu meinem Begräbnis kommen, selbst wenn Sie der einzige sind?» Ich sagte, selbstverständlich würde ich kommen. Sie starb noch am selben Nachmittag. Nach ihrem Tod kamen Blumen über Blumen ins Haus, aber als sie noch gelebt hatte, nicht einmal ein Gänseblümchen.

Mollys Treuhänder stoppten den Geldfluß, und Erroll schloß vorübergehend das Haus, obwohl Molly es ihm in ihrem Testament vermacht hatte. Er zog in einen Bungalow in Muthaiga, der ganz in der Nähe des Club-Eingangs lag. Er war pleite und lebte auf Kredit. Sein Vater hatte ihm ein jährliches Einkommen von dreihundert Pfund hinterlassen. Ansonsten war er auf Mollys Perlen und sein *droit de seigneur* angewiesen.

Erroll hatte inzwischen Geschmack an der Politik gefunden, und das hatte ihn in einen harten und gewissenhaften Arbeiter verwandelt. Er war Sekretär von Sir Ferdinand Cavendish Bentinck (dem späteren Duke of Portland) im Production and Settlement Board geworden. «Er war ein ziemlicher Flegel», meinte Cavendish Bentinck. «Überaus schlagfertig, sehr intelligent, sehr oberflächlich. Gescheit, aber nicht sehr tiefgründig. Ein Blender. Ein gutaussehender Bursche.»

Im Jahre 1939 wurde Erroll als Abgeordneter für Kiambu in den Gesetzgebenden Rat gewählt. In seinen politischen Ansichten hatte er sich von einem faschistischen Sympathisanten zu einem offenen Gegner der Appeasement-Politik von Neville Chamberlain gewandelt (obwohl diese Politik gerade beim rechten Flügel in England viele Anhänger hatte). Hitler hatte die Rückgabe aller Kolonien gefordert, die Deutschland vor dem Krieg besessen hatte. Im Jahr zuvor hatte Erroll bei einem kurzen Besuch in London in seiner ersten Rede vor dem Oberhaus eindringlich gegen die Rückgabe von Tanganjika an Deutschland argumentiert.

Um 1940 war Erroll, inzwischen neununddreißig Jahre alt, zum

Heeressekretär für die Kolonie – er hatte sich mit dem Rang eines Hauptmanns dem Kenia-Regiment angeschlossen – und Leiter des Manpower Board aufgestiegen. Er war eifrig damit beschäftigt, die ostafrikanischen Kampftruppen für den abessinischen Feldzug zusammenzustellen, und wurde für seine verwaltungstechnischen Fähigkeiten überall gelobt. Sir Wilfred Havelock, der unter Erroll arbeitete, sagte: «Ich erlebte ihn als Mitglied der Exekutive. Er verlangte eine Menge und arbeitete selbst hervorragend. Als während seiner Zeit als Leiter der Manpower die gesamten Unterlagen des militärischen Personals durch einen Brand vernichtet wurden, stellte Erroll sie aus dem Gedächtnis wieder zusammen.»

Im selben Jahr war Erroll auch in eine ernsthafte Liebesaffäre mit einer verheirateten Frau aus Happy Valley verwickelt, die ich Nancy Wirewater nennen will. Bei den anderen Frauen der Clique, die sich mit Errolls Leidenschaft für Nancy nicht so recht abfinden wollten, war sie unbeliebt. Die beiden mußten sich meist zur Mittagszeit treffen. Erroll ließ im Billardzimmer des Norfolk-Hotels jeden Tag eine Flasche Champagner auf Eis legen. Dort wurde er auch einmal von der Eigentümerin Auntie erwischt, als er sich gerade mit Mrs. Wirewater auf dem Billardtisch vergnügte.

Erroll schien die Zuneigung und die Ergebenheit seiner Geliebten niemals zu verlieren, selbst dann nicht, wenn er sie verlassen hatte. Eine Frau, die einen besonderen emotionalen Anspruch auf ihn erhob und niemals über ihre kurze Affäre hinwegkam, war Gwladys, Lady Delamere, die Witwe von Hugh Delamere. Sie hatte im Jahre 1920 gegen den Rat ihrer Freunde Sir Charles Markham geheiratet, der jünger war als sie und als Taugenichts galt. Die Ehe währte, trotz offenkundiger Untreue auf beiden Seiten, sieben Jahre.

Im Jahre 1928 heiratete sie Hugh Delamere, der drei Jahre später starb. Im selben Jahr hatte sie Edward, Prinz von Wales, als Freundin auf seiner ersten Safari nach Kenia begleitet. Sie wurde im allgemeinen mit ihrem blassen Teint und dem damals noch schwarzen Haar für sehr attraktiv gehalten, wenn auch nicht von Tania Blixen, die neben ihrem «merkwürdigen» Aussehen auch einen grausamen Zug von Rücksichtslosigkeit in ihrem Verhalten entdeckte. Sie schrieb an ihre Schwester:

Lady Delamere betrug sich beim Supper meines Erachtens einfach skandalös. Sie bombardierte den Prinzen von Wales mit großen Brotstücken. Eines davon traf mich, die ich neben ihm saß, mitten ins Auge, so daß ich heute ein blaues Auge habe. Zum Schluß stürzte sie sich auf ihn, warf seinen Stuhl um und kugelte sich mit ihm auf dem Fußboden. Ich fand es nicht im mindesten amüsant und geradezu dumm, in einem Club so etwas zu tun. Überhaupt finde ich sie nicht besonders sympathisch, sie sieht so merkwürdig aus, exakt wie eine lackierte Holzpuppe. [*Letters From Africa, 1914–1931*]

Auf der nächsten Safari des Prinzen war Gwladys nicht mehr in seinem Gefolge.

Im Jahre 1940 war Gwladys noch unausgeglichener als früher. Teils schrieb man es den Auswirkungen eines schweren Typhusanfalles zu und teils der Tatsache, daß sie kein Glück in der Liebe hatte. Sie sah nicht mehr gut aus. Ihr Gesicht war vom Alkohol aufgedunsen, und sie hatte angefangen, auffällige und kompliziert aufgetürmte Kopfbedeckungen zu tragen. Sie war exhibitionistisch geworden, empfindlich und unberechenbar. Es konnte so aussehen, als halte sie zu einem, und im nächsten Moment fiel sie einem in den Rücken. Bei ihrer Geburtstagsparty im Muthaiga Club warf sie einen Teller mit Eiern und Speck nach einer anderen Frau und mußte weggebracht werden. Ähnlich unbeherrscht reagierte sie, wenn es um die Rassenfrage ging. So beleidigte sie etwa eine Frau namens Sybil Martineau, indem sie ihr in aller Öffentlichkeit an den Kopf warf, sie habe «afrikanisches Blut in den Adern», und brachte die Clubmitglieder dazu, Aga Khan – das geistige Oberhaupt der Ismailischen Gemeinde in Kenia – den Zutritt zum Club zu verwehren. Barsch, autokratisch und scharfsichtig gab Gwladys, jetzt Mayor von Nairobi, mit ihrer schrillen Art und ihrer scharfen Zunge bald «gute Ratschläge» und war die Frau, die Paare zusammen- oder auseinanderbrachte. Ihre Gefühle für Erroll äußerten sich inzwischen in mütterlichen Besitzansprüchen. Im allgemeinen fiel es ihr schwer, jüngere und hübschere Frauen zu tolerieren.

Inzwischen hatte Alice die Erlaubnis erhalten, nach Kenia zurückzukehren, und sich im Wanjohi-Tal niedergelassen. Im Jahre 1932 hatte sie den Fehler gemacht, Raymond de Trafford zu heiraten; fünf Jahre nach den Schüssen im Gare du Nord. Kaum drei Monate nach der Hochzeit in Neuilly trennten sie sich. Paula Long erinnert sich an ihre ständigen Streitereien und an die letzte Szene, einen Streit über die Begabung zweier Dirigenten, der sich auf der Terrasse eines Pariser Cafés abspielte. Alice trug einen Hut mit einem kurzen Schleier. Raymond schüttete ihr seinen Cocktail ins Gesicht, die Maraschinokirsche blieb im Schleier hängen, und er fing laut an zu lachen. Sie sahen einander nie wieder. Im Jahre 1939 wurde er wegen Totschlags zu drei Jahren Haft verurteilt – er hatte im Zustand fortgeschrittener Trunkenheit einen Fußgänger überfahren. Das nächste Mal stand er 1946 wegen Insolvenz vor Gericht. Als Adresse nannte er das Hotel Riviera, Maidenhead, Berkshire.

Im Wanjohi-Tal nahm Alice wieder ihr Leben zwischen Sorglosigkeit und Anfällen von Depression auf. Sie lebte vorwiegend allein mit einer Elenantilope – einem riesigen Bock, den sie als Haustier hielt – und ihrem treuen Dackel Minnie. Patricia Bowles schilderte ihr Leben folgendermaßen:

> Sie verwöhnte ihre Hunde, las viel und spielte endlos Backgammon – wir hatten es gerade erst gelernt. Ziemlich viel Zeit verbrachten wir auch damit, zu überlegen, wo wir unser SAG [Samstagabend-Gelage] abhalten sollten. Wir tranken, sobald sie uns dazu überreden konnte. Ihr Whisky sour mit Granatapfel- und frischem Limonensaft war einfach köstlich. Im Duka [dem Geschäft am Ort] fand sie die merkwürdigsten Alkoholika und machte daraus die wundervollsten Cocktails, aber der Whisky sour machte einen ziemlich rasch beschwipst. In ihrem Haus gab es nur einen einzigen riesigen Raum ohne richtige Wände zwischen den Zimmern. So konnte man immer alles hören, was im Haus vor sich ging, und das sorgte oft für Ärger. Dennoch hielt dies niemanden ab, ganz im Gegenteil. Es wirkte sogar einladend.

Im Jahre 1940 nahm sich Alice einen neuen Freund, und zwar Julian «Lizzie» Lezard, einen Typ, der in der Londoner Gesellschaft bereits Legende war. Lezard war der geborene Komödiant – ungepflegt, unrasiert und geradezu wahnsinnig witzig. Als ewiger Spieler war er immer pleite und daher nach Kenia geschickt worden, aber nicht etwa von seinem Vater, von seinem Regiment oder seinen Treuhändern, sondern von seiner Frau. Männer hielten ihn für einen rasch ermüdenden Witzbold. Frauen, von denen er besessen war, fanden, er sei «eine enorme Wohltat an Wochenenden, an denen sonst alle gereizt waren». Sie erinnern sich auch an seine Vitalität und seine unersättliche Begierde. In Sir Charles Johnstons Buch über Kairo während des Krieges, *Mo and Other Originals* [London 1971], findet sich ein literarisches Porträt dieses ungewöhnlichen Mannes (Lezard wurde wegen seiner Heldentaten hinter den feindlichen Linien in Frankreich als «der Mann, der sich in Monte Carlo den Hals brach», bekannt). Johnston schildert, wie Lezard in Kairo auf die Nachricht von seiner Verlobung reagierte:

> «Sie und Natascha machen das Rennen, Charlieboy», sagte er. «Wenn ich gerade nichts anderes zu tun habe, liege ich gern im Bett und überlege mir, wie die Leute so sind. Und dabei ist folgendes herausgekommen: Ihr Leben zu zweit wird wie ein gut organisiertes Dinner ablaufen. Sie wissen ja, es gibt welche, bei denen alle bereits betrunken sind, wenn der Fisch gereicht wird. Bei anderen sind sie beim Fleischgang soweit. In Ihrem Leben jedoch werden alle erst um Mitternacht betrunken sein und keine Minute früher. Ich hatte das Problem», fügte er nachdenklich hinzu, «daß ich bereits vor dem Essen betrunken war und bei der Suppe hinausgehen mußte, um mich zu übergeben.»

Lizzie Lezard war ein talentierter Tennisspieler gewesen und mit dem Davis-Cup-Team aus Südafrika gekommen. Ein privilegierter Außenseiter, Opfer gnadenloser Spötteleien, die er aber in glänzender Manier zu seinem Vorteil wenden konnte. Da er selbst sehr unsicher war, sehnte er sich nach Zuneigung und Anerkennung der Reichen und Adligen, und es war oft fast peinlich, mitanzusehen, wie weit er ging, um sie zu gewinnen.

Einige Jahre lang konnte sich Lezard auf einem gewissen Niveau halten. Hilda Wardell nahm ihn auf und heiratete ihn später. Sie war nicht mehr ganz jung und verfügte über sehr viel Geld. Bald führte sie ihn in den Kreis der Jagdteilnehmer von Leicestershire ein. Im knallroten Jagdrock und mit einem Zylinder auf dem Kopf, unter dessen Rand seine schwarzen Locken hervorquollen, ritt er mit draufgängerischem Mut und wenig Stil hinter den anderen her, fiel vom Pferd und sprang wieder auf wie ein Zirkusclown. «Die Juden hatten damals geradezu das Bedürfnis», erinnert sich ein ehemaliger Gast im Hause Wardell, «ich meine, sie waren regelrecht darauf aus, sich auf der Jagd abzukämpfen. Ich vermute, es ging ihnen immer noch darum, mit den Philistern gleichzuziehen.» Lezard gewöhnte sich den Jargon der Jäger an und behielt ihn auch später bei.

Nach einigen Jahren konnte Hilda Wardell ihn nicht mehr ertragen. Vielleicht war es ihr einfach zuviel geworden, ständig seine Spielschulden auszulösen. Die beiden ließen sich in gutem Einvernehmen scheiden, und Hilda schickte Lezard ohne einen Penny nach Kenia. Man sagte ihm, Alice de Trafford, die jetzt von Raymond geschieden war und im Happy Valley lebte, werde sich um ihn kümmern. Alice fuhr ihn in ihrem Wagen ins Wanjohi-Tal. Die Straße zeigte sich von ihrer schlechtesten Seite, der Wagen schleuderte in jeder Biegung bis an den Rand des Abgrunds, und der Regen schlug wie ein Vorhang gegen die Windschutzscheibe. Lizzie Lezard schaute Alice an und sagte: «Ich muß ehrlich sagen, ich wäre lieber ein Scheißdreck in London als ein Pionier in Kenia.»

Erroll und Lezard paßten perfekt zusammen: der Komödiant und der Aristokrat, beide pleite, beide verrückt nach Frauen. Lezard war fasziniert von Erroll, und nichts lag näher, als zum Aufenthaltsort das Zentrum des gesellschaftlichen Lebens, Errolls Haus in Muthaiga, zu wählen.

– 5 –
Abstecher ins Land der Massai

Reiche Männer dieser Art mit Ehefrauen, die ständig unterwegs sind, können wahrscheinlich nur durch eine von Erfolg gekrönte Liebschaft wieder munter werden. Sie sind zu vornehm, um zu arbeiten, und zu intelligent, um zu spielen. Langeweile macht sich breit, und Alter und Verbitterung folgen. Sie sind der ständigen Frustration des déjà vu *ausgeliefert, werden mit guten Ratschlägen eingedeckt, und ihr Haar wird grau, doch der Geist ist noch so jugendlich wie eh und je und protestiert: «Soll das wirklich schon alles gewesen sein?»*

Cyril Connolly

Die Delves Broughtons waren kurz nach dem Ersten Weltkrieg zum erstenmal nach Kenia gekommen, um an Safaris teilzunehmen. Sir Jock Delves Broughtons erste Frau Vera war eine leidenschaftliche Jägerin und Abenteurerin, und Broughton hatte von seinem Arzt Sir Farquhar Buzzard in der Harley Street zu hören bekommen, daß ein Abstecher ins Land der Massai das beste Heilmittel für seine Kopfschmerzen und seine angespannte seelische Verfassung wäre. Broughton selbst führte seine gesundheitlichen Schäden auf einen Sonnenstich zurück, den er sich angeblich in Portsmouth zugezogen hatte, wo sich sein Regiment 1914 für den Einsatz in Frankreich vorbereitete. 1923 hatte er in Kenia eine Kaffeeplantage erworben, und 1940 kehrte er im Alter von siebenundfünfzig Jahren mit einer neuen Ehefrau dorthin zurück, dieses Mal, um vor einem weiteren Krieg Zuflucht zu suchen.

Broughton war in die beschützte vornehme Welt des Pferderennsports und in den Kreis der Grundbesitzerfamilien hineingeboren worden. Sein Vater, der 10. Baronet, besaß drei Häuser: Doddington Park in Cheshire, Broughton Hall in Staffordshire und das Haus Nr. 6 in der Hill Street im Londoner Stadtteil Mayfair. Doddington war der Familiensitz – ein vornehmes, wenn auch etwas düsteres Gebäude, das nach Plänen von Samuel Wyatt inmitten einer weiten, von Seen aufgelockerten Parklandschaft des 18. Jahrhunderts erbaut worden war. Zu den Häusern kamen noch etwa 34 000 Hektar Land hinzu: ein riesiger Besitz, der vorwiegend aus vorzüglichem Ackerland in Cheshire bestand und der heute einen Wert von mehr als siebzig Millionen Pfund hätte.

Broughton wurde 1883 geboren (im *Who's Who*, für das er das Formular persönlich ausfüllte, ist das Jahr 1888 angegeben). Seine Mutter starb, als er zwei Jahre alt war, und sein Vater heiratete wieder. Mit seinem Stiefbruder und seiner Stiefschwester verstand er sich nicht, und er haßte seinen Vater, weil er ihn mit Geld immer knapp hielt; ein Umstand, der dazu führte, daß er sich ein Leben lang verletzt und benachteiligt fühlte. In Eton, wo man ihn für etwas begriffsstutzig und arrogant hielt, gingen die Gerüchte um, er sei wegen seines knappen Taschengelds gezwungen zu stehlen und bekomme von Zeit zu Zeit derart unkontrollierte Wutanfälle, daß seine Mitschüler ihm lieber aus dem Weg gingen. Als er Eton verlassen hatte, bekam er Privatunterricht, und 1902 ging er zu den Irish Guards.

Im Jahre 1913 heiratete er Vera Boscawen, die von einem verarmten Zweig einer angesehenen Familie abstammte. Sie war großgewachsen, hatte blaue Augen und sah hervorragend aus. Kann sein, daß Broughton tatsächlich in sie verliebt war – auf jeden Fall war er stolz auf ihre bezaubernde Schönheit und die wundervollen Kleider, die sie trug. Ein Nachbar aus Cheshire sagte von Vera, sie sei knüppelhart, liebe niemanden und sei entschlossen, sich im Leben alles zu nehmen, was sie kriegen könne. Sie mochte Pferderennen, Bridge, Canasta und Mah-Jongg – also einfach jede Art von Spiel oder Sport, die eine Unterhaltung unmöglich und langweilige Leute erträglicher machte. «Sie hatte auch Spaß am Töten von großen, auffallenden Tieren. Wahrscheinlich verachtete sie Jock, aber sein Geld gab ihr ein beruhigendes Gefühl.»

Broughton war einunddreißig, als sein Vater 1914 starb. Neben Valentine, Viscount Castlerosse, war er der am besten aussehende Offizier der Irish Guards. Nachdem es ihm jahrelang schwergefallen war, seine Rechnungen im Offizierskasino zu begleichen, floß ihm nun aus seinem Grundbesitz ein geradezu fürstliches Einkommen zu.

Etwa zur gleichen Zeit, nämlich am 12. August 1914, schifften sich die Irish Guards (einschließlich des späteren Feldmarschalls Alexander) für ihren Einsatz in Frankreich ein – mit einer Ausnahme allerdings. Kipling, dessen Sohn demselben Regiment angehörte und im Krieg fiel, schrieb darüber in *The Irish Guards in the Great War* lakonisch: «Kurz vor dem Auslaufen wurde Captain Sir Delves Broughton krank und mußte zurückgelassen werden.»

Broughton verließ mit einem Pfleger die *Novara*, und man schickte ein Telegramm an das Hauptquartier mit der Bitte, Captain Hamilton Berners möge seinen Platz einnehmen. Die *Novara* lief um sieben Uhr abends aus. Als es dunkel wurde, passierte sie die *Formidable*, die von Ryde abgelegt hatte, und tauschte Signale mit ihr aus. Die letzte Meldung des Kampfschiffes an das Bataillon war, man hoffe, daß es «viel zu kämpfen» geben werde.

Genau einen Monat nach seiner Ankunft fiel Broughtons Ersatzmann, Captain Hamilton Berners, an der Aisne. Auch George Morris, der Colonel der Guards, und zwei andere Offiziere kamen um. Delves Broughtons neuer Kommandant wurde Lord Francis Scott. Zwei weitere verwundete Offiziere der Guards wurden als dienstuntauglich nach Hause entlassen: Captain Vesey und Viscount Castlerosse. Sie fanden sich im Depot bei Warley mit Delves Broughton wieder vereint.

Doch was für eine Krankheit hatte Broughton sich denn nun zugezogen? Man sprach später immer von einem «Sonnenstich», den er sich während des langen Wartens beim Verladen geholt habe, aber es handelte sich wohl ganz einfach um ernsthafte psychosomatische Beschwerden. Ein Überlebender schrieb:

> Ich hörte nur, daß er krank sei. Für einen normalen, gesunden Mann war der Tag nicht übermäßig anstrengend gewesen, und von Sonnenstich kann keine Rede sein. Er war kein besonders kampflustiger Gentleman, und er war sicherlich nie wieder in einer Kampftruppe.

Immerhin wurde Broughton in Krankenhäusern in Netley und Millbank behandelt, und 1919 schied er mit einer fünfzigprozentigen Invalidenrente aus der Armee aus. Er zog nun beim Gehen seinen linken Fuß nach; in der rechten Hand hatte er Arthritis, und sein Händedruck war schwach – die Folgen eines Motorradunfalls im Jahre 1915. Außerdem neigte er zu Anfällen von geistiger Verwirrung und Amnesie.

Nach seiner Entlassung fing das Leben des sechsunddreißigjährigen Baronet aber erst an. Er begann das Geld haufenweise auszugeben, zu spielen und sich zu amüsieren, als ob er die verlorene Zeit nachholen wollte. Von der Angst verfolgt, ihm könnte trotz eines Einkommens von 80 000 Pfund einmal das Geld ausgehen, machte er, kurz nachdem er sein Erbe angetreten hatte, einen großen Teil des Besitzes, nämlich rund 15 000 Hektar Land, zu Geld. Er wurde Mitglied im Turf Club und besaß einen Rennstall mit dreißig Pferden. Außerdem war er Friedensrichter in Nantwich. Er entwickelte eine wahre Leidenschaft für Bridge und Pferderennen – obwohl er die meiste Zeit der Rennsaison immer «irgendwo im Warmen» war –, und er war ein turnierreifer Krocketspieler. Vera entdeckte ihre Vorliebe für die Großwildjagd, und in den Jahren 1919 und 1920 unternahmen sie ihre erste Reise nach Kenia. 1923 gingen sie erneut nach Afrika und trafen dort mit Broughtons altem Schulfreund Jack Soames zusammen, der sich in Nanyuki niedergelassen hatte. Broughton kaufte die Kaffeeplantage von Spring Valley in der Nähe von Nairobi. Als er 1928 wieder in Kenia war, lernte er im Muthaiga Club den Earl of Erroll kennen und hielt sich bei Lord Delamere und dessen Frau in Soysambu auf.

Daheim in Doddington bestand Broughton darauf, daß am Wochenende alle Gästezimmer belegt waren. Er pflegte die Band von Ciro's zu engagieren, damit sie die Gäste bis zum Zug in Cheshire mit Musik begleitete, und mit Hilfe eines Telefonanrufs und ein paar Fasanen, die in den Wagen des Schaffners geworfen wurden, hielt er den Schnellzug in Crewe zurück, wenn seine Gäste zu spät zum Bahnhof kamen. Seine Sekretärin in der Hill Street verschickte im voraus Fahrkarten an seine Londoner Gäste. Im *Sketch* und im *Tatler* wurde oft über seine Wochenendpartys berichtet, die Gäste posierten auf der Kieseinfahrt für die Fotografen, und die Leser wurden daran erinnert, daß die Broughtons eine Familie mit langer Tradition waren, die «in den Grafschaften Cheshire und Staffordshire seit Jahrhunderten hohes Ansehen genießt».

Doch trotz seiner Gastfreundschaft war der sportliche Baronet

Broughton bei seinen Zeitgenossen nicht beliebt. Männer mißtrauten ihm – möglicherweise wegen seines großen Reichtums oder weil er nur bei Frauen aus sich herausgehen konnte. Mit Sicherheit war er eitel, «mit seinen hohen Kragen und seiner jovialen Stimme» (auch die falsche Eintragung im *Who's Who* weist darauf hin), und er gab gerne mit prominenten Bekannten an. Manchmal konnte er auch eine Woche lang ohne Grund eingeschnappt sein. Er war distanziert, einsam und ein wenig humorlos. Seinen Gästen in Doddington fiel die beunruhigende Angewohnheit auf, vor allem beim Essen ab und zu für fünf Minuten oder länger in einen tranceähnlichen Zustand zu verfallen und mit ausdruckslosem Blick in die Ferne zu schauen, unfähig, eine Bemerkung zu verstehen, die man an ihn richtete. «Sauertöpfisch» lautete das Adjektiv, mit dem ein bedeutender Staatsmann seine Art umschrieb.

«Sie meinen zynisch?»

«Nein, schlimmer als zynisch. Sauertöpfisch.»

«Er sah aus, als ob er ständig einen unangenehmen Geruch in der Nase hätte», sagte ein Nachbar aus Cheshire. «Er liebte Witze, die mit Exkrementen zu tun hatten.»

«Kein liebenswürdiger Mensch», sagten die Angestellten des Clubs, «arrogant wie die von Blenheim. Keiner von uns mochte ihn.» [Schloß Blenheim gehört den Grafen von Marlborough und den Spencer-Churchills.]

«Unredlich, ohne Charme, mürrisch», lautete die Meinung der Clubmitglieder. «Er war ein Feigling, der einen Sonnenstich vortäuschte, weil er Angst hatte, nach Frankreich zu gehen.» Eine Frau beschrieb ihn als einen melancholischen, ziemlich verdrossenen Menschen, der niemals lächelte, und eine andere hielt ihn für «gemein, kaltblütig und auf mehr als eine Art grausam.»

Vera ging mit Lord Carnarvon, Lord Roseberry und Sir Brograve Beauchamp zum Pferderennen, doch sie war auch oft von zu Hause fort, unternahm abenteuerliche Reisen zu abgelegenen Zielen, und ab Mitte der dreißiger Jahre verbrachte sie immer mehr Zeit auf Safaris oder Kreuzfahrten mit ihrem Freund Walter Guinness, dem dritten Sohn des Earl of Iveagh, der 1932 den Titel Lord Moyne übernahm. Es herrschte wohl ein ausgesprochenes Ungleichgewicht in dieser Ehe. Vera steckte voller Energie und Vitalität und war überaus neugierig. Im Gegensatz dazu wurde Broughton zunehmend von Langeweile und Lebensmüdigkeit geplagt. Die beiden fingen an, getrennte Wege zu gehen. Der Earl of Antrim, ein häufiger Gast in Doddington, schrieb 1969 an Cyril Connolly:

> Kann sein, daß Jock das Leben einfach immer langweiliger fand. Er hatte keine geistigen Interessen, und obwohl er auf die Jagd ging, tat er sich dabei nie besonders hervor. Ich glaube, er sehnte sich nach Verständnis und Zuneigung, und vor allen Dingen wollte er seinen Spaß haben. Man konnte direkt sehen, wie seine Augen aufleuchteten, wenn er sich amüsierte.

Broughtons einziger Sohn und Erbe, Sir Evelyn, der jetzige Baronet, wurde 1915 geboren. Als er 1934 mit neunzehn Jahren in Cambridge studierte, waren er und sein Vater einander bereits total entfremdet, und Evelyns Beschreibung seines Vaters sagt viel über ihn aus. Sie hatten, wenn überhaupt, meist nur im Freien miteinander Kontakt, beim Jagen und Schießen. Es sieht ganz so aus, als hätte Broughton seinem Sohn all das zugefügt, was er selbst als Junge erlitten hatte. Während der fünf Jahre, die Evelyn in Eton verbrachte, besuchte er ihn nur ein einziges Mal, und in der Grundschule hatte er den Sohn überhaupt nie besucht. «Wenn etwas nicht in Ordnung war», sagte Evelyn, «kam meine Mutter.»

Wenn man in Eton am 4. Juni den Geburtstag des Gönners, König George III., feierte und andere Eltern mit ihren Geschenkkörben ankamen, bat Evelyn seinen Lehrer um Erlaubnis, zum Pferderennen gehen zu dürfen. (Der 4. Juni fiel manchmal mit dem Coronation Cup in Epsom zusammen.) Er wußte, daß sein Vater auch oft dort war, und so konnte er ihn wie durch Zufall auf der Haupttribüne treffen.

Später konnte Broughton nie begreifen, wie Evelyn es schaffte, mit dem bißchen Unterhaltsgeld, das er ihm gab, Mädchen auszuführen, übers Wochenende nach Paris zu fahren, in vornehmen Restaurants zu speisen und was auch immer. Evelyn hielt sich in Cambridge immerhin zwei Jagdpferde und gehörte einer Jagdvereinigung an, und sein Vater wußte von diesen Ausgaben und bezahlte sie direkt.

Es war so, daß Evelyn ganz einfach eine weitere Einnahmequelle hatte. Er kassierte von den Angestellten aus dem Rennstall seines Vaters hohe Wettgebühren, und er hatte bei seinen eigenen Wetten unwahrscheinlich Glück. Eines Tages setzte er siebenhundert zu vierhundert Pfund auf ein bislang ungeschlagenes Pferd namens Windsor Lad, in der Hoffnung, eine Schuld von mehreren hundert Pfund bei einem Buchmacher begleichen zu können. Der Buchmacher wollte die Wette nicht annehmen. Evelyn deutete auf seinen Vater, der auf der Tribüne stand, und erklärte, Broughton habe an diesem Tag drei Pferde im Rennen, und wenn etwas schiefgehen sollte, würde er seine Schulden zahlen.

«Ich bin sicher, daß er bezahlen wird, denn er ist ein Gentleman», sagte der Buchmacher. «Ich nehme Ihre Wette an, und viel Glück für Sie.»

Ich ging auf die Tribüne, und als ich meinem Vater gegenüberstand, sagte er: «Mein Junge, du bist ganz schön im Druck, nicht wahr?» Ich antwortete: «Meinst du, Daddy?» Und er sagte: «Ich glaube, Windsor Lad ist ein gutes Pferd. Hier hast du fünf Pfund. Du kriegst zwar nicht oft was von mir, aber schau her, jetzt geb ich dir einen Fünfer.» Also sagte ich: «Okay, Daddy.» Ich hielt mich an die Spielregeln, ging hinunter zum Buchmacherstand. Windsor Lad gewann. Ich schlich wieder zur Tribüne zurück. Mein Vater sagte sofort: «Was ist los, mein Junge, du bist auf einmal völlig ruhig. Du bist ja ein ganz anderer Mensch.» Ich antwortete: «Alles dein Fünfer, Daddy.»

Ich glaube, man hat unserer Generation eine erhebliche Menge an Selbstbeherrschung beigebracht. Wir waren auch an ständige Drohungen gewöhnt. Wenn jemand sagte, er haue einen durch, dann hatte man Angst, daß er es wirklich tat. Heutzutage würde man doch einfach aus dem Haus gehen.

Ich erinnere mich an eine schreckliche Dinner-Party in Doddington. Ich saß am einen Ende der Tafel, an der etwa dreißig Gäste saßen, und mein Vater beschuldigte mich vom anderen Ende des Tisches, ich hätte die Stalltüren offen gelassen. Dabei war ich den ganzen Tag nicht mal in der Nähe des Stalls gewesen. Deshalb widersprach ich ihm in Gegenwart der Gäste. Wir stritten uns furchtbar, und schließlich sagte er: «Du hast mit deinem Vater nicht zu streiten!» und stand mit der Serviette in der Hand vom Tisch auf. Er war ein strenger Mann, und ich hatte keine Ahnung, was er tun würde. An der Tür fiel er hin. In diesem Moment befand ich mich aber bereits auf halbem Weg nach oben auf der Treppe. Er hatte sich ein paar blaue Flecken geholt, und der Butler mußte ihm auf die Beine helfen. Meine Mutter brüllte vor Lachen. Aber trotzdem war allen klar, daß man nicht zu widersprechen hatte. Nicht in Gegenwart von Gästen.

Eines Tages aber, im Jahre 1935, war die Zeit der Langeweile für Broughton mit einem Schlag vorbei. An einem Wochenende in Tadcaster, wo er sich bei seinem Freund Jack Fielden aufhielt, begegnete ihm sein Schicksal, oder wie Connolly es nannte, «sein blauer Engel, die Frau, die ihm seine Jugend wiedergeben und ihn wieder in das Reich der Gefühle führen sollte». Ihr Name war Diana Caldwell; sie war zweiundzwanzig, und Fielden selbst hatte ihr an ebendiesem Wochenende einen Heiratsantrag gemacht, doch sie hatte abgelehnt. Obwohl sie keine klassische Schönheit war, wirkte sie mit ihren blaßblauen Augen und ihrem vollen blonden Haar äußerst anziehend. Mit ihrer Art, ganz plötzlich vor Freude zu strahlen, und ihrem lebendigen Lächeln hatte sie schon manchen Mann betört.

Connolly war selbst von Diana fasziniert, und später beschrieb er sie als «eine von jenen zarten Aschblonden, die es zu der Zeit gab, mit einer Vorliebe für Kleider und Juwelen, die sie vollendet trugen, und einem Hang, sich das Leben angenehm zu gestalten und andere zu erfreuen. Nur der konnte ihre blaßblauen Augen als kalt bezeichnen, dem sie noch nicht zugelächelt hatte, und nur der konnte ihren Mund streng nennen, der ihn noch nicht geküßt hatte.»

Sie galt bereits als ein gesellschaftliches Ereignis, von dem man sprach: Sie tanzte in London, ging in Warwickshire auf die Jagd und flog mit ihrem eigenen Flugzeug nach Le Touquet, Wien und Budapest.

Ihr Vater, Seymour Caldwell vom Red House in Hove, Sussex, betätigte sich seit seiner Schulzeit in Eton als Spieler und als sonst gar nichts, ihre Mutter war eine Schönheit. Diana war kurz mit einem Playboy und Musiker namens Vernon Motion verheiratet gewesen, der bei Carroll Gibbons und seinen Savoy Orpheans das zweite Klavier spielte. Auf Partys war er sehr gefragt, aber seine Familie wollte nichts mit ihm zu tun haben. Kurz nach der Heirat hatte sich Diana wegen Ehebruchs von ihm scheiden lassen. Zur

Zeit, als Broughton sie kennenlernte, lautete ihre Adresse: Duke Street Nr. 4, Manchester Square, London.

Sie hatte sich mit großem Interesse der Welt des Rennsports und der Jagd zugewandt, hatte ein Pony im Jagdrevier von Grafton in Warwickshire im Stall und verbrachte während der Jagdsaison die meisten Wochenenden dort. Ihr graues Pony konnte über die höchsten Umzäunungen springen – mit merkwürdigen Schlangenbewegungen hob es sich vom Boden ab –, und Diana wurde oft gebeten, das Feld anzuführen, was sich bestens dazu eignete, die Aufmerksamkeit vieler Verehrer auf sich zu ziehen. In London unterhielt sie mit ihrer Freundin Betty Somerset in Bruton Mews nahe der Bond Street einen Cocktail-Club namens «Blaue Gans». Sie führte ein aufreibendes gesellschaftliches Leben, und sie benutzte ihr Flugzeug, um quer durch Europa dem Vergnügen nachzujagen. Sie flog mit der bekannten Fliegerin Amy Mollison und schloß sich einer exklusiven Gruppe von fliegenden Aristokraten an, zu denen auch der österreichische Vizekanzler Prinz Starhemberg gehörte. Sie pflegten sich in Budapest zu treffen, und irgendwie schaffte es der Korrespondent des *Tatler* immer, ebenfalls dort zu sein. So wurden die beiden etwa fotografiert, als sie in Badesachen in einem Ruderboot saßen, Diana mit ihren Schuhen in der Hand. Der Mode entsprechend hatte sie ein wenig zugenommen.

Vielleicht war es die bittere Erfahrung ihrer ersten Ehe, die Diana dazu veranlaßte, sich nach einem älteren Mann umzusehen. Broughton seinerseits konnte sein Glück kaum fassen. Als einsamer Mann mittleren Alters – Vera war nur selten zu Hause – hatte er nur noch einen Wunsch: um seiner selbst willen geliebt zu werden oder, wenn das nicht sein konnte, wenigstens jemanden lieben zu dürfen, der entzückend anzuschauen und nicht langweilig war. Die kühle Förmlichkeit Diana Caldwells machte einen Teil ihrer Attraktivität aus. Es war modern, erwachsen, blasiert und langweilig zu sein – eine Reaktion auf die emotionale Ausgelassenheit der zwanziger Jahre. Ihr ganzes Leben lang löste sie bei anderen Frauen Mißtrauen und Eifersucht aus. Leute, die sie persönlich kannten, erinnern sich noch recht lebhaft an sie, vor allem an das besondere «Rot» des Lippenstifts, das sie für die Jagd benutzte und das man für ein bißchen «zu gewagt» hielt, und daran, daß sie als Gefahr galt. Ihren Erfolg bei Männern versuchte man schon damals mit der Andeutung zu schmälern, sie sei zäh, raffiniert und etwas «gewöhnlich» – mit dieser typisch englischen Beleidigung wird sonst eher die Herkunft einer Person innerhalb einer bestimmten gesellschaftlichen Gruppe kritisiert als der persönliche Stil. In den Augen der besonders ausgeprägten Snobs der dreißiger Jahre hatte Diana nun mal den Fehler, daß sie die Herzen der begehrtesten jungen Männer im Sturm eroberte, ihren Konkurrentinnen aber zur Erleichterung nichts bot, was sie in *Burke's* hätten nachlesen können.

Was ihre gesellschaftlichen Ambitionen betraf, wurde sie mit den beiden Ehefrauen von Valentine, Viscount Castlerosse, verglichen. Man behauptete beispielsweise, sie habe dieselbe große Vorliebe für Schmuck wie dessen erste Frau Doris Delavigne, die als «Mrs. Goldsmith und Silversmith» bezeichnet wurde und angeblich, wenn sie sich bekreuzigte, vor sich hin murmelte: «Diadem, Brosche, Klips, Klips.» Im Jahre 1968 sagte eine Frau über Diana: «Sie hatte dieselben kalten, grausamen Augen wie Enid Kenmare [Valentines zweite Frau].» Dianas eigene Vorbilder waren wohl eher Hollywood-Stars wie Carole Lombard und Constance Bennett und aus dem englischen Adel Diana Mosley, die schönste der Mitford-Schwestern. Ihre adligen Rivalinnen jedoch, die sie für eine Aufsteigerin hielten, verglichen sie mit Jean Harlow.

Diana wurde oft fotografiert. 1937 machte Lenare ein Porträt von ihr, auf dem sie gedankenverloren in die Ferne blickt, den hübschen Hals noch ohne Perlen, und veröffentlichte es im *Sketch*, als sie Brautjungfer bei Lady Patricia McKays Hochzeit war. Ein Foto von 1939 im *Tatler* zeigt sie mit einem auffallenden Filzhut beim Leopardstown-Rennen in Irland. Sie wurde häufig in Begleitung eines gutaussehenden jungen Offiziers namens Hugh Dickinson fotografiert. Dickinson war tatsächlich immer in Dianas Nähe, und er war auch ein häufiger Gast in Doddington.

Doch nun betrachtete Broughton sich als Dianas wichtigsten «Freier», und er fing an, von ihr als von «meiner Blondine» zu sprechen. Sie waren offensichtlich kein eifersüchtiges Paar, und er hatte nichts gegen die nächtlichen Bälle, das ungestüme Treiben, die Fliegerei und die vielen Verehrer einzuwenden. Er ermutigte sie sogar dazu. Er blieb allein in Doddington, während Diana etwa in London den Club 400 am Leicester Square besuchte.

Ein damals einundzwanzigjähriges Mitglied des Clubs erinnert sich daran, daß Diana um das Jahr 1938 herum einmal zusammen mit Broughton dort war.

> Er schien sehr viel älter zu sein als die anderen Männer, und er machte einen ziemlich merkwürdigen und niedergeschlagenen Eindruck. Im Club 400 ging es damals immer sehr toll und glanzvoll zu und her. Auch sie kam mir älter vor, und dabei war der Altersunterschied zwischen uns nur sehr gering. Ich hielt sie nicht für eine überragende Schönheit. Sie hatte eher grobe Gesichtszüge und sah nicht sehr vornehm aus. Sie war auch nicht besonders schlank oder groß. Sie hatte einen Wust blonder Haare, und sie trug ein Make-up, das ihrem Gesicht ein «natürliches Aussehen» verleihen sollte.

Diana Caldwell war ungefähr im selben Alter wie Broughtons Kinder, und als sich zwischen ihr und Broughton eine Beziehung anbahnte, gab es zunehmend Schwierigkeiten mit ihnen und mit Vera. Die Partys in Doddington wurden deshalb immer seltener.

Eine Freundin der Broughtons in diesen Jahren vor dem Krieg – ich werde sie Harriet nennen – erinnert sich daran, daß Broughton in dieser Zeit immer einsamer wurde und daß der Gatsby-Stil das Leben in Doddington völlig beherrschte. Harriet war eine lebenslustige, junge geschiedene Frau und hatte Broughton Ende der dreißiger Jahre in Highclere bei Lord Carnarvon kennengelernt. Sie fand ihn damals charmant, aber auch verschlagen und skrupellos – ein lustloser Lebemann mit Häusern und Ställen und einem ziemlich übertriebenen Standesbewußtsein. Bei einem Dinner sagte Harriet einmal zu ihm, sie würde gern eine Million Pfund im Jahr ausgeben.

«Das würden Sie nie schaffen», gab er zur Antwort.

«Was ist die größte Summe, die Sie jemals ausgegeben haben?» fragte sie.

Broughton erwiderte: «In einem guten Jahr – ich glaube, es war 1926 – habe ich mal 120000 Pfund ausgegeben. Die ersten 80000 gingen ziemlich leicht weg, aber wenn man nicht gerade ein Spieler ist, dann ist der Rest reine Verschwendung.»

Sie wurden Freunde, und Broughton lud Harriet nach Doddington ein. Er rief sie an, um ihr zu sagen, daß keine große Party stattfinden werde und daß nur seine «Blondine» da sei. Harriet, eine ausgewachsene Snobistin – was sie auch selbst zugab –, konnte Diana absolut nicht leiden. Sie erklärte ihm, sie könne nicht kommen, «weil ich nicht will, daß ich dort zu jemandem höflich sein muß, den ich anderswo schneiden würde». Ihr Vater hatte ihr geraten, am Telefon nicht unverschämt zu werden: sie solle einfach sagen, sie könne nicht kommen.

Broughton versprach schließlich, Diana werde am Wochenende nicht da sein, und Harriet ließ sich dazu überreden, ihre Meinung zu ändern.

Bei ihrer Ankunft wurde sie in die lange Galerie geführt, und es wurde Champagner gereicht (Broughton verabscheute damals Cocktails). Diana Caldwell stand neben dem Kamin. Harriet reagierte sofort: «Ich glaube, ich sollte mit dem nächsten Zug zurück nach London fahren.» Sie erinnert sich, daß Broughton darauf sagte: «Mach kein Theater, Darling, das ist gar nicht nötig. Sie wird den Zug nehmen.» Diana war am Freitag gekommen, um auf die Jagd zu gehen, und sie hatte bereits geplant, nach London zurückzufahren. Ob sie gemerkt hatte, was gespielt wurde, oder nicht, es war auf jeden Fall ein unverzeihlicher Affront. Als Diana auf dem Weg zum Bahnhof nach Crewe war, fragte Harriet Broughton, was er ihr erzählt habe. «Mehr oder weniger das, was Sie mir gesagt haben», entgegnete Broughton. «Ich sagte: ‹Wie furchtbar›», berichtete Harriet, «aber wissen Sie was? Ich glaube, es war ihm völlig egal.»

Harriet war der Meinung, daß Broughtons erste Liebe ohnehin dem Geld galt und daß ihm an Frauen im Grunde gar nichts lag. Er war zwar sexuell bis zu einem gewissen Grad interessiert, aber er akzeptierte es – zumindest in ihrem Fall – ohne Umschweife, wenn er abgewiesen wurde. Daß er sie spät in der Nacht in ihrem Zimmer aufsuchte, war für sie eher ein Zeichen dafür, daß er einsam war und das Bedürfnis nach Verständnis und Zuneigung hatte – ein Bedürfnis, das übrigens auch der Earl of Antrim an Broughton zu bemerken glaubte. Vielleicht war Broughton in der Wahl seiner Frauen sogar ein wenig masochistisch – insbesondere Vera und Diana waren eher dominierende

Persönlichkeiten –, was ein Vermächtnis seiner unglücklichen Kindheit sein könnte.

Im Jahre 1938 zeigten sich Broughton und Vera anläßlich der Hochzeit ihrer Tochter Rosamund mit Lord Lovat zum letztenmal gemeinsam in der Öffentlichkeit. Im darauffolgenden Jahr verkaufte Broughton weitere fünfzehntausend Hektar Land, was den Besitz in Doddington auf weniger als viertausend Hektar reduzierte. Den anderen Landsitz, Broughton House in Staffordshire, hatte er bereits veräußert, und es gingen Gerüchte um, er sei hoch verschuldet und ihm seien bei seinen Investitionen katastrophale Fehler unterlaufen. Obwohl er vorgab, bei den Rennen nichts zu investieren, hatte er wahrscheinlich hohe Wettverluste einstecken müssen. Anders läßt sich der rasche Zerfall des Familienbesitzes kaum erklären. «Reine Verschwendung» konnte jedenfalls nicht der einzige Grund sein, denn die Verwaltung des Besitzes lag rechtmäßig in den Händen der Vermögensverwalter.

Im selben Jahr brachte Broughton zwei Einbrüche zur Anzeige und kassierte die Versicherungssumme. Im Sommer waren es die für siebzehntausend Pfund versicherten Broughton-Perlen, die aus dem Handschuhfach von Miss Caldwells Wagen verschwanden, während er vor einem vornehmen Restaurant an der Côte d'Azur geparkt war. Man dinierte dort gerade unter anderem mit Rory More O'Ferrall, Mark Pilkington und Dianas altem Freund Hugh Dickinson. Broughton selbst war in England. Wie Dickinson so treffend bemerkte, war es wirklich «verdammt unklug gewesen, die Perlen im Handschuhfach zu lassen». Im Oktober brach ein Dieb in Doddington ein, während Broughton in London weilte, schnitt drei Familienporträts aus den Rahmen, darunter zwei Romneys: auch diese waren erst vor kurzem hoch versichert worden. Der Dieb war durch ein offenes Fenster im ersten Stock ins Haus gelangt, nachdem er zunächst versucht hatte, eine Fensterscheibe im Erdgeschoß mit einem Diamanten herauszuschneiden.

Harriet erinnert sich an eine Unterhaltung mit Broughton, bei der es um einen Freund ging, der gerade die Versicherungssumme für drei abgebrannte Häuser kassiert hatte. Broughton hatte ihn bei der Gelegenheit als «sehr erfolgreich» bezeichnet.

«Wissen Sie eigentlich, was Sie da sagen?» fragte Harriet. «Sie unterstellen ihm, drei Häuser in Brand gesteckt zu haben, um danach das Geld zu kassieren.»

«Ich wollte damit nur sagen, daß für ihn alles gut gelaufen ist», antwortete Broughton. «Aber, im Grunde, wenn er das Geld brauchte, tja, warum eigentlich nicht?»

Im Jahre 1939 starb Lord Moynes Frau, und Vera, die sich Hoffnungen auf eine Heirat machte, reichte die Scheidung ein. Broughton war überrascht und tief verletzt. Er hatte Veras Affäre zwar geduldet, aber sie nun zu verlieren war ein schwerer Schlag für seine Eitelkeit. Außerdem würde er die seit fünfundzwanzig Jahren vertrauten Gewohnheiten vermissen, obwohl es eine schwere und einsame Zeit gewesen war. Im August schrieb er an Harriet, er sei verzweifelt, er habe das Gefühl, sein Leben gerate aus den Fugen und es sei ganz allein seine Schuld, daß Vera ihn verlassen habe. Harriet erinnert sich daran, daß er einmal gesagt hatte, Vera sei die einzige Frau, die er je geliebt habe. Sie habe diese für ihn ungewöhnlichen Worte nie vergessen, weil sie ihn immer für einen äußerst zynischen Menschen gehalten habe.

Schließlich reagierte Broughton auf Veras Scheidungsklage mit einem Heiratsantrag an Diana und mit Plänen, nach Kenia auszuwandern. Er müsse sich dort ohnehin um seine Besitzungen kümmern, und er glaube, sein Land im Krieg wirkungsvoll unterstützen zu können, indem er dazu beitrage, die in Kenia stationierten Truppen mit Nahrung zu versorgen. Es gab aber andere Gründe, England zu verlassen. Abgesehen von den Schulden war England im Jahre 1940 ebensowenig ein gemütlicher Platz zum Verweilen, wie es 1914 ein sicherer Hort gewesen war. Diana war sehr daran gelegen, den Vorschlag anzunehmen, und auch ihre Gründe schienen eher negativer Natur. Ihr Vater war kurz zuvor gestorben, und ihre Mutter hatte sich schon immer wenig um sie gekümmert. Alle ihre engen Freunde waren im Krieg oder hatten geheiratet, und auch sie hatte das Gefühl, ihr Leben gerate aus den Fugen. Nicht alle hielten die Heirat für eine gute Idee, und Harriet betrachtete sie als eine regelrechte Katastrophe.

Broughton und Diana fuhren mit dem Schiff zuerst nach Südafrika. Sie hatten erfahren, daß man für Kenia eine Einreisegenehmigung benötigte, weil die Unterkünfte in Nairobi knapp waren. Während sie darauf warteten, traf aus London die Nachricht ein, daß die Scheidung von Vera und Broughton rechtskräftig sei. Doch Broughtons Heirat mit Diana folgte nicht sofort. Cockie Hoogterp, die damalige Baroness Blixen (Bror Blixens zweite Frau nach Tania Blixen), sah die beiden ein paar Wochen, bevor die Trauung endlich stattfand, in Johannesburg, und sie bemerkte bei Diana eine gewisse Unsicherheit. Cockie hatte sich mit Broughton zum Essen verabredet, und als ihr Mann unerwartet aus dem Krieg auf Urlaub kam, schlug sie vor, zu viert auszugehen. «Jock meinte, wir sollten es lieber auf ein anderes Mal verschieben», erzählte sie. «Als ich mich dann später mit ihm traf und ihm sagte, wir hätten eine nette *partie carrée* abgegeben, meinte er: ‹Oh, Diana und ich gehen nie zusammen aus. Ich gehe immer allein aus.›» Auf der Fahrt zum Country Club fragte Cockie Broughton, ob es ihm ernst damit sei, Diana zu heiraten. «Man soll den Tag nicht vor dem Abend loben», lautete seine Antwort.

Cockie fing an, sich über das Glück ihres alten Freundes Sorgen zu machen. «Jock bat mich, niemandem in Kenia etwas von Diana zu berichten. Er hatte bereits um eine Einreiseerlaubnis nachgesucht und den Eindruck vermittelt, die Lady Broughton, die er mitbringen würde, sei Vera.» Sie schrieb aber trotzdem, und zwar an Lord Francis Scott. «Jock fragte mich, was ich geschrieben hätte, und ich sagte es ihm: daß er mit einem außerordentlich bezaubernden Mädchen zusammen sei, aber daß ich der Ansicht sei, sie habe ein Herz aus Stahl und sei nur aufs Geld aus. Er meinte daraufhin: ‹Da haben Sie unrecht, sie ist überhaupt nicht so.› Vielleicht hatte ich am Ende wirklich unrecht.

Als ich Diana ein wenig kannte, fragte mich Jock, ob ihr Nairobi wohl gefallen werde. Ich sagte ihm, sie werde mit Sicherheit von Nairobi begeistert sein, aber gleichzeitig wollte ich von ihm wissen, ob er bemerkt habe, daß sämtliche Männer buchstäblich vor ihr auf die Knie fielen. Und er antwortete: ‹Oh, das ist schon in Ordnung. Ich bin überhaupt nicht eifersüchtig.› Ich dachte unwillkürlich: Was für ein Glück für Sie.»

Sechs Wochen vor der Hochzeit hatte Broughton mit Diana eine seltsame Vereinbarung getroffen, die nichts mit der eigentlichen Eheschließung zu tun hatte. Broughton erklärte sich angesichts des Altersunterschiedes bereit, für den Fall, daß sich Diana in einen jüngeren Mann verlieben sollte und sich scheiden lassen wollte, ihr nicht im Weg zu stehen und ihr für die Dauer von mindestens sieben Jahren nach der Scheidung einen Betrag von fünftausend Pfund im Jahr zur Verfügung zu stellen. Es war eine überaus großzügige Abmachung. An Diana wurden keinerlei Ansprüche gestellt, und es sah ganz danach aus, als erwarte Broughton recht wenig von dieser Ehe.

Die Trauung fand am 5. November 1940 auf einem Standesamt in Durban statt.

– 6 –
Bis zum Morgengrauen

Das frisch vermählte Paar kam am 12. November 1940 mit dem Schiff in Mombasa an und traf dort kurz mit Hugh Dickinson zusammen, der offiziell als Leutnant des Signal Corps nach Kenia abkommandiert worden war. In Wirklichkeit hatte Dickinson, obwohl er verheiratet war, um seine Versetzung gebeten, um in Dianas Nähe zu sein. Er war selbst erst fünf Tage zuvor in Mombasa eingetroffen. Noch am selben Tag flogen die Broughtons mit ihrer neuen Hausangestellten Dorothy Wilks nach Nairobi weiter.

Im selben Flugzeug saß ein Typ namens John Carberry, der den Ruf eines sadistischen Teufels hatte und dessen Abenteuer jedem Neuankömmling in Kenia rasch zu Ohren kamen. Seine Frau June erwartete ihn am Flughafen von Nairobi, und schon kurz nach dieser ersten Begegnung knüpften June und Diana eine Verbindung an und wurden bald «die besten Freundinnen».

Irgendwann in seiner Jugend, vielleicht auf der Schule, muß Carberry, der als John Evans-Freke geboren worden war und im Jahre 1898 im Alter von sechs Jahren die Titel 10. Baron und 3. Baronet Carbery geerbt hatte (der Titel wurde im Gegensatz zum Familiennamen mit einem r geschrieben), eine heftige Abneigung gegen sein Heimatland England sowie eine ebenso heftige Passion für Amerika ergriffen haben. Er war in Harrow, am Trinity College in Cambridge, in der Schweiz und in Leipzig unterrichtet worden. Während des Ersten Weltkrieges hatte er im Flugdienst der Marine gedient und im Jahre 1919 die amerikanische Einbürgerungsurkunde erhalten, die ihm jedoch wegen Beteiligung am verbotenen Schwarzhandel mit Alkohol wieder entzogen wurde. 1920 hatte er in Kenia seinen Titel abgelegt und seinen Namen in John Evans Carberry geändert. Sogar einen amerikanischen Akzent hatte er sich zugelegt. Seine erste Frau hatte sich 1919 wegen Brutalität von ihm scheiden lassen. Seine zweite Frau, die Pilotin Maria Anderson, war 1928 bei einem Flugzeugabsturz ums Leben gekommen. Ihre Tochter Juanita ist der Ansicht, sie habe Selbstmord begangen, weil sie die Schikanen und die Brutalität ihres Mannes nicht mehr ausgehalten habe.

Carberry war mittlerweile zum waschechten Sympathisanten der Nazis geworden, und zwar vor allem deshalb, weil er dadurch seine Haßgefühle gegen England ausdrücken konnte. Anfang des Jahres 1940 hatte er auf einer Hochzeitsfeier im White-Rhino-Hotel in Nyeri den Toast «Lang lebe Deutschland! Zum Teufel mit England!» ausgebracht. Man hatte ihn daraufhin bei der Polizei angezeigt, doch dort hielt man es für das beste, die Sache auf sich beruhen zu lassen.

Vierzig Jahre später sagte eine Frau, die ihn damals gekannt hatte und die sich noch sehr lebhaft an seine Ausstrahlung erinnern konnte, über ihn: «Er war nicht nur groß und gutaussehend, sondern hatte eine Art, den Strand von Malindi entlangzuschlendern, die schlicht faszinierend war.» Carberry besaß ein Haus in Malindi, eine eigene Start- und Lande-Bahn – er hatte als Flieger schon viele Trophäen gewonnen – und eine Bar namens Eden Roc, wo die Anzahl der Getränke mit Murmeln gezählt wurde. Ihm gehörten außerdem ein Haus und eine Ranch namens Seremai in Nyeri (was in der Sprache der Massai soviel wie «Ort des Todes» bedeutet), einst Schauplatz blutiger Kämpfe zwischen den Kikuyu und den Massai. Dort befand sich auch seine Alkoholbrennerei. Mit seinem Partner Maxwell Trench, der von seinen jamaikanischen Eltern wußte, wie Zuckerrohr destilliert wurde, stellte er billigen Gin, Jamaika-Rum, Pfefferminzlikör und Eau de Cologne her.

Im Jahre 1930 heiratete Carberry zum drittenmal. Seine Auserwählte hieß June Mosley, und sie war offensichtlich die einzige Frau, die sein abscheuliches Benehmen ertragen konnte. Dushka Repton erinnert sich an eine Begegnung mit den beiden im selben Jahr in Paris.

> Mit siebzehn konnte sie kaum bis drei zählen, und sie war verdammt gewöhnlich. J. C. stellte sie als sein «Baby» vor. «Das ist mein dummes Baby», sagte er mit breitem amerikanischem Akzent. Irgendein *Baby*. Wir gingen zum Essen aus. Ihre Kleidung war scheußlich. Sie trug ein scharlachrotes Kleid und einen weinroten Hut, und es sah wirklich

grauenhaft und billig aus. Ich glaube, sie trug auch noch braune Schuhe dazu. Ich fragte: «Wo zum Teufel haben Sie diese Sachen her?» Immerhin war sie sehr hübsch. Sie hatte große, vielleicht ein wenig zu große Augen, lange Wimpern, langes Haar und stark geschminkte Lippen. Sie sah aus wie ein sehr hübsches Revue-Girl. Als sie Carberry heiratete, wollte sie keinerlei Geschenke haben, und sie ging sehr sparsam mit seinem Geld um. Kurz nachdem er sie kennengelernt hatte, hatte Carberry sie im Flugzeug mitgenommen und sie gefragt, ob er ihr ein paar Kunststücke vorführen solle: «Na, Baby, soll ich dir mal ein bißchen was zeigen?» Sie öffnete ihren Sicherheitsgurt, um zu beweisen, daß sie kein Feigling war. Zum Glück ging alles gut, und sie hat damit seine Achtung gewonnen.

Später wurde June Carberry einmal als eine «entsetzlich unnatürliche Blondine» beschrieben. «Tiefe Baßstimme. Zäh wie Leder. Aber ein wundervoller Mensch, warmherzig und ganz ohne Argwohn. Teilt man sie in zwei Hälften, wird man in der Hauptsache Gin finden.»

June trank aber in Wirklichkeit Brandy und Soda, und zwar den ganzen Tag. Außerdem war sie Kettenraucherin. Carberry trank auch, aber niemals nach dem Dinner. Die beiden hatten einen schrecklichen Umgangston, und es gab äußerst heftige Auseinandersetzungen, doch Carberry verehrte seine Frau und bewunderte ihre Zähigkeit. Sie hatte zahlreiche Affären, und Carberry hatte in der Regel nichts dagegen einzuwenden. Aber es gab Ausnahmen. June machte sich einmal während der Abwesenheit ihres Mannes mit Derek Fisher auf den Weg nach Meru, und Carberry kam unerwartet nach Hause. Als er entdeckte, daß seine Frau nicht da war, stieg er wieder in sein Flugzeug und holte die beiden ein. Sie durchquerten gerade die Ebene von Cole. Er hatte das Flugzeug mit Steinen von mittlerer Größe vollgeladen und begann damit den Wagen zu bombardieren.

Weil Carberry so groß war und wegen jeder Kleinigkeit mit der Peitsche nach ihnen schlug, nannten die Diener ihn «Msharisha» – so heißt bei den Massai die lange Peitsche, mit der die Ochsen angetrieben werden. Seine Einstellung den Afrikanern gegenüber kommt vielleicht am deutlichsten in den Worten von Lady Altrincham zum Ausdruck: «Ich mochte ihn überhaupt nicht. Als einmal ein wenig Benzin weggekommen war, sagte er: ‹Strafen Sie den Boy dafür.› Ich entgegnete: ‹Aber er war es doch gar nicht.› Darauf sagte er: ‹Das spielt doch keine Rolle.›»

Tiere wie Menschen waren Carberrys ausgesprochenem Hang zum Sadismus ausgesetzt. So hatte er zum Beispiel einmal eine besondere Abneigung gegen ein Huhn, das June aufgenommen hatte und das eine bevorzugte Stellung genoß. Er war einfach eifersüchtig, weil June, die Tiere liebte, das Huhn verwöhnte. Als es sogar seine Eier auf das Sofa legen durfte, ging ihm die Galle über. Das Huhn, so erklärte er, müsse endlich einem Tauglichkeitstest unterzogen werden. Er wettete mit dem Verwalter von Seremai, daß es fliegen würde, wenn er es aus dem Flugzeug warf, oder daß es zumindest gut genug fliegen würde, um zu überleben. Damalige Gäste von Seremai erinnern sich, daß das Huhn wie ein Stein aus Carberrys Flugzeug fiel. Es sah aus, als wäre es tot, doch einige Stunden später fand man es mit Schlagseite durch die Kaffeepflanzung humpeln. Darauf durfte es seine Privilegien wieder in Anspruch nehmen.

Die Broughtons hatten am Tag, an dem sie ankamen (12. November), im Muthaiga Club einen Tisch für drei Personen reservieren lassen. Sie wollten so lange dort wohnen, bis sie ein passendes Haus gefunden hatten. Ihr Gast war Gwladys Delamere, Mayor von Nairobi. Broughton hatte während der Zeit ihrer ersten Ehe in England engen Kontakt mit ihr gepflegt und betrachtete sie als gute Freundin. Gwladys beherrschte außerdem das gesellschaftliche Leben in Nairobi, und Broughton tat gut daran, zuerst ausschließlich ihr seine Aufwartung zu machen; dies vor allem, falls auch Gwladys der Meinung sein sollte, er komme mit Vera. Diana würde ihrer Zustimmung bedürfen.

Als Broughton an der Portiersloge vorbeiging und die Aufenthaltsräume des Clubs betrat, muß ihm nach dreizehnjähriger Abwesenheit aufgefallen sein, daß der Club einiges von seiner Vornehmheit eingebüßt hatte. Damals war er unter der Woche fast leer gewesen, und jetzt ging es dort zu wie in einem Bienenstock. Es wimmelte nur so von Offizieren aus Südafrika und von solchen, die gerade auf dem Weg von England nach Kairo oder umgekehrt waren. Nairobi und der Muthaiga Club waren zu Zentren für Soldaten auf Urlaub geworden.

Gwladys nahm das frisch verheiratete Paar an diesem Tag sowohl beim Mittagessen als auch beim Abendessen in Beschlag und lud einen weiteren Gast dazu ein. Es war Broughtons ehemaliger Mitschüler Jack Soames, der von seiner Farm in Nanyuki kam. Es gab viel zu erzählen: England unter Verdunkelung, die Schwierigkeit, ein Gut während des Krieges in Schuß zu halten, Tratsch aus dem Turf Club. Vor dem Essen bestellten sie Champagner. Dann kam das Gespräch unweigerlich auf die Frage, weshalb Broughton England verlassen habe. Er gab zur Antwort, daß es für einen Mann seines Alters während des Krieges in England keine geeignete Aufgabe gebe. Außerdem sei er der Meinung, daß ein neues Leben auch einen neuen Lebensraum verdiene, und er freue sich darauf, Diana dieses Land zu zeigen.

Fast unmittelbar nach ihrer Ankunft unternahmen die beiden eine Reise ins Landesinnere, weil Broughton Diana seinen alten Freunden vorstellen wollte. Sie besuchten Lord Francis Scott, Mervyn Ridley, Soames sowie «Boy» und Paula Long. Die Longs sahen Diana zum erstenmal, und sie waren etwas vor den Kopf gestoßen, als die frischgebackene Braut in Gegenwart ihres Mannes und ihrer Gastgeber sagte: «Ich teile nicht etwa das Zimmer mit diesem fiesen alten Kerl. Ich bestehe darauf, ein eigenes Zimmer zu bekommen.» Dies gehörte offenbar zum mündlichen Teil der Vereinbarung. Weder vor noch nach der Hochzeit nahmen Broughton und Diana je ein gemeinsames Zimmer. Während Broughton offensichtlich noch immer völlig in Diana vernarrt war, schien sie die Beziehung nach all den Jahren, in denen sie wenigstens halbwegs frei gewesen war und fliegen, tanzen und mit ihren Kavalieren in den Club 400 hatte entfliehen können, bereits unerträglich zu finden.

Dianas Eindruck von ehemaligen Eton-Schülern im Ausland dürfte sich durch den Besuch bei «Kommandant» Soames in Burgeret wohl kaum verbessert haben. Soames war in der Schule Broughtons Klassenkamerad gewesen, und die lange Kenia-Reise von 1923 hatten sie gemeinsam unternommen – für Broughton war es das zweite Mal gewesen. Soames war inzwischen bereits seit mehr als zehn Jahren von Nina Drury geschieden. Obwohl sie nie direkt unter seinen seltsamen Gewohnheiten und inneren Zwängen zu leiden gehabt hatte – alles geschah heimlich –, hatte sie Bescheid gewußt. «Er konnte zu den Leuten so charmant sein, daß sie sich seiner anderen Seite kaum bewußt wurden», sagte sie. Soames hatte eine krankhafte Phantasie entwickelt und war ein Voyeur übelster Sorte geworden. Er pflegte Löcher in die Decken über den Gästeschlafzimmern zu bohren, um hindurchzustarren.

«Schon vor unserer Heirat war das alles ziemlich schlimm geworden», erklärte Nina Drury, «und die Leute begannen, ihn zu meiden.»

Auch dem Personal gegenüber war er stets schlechtgelaunt und tyrannisch. Einmal beschwerte sich ein Gast, der Boy habe ihm «das Bad versaut», weil er den Stöpsel nicht richtig in den Abfluß gesteckt habe und deshalb das heiße Wasser abgelaufen sei. Soames nahm ein Gewehr, jagte den verängstigten Boy durch das ganze Haus und schrie ständig, er werde ihn umbringen. Als Gloria, seine damalige Geliebte und spätere Frau, zum Diener, der den Tee servierte, sagte, er könne den Rest des Schokoladenkuchens haben, bemerkte Soames: «Du wirst diesen Pavianen keinen Kuchen geben, hörst du?»

Als ihm eines Morgens gerade nichts Besseres einfiel, womit er seine Gäste unterhalten konnte, schlug Soames Zielschießen vor. Niemand mußte daran erinnert werden, daß gerade ein Krieg im Gang war. Broughton war sogleich einverstanden. Seiner Meinung nach war es ohnehin notwendig, daß Diana lernte, mit einem Revolver umzugehen. Eine Zielscheibe wurde aufgestellt, und Broughton, Diana und Soames gaben unter den prüfenden Blicken der übrigen Gäste fünfzig bis sechzig Schuß ab. Während Diana die Zielscheibe fast immer traf, gingen die meisten Schüsse von Broughton daneben.

Broughton und Diana kehrten um den 25. November herum nach Nairobi zurück. Broughton reiste jedoch fast umgehend wieder ab, um seine Farm am Naivasha-See zu besuchen, an der ihm viel lag. Deshalb war er am 30. November, an dem im Muthaiga Club der Caledonian Ball stattfand, nicht anwesend. Es war der Abend, an dem sich Joss Erroll und Diana zum erstenmal sahen.

Diana war oben in ihrem Zimmer gewesen, um noch vor dem Essen einige Briefe zu schreiben. Als sie die Treppe herunterkam, sah sie drei Männer auf dem Sofa sitzen. Alle lachten, und einer von ihnen trug einen Schottenrock. Als sich ihre Blicke trafen, so erinnerte sie sich später, «hatte ich ein seltsames Gefühl, ich weiß nicht, ob Sie verstehen, was ich meine; mir war, als wäre ich von diesem Augenblick an plötzlich das Wichtigste in seinem Leben». Erroll bat sie, mit ihm zu essen. Sie wollte wissen, wie viele Leute anwesend sein würden. Sie wußte nur zu gut, daß es für sie unmöglich war, mit ihm allein zu sein, ohne ihm ihre Gefühle zu verraten. Schließlich war sie noch nicht einmal einen Monat verheiratet. Erroll jedoch war frei. Seine Ehen gehörten der Vergangenheit an, und seine gegenwärtige Affäre mit Mrs. Wirewater beschränkte sich im Augenblick auf einen regen Briefwechsel zwischen Nairobi und Kapstadt, wo besagte Dame gerade ihre Kinder auf einer Schule unterbrachte.

Als sie das erste Mal allein waren, aber noch vor der ersten Umarmung, und bevor, wie Diana es umschrieb, «in irgendeiner Form irgend etwas geschehen wäre», ganz zu schweigen von einer gegenseitigen Liebeserklärung, sagte Eroll zu ihr: «Wer soll es Jock sagen? Du oder ich?» Dies geschah fast sechs Wochen, bevor Erroll und Broughton wirklich miteinander darüber sprachen. In der Zwischenzeit hatte sich Diana zum erstenmal in ihrem Leben richtig verliebt.

Als Broughton zwei Tage später nach Nairobi zurückkehrte, gewöhnten er und Diana sich allmählich an einen steten Rhythmus von Mittag- und Abendessen im Muthaiga Club, von Krocketspielen, Bridge, Backgammon und Teepartys. Erroll war fast ständig im Club. Das Militärhauptquartier, in dem er arbeitete, befand sich ganz in der Nähe, und auch sein Haus lag nur ein paar hundert Meter entfernt. Broughton, der ihn bereits von früheren Aufenthalten in Kenia her kannte, knüpfte Freundschaft mit ihm an. Schon Anfang Dezember war es selten, daß Broughton und Diana beim Essen ohne Erroll am Tisch saßen. Selbst wenn Diana etwas anderes vorhatte, aßen Broughton und Erroll meist zusammen.

Die in den folgenden Beschreibungen angeführten Zitate von Broughton und anderen Personen, wie etwa Gwladys Delamere, stammen aus den handschriftlichen Protokollen des Gerichtsverfahrens, bei dem die Ereignisse bis in alle Einzelheiten rekonstruiert wurden. Die meisten sachlichen Informationen stammen aus dieser Quelle, doch habe ich auch einiges aus eigenen Interviews hinzugefügt, vor allem was die Gespräche zwischen Erroll und Diana betrifft.

Was hielt Broughton von Erroll? Er beschrieb ihn als einen «Hundertfünfzigprozentigen», aber auch als «einen der amüsantesten Männer, die ich je kennengelernt habe». (Broughton war ein Mensch, dem Unterhaltung über alles ging.) Außerdem schmeichelte es ihm, daß er die Aufmerksamkeit eines jüngeren Mannes auf sich zog. Es erinnerte ihn an die Zeit, als er selbst einer der glanzvollsten Offiziere der Irish Guards gewesen war.

«Wenn es überhaupt möglich ist, daß man in nur zwei Monaten mit jemandem Freundschaft schließen kann», sagte er vor Gericht, «dann muß ich Joss Erroll als guten Freund bezeichnen.» Die gemeinsamen Mahlzeiten waren höchst vergnüglich. Broughton konnte seinen neuen Freund mit Geschichten vom Liverpool Cup, von den Veranstaltungen in London, von den merkwürdigen Fällen, die er sich als Friedensrichter in Nantwich hatte anhören müssen, und von den Affären seiner engsten Freunde in Erstaunen versetzen, und umgekehrt genoß er die Kostproben von Errolls beißendem Humor und seiner schamlosen Selbstoffenbarung.

Diana hatte inzwischen zwei ständige Begleiter – ihren alten Freund Hugh Dickinson und einen neuen, Major Richard («Dickie») Pembroke, der offiziell dienstlich nach Kenia versetzt worden war. In Wirklichkeit hatte sich Pembroke in die Frau eines Offizierskameraden bei den Coldstream Guards verliebt, und die Etikette des Regiments hatte verlangt, daß er um seine Versetzung bat. Die Dame war Major Pembroke jedoch nicht gefolgt, und er galt im gebräuchlichen Jargon deshalb als «überzählig». Gelegentlich spielte er mit Broughton Karten. Auch er verliebte sich in Diana. Sie hielt ihn für den langweiligsten Mann, dem sie je begegnet war, und sie erinnerte sich später, daß sie ihn nach ihrem ersten gemeinsamen Essen noch einmal nach seinem Namen gefragt hatte. «Dickie», lautete die Antwort, «Dickie Pembroke.»

Broughton ließ sich von Dianas «Abstechern» nicht beeindrukken. Sie hatten schließlich eine Abmachung getroffen; sie durfte sich amüsieren. Und doch schien er seinen Teil des Vertrags mit einer Genauigkeit einzuhalten, die über bloße Passivität hinausging. Er war geradezu begierig darauf, klarzumachen, daß er auf seinem Besitzanspruch nicht bestehe.

Am 5. Dezember übersiedelten die Broughtons vom Club in ihr Haus in Karen, einem Vorort von Nairobi, der nach der Baroness Blixen [bekannter unter dem Namen Tania Blixen] benannt worden war. Es war ein solides Gebäude im Sunningdale-Tudor-Stil mit zweiundzwanzig Hektar Land darum herum. Fünfzehn Diener wurden eingestellt und der Obhut von Dorothy Wilks und Chefboy Abdullah bin Ahmed unterstellt, letzterer ein «Fang» aus dem Muthaiga Club. Broughton wandte sich wegen eines Jobs an Sir Ferdinand Cavendish Bentinck, den Vorsitzenden des Production and Settlement Board und einen alten Bekannten von früher. Es sah ganz so aus, als wollten er und Diana sich für länger in Kenia einrichten.

Am 18. Dezember blieb Broughton ganz unerwartet in Errolls Haus in Muthaiga in der Nähe des Clubs und ließ Diana vier Nächte allein zu Hause. Sie sahen sich erst am 22. Dezember wieder, als Gwladys Delamere für sich und Diana im Club eine gemeinsame Geburtstagsparty mit vierundvierzig Gästen veranstaltete. Man tanzte «bis zum Morgengrauen», und dies sollte eine der letzten Abendgesellschaften des *ancien régime* sein. Auf der Gästeliste müssen viele von Errolls ehemaligen Geliebten gestanden haben, darunter Gwladys selbst, Alice de Janzé und möglicherweise auch Idina. Paula Long berichtete, daß Diana und Joss tanzten, «als ob sie aneinander klebten». Broughton meinte später, wenn zwei Menschen einander so leidenschaftlich begehrten, könne man nichts weiter tun als nachgeben oder weglaufen. Es war aber Krieg, und man konnte nirgendwohin laufen.

Über Weihnachten nahm die Affäre konkrete Formen an. Die meisten Freunde bemerkten, daß das neue Paar Anfang Januar unzertrennlich war – vor allem Dianas andere «ständigen» Begleiter. Dickie Pembroke meinte: «Jeder, der sie damals sah, hat gemerkt, daß sie verliebt waren.» Einige stellten sich als Komplizen zur Verfügung, besonders June Carberry, die auf alle Arten half, die Romanze zu begünstigen. Broughton wurde sich der Sache erst allmählich bewußt – zumindest schien es so, und so verhielt er sich auch.

Am 3. Januar führten sie Broughton gezielt hinters Licht. Diana und Erroll fuhren übers Wochenende zu Junes Haus nach Nyeri, während sich June diskret nach Malindi an die Küste begeben hatte. Am Montag, den 6. Januar, kehrten sie nach Nairobi zurück. Broughton fand unterdessen einen anonymen Brief in seinem Fach im Muthaiga Club, in dem stand:

> Gestern abend im Club schienen Sie furchtbar nervös zu sein. Was macht das Dreiecksverhältnis? Was werden Sie dagegen unternehmen?

Noch am selben Abend zeigte er Diana den Brief im Club und fragte: «Was hältst du davon?» Dann lachten sie beide darüber. Doch Broughton wußte, was geschehen war. Er hatte Diana auf eine Reise nach Ceylon, die für diesen Monat geplant war, angesprochen, und sie hatte sich damit entschuldigt, die Einrichtung des Hauses in Karen sei noch nicht fertig und sie müsse die Arbeit beaufsichtigen.

Broughton konnte dem Problem schließlich nicht mehr ausweichen, als er und Diana am 12. Januar eine Dinnerparty in Karen gaben. Am Tisch saßen Gerald Portman, Richard Pembroke, eine gewisse Miss Lampson, Erroll, die Broughtons und Gwladys. Gwladys verursachte an diesem Abend viel Wirbel, weil sie mit Major Portman einen Streit über den Beitrag Großbritanniens und der Kolonien zum Krieg vom Zaun brach. Das lautstarke Wortgefecht war nicht zu stoppen. Jemand zerbrach einen gläsernen Kerzenleuchter, als er mit der Faust auf den Tisch schlug.

«Wurde es danach besser?» wurde Portman später gefragt.

«Nicht im geringsten», entgegnete er. «Es war eine besonders hitzige Debatte. Sie war sogar so heftig, daß ich überzeugt bin, etwas sehr Persönliches steckte dahinter.»

Gwladys schrie einmal, warum zum Teufel Mr. Portman überhaupt hergekommen sei, wenn er so denke, wie er jetzt rede.

«Für den Anfang unseres Aufenthaltes war es ein recht unerfreuliches Dinner», erinnerte sich Broughton. «Lady Delamere [Gwladys] und Mr. Portman hatten einen furchtbaren Streit und beschimpften sich gegenseitig wie Taschendiebe; so etwas ist für einen Gastgeber immer peinlich. Wir gingen dann in den Raum, wo getanzt werden sollte und wo das Klavier steht. Anscheinend genügte ihnen der Streit im Eßzimmer noch nicht, denn sie fingen von neuem an, und ich muß sagen, das hat mich wirklich sehr geärgert. Das nächste, an das ich mich erinnern kann, ist, daß Lady Delamere und meine Frau nach oben ins Schlafzimmer meiner Frau gingen und etwa eine halbe Stunde dort blieben. Den Männern unten wurde es langweilig, weil sie niemanden hatten, mit dem sie tanzen konnten.»

Obwohl der Plattenspieler schließlich in Betrieb war, hatte Gwladys, die Mr. Portman und dem Krieg inzwischen den Rücken gekehrt und sich einem dringlicheren Thema zugewandt hatte, den Tanzboden tatsächlich leergefegt. Zuerst hatte Lord Erroll sie nach dem Essen in einem kleinen Raum im Erdgeschoß beiseite genommen. «Er sagte mir, er habe Lady Broughton gern, sehr gern sogar», berichtete Gwladys. «Er würde alles für sie tun, und er sei entschlossen, sie zu heiraten. Er sei noch nie so glücklich gewesen; er wollte wissen, ob ich sie möge. Er bat mich um Rat, und ich sagte ihm, er solle es Sir Delves offen eingestehen.» Was sagte er dazu? «Er meinte: ‹Sie entscheiden oft richtig. Ich werde darüber nachdenken und Ihnen Bescheid geben.›»

Danach kam Diana zu ihr, oder vielleicht war es auch Gwladys, die Diana mit ins Wohnzimmer nahm und fragte: «Wissen Sie, daß Joss Sie leidenschaftlich liebt?»

Diana antwortete: «Ja.»

«Was werden Sie unternehmen?» erkundigte sich Gwladys. Es war eine ihrer Lieblingsfragen.

Diana bot Gwladys an, ihr das neu eingerichtete Haus zu zeigen, und die Unterhaltung wurde in ihrem Schlafzimmer fortgesetzt. «Will er Sie heiraten?» fragte Gwladys weiter. Diana erwiderte, er wolle es tun. Gwladys erzählte Diana, wie gern sie Erroll habe und daß sie ihn glücklich sehen wolle; daß er mit seiner ersten Frau unglücklich gewesen und daß seine zweite Frau Molly zu alt für ihn gewesen sei. Sie deutete an, sie halte diese neue Liebe für Joss' erste Chance, wirklich glücklich zu werden. Diana antwortete, sie habe Broughton gern und wolle ihm nicht weh tun.

«Ja», sagte Gwladys, «aber er ist ein alter Mann, und er hat sein Leben gelebt. Packen Sie Ihr Glück beim Schopf, wo es sich Ihnen bietet. Es ist *Krieg*.»

Schließlich gab Gwladys Diana denselben Rat, den sie Erroll gegeben hatte: alles offen einzugestehen. «Er wird Sie nie aufgeben», sagte sie. «Es ist das Beste, was Sie tun können.» Joss hatte versucht, Diana zu überreden, sich jetzt auf die Vereinbarung zu berufen – Broughton habe sein Wort gegeben und man müsse es ernst nehmen. Doch Diana war unschlüssig; sie hatte Angst, die Sache nicht durchzustehen. Erst das offizielle Einverständnis von Gwladys brachte sie schließlich dazu, den Schritt zu wagen.

Es sah aus, als würde Gwladys die Affäre unter dem Deckmantel, «guten Rat zu geben», begünstigen. Erroll hatte ihr bereits mitgeteilt, daß er bereit sei, durchzubrennen, und sie meinte dazu: «Keine Abschiedsszenen. Schreiben Sie einen Brief, und legen Sie ihn auf sein Kopfkissen.» (Später bestritt sie das.) Nachdem sie mit den beiden Verliebten gesprochen hatte, ging sie jedoch zu Broughton und überbrachte ihm die schlechte Nachricht.

Broughton war die Treppe heraufgekommen, um sich zu beschweren, daß die Männer sich unten langweilten, weil sie niemanden zum Tanzen hätten. «Sie kamen herunter», erzählte Broughton, «und Lady Delamere setzte sich neben mich. Sie beobachtete, wie Lord Erroll und meine Frau miteinander tanzten... Ich saß neben ihr und sah den beiden ebenfalls beim Tanzen zu. Dann sagte Lady Delamere zu mir: ‹Wissen Sie eigentlich, daß Joss wahnsinnig in Diana verliebt ist?› Ich fürchte, das gab mir eine Menge Stoff zum Nachdenken, und ich war ziemlich zerstreut und vernachlässigte meine Pflichten als Gastgeber, denn ich war Lady Delamere gegenüber nicht so aufmerksam, wie ich hätte sein sollen. Es bestätigte meine schlimmsten Vermutungen, und ich war danach völlig geistesabwesend.»

Trotz des Schocks, daß die Affäre seiner Frau bereits publik war, lud Broughton Erroll ein, über Nacht zu bleiben. Eine derartige Passivität, die übertriebene Freundlichkeit und das Verbergen seiner wahren Gefühle wurden typisch für Broughtons Verhalten, während Errolls mangelnde Beherrschung typisch für seine Geringschätzung von Ehemännern war. Die beiden Männer ritten am nächsten Morgen sogar gemeinsam mit Diana ins Kikuyu-Reservat.

Am späten Vormittag sprach Broughton mit Diana über die Situation. («Ich glaube, du gehst ein bißchen zu oft mit Joss aus.») Sie aßen mit Erroll im Muthaiga Club zu Mittag, dann trennten sie sich. Am Nachmittag verließ Diana Nairobi und fuhr mit dem Zug zu June Carberrys Haus in Malindi, wo sich eine große Zahl von Angehörigen der Luftwaffe aufhielt. Keiner wußte, daß Erroll am Bahnhof von Athi, etwas außerhalb von Nairobi, mit seinem Diener Waiweru und einem tragbaren Getränkeschränkchen in den Zug stieg. Hugh Dickinson sollte ebenfalls in Malindi sein.

«Nur sehr wenige Leute wußten offiziell, daß die beiden eine Affäre hatten», sagte Dickinson. «Ich war damals in Malindi stationiert, aber unter ziemlich unerfreulichen Bedingungen. Ich leitete eine kleine Arbeitsabteilung, überließ aber dem Sergeanten die Verantwortung und zog ins Haus der Carberrys. Als Diana und Joss eintrafen, sagten sie mir, sie seien ineinander verliebt. Sie sagten sogar, sie hätten gewollt, daß ich der erste sei, der es erfahre.»

Dickinson holte eines der wenigen Fotos hervor, das die beiden zusammen zeigt. Das Bild war auf der Fähre von Kilifi aufgenommen worden: Erroll in Uniform und Shorts, Diana in engen Hosen und mit dunkler Sonnenbrille neben einem Armeefahrzeug.

Broughton war mittlerweile am 13. Januar nach Nanyuki gefahren, um bei seinem alten Freund Jack Soames Zuflucht zu suchen. Als er ankam, verhielt er sich noch ganz normal, doch dann änderte sich, laut Soames, sein Verhalten. «Um sechs tranken wir Whisky und Soda», erzählte Soames, «und um Viertel vor sieben schalteten wir das Radio ein. Wir tranken zwei weitere Gläser, und dann kippte er plötzlich um.»

Broughton hatte in der Woche davor viel getrunken, und er war zu Soames gefahren, um bei ihm Rat zu holen. Es machte ihn ganz krank, daß ein so viel jüngerer Mann wie Erroll ihm Diana wegnahm. Er benutzte den bei Pferderennen üblichen Jargon, um sich verständlich zu machen, und erklärte seinem Freund: «Was das Gewicht angeht, ist er mir gegenüber um vierzehn Pfund im Vorteil.» Soames gab ihm folgenden Rat: Broughton solle sich mit Erroll treffen und ihn fragen, ob er Diana wirklich liebe. «Lautet seine Antwort nein, dann sag ihm, er solle verschwinden. Aber wenn sich die beiden lieben, dann gib es auf. Pack deine Sachen, und geh zurück nach England.»

Als Broughton immer mehr trank und sich die Wirkung des Alkohols verstärkte, begann Soames, sich um seinen Freund Sorgen zu machen. Broughton erzählte ihm, daß er seit Bekanntwerden der Affäre immer wieder zu Whisky und Gin gegriffen habe und daß er dann besser schlafen könne, obwohl der Alkohol ihn auch depressiv und rührselig mache. Er sei eigentlich nicht gewohnt, soviel Alkohol zu trinken, doch habe er, seit er in Kenia sei, angefangen, Whisky als Schlummertrunk zu nehmen, «vielleicht zwei oder drei». Soames war aber offenbar ganz und gar nicht der Ansicht, Broughton schlafe gut, denn er gab ihm während der vier schweren deprimierenden Tage, die sie gemeinsam verbrachten, Medinal, eine Art Morphium. Broughton nahm das Fläschchen mit nach Nairobi und nahm das Schlafmittel von da an regelmäßig ein.

Am Samstag, den 18. Januar, kehrte Broughton nach Nairobi zurück. Diana und Erroll waren bereits seit vier Tagen wieder dort und wohnten zusammen in Errolls Haus. June war am 17. Januar zurückgekommen.

Inzwischen hatte Erroll Gwladys Delamere angerufen und zu ihr gesagt: «Gwladys, wir haben Ihren Rat befolgt.» June Carberry belauschte das Telefongespräch und hörte, wie er fortfuhr: «Es wird keine Abschiedsszenen geben, und wir werden auch keinen Brief hinterlassen.»

Am selben Tag fand Broughton einen zweiten anonymen Brief in seinem Fach im Muthaiga Club. Er lautete: «Wissen Sie, daß Ihre Frau und Lord Erroll allein im Hause der Carberrys in Nyeri waren?» Broughton vernichtete den Brief, und dieses Mal zeigte er ihn Diana nicht.

Während des Essens im Muthaiga Club ließ man sich durch nichts so leicht stören – für Broughton bedeutete es immer eine Ruhepause –, doch als sie am 18. Januar zu viert, einschließlich June, zusammensaßen, machte sich vor allem bei Diana die zunehmende Spannung bemerkbar. «Es war ganz angenehm», erklärte Broughton später, «aber meine Frau war furchtbar durcheinander und mit den Nerven völlig fertig.» Sie sagte Broughton, daß sie später mit ihm sprechen wolle, und er muß gewußt haben, worum es gehen würde.

Auf der Rückfahrt nach Karen gestand ihm Diana, daß sie Erroll liebe. Broughton schlug ihr vor – so sagte er jedenfalls später vor Gericht –, mit ihm für drei Monate nach Ceylon zu gehen, um herauszufinden, ob die Affäre ernst sei. Dann rief er Erroll im

Büro an: «Finden Sie nicht, daß Sie mit mir reden sollten, Joss?» Sie trafen sich noch in derselben Stunde in Errolls Haus. Broughton kam etwas zu früh, spazierte ins Haus, ging auf die Veranda und verlangte von Waiweru einen Whisky mit Soda.

Waiweru und Errolls Gärtner, der zu diesem Zeitpunkt den Rasen mähte, waren Zeugen der Begegnung zwischen den beiden Männern. («Errolls Gesichtsausdruck veränderte sich wie bei jemandem, der eine schlechte Nachricht erhalten hat, die ihn bis ins Mark trifft. Broughton sprach laut und mit erregter Stimme und fuchtelte mit der Faust in der Luft herum, und Erroll hörte gelassen zu.») Broughton behauptete, die Unterhaltung sei hart, aber nicht erregt geführt worden – wie ein geschäftliches Gespräch.

Nach Aussagen vor Gericht begann die Unterhaltung folgendermaßen: «Diana hat mir erzählt, sie habe sich in Sie verliebt.» Erroll antwortete: «Sie hat es mir noch nie gesagt, aber Tatsache ist, daß ich schrecklich in sie verliebt bin.» Dann bat Broughton Erroll, Diana zu überreden, mit ihm nach Ceylon zu gehen, «da wir doch so furchtbar glücklich waren», und er schlug vor, Erroll solle ebenfalls weggehen.

Zumindest nach außen hin hatte Broughton «die Verlustrechnung abgeschlossen» («als Liebhaber des Pferdesports bin ich daran gewöhnt») und hielt sich an die voreheliche Vereinbarung. Deshalb behauptete er, vollkommen gelassen reagiert zu haben, als Erroll sich weigerte, wegzugehen. Erroll war die Situation so vertraut wie ein alter Tanzschritt, und er bewahrte Ruhe. Es tue ihm furchtbar leid, meinte er, aber er könne nicht weg, weil Krieg sei. (Broughton sagte später aus, Erroll habe diese Bemerkung im Laufe ihres Gesprächs dreimal wiederholt.) Er versuchte, etwas über Errolls finanzielle Lage herauszufinden, aber das führte zu nichts.

War das alles? «Er sagte, er sei sehr unglücklich über die ganze Sache», erklärte Broughton, «weil wir so gute Freunde gewesen seien. Wir waren beide so sachlich wie möglich.»

Um den Schein zu wahren, wollte Broughton, daß Diana zumindest so lange im Haus in Karen wohnen blieb, bis er nach Ceylon ging. Er gab sich der irrigen Hoffnung hin, sie werde sogar die nächsten drei Monate, während er fort war, dort bleiben und nicht zu Erroll ziehen.

Die Unterredung wurde beendet, als Diana und June über den Rasen kamen. Broughton nahm June beiseite und sagte ihr, er spüre, daß er sich einmische und «ziemlich im Weg» sei, da weder Diana noch Joss weggehen wollten. Ob er nicht einfach aussteigen sollte. Die Art, wie er es sagte, weckte in June den Verdacht, er spreche von Selbstmord, und Broughton gab später zu, daß er so etwas habe andeuten wollen. Es war inzwischen sechs Uhr, und Erroll war ins Haus gegangen, um Diana einen Cocktail zu mixen. Dann fuhr er Broughton die halbe Meile bis zum Club.

Von dort aus fuhr Broughton allein mit seinem Fahrer nach Hause. Erroll, Diana und June blieben noch, und man sah sie zusammen lachen und feiern. Später bestellte Erroll einen Tisch für acht Personen. Broughton saß in Karen zum erstenmal allein beim Abendessen.

Er konnte nicht schlafen und wartete darauf, daß seine Frau und June Carberry aus dem Muthaiga Club zurückkamen. Als sie endlich morgens gegen halb vier eintrafen, trug Diana zu seinem Erstaunen eine neue Perlenkette. June Carberry sagte später, sie habe in dieser Nacht bei Diana geschlafen, weil sie sich vor «knarrenden Geräuschen im Haus» fürchtete. Aber sie habe gelacht, als sie gesehen habe, wie Broughton sie durch einen Türspalt beobachtete, und sie habe eine höhnische Bemerkung gemacht: «Ich sagte ihm, das erinnere mich an das Theaterstück *Love From a Stranger*», ein Stück nach einem Roman von Agatha Christie, in dem es um einen Mord in einem Dreiecksverhältnis geht und das erst kurz davor in London aufgeführt worden war.

Broughton beschäftigte zu dieser späten Stunde nur eine Sache. Diana erzählte ihm, Erroll habe ihr die dreireihige Perlenkette, die sie um den Hals trug, geschenkt. Broughton erinnerte sie an ein anderes wertvolles Schmuckstück – ebenfalls eine Perlenkette –, das Diana in England zur Hälfte bezahlt hatte. Broughton hatte damals versprochen, die andere Hälfte zu bezahlen. «Ich fragte sie, ob es ihr lieber wäre, auch die andere Hälfte zu bezahlen und den Schmuck an sich zu nehmen, oder ob ich lieber alles bezahlen und die Perlen für mich behalten sollte.» Broughton gab ihr also ziemlich deutlich zu verstehen, daß er die anderen Perlen zurückhaben wolle. Er war nicht bereit, so einfach aufzugeben.

Diana trug immer noch Errolls Perlen, als sie am nächsten Morgen, den 19. Januar, im Bett frühstückte. Laut Broughton genossen sie an diesem Tag ein «sehr angenehmes» sonntägliches Mittagessen. Derek Erskine fuhr mit seiner ganzen Familie acht Meilen über Land nach Karen, um mit den Broughtons, Gwladys, June und Erroll zusammenzusein. Seine jüngste Tochter Petal Allen erinnerte sich noch genau an diesen Nachmittag. «Wir tollten im Swimmingpool herum. Diana sagte zu ihrem Dienstmädchen: ‹Gib Petal irgendeinen Badeanzug, der ihr gefällt!› Sie besaß ungefähr vierzig. Wir spielten Huckepack und Reiten. Ich erinnere mich, daß Broughton zuviel trank und zornig wurde. Diana und Joss fühlten sich offensichtlich sehr zueinander hingezogen, und sie gaben sich keine Mühe, ihre Gefühle zu verbergen. Wir schlugen uns mit Handtüchern und trieben allerhand Unfug.» Ihr Bruder Francis Erskine lernte an diesem Tag tauchen. Er erinnert sich, daß er zum Haus hinaufblickte und Broughton stirnrunzelnd und mit finsterem Blick am Fenster stehen sah, und daß er Angst vor ihm hatte.

Später verkündete June, sie fahre nach Nyeri. Im letzten Moment erklärte Diana, daß sie unter den gegebenen Umständen nicht bei ihrem Mann in Karen bleiben könne und deshalb mit ihr kommen wolle. Statt dessen beschlossen sie jedoch, zu zweit zu Errolls Haus in Muthaiga zu fahren, und Diana wurde von Mrs. Phyllis Barkas, einem aufrechten und stets wachsamen Mitglied des Muthaiga Clubs, gesehen, wie sie am 21. Januar mit Erroll in Torr's Hotel tanzte. Mrs. Barkas belauschte auch das Telefongespräch, das Broughton an diesem Tag mit Erroll vom Muthaiga Club aus führte, und sie hörte, wie er sagte: «Ist dort Lord Erroll? Sind Sie es, Joss?» und später dann: «Sie verstehen schon, Joss. Sie verstehen mich ganz richtig.» Es habe sich angehört wie ein Ultimatum.

Als Diana fort war, sagte Broughton zu seinen persönlichen Dienern Mohammed und Alfred, aus dem Wohnzimmer seien zwei Revolver, ein silbernes Zigarettenetui und ein kleiner Geldbetrag (eine Fünf-Schilling-Note, die immer in seinem Adreßbuch lag) verschwunden. Er wiederholte die Behauptung in Gegenwart der Polizei, die außer einer abgeknickten Kletterrose keine Anhaltspunkte für einen Einbruch fand. Er sagte dazu: «Ich glaube, man kann von der Veranda aus durch eine Tür ins Zimmer gelangen, die möglicherweise nicht verschlossen war.» Unter dem Teppich befand sich aber eine Klingel, auf die ein Eindringling sicherlich getreten wäre und die in den Räumen des Personals geläutet hätte. Aber niemand hatte sie gehört.

Ebenfalls am 21. Januar suchten Broughton und Erroll ihre Anwälte wegen der Scheidung auf. Broughton, der einige Tage zuvor eine geplante Reise mit Diana nach Ceylon abgesagt hatte, buchte seine Passage erneut und schrieb einen Brief an Soames, in dem er den Einbruch erwähnte und seine Niederlage gestand:

> Ich habe Deinen Rat befolgt. Ich überließ die Entscheidung Diana und Erroll. Sie sagen, sie lieben einander und wollen heiraten. Die Lage ist hoffnungslos, und ich werde aufgeben. Ich glaube, ich werde nach Ceylon fahren. In Kenia gibt es für mich nichts mehr, wofür es sich zu leben lohnt.

In Broughtons Fach im Club lag kurz danach ein dritter anonymer Brief:

> Alte Narren sind die traurigsten Narren. Was werden Sie unternehmen?

Am Morgen des 23. Januar geriet Broughton ins Wanken. Erroll erzählte seinem Freund Julian Lezard, daß Broughton «sehr schwierig» sei. «Er kann sich nicht entscheiden, was er tun soll.» Trotzdem wurde ein weiteres gemeinsames Essen im Muthaiga Club arrangiert, und das Quartett traf sich wie bisher zu einer Mahlzeit, die June Carberry als einen «Erfolg... eine normale, erfreuliche Angelegenheit» bezeichnete.

Wie so oft in der Vergangenheit hatte das Essen Broughtons Stimmung gehoben. Lizzie Lezard wurde an diesem Nachmittag in Errolls Büro gerufen und berichtete, was er dort erfahren hatte: «Jock hätte nicht netter sein können. Er ist einverstanden, wegzugehen. Er war im Grunde sogar so nett, daß bestimmt was faul ist.»

Erroll sagte zu Diana, er könne einfach nicht glauben, daß Broughton so leicht aufgebe. Mit Broughtons Zustimmung hatte man für diesen Abend ein Festessen arrangiert, und Erroll wollte Diana zum Tanzen ausführen. Lezard erinnerte sich, daß Erroll sagte: «Der alte Knabe besteht darauf, daß ich sie um drei nach Hause bringe, weil sie dann müde sei, und es darf auf keinen Fall später werden. Das ist mir ganz recht, denn ich bin auch müde, und ich muß morgen vormittag hart arbeiten.» Seit Anfang Januar hatte Diana lediglich fünf Abende im Haus in Karen bei ihrem Mann verbracht.

Nach dem Essen war Broughton mit seiner Frau auf die Veranda getreten und hatte zu ihr gesagt, daß sie sich keine Sorgen zu machen brauche. Er sei entschlossen, nach Ceylon zu gehen, und er werde ihr das Haus in Karen überlassen. Zwei Monate später wolle er dann nach England zurückkehren. Doch er hoffe, daß sie zumindest so lange zu Hause wohnen bleibe, bis er weggehe. Diana sagte: «Es tut mir leid, daß es so bald schon geschehen ist.» Broughton gab darauf keine Antwort.

Weil man die Party erst am Mittag arrangiert hatte, mußte Broughton zurück nach Karen fahren, um seinen Smoking und ein Kleid für Diana zu holen, die sich in Errolls Haus umziehen wollte. Er wollte nachmittags um fünf wieder im Club sein, um mit Mrs. Barkas Krocket zu spielen, aber als er zurückkam, nieselte es, und deshalb gingen sie nach drinnen und spielten statt dessen Backgammon. Während des Spiels erzählte Broughton ihr, er habe vor, am Abend auf eine Party zu gehen und zu tanzen, und er freue sich darauf.

Zwischen sechs und sieben fuhr Erroll mit Diana und June Carberry zum Club. Broughton stand in der Auffahrt, um etwas aus seinem Wagen zu holen. Als Erroll aussteigen wollte, sagte Broughton: «Auf ein Wort, Joss», und setzte sich neben ihn. «Wie geht es Diana?» fragte Broughton und fuhr dann fort: «Beim Mittagessen war sie in einer schrecklichen Verfassung, aber ich habe hinterher mit ihr gesprochen, und ich glaube, sie ist wieder ganz in Ordnung.» Erroll erwiderte: «Es geht ihr im Augenblick prächtig.» Broughton saß mit Erroll etwa zwei Minuten im Buick, und dann schlossen sich beide den Damen an.

Broughton spielte mit Mrs. Barkas bis acht Uhr Bridge, und dann wurde getrunken. «Meist Champagner-Cocktails und ein oder zwei andere Sachen, vielleicht Bronx», sagte Broughton, und davon «ziemlich viel».

Danach setze sich das Quartett zu der seltsamen Feier zusammen und bestellte noch mehr Champagner. Während des Essens erhob Broughton zum Erstaunen der anderen Gäste plötzlich sein Glas und brachte einen Toast aus. Jegliche Besitzansprüche und Eifersucht schienen vergessen, er schien seine Sache aufgegeben zu haben, und der Champagner brachte sein Blut in Wallung. «Ich wünsche ihnen alles Glück der Welt», sagte er, «und möge ihre Ehe mit einem Erben gesegnet werden. Auf Diana und Joss.» Später sagte er: «Es war die größte Geste, die ich machen konnte.» In Gegenwart des euphorischen Paares, das völlig entrückt war vor lauter Liebe zueinander und erleichtert und dankbar für Broughtons Segen, war kein Platz für Broughtons eigene verletzte Gefühle. Er hatte sich entschlossen, an der Feier teilzunehmen. Wäre er ferngeblieben, wäre zu seiner Einsamkeit noch Erniedrigung hinzugekommen. Wahrscheinlich war der großzügige Toast der Maßstab für seinen Schmerz.

Als die Dinnerparty nach zwei Stunden gegen Viertel nach zehn vorüber war, verließen Joss und Diana den Club und gingen ins nahegelegene Claremont Road House zum Tanzen. Broughton und June blieben im Club. Zum erstenmal in seinem Leben hatte Broughton über Tage hinweg große Mengen von Alkohol getrunken. Er und June tranken nun Likör und Brandy, und Jock fragte sie, ob sie tanzen gehen wolle. «Ich fühlte mich nicht besonders wohl», erzählte sie später, «und schlug deshalb vor, noch eine Weile im Club zu bleiben.»

Gegen halb elf traf Broughton in der Halle Richard Pembroke und fragte ihn, wann er wieder einmal kommen und mit ihm Karten spielen werde. Pembroke gab eine höfliche Antwort. Und dann waren Broughton und June Carberry für ungefähr eine Stunde allein im Club – anscheinend ohne Zeugen. Als sie gegen halb zwölf im Salon an der Bar saßen, wurde Broughton, laut June, «plötzlich ziemlich schlechtgelaunt und böse». Er fing an, lauter zu sprechen, und zu diesem Zeitpunkt bemerkten auch die anderen Gäste das Paar wieder und hörten, daß Jock von seiner Frau sprach. June berichtete, daß Broughton sagte: «Ich werde ihr keine fünftausend Pfund im Jahr geben oder ihr das Haus in Karen überlassen», sie könne verdammt noch mal gehen und mit Joss zusammenleben – sie seien erst zwei Monate verheiratet gewesen und was das für ein Leben für ihn gewesen sei. Sie versuchte, ihn zu beruhigen. Phyllis Barkas hörte, wie er sagte: «Sich vorzustellen, daß eine Frau, mit der man erst zwei Monate verheiratet ist, einen so behandelt.» Ein anderer Gast verstand dies etwas anders: «Juney, alles schön und gut, aber wir waren doch erst zwei Monate verheiratet, und nun tut sie mir das an.»

Mrs. Barkas, Captain Llewellin, «Jacko» Heath und Gerald Portman, die gerade ein spätes Abendessen mit Eiern und Speck zu sich nahmen, luden Broughton und June ein, ihnen Gesellschaft zu leisten. Laut Junes Aussage jammerte Broughton unablässig, er sei «sehr müde» und wolle nach Hause.

June Carberry hatte aber, obwohl er so betrunken war, das Gefühl, daß die Leute, mit denen sie jetzt zusammensaßen, ihn aufmunterten. Als sie schließlich gegen halb zwei einwilligte zu gehen, wurden sie von Broughtons Chauffeur nach Hause gefahren und kamen etwa um zwei Uhr nachts in Karen an.

Mrs. Wilks, die Hausangestellte, war noch auf und öffnete ihnen die Tür. June half dem alten Mann die Treppe hinauf, und oben angelangt wünschten sie einander gute Nacht. June ging in ihr Zimmer und bat Wilks wegen eines Malariaanfalls um Chinin. Wilks brachte ihr das Mittel aufs Zimmer und unterhielt sich noch ein paar Minuten mit June. June erzählte später, daß Broughton zehn Minuten später an ihre Tür gekommen sei, sie gefragt habe, ob alles in Ordnung sei, und ihr noch einmal gute Nacht gewünscht habe, doch weder die Hausangestellte noch Broughton konnten sich daran erinnern.

Diana und Joss hatten gegen Mitternacht das Claremont Road House verlassen und waren nach Hause gefahren. Dort blieben sie eine Stunde, und schließlich verließen sie plaudernd und lachend das Haus. Laut Aussage der Dienstboten sahen die beiden «sehr glücklich» aus. Sie fuhren mit Dianas drei Koffern, die sich inzwischen ihres ständigen Hinundhers während der vergangenen Wochen füllen ließen, nach Karen. Wieder wurde die Haustür von der stets aufmerksamen Dorothy Wilks geöffnet, die die Koffer nach oben brachte. Dies geschah zwischen 2.15 Uhr und 2.25 Uhr.

June Carberry berichtet, sie habe Gelächter in der Halle gehört, kurz darauf das Schlagen einer Autotür und dann das Geräusch eines davonfahrenden Wagens. Diana kam die Treppe herauf, ging zu ihrem Zimmer, sperrte ihren Hund hinein und ging wieder den Korridor entlang, um mit June zu sprechen. June sagte, Diana sei eine halbe Stunde oder vielleicht etwas länger bei ihr gewesen. Dorothy Wilks, die ein paar Mal in Junes Zimmer hinein und wieder hinaus geflitzt war, ging zu Bett. June berichtete weiter, daß Broughton um halb vier Uhr zum zweitenmal an ihre Tür geklopft habe, «um mich zu fragen, ob alles in Ordnung sei», doch Broughton konnte sich später auch daran nicht mehr erinnern. June hörte, wie Dianas Dackel bellte. Sie wußte aber nicht mehr, ob es vor oder nach Broughtons Besuch gewesen war.

– 7 –
Die Leiche im Buick

Gegen drei Uhr am gleichen Morgen (den 24. Januar) fuhren zwei afrikanische Molkereiangestellte, sogenannte Milch-Boys, mit ihrem Lieferwagen auf die Einbiegung der Straße von Karen in die Straße nach Ngong zu. Der heftige Regen der letzten Nacht war in einen leichten sommerlichen Nieselregen übergegangen. Als sie mit ihrem Lieferwagen in die Hauptstraße einbogen, sahen sie im Dunkeln die Scheinwerfer eines Wagens leuchten. Sie wiesen in Richtung Nairobi und erhellten auf etwa hundertdreißig Meter vor der Abzweigung das dichte Gras und Gebüsch am rechten Fahrbahnrand. Dann entdeckten sie auch den Buick an einer leicht abschüssigen Böschung. Es sah aus, als ob er jeden Moment in einen Graben kippen würde.

Der Wagen war über die Gegenfahrbahn hinaus ins Gras auf der anderen Straßenseite geraten, und als die beiden Männer durch die Scheiben ins Wageninnere blickten, sahen sie die Leiche eines Europäers in Armeeuniform, der zusammengekauert und mit vor dem Kopf verschränkten Armen unter dem Armaturenbrett lag. Sie wendeten ihren Lieferwagen und fuhren geradewegs zur Polizeistation nach Karen, wo sie hupend Wachtmeister Luali weckten, der in seiner Hütte schlief. Luali alarmierte den Polizeiunteroffizier, der mit drei Leuten ebenfalls losfuhr, um den Unfall zu untersuchen.

Die fünf Afrikaner müssen am Unfallort sehr lange debattiert haben, ohne auch nur die Tür des Wagens zu öffnen. Die Diskussion muß mindestens vierzig Minuten gedauert haben, denn die Männer waren immer noch dort, ohne etwas unternommen zu haben, als Leslie Condon, ein aus Europa stammender und auf Milchviehhaltung spezialisierter Farmer, der gerade auf dem Weg nach Nairobi war, gegen vier Uhr morgens von ihnen angehalten wurde. (Condon sagte, er sei schätzungsweise gegen 2.40 Uhr bereits einmal an der Stelle vorbeigekommen, habe aber nichts Auffälliges gesehen.) Als er sich die Leiche genauer ansah, bemerkte er eine Wunde hinter dem linken Ohr, die er für eine Schußwunde hielt. Er fuhr zur Polizeistation nach Kilimani und berichtete dort, was er gesehen hatte.

Kurz nach vier Uhr fuhr Luali mit dem Fahrrad zum Haus von Kommissar Anstis Bewes, einem ehemaligen Kompanieführer, der zum Polizeidienst eingezogen worden war und in Karen wohnte. Bewes hatte nur wenig Erfahrung als Polizist, doch in dieser Nacht verhielt er sich besser als alle anderen.

Gegen 4.50 Uhr traf er am Ort des Geschehens ein und sah die Wunde hinter dem linken Ohr. Seit Condon die Wunde zuletzt gesehen hatte, war das Blut geronnen, und Bewes identifizierte sie nicht als Schußwunde. Er machte sich folgende Notizen:

> Etwas Blut auf dem Beifahrersitz. Wagen in einem Winkel von vierzig Grad gefährlich nahe an einem fünfundvierzig Zentimeter breiten Entwässerungsgraben. Einer der Askaris öffnete die Beifahrertür, um eine genauere Observierung zu ermöglichen; benutzte dabei ein Taschentuch. Starker Parfümgeruch durchzog den Wagen. Scheinwerfer brannten. Uhr ging. Verließ die Unfallstelle, um dem Polizeipräsidium vom Polizeirevier in Karen aus Meldung zu machen. Nach fünfzehn Minuten endlich Verbindung bekommen.
> Dann zurück zum Unfallort. Scheinwerfer brannten noch. Nichts berührt, um keine Spuren zu verwischen. Wegen ihrer Lage war es unmöglich, die Leiche zu identifizieren. Der heftige Regen hatte die Wagenspuren deutlich sichtbar gemacht, einschließlich einer breiten Spur vor dem Buick in Richtung Nairobi.

Bewes hatte Inspektor Fentum angerufen, und um sechs Uhr gingen sechs weiße Beamte und mindestens fünf afrikanische Wachtmeister zur Unfallstelle, davon überzeugt, daß sie es mit einem gewöhnlichen Verkehrsunfall zu tun hatten. Doch Bewes waren noch ein paar Kleinigkeiten aufgefallen: Auf dem Rücksitz waren weiße Flecken von Pfeifenton, und hinten auf dem Boden lag ein zerknautschter Teppich; beide Halteschlaufen waren abgerissen, und die Zündung war ausgeschaltet.

Polizeichef Arthur Poppy, der Leiter des Criminal Investigation Department (Kriminalpolizei) von Nairobi, hatte am Telefon vom Unfall erfahren und angeordnet, daß Fotos gemacht werden sollten. Um acht Uhr kam der Pathologe Geoffrey Timms, der ebenfalls in Karen wohnte, auf seiner Fahrt zur Arbeit an der Unfallstelle vorbei. Zu diesem Zeitpunkt hatten der Regen und die Stiefel der Polizisten sämtliche Fußabdrücke und Reifenspuren verwischt. Timms bemerkte, daß die Hände und das Gesicht des Toten kalt waren, während sich der Körper unter der Kleidung noch warm anfühlte. Kopf und Hals waren blau angelaufen, und die Totenstarre setzte bereits ein. Aus irgendeinem Grund verlangte Timms, daß die Leiche aus dem Wagen geholt und auf eine Bahre gelegt wurde, damit er sie sich besser ansehen konnte – eine Handlung, die er, wie er später meinte, nie würde vergessen können. Erst jetzt stellte sich heraus, daß es bei dem Toten um Lord Erroll handelte.

Um zehn Uhr wurde Polizeichef Poppy ins Leichenschauhaus gerufen. Als er die Leiche zum erstenmal sah, nahm er an, daß der Stift des Schalters für die Scheinwerfer, an dem der Knopf fehlte, in Errolls Kopf gedrungen sei, als dieser nach vorn und zur Seite geschleudert wurde. Erroll hatte auch einen Bluterguß am Kopf, der den Anschein erweckte, als ob er sich am Lenkrad gestoßen hätte. Erst als man die Wunde gewaschen hatte und die Schmauchspuren des Schießpulvers entdeckt wurden, wußte Poppy, daß Erroll erschossen worden war. Die Kugel, die man aus seinem Kopf entfernte, war in gerade Linie von einem Ohr zum anderen ins Gehirn gedrungen.

Das Auto war bereits abgeschleppt worden, und man hatte mit der Reparatur begonnen. Neben dem Gaspedal wurde eine zweite Kugel gefunden. Sie hatte zuerst den mittleren Türrahmen auf der Fahrerseite getroffen. Und es wurden weitere Dinge entdeckt: eine blutdurchtränkte Zigarette der Marke «Player's», eine blutbefleckte Haarnadel im vorderen Teil des Wagens und Blutspritzer auf der Windschutzscheibe der Beifahrerseite.

Poppy teilte daraufhin dem Gouverneur mit, daß die Beerdigung verschoben werden müsse, und bat darum, vierundzwanzig Stunden nichts darüber verlauten zu lassen, daß es sich um Mord handle.

Broughton war schon wach, als sein Diener Alfred ihm um sieben seinen Tee brachte. Er zog eine Sportjacke und graue Flanellhosen an und machte wie üblich seinen Morgenspaziergang. Als er zurückkam, machte sich sein Kater erst so richtig bemerkbar. Er zog sich daher aus und ging wieder ins Bett. Dann rief er den Boy und bat um mehr Tee. Um halb neun stand er auf und frühstückte, und um neun rief ihn Gerald Portman aus seinem Büro an, um ihm mitzuteilen, daß Joss Erroll einen Autounfall gehabt und sich das Genick gebrochen habe.

June Carberry nahm das Gespräch entgegen. Sie rief Broughton zu sich ins Zimmer. Sie erinnerte sich, daß er «o Gott» sagte und sich aufs Bett setzte.

Innerhalb weniger Minuten trafen die Inspektoren Swayne und Fentum vom Ort des Geschehens kommend bei Broughton ein und nahmen ein kurzes Protokoll auf. Nairobi war – und ist in mancher Hinsicht heute noch – eine kleine Stadt, und sobald sie die Leiche im Wagen identifiziert hatten, wußten sie, wo sie mit ihren Nachforschungen beginnen mußten. Als sie die Auffahrt in Karen heraufkamen, rief Broughton immer wieder: «Ist er wohlauf? Ist er wohlauf?» – «Ist wer wohlauf?» fragte einer der Beamten. «Lord Erroll», antwortete Broughton.

Diana war völlig durcheinander, und die Polizisten, die sehen konnten, wie sie durchs Fenster nach ihnen starrte, beschlossen, sie in Ruhe zu lassen. Später sagte Broughton aus: «Meine Frau konnte einfach nicht glauben, daß Lord Erroll tot ist, und sie sagte zu mir: ‹Geh hin und sieh nach, ob er es wirklich ist.› Ich sagte, ich würde es tun. Ich glaube, ich fragte sie noch, ob sie etwas Persönliches besitze, das sie ihm gerne mit ins Grab geben würde. Sie gab mir ein Taschentuch. Soweit ich mich erinnern kann, rief ich danach die Polizei an und erkundigte mich, wo man Lord Errolls Leichnam hingebracht habe, und man nannte mir irgendein Krankenhaus oben auf dem Berg. Ich ging hin, aber er war nicht dort, und man schickte mich in ein anderes Krankenhaus, doch auch dort war er nicht. Daraufhin ging ich auf das Polizeirevier in Nairobi, und dort traf ich Inspektor May, und er erzählte mir, daß er im städtischen Leichenschauhaus sei. Ich fragte ihn, ob ich ein Taschentuch meiner Frau in seinen Sarg legen dürfe, da er ein sehr enger Freund von ihr gewesen sei.»

Kurz nachdem Fentum und Swayne gegangen waren, begann Broughton mit eigenen Nachforschungen und fuhr zur Unglücksstelle. Dort hielt er an und schaute in den Graben. Er war völlig mit den Nerven am Ende, als er auf dem Polizeirevier eintraf und Swayne mit beiden Händen das Taschentuch zeigte. Swayne erinnerte sich, daß Broughton erklärend hinzufügte: «Meine Frau hat Lord Erroll sehr geliebt.»

Alice de Trafford und Gwladys Delamere waren bereits im Leichenschauhaus, als Broughton dort ankam. Alice hatte Erroll einen kleinen Zweig auf die Brust gelegt; Gwladys, Mayor von Nairobi, hatte um Errolls Erkennungsmarke gebeten. Broughton wurde der Zutritt verwehrt, aber er konnte einen Polizisten überreden, das Taschentuch zu nehmen und es auf Errolls Brust zu legen. Alice erzählte Broughton, daß Erroll unter Herzbeschwerden gelitten habe und daß das möglicherweise die Todesursache gewesen sei.

Vom Leichenschauhaus fuhr Broughton in die Innenstadt von Nairobi und ging geradewegs zur Schiffahrtsagentur Union Castle. Erst vor ein paar Tagen hatte er seine Schiffspassage nach Ceylon wieder einmal zurückgegeben. Aber nun buchte er die Reise erneut. Gegen halb eins war er wieder zu Hause.

June Carberry, die Errolls Haus einen Blitzbesuch abgestattet hatte, kam mit einem kleinen Schmuckkästchen zurück. Außerdem waren noch zwei weitere Gäste beim Essen anwesend: Juanita Carberry, Junes fünfzehnjährige Stieftochter, und deren Gouvernante Isabel Rutt.

Drei Tage davor war Broughtons erster Diener Abdullah bin Ahmed damit beauftragt worden, Benzin zu holen und es in Broughtons Schlafzimmer zu bringen. Nun verlangte Broughton nach dem Benzin, und Abdullah beobachtete, wie er es in die Abfallgrube schüttete. Als er ein Streichholz anzündete, sprang Abdullah zur Seite, weil er fürchtete, sich zu verbrennen. Dann trug Broughton ihm auf, das Essen zu servieren, doch als er sah, wie die Flammen aus der Grube emporstiegen, befahl er Abdullah, bevor sie hineingingen, das Feuer zu löschen.

Noch ehe die anderen Gäste mit dem Essen fertig waren, fragte Broughton Juanita, ob sie die Ställe sehen wolle. Juanita mochte Broughton. Im Gegensatz zu ihren Eltern und ihrer Gouvernante war er nett zu ihr, und beide liebten Pferde. Als sie nach draußen gingen, sah Juanita überrascht, daß ein Paar Turnschuhe im Feuer lagen. Man verbrannte in Kenia nicht einmal ein noch so abgetragenes Paar Turnschuhe, sondern gab sie seinem Boy.

Als sie ins Haus zurückkamen, um Kaffee und Brandy zu trinken, begann June über die Tragödie zu sprechen. Broughton hielt eine Hand vors Gesicht und weinte.

An diesem Nachmittag fuhren Diana, June, Juanita und Isabel Rutt gemeinsam zum Haus der Carberrys nach Nyeri, während Broughton allein in Karen blieb. (Es war sein Wunsch gewesen, allein zu bleiben.)

Broughton telefonierte an diesem Tag dreimal mit Gwladys. Er schilderte ihr die Dinnerparty vom Vorabend. Wie er auf das Wohl von Diana und Joss getrunken habe: «Ich gab ihnen meinen Segen», sagte er. Am Abend rief er Gwladys erneut an und erzählte ihr, Diana wolle, daß ein Brief in Errolls Grab gelegt werde. Er fragte sie, ob sie das bei der Beerdigung am nächsten Tag für ihn erledigen könnte. Gwladys weigerte sich.

Am darauffolgenden Tag, dem 25. Januar, verließen die Trauergäste bereits den Friedhof, als Broughton endlich erschien. Er war völlig durcheinander und erschüttert. Er erklärte Gwladys, er habe mit seinem Wagen eine Panne gehabt. Später sagte er bei der Polizei aus, er sei der Meinung gewesen, die Beerdigung finde eine halbe Stunde später statt.

Er fragte Gwladys, was er mit Dianas Brief machen solle.

Sie deutete über ihre Schulter. «Das Grab ist dort hinten», sagte sie barsch. «Ich würde ihn an Ihrer Stelle selbst hinbringen.» Dann ging sie weiter. Broughton warf den Brief auf den Sarg.

Als sie später im Muthaiga Club waren, fragte Broughton Gwladys, ob er sich ihr zum Essen anschließen dürfe. Sie sagte ja, «vorausgesetzt, es dauert nicht lange». Gwladys sagte später aus, Broughton habe beim Essen über Diana geschimpft – «seine Äußerungen über sie waren sehr wetterwendisch» –, und er habe die Trennung von seiner ersten Frau Vera und von den Kindern zutiefst bedauert. Sie sprachen auch über Dianas Bitte, Broughton solle sie mit nach Ceylon nehmen, die sie am vorhergehenden Tag vor dem Essen gegenüber Broughton geäußert hatte. Gwladys hatte das Gefühl, Broughton sei zu allem bereit, nur um nicht allein zu sein. Vom Club aus schickte Broughton ein Telegramm an John Carberry, der sich in Nyeri aufhielt, und fragte, ob June mit ihm und Diana nach Ceylon kommen könne. «Diana hat einen Nervenzusammenbruch», erklärte er.

Am Nachmittag machte Broughton in Karen in Gegenwart von Poppy seine erste detaillierte Aussage. Er schilderte das letzte gemeinsame Abendessen. «Es war ein sehr lustiger Abend», sagte er. «Es war einer der schöneren Abende.»

Danach gingen die beiden Männer in den Garten, vorbei an der Müllgrube, in der es immer noch brannte. Poppy war überrascht, als er hörte, daß Broughton den Abfall selbst angezündet und dabei Flugbenzin verwendet hatte. Das Feuer war so groß gewesen, daß das Gras, das um die Abfallgrube wuchs, ebenfalls verbrannt war. Er beschloß, die Abfallgrube am nächsten Tag bewachen zu lassen. Broughton war begierig, die Obduktionsergebnisse zu erfahren. Er fragte Poppy mehrmals, weshalb die gerichtliche Untersuchung der Todesursache hinausgeschoben worden sei.

Sie begann zwei Tage später. Sobald offenkundig war, daß es sich um Mord handelte, fuhr Broughton nach Nyeri, um Diana die Neuigkeit mitzuteilen. Außer Juanita war niemand zu Hause, und er ärgerte sich darüber. Es kam ihm merkwürdig vor, daß seine Frau in der Verfassung war, Besuche zu machen. Er verbrachte den Nachmittag mit Juanita, die man zurückgelassen hatte. Wieder gingen sie zusammen zu den Pferden. Juanita besaß ein Buch, in dem stand, was ihre Freunde mochten und was nicht, und sie bat Broughton, ebenfalls etwas hineinzuschreiben. Broughton schrieb in die entsprechenden Spalten: «Alle Lebewesen» und «Einsamkeit».

June und Diana kamen zwei Stunden später als erwartet zurück. Diana hatte seit vier Tagen nichts mehr gegessen – seit Gerry Portmans Anruf – und war immer noch völlig außer sich. Sie warf ihrem Mann Beschimpfungen an den Kopf, darunter einmal direkte Mordanschuldigungen, und er ertrug diese Angriffe stillschweigend.

Broughton erfuhr, daß die Polizei tags zuvor in Nyeri gewesen war. Er fragte June, was sie den Polizisten erzählt habe. Ob sie gesagt habe, daß er am Abend des Mordes ärgerlich und gereizt gewesen sei, als sie – June und er – in der Bar des Muthaiga Clubs Brandy tranken? Sie erinnerte ihn daran, daß er später an ihre Tür geklopft habe. Er konnte sich nicht erinnern. Sie sagte, er sei betrunken gewesen. Außerdem teilte sie ihm mit, daß sie nach Südafrika gehen wolle. Das könne sie nicht machen, meinte Broughton, weil die gerichtliche Untersuchung noch nicht abgeschlossen und sie eine wichtige Zeugin sei. Broughton war mittlerweile klargeworden, daß er zu den Hauptverdächtigen zählte.

Am Tag davor hatte auch Diana ihre erste Aussage vor der Polizei gemacht. Als sie gefragt wurde, was nach ihrer Meinung mit Erroll geschehen sei, meinte sie, Erroll sei ein sehr rasanter Fahrer gewesen, habe ihrer Ansicht nach die Kontrolle über das Fahrzeug verloren und sei deshalb verunglückt.

Am 29. Januar ging Broughton noch einmal über die Bücher und erzählte Poppy weitere Einzelheiten: vom Waffendiebstahl am 21. Januar; von der Vereinbarung mit Diana; von der Abmachung mit Erroll, daß sie mit ihm leben solle; was er in der Nacht vom 23. auf den 24. Januar gemacht hatte; vom Brief im Grab und vom Feuer in der Abfallgrube. Am nächsten Tag ordnete Poppy eine Durchsuchung des Hauses und des Grundstücks an. In der Abfallgrube wurden die verkohlten Überreste eines Golfstrumpfes gefunden, auf dem noch deutlich Blutflecken zu erkennen waren. Für Poppy gab es danach offensichtlich nur noch einen Verdächtigen, und zwar Broughton, und als er sein, wie er glaubte, raffiniertestes Beweisstück präsentieren konnte, war er überzeugt, auf der richtigen Spur zu sein.

Kurz nach dem Mord hatte er von seinen Informanten in Broughtons Haus von den Schießübungen auf Soames' Farm erfahren, und am 2. Februar schickte er zwei Kriminalbeamte nach Kanyuki, die mit Soames sprechen sollten. Sie stellten die Zielscheiben an derselben Stelle wie damals auf und schossen. Dann suchten sie den Boden ab und fanden wie erwartet abgeschossene Patronen, Patronenhülsen und scharfe Munition von einem Revolver Kaliber 32. Die Patronen wurden zum staatlichen Chemiker gebracht, um sie mit jenen aus der Tatwaffe zu vergleichen – die Untersuchung dauerte sechs Wochen.

Am 6. Februar machte Broughton seine letzte Aussage und gab seinen Waffenausweis ab, auf dem der 32er Colt – der im Januar gestohlen worden war – eingetragen war.

Mitte Februar, also weniger als drei Wochen nach dem Mord, begaben sich Broughton und Diana, so unwahrscheinlich es klingen mag, auf eine große Safari ins südliche Massai-Reservat entlang dem Mara-Fluß. In ihrer Begleitung befanden sich die weißen Jäger John Hunter und Hugh Dickinson. Letzteren hatten sie seit Ende Januar nicht mehr gesehen. Zum Zeitpunkt des Mordes hatte er im Krankenhaus von Mombasa gelegen, weil er sich an einem giftigen Kaktus den linken Fuß verletzt hatte. Die Infektion war ernst, und man hätte ihm beinahe den Fuß amputieren müssen, doch jetzt war er anscheinend wieder fit genug, um über lange Strecken hinter Wild herzujagen.

Die Safari dauerte acht Tage, und die Gruppe fuhr abwechselnd mit dem Geländewagen und dem offenen Wagen, oder man ging zu Fuß. Es war bereits klar ersichtlich, daß Diana ihren Mann mit größtem Mißtrauen beobachtete, und ihr Verhältnis war äußerst gespannt. Es ist sonderbar, daß ein Unternehmen dieser Art unter den gegebenen Umständen überhaupt in Erwägung gezogen wurde, und ohne Dickinson wäre es wahrscheinlich zu einer Katastrophe gekommen. Acht Tage im Busch können die beste Freundschaft zerstören, und von Broughton wußte man, daß er Vera selbst in seinen besten Zeiten auf Safaris schreckliche Szenen gemacht hatte. Einmal hatte er sämtliche Tische im Camp umgekippt und danach Vera das Schienbein blutig getreten. Doch wie man im Muthaiga Club nicht einfach ein Essen verschob, nur weil man sich gerade schlecht fühlte, so hatte das Jagdritual Vorrang vor persönlichen Krisen und sorgte vielleicht sogar für eine ganz besondere Art von therapeutischem Aderlaß.

Diana hatte sich wieder soweit gefaßt, daß sie den ersten Löwen erlegte. Sie machte sogar drei Aufnahmen von ihrer Trophäe, bevor sie zielte. Broughton triumphierte über einen Löwen und eine kleine Antilope, und Dickinson schoß zwei Löwen.

Es war eine anstrengende Safari. Broughton schoß mit einem doppelläufigen Gewehr, das elf Pfund wog, und er half den Kadaver eines vierhundertfünfzig Pfund schweren Löwen auf den Lastwagen zu heben. An einem Tag verfolgte er einige Büffel zu Fuß über sieben Meilen hinweg.

– 8 –
Ein Besuch zuviel

Ich hoffe, ich habe nie wie ein Mörder ausgesehen. Ich glaube, alle meine Freunde wissen, daß dieses Land nicht gerade mein Fall ist. Aber in einem fremden Land, weiß Gott, was geschehen kann.

Sir Jock Delves Broughton

Wie die meisten seiner Kollegen war auch Polizeichef Poppy bereits von Broughtons Schuld überzeugt, noch bevor er seine beiden wichtigsten Beweise aufgedeckt hatte. Poppy war ein hochgewachsener Mann von geruhsamer, freundlicher Art, mit scharfen Augen, eine Mischung aus gutartigem Raubtier und britischem Fair-play. Er war zehn Jahre als Bereitschaftspolizist bei Scotland Yard gewesen, bevor man ihn 1935 nach Kenia geschickt hatte, um eine Abteilung für Fingerabdrücke aufzubauen. Seit 1940 war er Polizeichef von Kenia und Leiter des Criminal Investigation Department.

Als Connolly und ich Poppy im Jahre 1969, achtundzwanzig Jahre nach dem Mord, persönlich kennenlernten, erinnerte er sich, daß er Broughton nach außen hin als freundlich, selbstsicher und natürlich empfand, ihn jedoch innerlich für kalt, rachsüchtig und eitel hielt; für einen Menschen, der immer auf Profit aus war, der keine Kränkung vergessen konnte und schließlich auf Rache sinnen würde. Aber Poppy kam gut mit ihm zurecht, denn Broughton war stets aufmerksam und gastfreundlich, wenn er ihn zu Hause aufsuchte, obwohl er seiner Ansicht nach gewußt haben muß, in welche Richtung Poppys Gedanken gingen. Poppy betrachtete ihn als einen stolzen Mann, dem seine Stellung gefiel, und er spürte, daß er ein unangenehmer Zeitgenosse sein konnte, wenn er jemanden nicht mochte.

Im allgemeinen hatte Poppy etwas gegen die Art von Gesellschaft, mit der er hier zu tun hatte. Diese Menschen waren anders als frühere Siedler wie Francis Scott, Grogan und Delamere, die sich immerhin noch wie Gentlemen betranken. Poppy hielt sie eher für rücksichtslos – wie Broughton – als für leidenschaftlich. June Carberry, die ihn «Popski» nannte, hielt er für vollkommen geistlos, eine Frau mit Manieren, aber ohne Moral. Außerdem trank sie seiner Ansicht nach zuviel Brandy mit Soda, und man konnte sich, was Genauigkeit anbelangte, keineswegs auf sie verlassen. Poppy hatte überdies ihren Mann wegen Devisenvergehen für achtzehn Monate hinter Gitter gebracht. Diana war in Poppys Augen hartherzig, hochmütig und raffgierig. Seiner Meinung nach hätte Erroll sie früher oder später ohnehin sitzenlassen. Dikkinson fand er sehr angenehm, aber was seinen Charakter anging, betrachtete er ihn ebenfalls mit Mißtrauen. Er war ihm zu geschliffen und ein bißchen zu gutwillig, um ganz vertrauenswürdig zu sein.

Mehr Sympathie hegte er für Dorothy Wilks. Sie war für ihn «eine echte Perle», und er nannte sie «Miss Wilks», was ihr schmeichelte. Sie schwärmte für Broughton und erzählte Poppy sogar, sie habe die Nacht mit ihm verbracht. Als Poppy Broughton danach fragte, verlor dieser die Beherrschung – eine der seltenen Entgleisungen, während er sich ansonsten ruhig verhielt. Ohne daß Poppy sie darum gebeten hätte, betätigte sich Dorothy Wilks von Anfang an als Polizeispitzel, und ihre Informationen über Diana waren besonders hilfreich. Sie war die einzige, die freiwillig ungefähr sechsmal aussagte. Doch Poppy hatte Spitzel gar nicht nötig, da er gleich zu Beginn seiner Nachforschungen Informanten unter das Personal in Broughtons Haus geschmuggelt hatte.

Durch diese erfuhr er unter anderem, daß auf Soames' Farm Schießübungen stattgefunden hatten. Eine einfache, beiläufige Frage hatte genügt: Benutzte der Bwana seine Gewehre? Nein, aber er hat es einmal bei Bwana Soames getan.

Als Poppy den Brief sehen wollte, den Broughton in Errolls Grab hatte werfen lassen, verweigerte Walter Harragin, der erste Kronanwalt, die Erlaubnis zur Exhumierung der Leiche mit der Begründung, daß das eine Menge Papierkrieg verursachen würde. «Meinen Sie, es könnte mich jemand daran hindern, hier irgendwo einen Rosenstrauch zu pflanzen?» fragte ihn Poppy daraufhin. «Nein», antwortete Harragin. «Auch dann nicht, wenn ich ziemlich tief grabe?» Um Mitternacht ging er mit sechs Sträflingen aus dem Gefängnis auf den Friedhof von Limuru. Sie gruben, bis sie auf den Sarg stießen, und sie fanden den Brief; er war an der einen Seite des Sarges hinuntergerutscht. Diana hatte ihn im Muthaiga Club an Erroll geschrieben, und es war nicht mehr als eine kurze Notiz, die lautete: «Ich liebe dich über alle Maßen.» Erroll hatte damals auf die Rückseite dazu geschrieben: «Und ich liebe dich für immer und ewig.» Poppy gab Diana den Brief zurück.

Harragin hatte Poppy mitgeteilt, daß er dem Gouverneur, Sir Henry «Monkey» Moore, mindestens achtundvierzig Stunden vorher Bescheid geben müsse, bevor er Delves Broughton verhaften könne, «damit Lord Moyne informiert werden kann». Dies erweckte in Poppy den Verdacht, daß das Verfahren irgendwie beeinflußt werden sollte. (Lord Moyne war nicht nur Veras ständiger Begleiter, sondern er war auch der für die Kolonien zuständige Minister.)

Als Poppy seine Ermittlungen abgeschlossen hatte, fuhr er am Nachmittag des 10. März mit einem Haftbefehl des zuständigen Friedensrichters nach Karen. Dort traf er abends um sechs Uhr ein, fand Broughton im Garten, legte ihm die Hand auf die Schulter und verhaftete ihn wegen Mordverdachts. Broughton bemerkte nur: «Sie haben einen großen Fehler gemacht.» Am Vormittag desselben Tages waren er und Diana ausgeritten. Sie hatten unterwegs wieder einmal wegen des Schmucks gestritten und sich getrennt, und Broughton war als erster nach Hause gekommen. Als Diana erschien und ihren Mann von Polizisten umringt sah, entschuldigte sie sich bei ihm wegen des Streits. Broughton sagte zu Poppy: «Haben Sie etwas dagegen, wenn ich einen Whisky trinke?» Poppy holte seinen eigenen Flachmann aus der Tasche und gab ihn Broughton. Um sieben saß Broughton in einer Zelle des Polizeireviers von Nairobi, und sein Anwalt war auf dem Weg zu ihm.

Die Verhaftung kam für Broughton überraschend, obwohl sein Anwalt Lazarus Kaplan schon vor einiger Zeit angedeutet hatte, daß er damit rechnen müsse. Broughton mußte fast drei Monate im Gefängnis verbringen, ehe es zur Gerichtsverhandlung kam. June und Diana, die ihren Mann jetzt mit allen Mitteln unterstützte, besuchten ihn fast täglich; Alice de Trafford kam fast ebenso häufig. Trotz des Schocks, auf einmal Gefangenenwärtern ausgeliefert zu sein, trotz der bedrückenden Gefängnisroutine und der kleinen Zelle war Broughton ein vorbildlicher Häftling – ruhig, außerordentlich höflich, ein richtiger Gentleman. Gelegentlich zeigte er Anzeichen von Depressionen und Klaustrophobie, schien aber ansonsten beinahe erleichtert, im Gefängnis zu sein.

Zu der Zeit, während der Broughton im Gefängnis saß, befanden sich unter den rund zwölfhundert Häftlingen im Gefängnis von Nairobi nur sechs Europäer, und von den insgesamt hundertfünfzig Aufsehern stammten lediglich drei aus Europa. Broughtons Gefängniswärter hieß Victor de Vere Allen und war gleichzeitig Oberaufseher. Er war ein intelligenter, umsichtiger Mann, der bereits seit dreizehn Jahren im Ruhestand war, als ich ihn 1969 in Nairobi kennenlernte. Er erinnerte sich vor allem daran, wie gut Broughton der Gefängnisroutine standhielt, doch auch er war wie Poppy der Meinung, daß sich hinter Broughtons ruhiger Fassade eine wachsende Verzweiflung verbarg.

«Er war ein sehr freundlicher, sehr vornehmer Mensch», sagte Allen, «und er konnte gut erzählen. Ein Mann mit einer Menge interessanter Erfahrungen. Es gab nie Schwierigkeiten mit ihm. Er war zu allen anderen Gefangenen sehr freundlich – er hörte sich all ihre Geschichten an. Sie lachten über den alten Mann. Er war hier ein bißchen fehl am Platz, zum Kriminellen degradiert, eingesperrt in einer Zelle. Er war immer tadellos gekleidet, hatte immer einen Witz auf Lager, und er brachte nie jemanden gegen sich auf.

June Carberry und Diana besuchten ihn zwei- oder dreimal in der Woche. Sie waren eine verschworene Clique.

Wir unterhielten uns sehr häufig miteinander. Meine beiden Schwestern, die in Australien leben, waren mit zwei der Frauen des Radscha von Kooch Bahar zur Schule gegangen. Sein Bruder war ein guter Kumpel von mir, und wir unterhielten uns oft über Leute, die wir beide kannten. Wir waren am selben See in Kaschmir auf die Jagd gegangen.»

Broughtons Leiden wurden durch besondere Privilegien etwas gemildert. Obwohl man von den Europäern erwartete, daß sie ihre Zellen selbst saubermachten, wurde die seine von einem Mitgefangenen ausgekehrt, da Broughton behauptete, er könne es nicht selbst tun. Wegen seiner verkrüppelten Hand konnte er auch seinen hohen steifen Kragen und seine Krawatte nicht ohne fremde Hilfe anlegen. Als Untersuchungsgefangener, der auf seinen Prozeß wartete, konnte er sich die Mahlzeiten sowie Schokolade, Zigarren und andere Dinge aus Torr's Hotel kommen lassen. «Er wußte, wie er bekommen konnte, was er wollte», sagte Allen. «Zehn Schilling waren damals für einen Aufseher, der achtunddreißig Schilling im Monat verdiente, eine Menge Geld.»

Jeden Abend ging Allen mit Broughton auf einen Rundgang, um ihm an der frischen Luft Bewegung zu verschaffen. Sie gingen etwa eine halbe Stunde und legten ungefähr eine Meile zurück. «Manchmal war er ziemlich niedergeschlagen. Er bekam dann richtige Anfälle von Klaustrophobie und konnte den Spaziergang kaum erwarten», erzählte Allen. «Ein Mensch spürt die Mauern, die ihn umgeben.»

Allen fuhr fort: «Er sagte zu mir, er würde sich umbringen, wenn seine Verwandten und Freunde zu Hause ihn verstießen. Anscheinend war man in den Kreisen, denen er angehörte, total erledigt, sobald man einmal in einen öffentlichen Skandal verwikkelt war.»

Ende April 1941 schrieb Broughton aus dem Gefängnis an seine langjährige Freundin Mrs. Marie Woodhouse, eine Nachbarin aus Cheshire und Frau des dort praktizierenden Arztes. Zwischen ihr und Broughton hatte sich eine enge platonische Freundschaft entwickelt, nachdem Vera ihn wegen Lord Moyne verlassen hatte. Sie hatten sogar einmal einen gemeinsamen Urlaub in Madeira verbracht. Broughtons Handschrift, die sonst klein und regelmäßig war, hatte sich völlig verändert. Groß und krakelig waren die Wörter auf irritierende Weise über das Blatt verteilt. Obwohl der Brief keine neuen Informationen enthält, möchte ich ihn hier wiedergeben, um zu zeigen, wie Broughton das gegen ihn eingeleitete Verfahren darstellte. Er wußte genau, daß Poppy den Brief als erster lesen würde.

Gefängnis von Nairobi, 29. 4. 41

Meine liebe Marie

Ihr Telegramm ist das erfreulichste von allen, die ich bekommen habe, und es hat mich sehr gerührt. Ich hoffe, Ihnen und Jimmy geht es gut. Ich wünschte, ich wäre nie in dieses v... e Land gekommen. Es sieht ganz so aus, als hätte ich ihm einen Besuch zuviel abgestattet. Am 26. Mai beginnt mein Prozeß. Um die alte Redensart zu gebrauchen: Man hat mir sehr deutlich vor Augen geführt, daß es um alles oder nichts geht. Ich werde Ihnen den Fall kurz schildern. Falls er in der Presse zensiert wird, wissen Sie wenigstens, was passiert ist. Am Abend des 23. Juni [sic] aßen Lord Errol [sic], Mrs. Carberry, meine Frau und ich im Muthaiga Club in Nairobi zu Abend. Nach dem Essen gingen Lord Errol und meine Frau in ein Restaurant zum Tanzen. Mrs. Carberry und ich blieben im Club und redeten und tranken mit Freunden bis um halb zwei. Danach fuhren wir in meinem Wagen nach Hause und trafen gegen zwei Uhr morgens in meinem Haus in Karen ein. Zehn Minuten später kamen auch Lord Errol und meine Frau zurück. Er blieb zehn Minuten, fuhr dann mit seinem Wagen weg und wurde zweieinhalb Meilen entfernt in einem Straßengraben mit einer Kugel im Kopf aufgefunden. Vier Tage davor waren mir zwei Revolver, ein Zigarettenetui und etwas Geld gestohlen worden, und Lord Errol hatte ein Geschoß im Kopf, das aus einem dieser beiden Revolver stammte. Außerdem hatte er ein Verhältnis mit meiner Frau. Die Polizei brauchte lange, um sich ein Urteil zu bilden, und schließlich wurde ich sieben Wochen nach dem Mord verhaftet. Als Gründe wurden genannt: 1) das Motiv Eifersucht, 2) daß Errol von einem Geschoß getötet wurde, das aus einem der beiden gestohlenen Revolver stammte, 3) daß der Diebstahl nur vorgetäuscht worden sei. Darauf, sowie auf Gespräche, von denen sie hörten und die sie sich zurechtgebogen haben, und auf die Tatsache, daß ich am Tag nach dem Mord ein Feuer gemacht habe, stützt sich die Anklage. Immerhin waren meine Freunde mir gegenüber außerordentlich liebenswürdig und rücksichtsvoll. Wünschen Sie mir Glück, meine Liebe. Ich denke jetzt oft mit Wehmut an Madeira. Mit den herzlichsten Grüßen an Sie beide.

Jock

Inzwischen hatte Poppy «die Damen» in Karen aufgesucht, die ihn bereits zu ärgern begannen. «Was? Schon wieder Sie, Popski?» sagte June Carberry. «Diana fuhr, ohne aufzublicken, fort, sich die

Haare an den Beinen zu entfernen», erinnerte sich Poppy. «Sie sagte so etwas wie: ‹Einmal in der Woche müssen wir Frauen das einfach machen.› Sie servierten einen furchtbar starken, selbstgebrannten Pimms.»

In London beherrschte der Mord die Schlagzeilen. Errolls Tochter Diana, genannt Dinan, war nach Errolls Heirat mit Molly Ramsay-Hill nach England gebracht worden und lebte bei ihrer Tante, Lady Avice Spicer, in Wiltshire. Sie war inzwischen vierzehn und erfuhr vom Tod ihres Vaters im Dorfladen, als sie die Neuigkeit auf der Titelseite einer Zeitung entdeckte. Sie lief nach Hause und wartete auf eine Erklärung, aber sie bekam keine. Danach schlich sie jeden Tag vor dem Frühstück die Treppe hinunter, sobald die Zeitung im Haus war, und las die fast täglich erscheinenden Neuigkeiten über ihren Vater. Wochen später las sie den Bericht von Broughtons Prozeß und ging wie üblich wieder nach oben in ihr Zimmer. Als sie später zum Frühstück wieder ins Eßzimmer kam, waren die Artikel aus der Zeitung herausgeschnitten. Sie war längst Countess of Erroll, wurde jedoch nicht davon in Kenntnis gesetzt. Auch die Umstände, wie ihr Vater zu Tode gekommen war, wurden ihr nicht mitgeteilt.

– 9 –
Der Todesengel

Sollte Broughton des Mordes für schuldig befunden werden – und er begann sich jetzt ernsthaft Sorgen um den Ausgang seines Prozesses zu machen –, würde er wahrscheinlich gehängt werden. «In einem fremden Land, weiß Gott, was geschehen kann», hatte er an Mrs. Woodhouse geschrieben. «Es gibt hier keine Rechtsanwälte.» Da Kenia eine englische Kolonie war, gab es dort dieselbe Form von Schwurgerichtsverfahren wie in England, und Broughton, der ehemalige Friedensrichter, hatte Poppy während eines Gesprächs gefragt: «Werden Europäer in diesem Land wegen Mordes gehängt?» Drei Wochen vor der Verhandlung hatte er immer noch keinen Verteidiger. Es war unmöglich, in Kriegszeiten einen Rechtsanwalt aus England kommen zu lassen, und in Nairobi war keiner zu bekommen.

Schließlich rettete Diana die Situation. Da sie sich zum Teil für das Geschehene verantwortlich fühlte, hatte sie beschlossen, sich mit ganzer Kraft für Broughtons Verteidigung einzusetzen. Sie flog aus eigener Initiative allein nach Johannesburg, um Harry Morris K.C., den besten Anwalt in Südafrika, zu engagieren. Morris hatte mit seinem glänzenden und aggressiven Verteidigungsstil bereits mehrere aufsehenerregende Freisprüche errungen. Er übernahm den Fall sofort, da ihm klar war, daß es die Krönung seiner Karriere bedeuten würde, sollte er den Prozeß gewinnen. Er verlangte ein Honorar von fünftausend Pfund, und Diana war einverstanden.

Am 26. Mai wurde das Verfahren vor dem Obersten Gericht von Nairobi eröffnet. Es war ein Spektakel für sich. In dem getäfelten Raum von klassizistischer Düsterkeit aus der Zeit Edwards VII. schien sich unter der Glaskuppel die gesamte weiße Gesellschaft der Kolonie versammelt zu haben, um das Schaupsiel mitzuerleben. Die Zuschauerbänke waren überfüllt, und die Schaulustigen, unter denen viele Männer in Uniform und die Frauen in ihren besten Kleidern waren, standen in zwei Reihen den Wänden entlang. Es herrschte eine geradezu lüsterne Erwartungsstimmung. Endlich würde über all den Champagnerkonsum und die Ausschweifungen Rechenschaft abgelegt werden müssen, und vielleicht würde als Strafe dafür gar ein Todesurteil ausgesprochen werden. Wohlanständigen und Scheinheiligen standen die Mitglieder des Muthaiga Clubs und die Leute aus dem Happy Valley gegenüber, die in Scharen herbeigeeilt waren, um ihre Sache zu unterstützen. Viele von ihnen standen bereit, um ihre Aussage zu machen. Der Prozeß war ein bedeutendes gesellschaftliches Ereignis, dem vier Monate stürmischer Publicitiy vorausgegangen waren. Während dieser vier Monate war er in der ganzen Kolonie Thema Nummer eins gewesen, und weil es nur wenige gesicherte Tatsachen gab, kursierten die merkwürdigsten Gerüchte und haarsträubendsten Versionen über das, was angeblich geschehen war.

Es waren eine Menge Journalisten anwesend, auch solche, die für Zeitungen in Übersee schrieben, und darunter war eine Frau, die extra aus Chicago gekommen war, um ihr Blatt täglich mit Exklusivberichten zu versorgen. Broughton lächelte ihr eines Tages zu, als er aus seiner Zelle kam, und meinte: «Solange Sie hier sind, fühlt sich der Kopf auf meinen Schultern sicher.»

Im Gerichtssaal herrschte knisternde Spannung. Vor allem Diana war als Symbolfigur für Privilegien und Reichtum sowie als ein Objekt für Mutmaßungen sexueller Natur für all jene die bevorzugte Zielscheibe, die der Meinung waren, über die Kolonie sei just in dem Zeitpunkt Schande gebracht worden, als der Krieg Opfer verlangt habe. Diana kam jeden Tag in den Gerichtssaal und kehrte am Abend in ihre Suite im New-Stanley-Hotel zurück. Schon am ersten Verhandlungstag erzielte sie bei ihrem Erscheinen eine spektakuläre Wirkung. Als die Leute sich nach ihr umdrehten, sahen sie, daß sie wie eine Witwe gekleidet war. Sie trug einen kleinen, schwarzen Hut mit einem schwarzen Schleier, der mit Diamanten behängt war. (Dianas Garderobe war für sich genommen schon eine der Sensationen des Prozesses – es wurde behauptet, sie habe niemals dasselbe Kostüm zweimal getragen.) Sie nahm vorne im Gerichtssaal Platz, ein paar Schritte vom ersten Kronanwalt entfernt. Dann erschien Broughton; er sah etwas blaß aus, und er hatte im Gefängnis ein wenig abgenommen. Er schlurfte, seinen rechten Fuß nachziehend, zur Anklagebank, um aus dem Munde von Richter Sir Joseph Sheridan die Mordanklage zu vernehmen.

Dann begann Harragin, ein großer, blasser Mann mit grauem Haar, seine Eröffnungsrede mit den Worten, der Fall habe «einen tiefen und schmerzlichen Eindruck bei jedem in der Kolonie hinterlassen. Es gibt sicherlich nur wenige unter Ihnen, die nicht über den Fall selbst oder über die verschiedenen Details, die an die Öffentlichkeit gelangten, diskutiert haben und dabei wahrscheinlich jeweils auch zu einem Schluß gekommen sind.»

Was in den folgenden drei Wochen geschah, wurde im Gerichtsprotokoll in allen Einzelheiten auf sechshundert eng beschriebenen Seiten festgehalten. Das Protokoll ist ein packendes Dokument und ein eindrucksvolles Porträt einer selbstbewußten Oligarchie in den letzten Jahren ihrer Machtfülle.

Einmal wurde Broughton gefragt: «Ich glaube, Mrs. Barkas hat uns erzählt, wie Sie die folgenden Tage verbracht haben. Sie spielten im Club Golf, Krocket, Bridge und Backgammon. Ist das richtig?»

«Ja, jeden Tag.»

Dazwischen gab es jeweils Mittagessen, Abendessen und Drinks.

Mrs. Barkas wurde gefragt: «Erinnern Sie sich, daß Sie an diesem Tag noch über etwas anderes [mit Broughton] sprachen?»

«Wir hofften auf schönes Wetter, damit wir Krocket spielen konnten.»

«Es ist eins der weniger anstrengenden Spiele für draußen, nicht wahr?»

«Ich glaube schon.»

«Man muß doch nur den Ball mit einem leichten Schläger durch ein Tor stoßen, nicht wahr?»

«Für mich ist er nicht leicht», antwortete Mrs. Barkas.

Im Protokoll tauchen immer wieder afrikanische Dienstboten und einheimische Polizisten auf, denen folgende Frage gestellt wurde: «Können Sie die Zeit angeben? Wie spät ist es jetzt auf der Uhr im Gerichtssaal?» Hinter jede Antwort auf diese Frage hatte der Stenograf in Klammern das Wort «korrekt» gesetzt. Ein afrikanischer Zeuge namens Mutiso Wa Thathi wurde zudem gefragt: «Hatten Sie an diesem Abend eine Uhr bei sich, oder gehen Sie einfach nach Ihrem Gefühl?» Er antwortete darauf: «Ich hatte eine Uhr bei mir, aber sie ging vor, weil ich sie vorgestellt hatte. Sie ging eineinhalb Stunden vor.»

Dann gab es eine ganze Reihe von «Sachverständigen» – Ärzten, Chemikern, Ballistikern –, die abwechselnd mit Vertretern der feinen Gesellschaft, einschließlich der Gruppe von jungen Offizieren, zu der Portman, Pembroke, Dickinson, Llewellin und Lezard gehörten, in den Zeugenstand traten. Vor allem aber ist der bemerkenswerte Auftritt von Broughton zu erwähnen, der sich entschlossen hatte auszusagen und der mehrere Tage befragt wurde.

Das Protokoll schildert auch sehr anschaulich einen großartigen Verteidiger bei seiner Arbeit. Harry Morris, über den später eine Biographie mit dem Titel *Genius for the Defence* erschien, wurde von einem Anwalt der Gegenseite als «gutmütig-derb, grob und emotional, verächtlich, zu Possenspiel, Beleidigungen und sogar zu Unverschämtheiten neigend» beschrieben. Liest man das Protokoll des Falles jedoch genauer, erscheint diese Darstellung auf ungerechtfertigte Weise abwertend. Morris pflegte die Zeugen nie unnötig zu beleidigen. Es kam allerdings des öfteren soweit, daß er jemanden derart provozieren konnte, daß dieser verärgert auf Rache sann. Morris war vor Gericht aggressiv und zuweilen beißend scharf. Er hatte außergewöhnlich viel Sinn für Humor, einen scharfen Verstand und ein gewisses Maß an Sarkasmus. Außerdem verfügte er über ein außergewöhnliches Gedächtnis und ein erstaunliches Verständnis für Details, das er wirkungsvoll einsetzte, um Experten, die seine Klienten belasteten, als konfuse Dilettanten hinzustellen, die sich in Widersprüche verstrickten.

Sein Talent für derartige Manipulationen und Verwirrspiele machte Morris in der Tat zu einem hervorragenden Anwalt. Seiner Meinung nach waren Sachverständige, Kriminaltechniker und dergleichen mit ihrem sorgfältig vorbereiteten Beweismaterial und ihrer professionellen Sicherheit und Selbstüberschätzung für einen guten Verteidiger eine leichte Beute. Außerdem war Morris, obwohl er Laie war, eine führende Kapazität auf dem Gebiet der Ballistik – Lehre von der Bewegung von Waffen und Geschossen –, und zwar vor allem was die unter dem Mikroskop erkennbaren Spuren auf abgeschossenen Patronen betrifft, wodurch sie dem Lauf einer bestimmten Waffe zugeordnet werden können. Bei seiner Ankunft in Nairobi erklärte er denn auch sowohl Broughton als auch Kaplan, daß er die Anklage mit Hilfe eines einzigen, einfachen ballistischen Beweispunktes für null und nichtig erklären könne.

Morris war tatsächlich völlig verblüfft, daß ihm die Anklage die Möglichkeit gab, dem Gericht eine derart «einfache Antwort» zu geben, nämlich die Behauptung der Anklage zu widerlegen, daß die Tatwaffe mit dem 32er Colt identisch sei, den Broughton bei Schießübungen in Nanyuki verwendet hatte und der anschließend drei Tage vor dem Mord aus seinem Haus «gestohlen» worden war. Doch vorerst gab er, was diese einfache Antwort anging, nicht einmal seinem Klienten einen Anhaltspunkt.

Die dürftige Beweisführung der Anklage stützte sich fast gänzlich darauf, das tödliche Geschoß mit Broughtons Waffe in Verbindung zu bringen. Außerdem wurde behauptet, daß man im Gebüsch in Nanyuki, wo Broughton und Diana ihre Schüsse abgegeben hatten, scharfe Patronen gefunden habe, die Schwarzpulver enthielten, das seit Ausbruch des Ersten Weltkrieges nicht mehr hergestellt worden sei. Spuren von ebendiesem Pulver seien aber auch bei der Wunde an Errolls Kopf entdeckt worden.

Die Anklage vertrat die Ansicht, es handle sich um einen sorgfältig geplanten Mord, und als ersten Schritt habe Broughton den Diebstahl der beiden Revolver vorgetäuscht. Broughton habe den Mord am 18. Januar zu planen begonnen, nämlich unmittelbar nachdem Erroll sich geweigert habe, wegzugehen und Diana aufzugeben. Broughtons nachfolgende Handlungen – der großmütige Verzicht auf seine Frau, die Einhaltung des Abkommens bis ins kleinste Detail, seine Trunkenheit am Abend des Mordes, seine Vergeßlichkeit, was die späteren Einzelheiten betraf – gehörten laut Anklage alle mit zur Tat. Als Broughton erkannt habe, daß Erroll seine Ehe gefährde, habe sich sein wahres Ich erst gezeigt: seine außergewöhnliche Eifersucht, seine Wut, seine Verschlagenheit und schließlich sein Wunsch, den Rivalen zu töten. Es sah ganz so aus, als sollte Broughtons Charakter und nicht seiner mutmaßlichen Tat der Prozeß gemacht werden.

Der Anklage war daran gelegen, den Beweis zu erbringen, daß Broughton die Tat hätte begehen können, doch Harragin konnte nie erklären, wie es Broughton gelungen sein sollte, das Haus zu verlassen, ohne daß Dorothy Wilks oder June Carberry ihn hörten. Deshalb versuchte er, vor Ort nachzuweisen, daß es möglich sei, über das Abflußrohr nach draußen zu gelangen oder lautlos die Treppe hinunterzuschleichen. (Hinter diesen beiden Experimenten steckte Poppy, der die Kletterei am Abflußrohr allerdings nur überwacht hatte. Hugh Dickinson, der sich an diesem Tag zufällig in Karen aufhielt, hatte sich für die Aufgabe zur Verfügung gestellt.) Darüber hinaus konnte Harragin auch nicht exakt ausführen, wie sich der Angeklagte verhalten hatte, als er erst einmal aus dem Haus war. Hatte er sich im Auto versteckt und Erroll kurz vor der Einbiegung erschossen? Oder war er zu Fuß dorthin gegangen und hatte auf ihn gewartet? Der Vertreter der Anklage konnte lediglich Vermutungen über Broughtons Vorgehensweise vortragen. Die Aussagen der Polizisten, der afrikanischen Dienstboten und der Sachverständigen belasteten Broughton am meisten. Dr. Francis Vint vertrat die Ansicht, die Schüsse seien von jemandem abgegeben worden, der entweder auf dem Trittbrett des Wagens stand und durch das offene Fenster schoß oder der neben Erroll im Auto saß. Auf Grund der Schmauchspuren auf der Haut kam Vint zum Schluß, daß die Waffe nicht mehr als fünfundvierzig Zentimeter von Errolls Kopf entfernt gewesen war, als sie abgefeuert wurde. Das zweite Geschoß habe sich dann direkt über dem oberen Ende der Wirbelsäule von einem Ohr zum anderen gebohrt. (Das erste Geschoß habe sein Ziel verfehlt und das Metallteil zwischen den Türen getroffen.)

Der Bluterguß auf Errolls Stirn deute darauf hin, daß er sich den Kopf am Lenkrad gestoßen haben könnte, als er sich duckte, weil er die Waffe auf sich gerichtet sah. Der zweite Schuß habe ihn dann sofort getötet. Irgendwann, erklärte Vint, müsse Errolls Körper auf die Seite gefallen sein, denn genau an der Stelle, wo die verletzte Seite von Errolls Kopf dabei den Beifahrersitz berührt haben müßte, befänden sich Blutflecken. Im übrigen bemerkte Vint auch, daß sich auf Errolls rechtem Hosenbein unterhalb des Knies Blut befunden habe, was darauf schließen lasse, daß Erroll lange genug aufrecht hinter dem Lenkrad gesessen habe, daß das

Blut habe hinuntertropfen können. Daraus wurden keine Schlüsse gezogen, obwohl man so allenfalls hätte rekonstruieren können, wie die Leiche schließlich in ihre Lage am Boden des Wagens gelangte: mit angezogenen Knien und vor dem Gesicht verschränkten Händen. Beide Hände waren blutbeschmiert, vor allem die linke.

Nach einer Reihe von Experimenten gelangten Poppy und Vint zum Schluß, daß jemand die Leiche auf den Boden des Wagens gesetzt habe, um Lenkrad und Pedale freizubekommen, und daß sie nie von alleine in dieser Art auf den Boden hätten fallen können, da das Lenkrad dies verhindert hätte, als der Wagen in den Straßengraben fuhr.

Poppy war der Meinung, daß Broughton die Leiche vom Fahrersitz geschoben habe, um den Wagen von der Straße lenken zu können. Die Zündung war eindeutig von Hand ausgeschaltet worden. Die Scheinwerfer brannten noch, und weil der Knopf vom Lichtschalter fehlte, brauchte man eine Zange, um sie auszumachen – und man fand prompt eine im Wagen.

Vint meinte, es hätte einiger Geschicklichkeit bedurft, während der Fahrt vom Trittbrett aus zu schießen, doch wäre es relativ einfach gewesen, die Schüsse vom Beifahrersitz aus abzugeben, wenn sich der Mörder dabei mit dem Rücken gegen die Tür gelehnt hätte. Die einfachste Möglichkeit aber, wie es hätte gewesen sein können, erläuterte Vint nicht, nämlich daß der Mörder bei stehendem Wagen rückwärts durch die offene Tür ausstieg. Es gab merkwürdigerweise auch Hinweise dafür, daß die Halteschlaufen im Wagen – die laut Aussage von Mrs. Carberry, die sie immer benutzte, am Tage vor dem Mord ganz sicher noch an ihrem Platz waren – nicht weggerissen, sondern losgeschraubt und entfernt worden waren.

Harragin versuchte schließlich deutlich zu machen, Broughtons Verhalten sowohl vor als auch nach dem Mord sei verdächtig gewesen. Er erwähnte dabei vor allem seinen zweiten Besuch bei June Carberry gegen halb vier Uhr morgens, kurz nachdem Erroll erschossen worden sein mußte – offenkundig ein Versuch, sich ein Alibi zu verschaffen. Und war es nicht auch verdächtig, daß er June Carberry in Nyeri gefragt hatte, ob sie der Polizei gesagt habe, daß er an jenem Abend im Club ziemlich schlechtgelaunt und böse gewesen war und daß er sie beschworen hatte, nicht wegzufahren, weil sie «seine» wichtigste Zeugin sei. (June konnte sich nicht mehr erinnern, ob er «seine» oder «die» wichtigste Zeugin gesagt hatte.) Und war es nicht auch verdächtig, daß er die Polizisten während eines Verhörs gefragt hatte, wie groß die Chancen seien, eine Waffe zu finden, die «irgendwo in Afrika» vergraben sei, und daß er ein anderes Mal gefragt hatte, ob ein Mann wirklich dafür gehängt werden könne, wenn er den Geliebten seiner Frau erschieße, nachdem er die beiden *in flagrante delicto* erwischt habe? Und hatte Broughton nicht auf einmal ein ungewöhnliches Interesse für Ballistik, Mikroskope und dergleichen gezeigt, nachdem Soames ihm erzählt hatte, die Polizei sei bei ihm auf der Farm gewesen, um nach Geschossen zu suchen? Und zwar insbesondere während eines Gesprächs mit Carberry, das nach dem Mord in Karen stattgefunden hatte?

Natürlich wurde auch das Feuer erwähnt, das Broughton so eilig angezündet hatte und in dem die Polizei einen angesengten Golfstrumpf entdeckte, auf dem noch Blutflecken zu erkennen waren (sowie Broughtons fast zwanghaftes Bedürfnis, Poppy in allen Einzelheiten zu erklären, weshalb er das Feuer angezündet habe). Dann auch seine Fahrt mit dem Taschentuch zum Polizeirevier, wo er, polizeilichen Angaben zufolge, völlig mit den Nerven am Ende war und nicht verstehen wollte, warum Errolls Tod nicht wie ein gewöhnlicher Autounfall behandelt wurde, sowie seine Ungeduld, endlich das Obduktionsergebnis zu erfahren. Und hatte Broughton im Club nicht zu June Carberry gesagt, er werde Diana weder das Haus in Karen noch die fünftausend Pfund geben und sie könne verdammt noch mal gehen und mit Joss zusammenleben? Und darauf: «Sich vorzustellen, daß eine Frau, mit der man erst zwei Monate verheiratet ist, einen so behandelt?» Verhielt sich so ein Mann, der auf charmante Art zu kapitulieren vorhat? Und was hatte es damit auf sich, daß Broughton am selben Morgen, an dem Errolls Tod bekannt wurde, die Schiffsagentur aufsuchte, um erneut die Reise nach Ceylon zu buchen?

Harragin zeigte auch, daß Broughton keineswegs körperlich angeschlagen, sondern daß er sehr wohl imstande war, auf Safaris lange Märsche durchzustehen und schwere Gewehre zu schleppen. Er meinte, daß Broughton aus diesem Grund eben auch imstande gewesen sei, Errolls Leiche vom Sitz auf den Boden zu befördern, damit er den Wagen lenken konnte, sowie trotz seiner Behauptung, er sei gehbehindert und nachtblind, auch die knapp zweieinhalb Meilen im Dunkeln nach Karen zurückzulaufen, um rechtzeitig einen Alibibesuch bei June zu machen. Nichts von alledem ließ sich mit Gewißheit nachweisen, aber Harragin versuchte, zwischen den einzelnen Beweisstücken eine Verbindung herzustellen, um diesen sich immer deutlicher als schwierig erweisenden Fall zu untermauern. Es war der Anklage fast nicht möglich, Beweise zu erbringen, die über jeden Zweifel erhaben waren.

Harragins wichtigste Zeugen neben Poppy und den Experten für Ballistik waren June Carberry und Gwladys Delamere. Aber es stellte sich bald heraus, daß June von größerem Nutzen für die Verteidigung war. Sie lieferte Broughton als einzige ein Alibi. Nur sie machte genaue Angaben darüber, wann sie zusammen den Club verlassen und nach Karen zurückgekehrt waren, und sie war auch die einzige, die berichtete, was nach ihrer Rückkehr im Haus geschah, denn weder Dorothy Wilks noch Diana machten eine Aussage. Hätten sie nicht auch viel früher als um zwei Uhr – so die Schätzung von June – wieder zu Hause sein können?

Junes Aussage wurde nie wirklich in Frage gestellt, und Broughton entschuldigte seine Gedächtnislücken damit, daß er zu betrunken gewesen sei, um sich an irgend etwas zu erinnern. June bestätigte dies. Sie habe ihm sogar die Treppe hinaufhelfen müssen, erklärte sie, und habe ihm dabei den Arm um die Taille gelegt. Sie sagte, sie sei vollständig überzeugt davon, daß Broughton in diesem Augenblick weit davon entfernt gewesen sei, irgendeine «Regung» zu verspüren – was von einer Gewohnheitstrinkerin wie June nur als ironischer Kommentar betrachtet werden kann, es sei denn, Broughton wäre bewußtlos gewesen. Schließlich sagte sie aus, Broughton habe um zehn nach zwei im Morgenmantel an ihre Tür geklopft und ihr gute Nacht gewünscht. Nach Junes Schätzung kam Diana dann gegen 2.25 Uhr nach Hause und war von 2.40 Uhr an etwa eine halbe Stunde bei ihr im Zimmer. Um halb vier Uhr, also rund zwanzig Minuten nachdem Diana in ihr eigenes Zimmer gegangen sei, habe Broughton dann erneut an ihre Tür geklopft, «um sicherzugehen, daß alles in Ordnung war».

«Haben Sie in dieser Nacht noch irgend etwas bemerkt?» wurde sie gefragt.

«Ja, danach [nachdem sich Diana zurückgezogen hatte] kam Jock Broughton.»

«Wie lange danach?»

«Etwa zehn bis zwanzig Minuten. Es ist schwer zu schätzen.»

«Hatten Sie nicht die Möglichkeit, nachzusehen, wie spät es war?»

«Nein.»

«Haben Sie zu diesem Zeitpunkt noch etwas anderes im Haus bemerkt?»

«Dianas Hund bellte.»

«Laut?»

«Ja, ziemlich laut.»

«Was geschah, als Sir Delves zu ihrem Zimmer kam?»

«Er klopfte nur an die Tür und fragte, ob wirklich alles in Ordnung sei.»

Die einzige Aussage Junes, die gegen Broughton sprach, war ihre Schilderung seiner Tirade gegen Diana, nachdem das Paar den Muthaiga Club verlassen hatte, und dies hatten ja auch andere Zeugen gehört. Dieser Aussage stellte sie ihre positive Einschätzung von Broughtons Charakter gegenüber – seine Fröhlichkeit, seine Ausgeglichenheit, seinen Sinn für Humor und die Tatsache, daß er keine Eifersucht und keine Bitterkeit kannte. June trat im Zeugenstand sehr selbstbewußt auf, und als sie ihn verließ, hörte Harragins Sekretärin, wie sie sagte: «Tja, jetzt sitzt sein Kopf wohl wieder sicherer auf seinen Schultern.»

Gwladys Delamere war die einzige Zeugin, die sich als dem Angeklagten feindlich erwies. Ihre Antworten auf Morris' Fragen waren hart wie Granit.

«Lord Erroll war ungefähr neununddreißig?»

«Ja.»

«Ein Mann mit gesundem Menschenverstand?»

«Verstand ja, aber ich weiß nicht, ob es gesunder Menschenverstand war.»

«Gab es irgendeinen besonderen Grund, weshalb er Sie auf der Dinnerparty in Karen beiseite nahm, um Ihnen, abgesondert von den anderen Gästen, davon zu erzählen?»

«Ich nehme an, er war der Meinung, ich hätte Verstand oder gesunden Menschenverstand.»

«Welches Interesse hatten Sie an der Sache, Lady Delamere?»

«Die tragischen Umstände. Ich wollte ganz sichergehen, daß beide wußten, was sie taten.»

«Was hatte das alles mit Ihnen zu tun?»

«Ganz einfach. Ich war seit vielen Jahren mit Lord Erroll eng befreundet.»

«Sie wollten es also deshalb wissen, weil Sie eine Freundin von ihm waren?»

«Ich sah voraus, daß es Ärger und Schwierigkeiten geben würde.»

«Warum haben Sie dann Ihre Nase in die Sache gesteckt, wenn Sie doch wußten, daß es Ärger und Schwierigkeiten geben würde?»

«Weil Lord Erroll anscheinend seine Freunde in solchen Angelegenheiten zu Rate zog.»

«Sagten Sie eben *solche* Angelegenheiten?»

«Das könnte sein.»

(An dieser Stelle ließ Morris verlauten, Erroll habe außer Broughton offenbar noch andere Feinde gehabt.)

Gwladys beschrieb Broughtons Gesichtsausdruck, als er seiner Frau und Erroll beim Tanzen zusah, folgendermaßen: «Er verriet vieles: Wut, Schmerz, Zorn, Nachdenken, Ärger und Unruhe.»

«Unruhe auf seinem Gesicht?»

«Ja.»

Gwladys bestritt, daß sie zu ihm gesagt habe, ob er wisse, daß Joss heftig in Diana verliebt sei und daß diese Bemerkung der Grund für seinen verärgerten Gesichtsausdruck gewesen sein könnte.

Der Obmann der Geschworenen fragte: «Sie haben den Angeklagten als mürrisch bezeichnet; wollten Sie damit sagen, daß er ständig so ist?»

«Ja, dieser Meinung war ich schon immer.»

«Es könnte doch sein», meinte der Obmann, «daß er nur Ihnen gegenüber mürrisch ist?»

«Wenn das so wäre», antwortete Gwladys, «dann müßte er immerhin bereits seit zwanzig Jahren mürrisch sein.»

Als Broughton später im Zeugenstand war, wurde er gefragt: «Weshalb glauben Sie, daß sie sich gegen Sie wendet?»

«Nur auf Grund ihrer Aussage», antwortete er. «Sie behauptet, ich sei mürrisch, dabei weiß sie genau, daß das nicht stimmt. Und was sie über meine Niedergeschlagenheit erzählt hat, als ich neben ihr saß und die Tanzenden beobachtete, war völlig aus der Luft gegriffen, ebenso ihre Behauptung, auf meinem Gesicht habe sich eine Regung von Haß gegen meine Frau abgezeichnet. Über ihre Aussage kann niemand mehr überrascht sein als ich.»

Zwei wichtige Zeugen wurden nicht gehört: Diana und Miss Wilks. Man konnte Diana nicht zwingen, gegen ihren Mann auszusagen. Sie hatte aber gegenüber der Polizei eine Aussage gemacht, bevor man ihr gesagt hatte, auf welche Weise Erroll ums Leben gekommen war, und bei dieser Gelegenheit könnte sie erwähnt haben, daß ihr Hund um halb vier Uhr laut zu bellen angefangen hatte. Hatte er gebellt, weil er hörte, wie Broughton zurück ins Haus kam? Diana verließ nur ein einziges Mal den Gerichtssaal, und zwar als Errolls Ohr – mittlerweile ein ballistisches Beweisstück – in einem Gefäß mit Spiritus herumgereicht wurde. «Das ist wirklich *zuviel*. Armer Joss», sagte sie. Als Morris über Broughtons Gebrechen sprach, hörte man sie sagen: «Er ist nicht annähernd solch ein Wrack, wie man hier glaubhaft machen will.»

Erstaunlicher ist jedoch, daß die Anklage Miss Wilks überging, die doch in der Lage gewesen wäre, Junes Aussagen zu bestätigen oder in Abrede zu stellen. Als Begründung wurde angegeben, man hätte Broughtons Angestellten sowieso keinen Glauben geschenkt, was die Anklage jedoch nicht davon abhielt, seine übrigen Bediensteten sowie Errolls Diener Waiweru oder seinen somalischen Chauffeur anzuhören. Es scheint, daß Miss Wilks mehrere widersprüchliche Aussagen gemacht hatte und daß ihr auch im Zeugenstand niemand geglaubt hätte.

Morris rief lediglich acht Zeugen auf, darunter Broughton und Major Pembroke, die Anklage hingegen zwanzig. Diese acht genügten ihm jedoch vollauf. Er hatte bereits mehrere Zeugen der Anklage auf seine Seite gebracht, und alle außer Gwladys bezeugten mit untadeliger Höflichkeit, Broughton sei liebenswürdig, tolerant und nicht reizbar, und sie erwähnten die, wie Broughton sie nannte, «unverminderte Freundschaft» mit Erroll, die die ganze Zeit der Krise über gehalten habe. (Nach Ansicht der Anklagevertretung hatte Broughton Erroll mit diesen Freundschaftsbekundungen eine Falle gestellt: ein Trick, um ihn immer in der Nähe und im Auge zu haben.) Morris hatte unter seinen Zeugen auch seinen eigenen Ballistik-Experten, Captain Thomas Overton, der die Gutachten der Sachverständigen der Anklage entkräften sollte. Allerdings hatte Morris im Kreuzverhör inzwischen die ballistischen Argumente der Anklage bereits zerpflückt.

Seine brillanten ballistischen Argumentationen machten Morris' Fähigkeiten erst so richtig deutlich. Der Kampf um technische Details, der tagelang um eine Reihe von mikroskopisch kleinen Markierungen auf einer Anzahl von Geschossen tobte, war sehr verwirrend, und Laien konnten der Sache nur schwer folgen. Ab und zu schienen sich die Anwälte und Sachverständigen nur noch um des Kaisers Bart zu streiten. Doch Morris versicherte sich immer, daß die Geschworenen wußten, wann er einen Treffer gelandet hatte, und dann auch verstanden, worum es ging. Das ballistische Beweismaterial, auf dem die ganze Anklage beruhte, sorgte bei diesem Prozeß mit für die dramatischsten Momente.

Morris hatte zwei Theorien zu widerlegen. Die erste war, daß die Geschosse, die auf Soames' Farm abgefeuert worden waren (die «Nanyuki»-Geschosse), sowie die tödlichen Geschosse aus derselben Waffe stammten. Wenn diese Geschosse nicht zusammenpaßten, meinte Harragin, «stürzt das Beweismaterial der Anklage wie ein Kartenhaus zusammen». Die zweite Theorie war, daß die Waffe, aus der all die fraglichen Geschosse abgefeuert worden waren, ein 32er Colt war, der Broughton gehörte, und daß Broughton es so eingerichtet hatte, daß diese Waffe (zusammen mit einer anderen, die hier nicht von Bedeutung ist) aus dem Haus in Karen gestohlen wurde. Dieser 32er Colt war auf Broughtons Waffenschein eingetragen.

Morris konnte auf Grund der Markierungen auf den Geschossen beweisen, daß keines davon aus einem Colt abgefeuert worden sein konnte – dies war «der eine Punkt», mit dem er die Strafsache niederzuschlagen hoffte. Die Anklagevertretung konnte dagegen jedoch einwenden, Broughton könnte eine weitere 32er, möglicherweise eine Smith & Wesson, irgendwo versteckt haben. Um dem entgegenzutreten, versuchte Morris – indem er Pedanterie mit verunsichernder Taktik vermischte und wohlüberlegt einige Sätze aus ballistischen Lehrbüchern einflocht – bei den Geschworenen schwerwiegende Zweifel an den Methoden zu wekken, die die Sachverständigen der Anklage angewandt hatten, um zu dem Schluß zu gelangen, daß die beiden Geschosse aus derselben Waffe stammten. Für die Sachverständigen gab es in dieser Hinsicht natürlich nicht den geringsten Zweifel, doch wenn es ihm gelang, die Geschworenen auch nur ein bißchen zu verunsichern, mußte Broughton freigesprochen werden.

Morris befaßte sich zuerst mit dem letzten Punkt. Bis er mit seinem Kreuzverhör begann, schien die starke Ähnlichkeit der beiden Geschosse, wie sie die beiden Experten Ernest Harwich und Maurice Fox aufgezeigt hatten, unwiderlegbar zu sein. Fox, der staatliche Chefchemiker, hatte fast zwei Monate mit einem Binokular-Mikroskop im Labor zugebracht, die Geschosse fotografiert und untersucht und die Ähnlichkeiten sorgfältig katalogisiert.

Ein Geschoß, das durch einen Gewehrlauf getrieben wird, weist gewisse Markierungen auf, sogenannte Felder, Züge oder Kratzer, feine Linien, die durch Unregelmäßigkeiten im Lauf verursacht werden. Fox hatte diese Merkmale jedes einzelnen Geschosses zum Vergleich fotografiert, doch wegen ungenügender und falscher Kennzeichnung war ein Großteil der Aufnahmen praktisch unbrauchbar und für Geschworene, die nicht viel davon verstanden, hoffnungslos verwirrend. Morris gab Fox zu verstehen, er habe wohl umsonst zwei Monate im Labor verbracht. Fox war von Anfang an abwehrend und stur, widersetzte sich allen Erklärungen von Morris und machte bei seinen Fragen Ausflüchte. (Als Morris ein Buch von Major Burrard mit dem Titel *Identification of Firearms and Forensic Ballistics* erwähnte, meinte Fox: «Das ist kein Buch über Ballistik.» Darauf fragte Morris: «Welchen Titel würden Sie dem Buch denn sonst geben?» – «Ich möchte dem Buch eines anderen keinen Titel geben», antwortete Fox.)

Fox war für die Anklagevertretung sieben Stunden lang im Zeugenstand. Morris befragte ihn weitere vierzehn Stunden, allerdings mit vielen Unterbrechungen von seiten des Richters, da es des öfteren den Anschein hatte, als würden die beiden Männer jeden Moment handgreiflich. Ihre gegenseitige Abneigung brachte Abwechslung in den Gerichtssaal, denn Morris' eingehende Untersuchung von Feldern, Zügen und Kratzern auf den Geschossen hatte die Zuhörer gelangweilt und verwirrt. Einmal fragte Morris, was die Buchstaben «S» und «W» auf einer Patrone zu bedeuten hätten.

«Daß die Patrone zu einer Smith & Wesson gehört», antwortete Fox.

«Woher wissen Sie das?» fragte Morris.

«Meine Mutter hat es mir gesagt», erklärte Fox.

«Wollen Sie frech werden, Mr. Fox?»

«Nein.»

«Nun, Sie sind aber auf dem besten Weg dazu.»

Morris argumentierte, die Ähnlichkeiten zwischen den Geschossen seien eine Sache, aber was denn mit den *Unterschieden* sei? Morris wußte natürlich genau, daß es immer geringfügige Unterschiede zwischen zwei Geschossen gibt, die aus derselben Waffe abgefeuert worden sind. Aber er ging nun minutiös auf jeden Riß und jeden Kratzer ein, der auf den Geschossen zu sehen war, so, als hätten sie dieselbe Bedeutung wie die von der Anklage gezeigten allgemeinen Ähnlichkeiten. Er wies auf unzählige Einzelheiten hin, stellte als regelmäßige Ordnung dar, was nichts als Zufall war, und verwirrte dadurch die ohnehin schon verunsicherten Geschworenen vollends. Zum Schluß fragte er lauernd, ob denn ein Vergleich der Geschosse ohne die entsprechende Waffe, die die Anklage ohnehin niemals würde vorlegen können, überhaupt überzeugend sei? Die unablässigen Angriffe von Morris hatten Harwich bereits soweit gebracht, daß er zugab, die Identifizierung eines Geschosses auf Grund seiner Markierungen ohne die dazugehörige Schußwaffe sei «ein sehr komplexes Unterfangen». Nachdem sowohl Harwich als auch Fox gewisse Punkte hatten modifizieren, akzeptieren und zurücknehmen müssen, wandte sich Morris mit einem Blick ermattender Verzweiflung an die Geschworenen und fragte: «Und Sie sind *immer* noch der Meinung, die Geschosse stammen aus ein und derselben Waffe?»

Dann ging Morris aufs Ganze. Man habe behauptet, erklärte

er, alle Geschosse seien aus einem Revolver abgefeuert worden, dessen Lauf fünf Züge hatte, die sich nach rechts, also im Uhrzeigersinn drehten.

«Hatten wirklich alle fraglichen Geschosse denselben Drall?» fragte er.

«Ja», antwortete Harwich, «alle Geschosse hatten einen Rechtsdrall.»

«Hat ein Colt-Revolver einen Rechts- oder einen Linksdrall?»

«Er hat einen Linksdrall im Lauf.»

«Können Sie mir sagen, aus was für einer Waffe die Geschosse abgefeuert worden sind?»

«Aus einem Revolver.»

«Aber nicht aus einem Colt», bemerkte der Richter.

«Soviel ich weiß, haben alle Colts sechs Züge und einen Linksdrall», sagte Harwich darauf.

Es war ein gewichtiger Punkt für die Verteidigung, und es bleibt die Frage, weshalb die Anklage, trotz ihrer ballistischen Sachverständigen und trotz Fox, der sich vor dem Prozeß zwei Monate mit dem Fall beschäftigt hatte, diesen Fehler in ihrer Beweisführung nicht bemerkt haben sollte.

Man diskutierte dann über das Problem, daß Soames sich nicht genau erinnern konnte, welche Waffe Broughton beim Zielschießen verwendet hatte. Soames hatte bei seiner Vernehmung ausgesagt, er glaube, Broughton habe mit einem Colt geschossen, doch sei er dessen nicht ganz sicher. Außerdem meinte er, daß es ein Kipplaufrevolver mit offenem Rahmen gewesen sei – ein charakteristisches Merkmal bei damals gebräuchlichen Colts.

Morris lenkte mit einer anderen Frage davon ab: «Und wenn Sir Delves Ihrer Lordschaft und den Geschworenen nun sagen würde, seine Waffe sei keine Kipplaufwaffe, sondern eine Waffe, bei der die Trommel seitlich ausgeschwenkt wird, würden Sie das dann bestreiten?»

«Ich würde ihm das glauben», erwiderte Soames.

Die Ähnlichkeit zwischen den Geschossen – die am Ende niemand, nicht einmal Morris, in Zweifel zog – blieb eines der irritierendsten Elemente des ganzen Rätsels. Dazu kam die Ähnlichkeit der Schwarzpulverspuren um Errolls Wunde mit dem Pulver der scharfen Patronen, die man in Nanyuki gefunden hatte. Es war ein

Schwarzpulver, das zum Zeitpunkt der Ereignisse äußerst selten, aber vor 1914 noch weit verbreitet gewesen war.

«Wann haben Sie die Revolver gekauft?» fragte Harragin.

«Ich kann mich nicht mehr an das genaue Jahr erinnern – es ist zwölf oder fünfzehn Jahre her», antwortete Broughton.

«Können Sie sich erinnern, wo Sie sie gekauft haben?»

«Ich ging zu mehreren Büchsenmachern, und ich kann mich nicht mehr genau erinnern, aber ich glaube, es war in einem der Army and Navy Stores.»

«Haben Sie sie zusammen oder einzeln gekauft?»

«Ich habe beide zur selben Zeit gekauft.»

«Können Sie sich erinnern, weshalb Sie auf einmal zwei Revolver gekauft haben?»

«Nach fünfzehn Jahren weiß ich das nicht mehr so genau, aber da man in England keinen Revolver braucht, nehme ich an, daß ich vorhatte, ins Ausland zu gehen, und dachte, daß ich sie dort gebrauchen könnte.»

«Haben Sie auch gleich Munition gekauft?»

«Ich glaube, ich habe gleich eine Schachtel 32er Patronen gekauft. Wenn ich mich recht erinnere, hatte ich noch 45er Munition zu Hause, ich kann mir jedenfalls nicht vorstellen, daß ich 45er Munition gekauft habe.»

«Jedenfalls haben Sie die Waffen in England nie benutzt?»

«Nein.»

«Und Sie haben auch hier vorher nie Gebrauch davon gemacht, bis Sie zu Soames' Farm fuhren. Und dort haben Sie, soviel ich weiß, nur eine davon benutzt?»

«Ja.»

«Haben Sie dieselbe Munition benutzt, die Sie vor zwölf oder fünfzehn Jahren gekauft hatten?»

«Ja, es war die einzige Munition, die ich hatte.»

«Wie viele Patronen waren es?»

«Die Packung war noch nicht angebrochen, und ich glaube, es waren fünfzig.»

«Wie viele Schüsse haben Sie abgcfcucrt?»

«Etwa vierzig. Ich glaube, ich feuerte ungefähr zwanzig- oder fünfundzwanzigmal, und sie [Diana] fünfzehnmal. Ich gab mehr Schüsse ab als sie.»

«Und Sie stimmen mir zu, daß, falls dort irgendwelche scharfen 32er Patronen gefunden würden, die Möglichkeit bestünde, daß sie Ihnen gehörten?»

«Es könnten dort überhaupt keine Patronen von mir gefunden werden.»

[Warum nicht? Es ist sehr merkwürdig, daß dieser Antwort nicht nachgegangen wurde.]

«Haben Sie mit Schwarzpulver geschossen?» fragte Harragin weiter.

«Ich habe keine Ahnung, aber wenn man zu einem guten Büchsenmacher geht, dann ist es meiner Ansicht nach ziemlich unwahrscheinlich, daß man selbst vor fünfzehn Jahren noch Schwarzpulver bekam. Diese Art von Schießpulver ist längst überholt. Als Junge habe ich Schwarzpulver benutzt, aber ich glaube, es war schon vor dem letzten Krieg nicht mehr in Gebrauch. Als Munition für einen Revolver hätte ich es sehr ungewöhnlich gefunden.»

«Können Sie sich vorstellen, warum man dort Patronen mit Schwarzpulver gefunden hat, die allerdings nicht unbedingt Ihnen gehören müssen?»

«Dafür habe ich keine Erklärung.»

Während seiner zwanzig Stunden dauernden Vernehmung bewies Broughton eine bemerkenswerte Haltung. Er war gelassen, höflich, ja beinahe unbekümmert – ein Adliger, dem die Guillotine drohte, hätte sich nicht besser verhalten können. Einmal allerdings erinnerte Broughtons Gelassenheit überraschend an Camus' *Der Fremde*. Im Zeugenstand war Dr. Joseph Gregory.

«Angenommen, ein Mann wird des Mordes beschuldigt, und Sie bemerken, daß er außergewöhnlich ruhig ist, daß er mit seiner Lage sogar zufrieden zu sein scheint oder sich zumindest keine Sorgen macht. Wäre das für Sie ein Hinweis auf einen bestimmten Geisteszustand?» wollte Harragin wissen.

«Nein, Sir», antwortete Dr. Gregory.

«Sie würden sagen, daß es völlig normal ist, wenn ihm gleichgültig zu sein scheint, daß er im Gefängnis oder im Gerichtssaal ist?»

«Ich würde sagen, dies könnte ein Hinweis darauf sein, daß der Mann das ist, was man einen Philosophen nennt.»

«Oder ein Mann mit einem reinen Gewissen?»

«Ja, oder das.»

Morris ging natürlich ein Risiko ein, als er seinen Mandanten in den Zeugenstand rief. So mancher Prozeß in der Kriminalgeschichte ist von einem guten Verteidiger bereits gewonnen und wird am Schluß doch noch auf Grund eines Versprechers des Angeklagten verloren, der unbedingt aussagen will. Zu seiner Verteidigung führte Broughton an, er habe sich an die Vereinbarung mit Diana gehalten, und das erkläre hinreichend, warum er so einfach vor Erroll kapituliert habe. Broughton sagte, ihm sei in dem Augenblick klar gewesen, daß alles aus war, als er Diana mit Errolls Perlen um den Hals neben June Carberry im Bett habe liegen sehen.

Er wurde gefragt, warum er dem Abendessen am 18. Januar ferngeblieben sei. Broughton antwortete, er sei «sehr ärgerlich» gewesen. Diana habe zu ihm gesagt, daß sie ein Leben lang oder zumindest ein paar Jahre – er habe ihre genauen Worte vergessen – warten würde, wenn sie nicht bald geschieden werden könnten. «Ich hatte immer damit gerechnet, daß sich meine Frau in einen anderen verlieben könnte, doch es geschah früher, als ich erwartete», erklärte Broughton. «Es war albern, denn eine Frau kann sich genausogut in zwei Monaten oder erst in zehn Jahren in einen anderen verlieben. Ich war meiner Frau stets treu ergeben, und ich bin es auch jetzt noch. Ich erkannte einfach, daß sie noch ihr ganzes Leben vor sich hatte, während ich meines bereits hinter mir habe, und deshalb blieb mir nichts anderes übrig, als mich geschlagen zu geben und nach Ceylon zu gehen. Ich wollte drei Monate dort bleiben, und ich hatte gehofft, daß sie ihn, wenn ich nach Kenia zurückkehrte, nicht mehr lieben würde und zu mir zurückkäme. Ich hatte die Hoffnung nie verloren.» Er habe zu Diana gesagt, fuhr er fort, daß er hoffe, sie würde, um den Schein zu wahren, so lange in Karen bleiben, bis er abreise, «weil, soviel ich weiß, niemand etwas von der Sache wußte.»

Morris hatte ihn gefragt: «Als alter Pferdesportler erkannten Sie ja wohl, daß Erroll, was das Gewicht betraf, im Vorteil war. Und trotzdem überließen Sie ihm einfach die Bahn?»

«Ja», erwiderte Broughton und fügte im gleichen Jargon hinzu: «Achtzehn Pfund.»

Harragin formulierte die Frage anders: «Ihnen war klar, daß Sie in zehn Jahren siebenundsechzig sein würden und sie siebenunddreißig?»

«Das ist nicht mehr sehr jung für eine Frau.»

«Es ist ziemlich alt für einen Mann.»

«Das hängt vom Mann ab.»

«Aber ein Mann mit vierzigprozentiger Invalidität?»

«Von der er sich völlig erholt hat.»

Dann wurde Broughton damit konfrontiert, daß er noch am 18. Januar Mrs. Carberry gegenüber bei einem Spaziergang im Garten von Errolls Haus angedeutet habe, daß er sich umbringen würde.

«Wie würden Sie diesen Gemütszustand mit der Tatsache in Einklang bringen, daß Sie damals angeblich soeben eine freundschaftliche Unterhaltung mit Lord Erroll geführt hatten und daß Sie sich unter Einhaltung ihrer Vereinbarung damit abgefunden hatten, daß Ihre Frau Sie verlassen wollte?» fragte Harragin.

«Man zeigt einem Mann nicht seine Gefühle, wie man dies einer Frau gegenüber sehr häufig tut, vor allem dann, wenn es sich um eine gute Freundin handelt. Selbst am Ende unserer Unterhaltung war ich immer noch sehr durcheinander. Doch ich wollte mich nicht dadurch erniedrigen, daß ich Lord Erroll gegenüber diese Gefühle zeigte», meinte Broughton.

Broughton wurde gefragt, ob es wirklich notwendig gewesen sei, jeden Tag mit Erroll zusammen zu speisen, nachdem doch sein Mißtrauen bereits geweckt war.

«Warum nicht?» entgegnete Broughton. «In einer kleinen Gemeinschaft wie dem Muthaiga Club kann man mit so etwas nicht einfach aufhören. Wie hätte ich es denn vermeiden sollen? Meine Frau und ich gingen jeden Tag in den Club. Wie hätte ich Erroll aufhalten sollen? Die einzige Möglichkeit wäre gewesen, ihm zu sagen, daß ich ihn nicht mehr sehen wolle. Alle aßen jeden Tag im Club.»

Eine andere Frage lautete, warum er Erroll eingeladen habe, über Nacht zu bleiben, wo er doch bereits wußte, was zwischen Diana und Joss vor sich ging? Und ob er etwas dagegen gehabt hätte, wenn Diana ihn darum gebeten hätte.

«Sie konnte einladen, wen sie wollte», sagte Broughton. «Ich hätte sie auf keinen Fall davon abgehalten. Ich sehe keinen Sinn darin. Wir trafen uns täglich im Club, und in meinen Augen macht es keinen Unterschied, wenn ein Mann über Nacht bleibt. Das wäre eine außerordentlich schlechte Strategie. Meiner Erfahrung nach tut eine Frau gerade das erst recht, wovon man sie abzuhalten versucht. Eine junge Frau muß man bei Laune halten.»

Daraufhin fragte Harragin, ob Broughton denn nicht eifersüchtig gewesen sei, da man ihm doch bereits zwei Monate nach seiner Hochzeit Hörner aufgesetzt habe.

Er sagte: «Können Sie uns erklären, weshalb Sie diesen Diebstahl, der doch direkt vor Ihrer Nase stattfand, so gelassen hinnahmen?»

«Was nützt eine Vereinbarung, wenn man sie nicht einhält? Ich denke, daß so was zwischen einem Mann meines Alters und einer jungen Frau nicht ungewöhnlich ist.»

«Ich gehe davon aus, daß Ihre Frau Ihr teuerstes Gut war, und ich habe Sie bereits über Dinge wie Land- und anderen Besitz reden hören. Nun frage ich Sie: Da wird Ihnen Ihr teuerstes Gut vor der Nase weggeschnappt, und Sie nehmen es gelassen hin, nur weil Sie diese Vereinbarung getroffen haben?»

«Ja, denn andernfalls wäre eine solche Vereinbarung sinnlos gewesen.»

«Ich glaube, Sie gingen sogar noch weiter und sagten, daß es Ihrer Ansicht nach schmeichelhaft sei, wenn sich ein Mann in Ihre Frau verliebte?»

«Ich glaube, das ist es wirklich», erwiderte Broughton.

«Schmeichelhaft für Sie?»

«Ja, ich glaube, jeder mag es, wenn sein Eigentum bewundert wird. Solange sie nicht darauf reagierte, hatte ich nichts dagegen.»

«Es ist schmeichelhaft, wenn die eigene Frau von Angehörigen des anderen Geschlechts mit allen sich daraus ergebenden Konsequenzen geliebt wird?»

«Ich hatte mich in den vergangenen drei Jahren daran gewöhnt. Ich glaube, jeder mag es, wenn man sein Eigentum bewundert.»

«Genauso, wie wenn man ein schönes Gemälde besitzt?»

«Genau.»

«Aber ist es nicht etwas anderes, wenn ein Freund, anstatt das Bild nur zu betrachten und zu bewundern, es von der Wand nimmt und fortträgt?»

«Ich habe doch nun schon so oft gesagt, daß ich eine Vereinbarung getroffen hatte. Ich hatte gar nicht das Recht, dagegen zu protestieren.»

«Und nicht einmal Ihr Stolz war verletzt bei dem Gedanken, daß Ihnen einer Ihre Frau wegnimmt?»

«Nein. Der sie mir wegnahm, war immerhin ein viel jüngerer, sehr intelligenter, außerordentlich attraktiver Mann in sehr guter Position.»

«Macht das die Sache angenehmer?»

«Es mildert den Schlag.»

«Und Ihr Gefühl für Eigentum war ebenfalls nicht verletzt?»

«Es wäre mir nie in den Sinn gekommen, meine Frau als mein Eigentum zu betrachten.»

«Aber vielleicht die Tatsache, Ihre Frau wie einen kostbaren Besitz zu verlieren?»

«Das kommt aufs selbe raus. Natürlich machte es mir etwas aus, aber ich war an die Vereinbarung gebunden.»

Broughton wurde schließlich gefragt, ob ihn der Gedanke, daß seine Frau und ihr Liebhaber mehrere Jahre lang auf seine Kosten leben würden, nicht geärgert habe. Broughton antwortete darauf, daß er keinen Augenblick daran gedacht habe, Diana könnte auf der Einhaltung dieses Teils der Vereinbarung bestehen und die fünftausend Pfund im Jahr geltend machen.

«Und warum haben Sie keinen Augenblick daran gedacht?»

«Ich habe darin absolutes Vertrauen zu meiner Frau. Ich kenne sie schon sehr lange, und was Geld anbelangt, ist sie der aufrichtigste Mensch, den ich je kennengelernt habe. Hier geht es nur darum, ob man die Frauen kennt oder nicht. Ich wußte, daß sie es nie nehmen würde.»

Auf die Frage, was es mit dem Toast auf sich hatte, den er am Abend des Mordes ausgebracht hatte, antwortete Broughton: «Es handelte sich um eine sehr intime Feier der drei Hauptpersonen und einer sehr guten Freundin, und ich glaube, bei solchen Gelegenheiten sagt man Dinge, die einem sonst nicht einmal im Traum einfallen würden.»

«Haben Sie diesen Toast ernst gemeint?»

«Sicher. Alle waren fröhlich und in Hochform. Ich hatte mich damit abgefunden, meine Frau zu verlieren, und ich hatte kapituliert.»

Bei einer späteren Vernehmung sagte Broughton zu Morris: «Ich hatte die Situation akzeptiert, und ich dachte, es sei allen klar, daß ich resigniert hatte. Ich hatte das Gefühl, dieser Toast sei die größte Geste, die ich machen konnte.»

Als der späte Abend des letzten gemeinsamen Essens zur Sprache kam, die unzähligen Gläser Champagner und Brandy und die Champagnercocktails als Krönung, sagte Broughton aus, er sei «stark betrunken» gewesen und erklärte, daß er sich kaum an etwas erinnern könne. Er wußte aber noch, daß er sich bei June Carberry über Diana beklagt und gesagt hatte: «Wir sind erst seit zwei Monaten verheiratet, und nun tut sie mir das an.» Aber er konnte sich nicht daran erinnern, daß er gesagt hatte, er werde ihr die fünftausend Pfund nicht geben. Warum er darauf bestanden habe, daß Diana um drei Uhr morgens wieder in Karen sei, wo er doch beschlossen hatte, sie Erroll zu überlassen, und wo ihm doch bewußt gewesen sein müsse, daß sie seit dem 1. Januar lediglich fünf Nächte dort verbracht hatte, wurde Broughton gefragt.

«Ich liebte sie noch immer», antwortete Broughton, «und sie war immer noch meine Frau und würde es vielleicht doch noch einige Jahre bleiben. Außerdem kann man alte Gewohnheiten nur sehr schwer ablegen. Ich war immer beunruhigt, wenn sie zu lange aufblieb.»

Harragin konnte ihn kein einziges Mal aus der Fassung bringen: «Finden Sie nicht auch, daß es ziemlich lächerlich ist, wenn ein Mann mit einem Damentaschentuch aufkreuzt, das er mit beiden Händen festhält, von denen die eine ersichtlich zittert, und darauf besteht, es auf den Leichnam zu legen?»

«Ich bin zum Polizeirevier gefahren und hatte tatsächlich ein Taschentuch in meiner Tasche, aber ich glaube, ich habe es nicht eher herausgeholt, als bis einer der Polizeibeamten mir sagte, er werde es auf Lord Errolls Leichnam legen, weil ich nicht in die Leichenhalle dürfe», erwiderte Broughton.

«Und Sie meinen nicht, daß dies aus der Sicht eines Polizisten eine ziemlich lächerliche Bitte war?»

«Nicht, wenn jemand Feingefühl besitzt. Aber ich hätte vielleicht wissen müssen, daß Polizisten eben keins besitzen.»

«Wie reagierten Sie auf die Nachricht von Errolls Tod?» fragte Harragin später.

«Ich war sprachlos», erklärte Broughton.

«War das nicht eine geradezu befriedigende Lösung für Ihre häuslichen Probleme?»

«Überhaupt nicht; keine Lösung.»

«Was meinen Sie, wenn Sie sagen, keine Lösung?»

«Ich glaube nicht, daß es jemandem im Normalfall gefallen würde, weiterhin eine Ehe zu führen mit einem Partner, der über beide Ohren in einen anderen verliebt war und es immer noch ist.»

Das Feuer, das er so hastig angezündet habe, meinte er, lasse sich auf eine alte Gewohnheit aus seiner Kindheit in Doddington zurückführen. Als er gefragt wurde, welche Art von Vergnügen er daran finde, antwortete Broughton: «Sie könnten genausogut fragen, welche Art von Vergnügen man beim Essen und Trinken empfindet.»

Dann ließ Harragin seinen letzten Schuß los: «Ist es richtig, daß Sie einmal während eines Abendessens, als Ihre Frau in den Claremont Club gehen wollte, zu ihr gesagt haben: ‹Soll ich dir den Champagner ins Gesicht schütten, oder ist es dir lieber, wenn ich dir die Flasche an den Kopf werfe?› Und daß sie daraufhin versuchte, Sie mit den Worten zu beruhigen: ‹Jetzt komm aber, versuch doch mal was zu essen.›»

«Ich glaube, da hat Sie jemand auf den Arm genommen», entgegnete Broughton. Die perfekte Antwort, vorgebracht voller Nachsicht und ohne jeglichen Vorwurf.

Broughton kam ziemlich unbeschadet davon. Was ihn an meisten belastete, waren seine Gedächtnislücken, wenn er etwas gefragt wurde, das ihn zu direkt betraf. Er hatte vergessen, daß er 1914 nicht nach Frankreich gegangen war (weil der «Sonnenstich» dies verhinderte). Er hatte unzählige Unterhaltungen oder Meinungsverschiedenheiten vergessen. Er hatte auch vergessen, daß er die Reise nach Ceylon am Tage des Mordes erneut gebucht hatte, und zwar gleich nachdem er mit Dianas Taschentuch zum Leichenschauhaus gegangen war. Er konnte sich nicht daran erinnern, daß er June Carberry zweimal, nämlich um zehn nach zwei und um halb vier Uhr (nach Junes Schätzung), aufgesucht und daß Dianas Hund gebellt hatte, wußte jedoch, daß er unten in der Halle Stimmen vernommen und gehört hatte, wie Errolls Wagen davonfuhr.

Schließlich kam der Diebstahl von Broughtons Revolvern zur Sprache. Was hatte es damit auf sich? Warum hatte er sie nach unten gebracht und auf den Kaminsims gelegt, wenn er doch vorhatte, sie in den Safe zu tun?

«Abdullah hatte doch den Schlüssel. Warum gaben Sie die Revolver nicht einfach ihm, damit er sie in die Waffenkammer bringen konnte?»

«Warum sollte ich?» erwiderte Broughton. «Ich lege meine Waffen immer selbst weg. Ich überlasse sie nicht den Eingeborenen.»

Warum hatte Broughton die Beschreibung der gestohlenen Gegenstände dreimal geringfügig geändert? (Einmal war es eine Fünf-Schilling-Note, das nächste Mal waren es zwei Fünf-Schilling-Noten, und dann waren es plötzlich eine Zehn-Schilling-Note und eine Pfundnote usw.) Hatte ihn seine eigene Geschichte derart verwirrt, daß er die entscheidenden Kleinigkeiten durcheinanderbrachte?

Der Diebstahl war ohnehin ein Rätsel für sich. Warum hätte Broughton drei Tage vor dem Mord die Geschichte vom Diebstahl inszenieren sollen, wenn er vorhatte, seine eigene Waffe zu benutzen? Die Polizei wußte danach, daß er zwei Waffen besaß, da er seinen Waffenschein vorlegen mußte. Tat er dies aus dem Grund, weil andere im Haus bereits wußten, daß er zwei Revolver besaß und er deshalb das Verschwinden einer der beiden Waffen – nämlich der Tatwaffe – nachträglich hätte erklären müssen? Sollte es ihm nur darum gegangen sein, dann erscheint der Schachzug unangemessen und ungeschickt.

Oder handelte es sich um ein Meisterstück an Verschlagenheit, weil Broughton wußte, daß der Waffenschein falsch und es deshalb sicher war, daß er nicht mit der Tatwaffe übereinstimmen konnte? Mußte er den «Diebstahl» arrangieren, damit der Waffenschein in die Hände der Polizei gelangte, die daraus schließen würde, daß es nicht Broughtons Waffe gewesen sein konnte, mit der die Tat begangen wurde? Das einzig Unlogische bei dieser Schlußfolgerung ist, daß Broughton die Waffe so oder so hätte loswerden müssen, um sicherzugehen, daß das tödliche Geschoß nicht mit einer bestimmten Waffe in Verbindung gebracht werden konnte.

Broughton hatte die Entdeckung der Nanyuki-Geschosse unmöglich voraussehen können. Kannte er sich genügend in Ballistik aus, um zu wissen, daß man dem tödlichen Geschoß, das er abfeuern würde, deutlich ansehen konnte, daß es nicht aus dem registrierten Colt stammen konnte und er somit ungestraft davonkommen würde? Um seine ausführlichen Gespräche mit Freunden und Polizeibeamten über Waffen und Ballistik nach dem Mord zu erklären, bemerkte Broughton einmal: «Ich habe mein Leben lang sehr viel mit Waffen zu tun gehabt. Ich hatte immer davon gehört, daß man Geschosse identifizieren kann, die aus ein und derselben Waffe abgefeuert wurden.» Doch selbst wenn man all dies in Betracht zieht, wäre es eine ungeheuer raffinierte vorsätzliche Tat gewesen. War der Diebstahl der Revolver vielleicht ein echter Zufall gewesen? Und sollte Broughton eine dritte Waffe besessen haben – die, die er in Nanyuki benutzt hatte –, bleibt die Frage, warum er dann die anderen hätte loswerden müssen.

In seiner Autobiographie faßte Morris den Fall folgendermaßen zusammen:

1. Erroll wurde mit einer Waffe erschossen, die fünf Züge hatte. Bei Broughton wurde aber keine solche Waffe gefunden.
2. Nichts deutete darauf hin, daß die Geschosse, die auf Soames' Farm in Nanyuki gefunden wurden, abgefeuert wurden, als er sich dort aufhielt.
3. Die Fotos der Sachverständigen waren derart irreführend, daß sie nicht zu gebrauchen waren.
4. Es gab keine Augenzeugen. Niemand sah Broughton das Haus betreten oder verlassen.
5. Es waren drei Frauen und eine Anzahl von Bediensteten im Haus, doch keiner von ihnen hörte einen Schuß.
6. Das Motiv war nicht zwingend. Es gab eine Menge anderer Leute, die ein Motiv gehabt hätten, Erroll zu erschießen.
7. Broughton war nicht kräftig genug, um die Leiche in den Wagen zu legen.

8. Falls er unter Nachtblindheit litt, kann er den Wagen mit den schwachen Scheinwerfern unmöglich im Dunkeln gefahren haben – es war bekannt, daß er ein schlechter Fahrer war. Und es wäre ihm auf keinen Fall gelungen, in der Dunkelheit den Weg durch den Busch nach Hause zu finden.

9. Broughtons rechter Arm war nicht funktionstüchtig, und er zog einen Fuß nach. Er wäre nicht imstande gewesen, sich an einem Abflußrohr hinunterzulassen oder einen Balkon hinunter- oder hinaufzuklettern. Er hätte über eine knarrende Treppe in sein Zimmer zurückkehren müssen. Doch keiner hat je ausgesagt, ihn gehört zu haben.

Nach seinem abschließenden Plädoyer schüttelte Morris allen Geschworenen die Hand und fuhr nach Johannesburg zurück, ohne das Urteil abzuwarten, das am 1. Juli abends um Viertel nach neun Uhr verkündet wurde.

Als der Obmann der Geschworenen nach der Beratung in den Gerichtssaal zurückkam, blinzelte er Broughton zu und hielt den Daumen nach oben. Broughton beschrieb diesen Augenblick später in einem Brief an einen Freund in England:

Es war wirklich sehr aufregend, als das Urteil der Geschworenen nach einer Beratungsdauer von drei Stunden und fünfundzwanzig Minuten endlich verkündet wurde. Ich war die ganze Zeit über vor dem Gerichtssaal mit einigen Freunden auf und ab gegangen und spürte nun zum erstenmal die «Anspannung». Obwohl ich bis zu diesem Zeitpunkt nie mit einem «Schuldig» gerechnet hatte, kamen mir im letzten Moment doch Zweifel, und ich fürchtete plötzlich, die Geschworenen seien sich nicht einig geworden und es gebe einen neuen Prozeß, weil doch alle zwölf einer Meinung sein müssen und immerhin die Möglichkeit bestand, daß einer von ihnen mich für schuldig hielt. Gott sei Dank waren sie sich einig.

Der Obmann verkündete mit deutlicher Stimme: «Nicht schuldig.» Ein tiefer Seufzer der Erleichterung ging durch den Gerichtssaal, und eine Menge Leute klatschten Beifall. Fast konnte man den Todesengel spüren, der über mir geschwebt hatte und der nun verärgert den Gerichtssaal verließ.

Als ich nach draußen kam, stürzten etwa zweihundert Leute auf mich zu, allen voran die Polizei, um mir die Hand zu schütteln. Die Leute waren außerordentlich freundlich, und ich bekam hundertsechsundvierzig Glückwunschtelegramme und zahllose Briefe aus aller Welt, darunter viele von Leuten, die ich überhaupt nicht kannte.

Die Briefe, die Broughton nach dem Prozeß schrieb, sind voll Begeisterung und Hoffnung. Er sagte, er habe sich sofort von allen Strapazen erholt, und er habe sich nie glücklicher gefühlt. Er schreibt von Dianas Treue und Zuneigung. Innerhalb weniger Tage befanden sie sich auf dem Weg von Mombasa nach Ceylon, auf der oft verschobenen Reise also, um nach Broughtons Investitionen zu sehen. Bevor sie nach Kenia zurückkehrten, hatten sie noch Zeit, nach Indien zu fahren und zwei alte Freunde zu besuchen: den Nawab von Bhopal und den Maharadscha von Jodhpur. Broughton war außerordentlich dankbar, wieder einmal von Luxus umgeben zu sein («Wir bewohnen sechs riesige Räume, und uns stehen vier Diener zur Verfügung») und festzustellen, daß sich seit den zwanziger Jahren nichts verändert hatte. «Dieser Ort», meinte er, «scheint eine Million Meilen von jeglichem Krieg entfernt zu sein.»

Er hatte lediglich eine Sorge, die im verborgenen an ihm nagte. Er wußte noch nicht, wie seine Freunde auf den Prozeß reagieren würden. Immerhin war sein Privatleben unter den prüfenden Blikken aller seiner Clubkameraden bis in alle Einzelheiten breitgetreten worden. Würde er sein Leben in England so weiterführen können wie vor dem Krieg? Die Angst, für immer in Ungnade gefallen zu sein, wuchs in ihm.

2. Teil

DIE FAHNDUNG

– 10 –
Die Stimme über dem Steilhang

Als ich Mitte 1969 zusammen mit Cyril Connolly an der Erroll-Story arbeitete, war ich vierundzwanzig Jahre alt und schrieb in London Features für das Magazin der *Sunday Times*. Davor hatte ich mich bei einer Abendzeitung in der Provinz ausbilden lassen und war, kurz nachdem Kenia die Unabhängigkeit erlangt hatte, zwei Jahre als Reporter für verschiedene Zeitungen in Afrika gewesen. Unter anderem hatte ich für die in Nairobi erscheinende *Daily Nation* geschrieben.

Connolly war zu der Zeit fünfundsechzig und hatte mit seinen geschliffenen Artikeln bereits seit mehr als fünfzehn Jahren die Feuilleton-Seiten der *Sunday Times* bestimmt. Als Autor von *Enemies of Promise* und *The Unquiet Grave* sowie als Herausgeber des *Horizon* während des Krieges galt er als einer der führenden Köpfe im englischen Journalismus.

Connolly war eine ausgeprägte Persönlichkeit. Seine besonderen Wesenszüge hatten ihn fast ebenso bekannt gemacht wie seine eigentliche Tätigkeit, das Schreiben. Er konnte sich bestimmten Dingen so genüßlich hingeben, daß ihn der Historiker und Schriftsteller Peter Quennell mit einem «Man of Pleasure» (Genußmenschen) des achtzehnten Jahrhunderts verglich. Er hatte eine ganz besondere Vorliebe für schöne Gegenstände. Charakteristisch war auch seine Trägheit, aber er vermied sorgsam, daß sie seine Brillanz oder seine strengen Maßstäbe beeinträchtigte. Stets trauerte er unerfüllten Bestrebungen nach. Er trieb regelrecht Handel mit Schuld und Reue und war dieser quälenden Frustration hilflos ausgeliefert.

Die Journalisten in der Gray's Inn Road, wo sich das Büro der *Sunday Times* befand, bekamen ihn nur selten zu Gesicht. Er lebte mit seiner Familie in einem großen viktorianischen Haus in Eastbourne, Sussex. Dort kümmerte er sich um seine Bibliothek – die heute im Besitz der Universität von Tulsa ist –, delektierte sich an seinen Erstausgaben und an seiner Porzellansammlung und pflegte seine seltenen Pflanzen. Jeden Mittwoch fuhr er nach London, um sein Manuskript abzuliefern und Korrekturen zu lesen. Wenn man ihn zufällig einmal aus dem Taxi steigen oder bei sonst einer Gelegenheit sah, war sein schwerfälliger Körper immer in einen erstklassigen schwarzgrauen Savile-Row-Anzug gehüllt, und er trug stets einen schwarzen Homburg auf dem Kopf. Der Dandy der frühen zwanziger Jahre sah inzwischen aus wie ein Bankier der sechziger Jahre, doch perfekt war die Verkleidung nicht gelungen. Man konnte sich aber gut vorstellen, wie er den White's Club in der St. James' Street betrat, dessen Rituale er bis ins kleinste einhielt, oder daß er zu einem sorgsam ausgewählten Treffpunkt unterwegs war, um sich dort einem langersehnten Genuß hinzugeben. «Vor allen Dingen die Garnelen der Dublin Bay», lautet ein Satz am Ende eines Artikels von Connolly. Ich glaube, er hat ihn in einem Hotel in Westafrika geschrieben, wo er sowohl unter der Einsamkeit als auch unter der – wie er es nannte – «Qual der Tafelrunde» litt. Später stellte ich mir vor, wie er es mit leiser, vor Entzückung bebender Stimme wiederholte. Sein Freund Peter Quennell hat mir inzwischen von ausgeklügelten notwendigen, aber auch völlig überflüssigen Tricks erzählt, die Connolly für die wöchentlichen Besuche in London benötigte sowie von seiner sich stets wiederholenden Aufregung, wenn sich der Zug der Victoria Station näherte.

Ich hatte großen Respekt vor Connolly, und zwar nicht nur wegen des hohen Ansehens, das er genoß. Ich hatte auch bemerkt, wie unangenehm er sein konnte, wenn ihm etwas auf die Nerven ging oder er sich ärgerte. Ich kannte ihn flüchtig von Sussex her, wo meine Eltern in Firle, in der Nähe von Lewes, ein Haus besaßen. Bevor er nach Eastbourne zog, hatte Connolly in einem Haus auf dem Besitz von Viscount Gage zur Miete gewohnt. Von Zeit zu Zeit war er zum Abendessen zu meinen Eltern gekommen. Diese Abende waren zu Beginn der Bekanntschaft immer ein wenig riskant gewesen. Connolly war in der Nachbarschaft als Intellektueller isoliert, wurde distanziert als «vornehm und gebildet» bezeichnet und galt als schwieriger und unzuverlässiger Gast.

An einem schlechten Abend konnte er seine Rolle mit grausamer Sicherheit spielen. Ebenso wie jene Nachbarn, die sich mit ihm einließen, taten auch meine Eltern ihr möglichstes, um seiner Freude am Genuß gerecht zu werden. Manchmal rührte er den sorgsam ausgewählten Wein und das Essen aber trotzdem nicht einmal an und versank in ein derart auffälliges Schweigen, daß alles um ihn herum buchstäblich erstarb. Dieses Verhalten legte er aber nicht nur bei seinen Nachbarn auf dem Land an den Tag. Quennell schrieb 1952, als Connollys Eigenheiten bereits Legende waren, in einer Hommage:

> Ebenso unübersehbar wie seine Freude am Genuß ist die gegenteilige Stimmung. Seine Willenskraft kann als königlich bezeichnet werden. Königin Victorias Worte: «Wir langweilen uns!» waren kaum mehr gefürchtet als Cyril Connollys Satz: «Es gefällt mir nicht!» oder vielmehr jene unüberhörbare Veränderung des Tonfalls, die auf unerklärliche Weise länger werdenden Gesichtszüge, wodurch diese alarmierende Mitteilung rasch und gezielt jedem klargemacht wurde. Es wird sofort merklich kühler, die Kerzen flackern nervös, der Wein schmeckt nach Korken.

Wenn Connolly bei uns zum Essen war, fragten Freunde aus der Nachbarschaft am nächsten Tag jedesmal: «Wie war's?»

Gegen Ende seines Lebens freundete Connolly sich mit einem Börsenmakler namens Tim Jones an, der ebenfalls ein großer Liebhaber von gutem Wein und gutem Essen war. Als sie im Haus eines Nachbarn einmal gemeinsam zu einem eher kärglichen Mahl geladen waren, rief Connolly Jones noch spätabends an und meinte: «Tim, ich möchte Sie etwas fragen. Was haben Sie gegessen, als Sie nach Hause kamen?»

Doch an einem guten Abend und bei entsprechender Gesellschaft, vor allem gegen Ende der sechziger Jahre, sprudelten sein legendärer Witz und sein großes Wissen nur so aus ihm heraus. Es gab fast nichts, worüber Connolly nicht im Detail reden konnte, und er besaß ein geradezu mörderisches Talent für Wortspiele. Ich hatte ihn immer gemocht. Mir hatten insgeheim sein entschiedenes Schweigen und die peinlichen Momente mindestens genauso gefallen wie die verbale Brillanz. Dazu kam, daß er zu jedem, der jünger als fünfundzwanzig war, immer freundlich und aufmerksam war.

Das Magazin der *Sunday Times* hatte damals als von der Zeitung praktisch unabhängiges Organ einen gewissen literarischen Ruf. Das war zu einem großen Teil das Verdienst des Autors und Kritikers Francis Wyndham, eines der leitenden Redakteure des Blattes, der unermüdlich Talente förderte und ausfindig machte und der beinahe jeden überreden konnte, für das Magazin zu schreiben. Wyndham hatte als langjähriger Bewunderer von Connolly immer schon gewünscht, von diesem einmal etwas für das Magazin zu bekommen. Das Problem bestand anscheinend darin, ein Thema zu finden, daß ihn dazu bringen konnte, so ausführlich zu schreiben, wie es das Magazin wollte. Vielleicht war es aber auch pure Übertreibung, wenn immer behauptet wurde, Connolly sei zu träge dazu.

Hin und wieder war Connolly von fixen Ideen besessen. Wenn er einen dieser Anfälle bekam, ergriff er völlig von ihm Besitz. Connolly sprühte dann nur so vor geistiger Energie, recherchierte und speicherte Details und rief sie mit erstaunlichem Erinnerungsvermögen wieder ab. Er verhörte alle seine Freunde und Bekannten, die auch nur ein bißchen Ahnung vom Thema hatten. Ein Beispiel für diese Art von Spleen war der Fall Burgess und Maclean im Jahre 1969 gewesen. Später waren es Themen wie «Wer schrieb Shakespeare?», die ungeklärten Jahre im Leben Christi sowie immer wieder solche, die mit seiner besonderen Vorliebe für Genealogie, Porzellan und Silber zu tun hatten, mit der er auf reichlich neurotische Weise dem verblaßten Glanz seiner irischen Herkunft nachzujagen schien.

Im Mai 1969 besuchten Connolly und seine Frau Deirdre wieder einmal meine Eltern. Ich hatte ihn seit meiner Abreise nach Afrika nicht mehr gesehen, und er war erst vor kurzem von einer Safari in Ostafrika zurückgekehrt. Er war gerade daran, einige Reportagen über die Reise und die afrikanische Tierwelt in der *Sunday Times* zu verfassen und fragte mich, ob ich während meines Aufenthaltes in Nairobi etwas über den Mord an Erroll erfahren hätte. Ich sagte ihm, daß ich einiges darüber wisse. Der Fall war in der Nachrichtenredaktion der *Daily Nation*, in der ich gearbeitet hatte, eine Zeitlang ein heiß diskutiertes Thema gewesen.

Das Blatt hatte zu dieser Geschichte eine Artikelserie gestartet, die jedoch mittendrin eingestellt werden mußte. Der Herausgeber George Githii, ein Absolvent des Balliol College in Oxford, war ein

Protégé von Jomo Kenyatta. Aus diesem Grund besaß er ein gewisses Maß an politischer Autonomie und konnte sogar gelegentlich Artikel veröffentlichen, die sich gegen Kenyattas eigene Minister richteten. Als jedoch die Artikel über die Erroll-Story erschienen, war die politische Reaktion zu seinem großen Erstaunen unerwartet prompt und ganz anders, als er es gewohnt war, ausgefallen. Das hatte mich damals neugierig gemacht, und ich hatte sämtliche Zeitungsausschnitte zu diesem Fall, die in der Bibliothek erhältlich waren, nachgelesen.

Connolly erklärte mir nun anläßlich seines Besuches, daß diese Geschichte schon lange eine fixe Idee von ihm sei. Er erzählte sie mir mit Anspielungen und Verwicklungen, die an Somerset Maugham erinnerten, und es war klar, warum sie ihn derart faszinierte. Connolly bemerkte schließlich auch, daß Maugham die Geschichte tatsächlich habe zu einem Roman verarbeiten wollen, jedoch der Meinung gewesen sei, er sei zu alt, um sich daranzumachen.

Connolly wußte eine ganze Menge und hatte seine Liste von Verdächtigen bereits eingegrenzt. Immer wenn er nach Kenia gefahren sei, so erklärte er, habe er dieses Thema bei Unterhaltungen erwähnt und damit stets Erfolg gehabt, und er habe sich eine Menge Notizen gemacht. Ich erzählte ihm, daß Francis Wyndham schon immer scharf darauf gewesen sei, ihn für das Magazin der *Sunday Times* zu gewinnen, und ob er nicht über Erroll schreiben wolle. Connolly fühlte sich geschmeichelt und war interessiert. In der darauffolgenden Woche erhielt Connolly von Wyndham nach einer Unterredung den Auftrag. Ich sollte ihn bei seinen Recherchen unterstützen.

Die nächsten sechs Wochen arbeiteten wir gemeinsam an der Geschichte, zunächst nur, wenn es unsere anderen Verpflichtungen zuließen, und danach rund um die Uhr. Wir verbrachten ungeheuer viel Zeit mit Nachforschungen. Connolly befragte allein mehr als fünfzig Leute, einige davon mit mir zusammen. Schließlich erschien der Artikel noch im selben Jahr in der Weihnachtsausgabe des Blattes. Auf der Titelseite prangte ein ovales, koloriertes Foto von Diana. Es war die Aufnahme von Lenare, künstlerisch etwas aufgemöbelt. Die Story war betitelt: «Cyril Connolly verfolgt eine fixe Idee.»

Zu dem auf sechstausend Worte beschränkten Artikel steuerte er nur knapp viertausend bei, doch diese waren das Destillat aus einer gewaltigen Fülle von Notizen und Dokumenten. Das ganze Ausmaß seiner Besessenheit sowie sein Vorgehen werden erst deutlich, wenn man seine Hefte sieht, in denen jede Seite bis in die kleinste Ecke mit blauschwarzer Tinte beschrieben ist. Bis kurz vor seinem Tod hat er darin neue Erkenntnisse festgehalten. Als der Ablieferungstermin näher rückte, schrieb er zügig Absatz für Absatz und nahm auf seinem einzigen Entwurf kaum eine Korrektur vor. Großmütig bot er mir dann an, daß bei der endgültigen Fassung jeder über sein spezielles Interessengebiet selbst schreiben solle, wobei die einzelnen Teile vom jeweiligen Autor gekennzeichnet würden.

Sein Manuskript begann mit einem Erinnerungsbogen, der in das Jahr 1938 zurückführte, sowie der zufälligen Begegnung mit einer der Hauptfiguren der Geschichte.

> Eines Morgens, im letzten Sommer vor dem Krieg, lag ich in Eden Roc in der Sonne. Ich schwamm immer zu den Klippen der Villa Eilen hinüber, um mich danach auf meiner Matte, die ich mir für die Saison geliehen hatte und die auf einem Kalksteinviereck von der Größe eines Sarges lag, zu erholen. Gleich um die Ecke lagen, für mich unsichtbar, weitere Matten von Stammgästen der Villa, vom Cap d'Antibes oder vom Hotel.
>
> Eine Frauenstimme schwebte vom Steilhang herüber, eine von jenen Stimmen, die man niemals vergißt, etwas rauh und doch metallisch klingend, fast schrill, eine Stimme unserer Zeit, mit einem Hauch von Tallulah oder von Brenda Dean Paul, falls sich noch jemand an sie erinnert: «Mein Gott, ich hasse Männer!» rief sie. «Ich vertraue meinem Hund mehr als irgendeinem Mann. Ich erzähle meinen Hunden Dinge, die ich nie im Leben einem Mann erzählen würde.»
>
> Ich war derart beeindruckt von diesem Gefühlsausbruch der – wie ich feststellte – kleinen, dunkelhaarigen Frau (die inzwischen längst als blond bezeichnet würde, aber blond ist nicht gleich blond!), daß ich, nachdem sie fort war, den Strandwärter nach ihrem Namen fragte.
>
> «Das ist Madame Carberry, oder besser gesagt Milady Carberry. Sie kommt aus Nairobi.» Ich fragte, ob sie jedes Jahr hierher komme. Mir fielen «Carberrys hundert Inseln», Swifts Gedicht, die Geschichten von Somerville und Ross und die herrliche Gegend im Süden Irlands ein, wo Castle Freke, der alte Wohnsitz der Familie, lag.

1 Happy Valley im Jahre 1928: die Hochzeit von Nina Layman und Jack Soames. Hinten in der Mitte Lady Idina Hay und Josslyn Hay (mit Fliege), der in jenem Jahr Earl of Erroll wurde. Rechts, mit schwarzem Hut, Alice de Janzé. Ganz vorne Michael Lafone.

2 John Carberry (links), Nina und Jack Soames auf der Treppe ihres Hauses in Burgeret, Nanyuki (1929).

3 Clouds: Joss' und Idinas Haus in den Aberdare-Bergen. Es war von 1925 an das Zentrum von Happy Valley.

4 Alice de Janzé mit ihren Töchtern Paola (rechts) und Nolwen, kurz bevor Alice sie verließ, um sich in Happy Valley niederzulassen.

5 Der Muthaiga Country Club in den späten zwanziger Jahren – die Hochburg der weißen Siedler.

6 Ein Schläfer auf der Veranda von Oserian, dem «Djinn Palace», am Naivasha-See.

7 Idina, Countess of Erroll, die treibende Kraft von Happy Valley.

8 Der innere Kreis (vordere Reihe, von links): Alice de Janzé, Idina Erroll, Joss Erroll, Michael Lafone.

9 Josslyn Victor Hay, der spätere Earl of Erroll und Hereditary High Constable of Scotland, im Alter von 23 Jahren.

10 Sir Jock Delves Broughton und Vera, Lady Broughton, bei ihrem letzten gemeinsamen Auftritt anläßlich der Heirat ihrer Tochter im Jahre 1938.

11 Das Haus in Karen, das Broughton 1940, bald nach seiner Ankunft in Kenia, mietete.

12 Joss Erroll und Molly, seine zweite Frau, 1937 bei einem Besuch in London.

13 Besiedler des Weißen Hochlands Mitte der dreißiger Jahre. Dritte von links: Patricia Bowles.

14 June Carberry 1930, im Jahre ihrer Heirat.

15 Sir Jock Delves Broughton 1938.

16 Hugh Dickinson und Diana Broughton im Garten ihres Hauses in Karen, kurz vor Weihnachten 1940.

17 Diana Caldwell im Jahre 1937, fotografiert von Lenare.

18 Joss Erroll und Diana Broughton im Januar 1941, auf dem Höhepunkt ihrer kurzen Romanze, auf der Fähre in Kilifi.

19 Diana Broughton im Garten in Karen mit einem zahmen Mungo.

20 Die Kreuzung der Straßen von Karen und Ngong. Der Buick wurde am rechten Rand der Hauptstraße gefunden, ungefähr 150 Meter nach der Kreuzung.

21 Der Tatort am Morgen des 24. Januar 1941, kurz bevor Errolls Leiche aus dem Buick entfernt wurde.

22/23 Polizeifotos von Errolls Leiche auf dem Boden seines Buick.

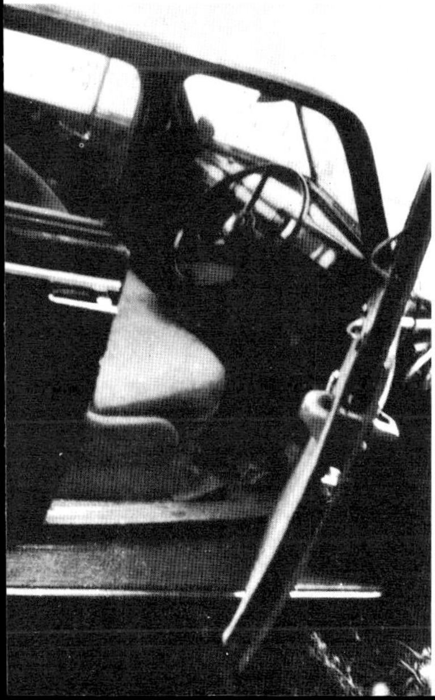

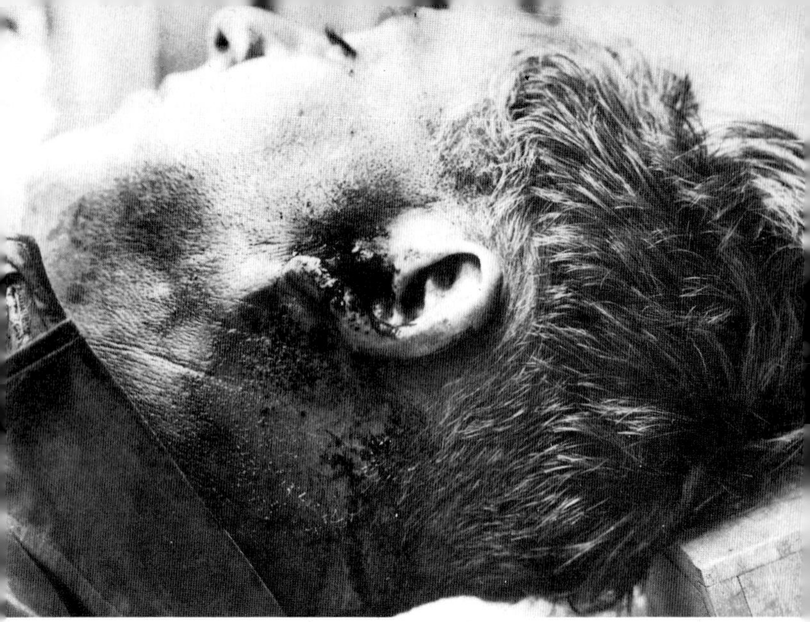

24 Errolls Leiche im Leichenschauhaus. Die Stelle, an der die Kugel eindrang, und die versengten Hautpartien mit den Schmauchspuren sind deutlich zu sehen.

25 Diana Broughton auf Safari im südlichen Massailand, drei Wochen nach der Ermordung von Joss Erroll.

26 Alice de Janzé 1926 im Wanjohi-Tal, mit ihrem zahmen Löwenbaby Samson.

27 Dorothy Wilks, die 1940 Dianas Hausangestellte in Karen war, 1969 in ihrer Wohnung in Durban, Südafrika.

28 Gwladys, Lady Delamere, Mayor von Nairobi, 1935.

29 Juanita Carberry 1979 in ihrem Garten in Mombasa.

30 Abdullah bin Ahmed, Aufnahme aus dem Jahre 1979.

31 Diana, Lady Delamere, bekommt 1969 von Präsident Jomo Kenyatta auf der Rennbahn von Nairobi den Uhuru Cup überreicht.

32 Diana, Lady Delamere, mit einem Marlin am Pemba Channel, Kenia, im Februar 1982.

33 Cyril Connolly mit seinem Sohn Matthew in Eastbourne kurz vor seinem Tod im Jahre 1974.

Das war 1938. Ich hörte nichts mehr von ihr, bis die englischen Zeitungen 1941 über den Prozeß von Sir Jock Delves Broughton berichteten, der des Mordes am Earl of Erroll beschuldigt wurde. June Carberry war die wichtigste Zeugin. Ich vergaß den Prozeß wieder (Sir Jock wurde freigesprochen), bis ich zwanzig Jahre später in meinem Schlafzimmer in einem Haus bei Málaga, wo ich mich zu der Zeit aufhielt, Rupert Furneaux' Buch *The Murder of Lord Erroll* [Stevens, 1941] fand, das mich bis in die frühen Morgenstunden wachhielt. Jetzt nahm die fixe Idee Gestalt an. Das Gift von Neugier und Spekulation vermischte sich und bewirkte eine krankhafte Besessenheit. Ich hing an der Angel.

Furneaux' Buch war ein schmaler Band aus einer Reihe von Verbrechensdokumenten, ein nützliches Lehrbuch, das auf lesenswerte und dramatisierende Weise über den Fall Bericht erstattete, aber nicht mehr.

Es gab mindestens zwei Hauptgründe dafür, daß Connolly von diesem Fall besessen war, und sie kamen in seinem Artikel ganz deutlich zum Ausdruck. Der erste Grund war die Faszination, die von einem ungelösten Mordfall immer ausgeht.

Auf Broughton war am meisten Verdacht gefallen, und doch fehlten in der Beweiskette zu viele Bindeglieder, um glaubhaft zu machen, daß die Polizei ihn zu Recht verhaftet hatte. Hatte ein anderer aus dem Kreis der fraglichen Personen in jener Nacht an der Kreuzung gewartet? Oder war Erroll schon längst tot, als man ihn zur Kreuzung brachte? War es sicher, daß Erroll zusammen mit Diana zum Haus in Karen zurückfuhr? Die Alibis aller vier im Haus anwesenden Personen waren voneinander abhängig, aber nur zwei von ihnen, nämlich June Carberry und Broughton, wurden vor Gericht vernommen, und Broughton konnte sich, wie er sagte, an kaum etwas erinnern. Hatten sie ein Komplott geschmiedet? Gab es einen bezahlten Killer? Warum lagen die Halteschlaufen auf dem Sitz des Wagens, wo sie doch tags zuvor noch an ihrem Platz gewesen waren? Was war mit der Haarnadel, der blutbefleckten Zigarettenkippe und den weißen Flecken auf dem Rücksitz? Wer hatte die anonymen Briefe geschrieben? Es gab so viele ungeklärte Details.

Connolly erwähnte den Fall Erroll zum erstenmal 1960 in der *Sunday Times*, und zwar in einer Rezension von Julian Symons

Buch *A Reasonable Doubt*, einer Sammlung von ungelösten Mordfällen. Connolly schrieb:

> Schmeichelt die Vorstellung unserer Eitelkeit, daß Logik oder Intuition oder das Wissen um die Regungen der Seele zum richtigen Schluß führen könnten, den alle Sachverständigen nicht erkannten und der die Polizei vor ein Rätsel stellte? Oder ist es die Angst, Unrecht sei verübt und die falsche Person angeklagt worden? Oder daß ein Mörder möglicherweise immer noch frei herumläuft? Ich bin eher davon überzeugt, daß das alte Gespann von Eitelkeit und Neugier der wichtigste Grund ist und daß wir alle meinen, wir könnten dieses Puzzle mit menschlichen Teilen zu einem Ganzen zusammensetzen.

Der zweite Grund lag tiefer und ging viel weiter zurück. 1938, das Jahr, in dem June Carberrys Stimme über den Steilhang in Eden Roc zu Connolly herüberwehte, war gleichzeitig das Jahr, in dem er *Enemies of Promise* veröffentlichte. In diesem Buch beschäftigte er sich unter anderem mit Eton und dessen Unterrichtsprogramm, mit dem Glamour der Oberschicht, der Connolly ebenso faszinierte, wie er ihn abstieß.

> Selbst auf dem College, unter den siebzig «Studenten», war es eine Schande, zu «pauken». Wir waren bereits vom Trend, der «draußen» herrschte, angesteckt, hinter dem sich das Mißtrauen der Engländer gegenüber dem Intellekt und die Voreingenommenheit zugunsten des Dilettanten verbargen. Ob als Kind in Irland, als Halbwüchsiger in St. Wulfric's oder als Student in Eton, stets hatte ich dieselbe Lektion gelernt. «Intellektuell» zu sein bedeutete, anders zu sein, abseits zu stehen und somit von der herrschenden Klasse ausgeschlossen zu sein, die einen entweder als potentiellen Gegner oder als potentiellen Sklaven betrachtete. Intelligenz galt als Abartigkeit, die man verstecken mußte. Auf der Schule wurde einem beigebracht, sie zu verbergen, wie ein guter Schneider einen Bauch oder einen Buckel verbirgt. Im Gegensatz zu Geschicklichkeit galt Intelligenz im Leben als Handikap. [Cyril Connolly, *Enemies of Promise*, London 1938]

Als Connolly, der einerseits aus einer alten irischen Familie stammte, andererseits aber der Mittelschicht angehörte, der sehr gescheit war, sich aber für häßlich und «ausgestoßen» hielt, seine Ausbildung in Eton antrat, war er überwältigt von der besonderen

Aura, die die englische Oberschicht umgab. Fieberhaft begann er seiner eigenen irischen Abstammung nachzuforschen. («Auf Grund dieser Exzesse bin ich heute nicht mehr in der Lage, einer Unterhaltung über Titel zuzuhören oder das Adelsverzeichnis aufzuschlagen, ohne mich dabei krank zu fühlen. Ich werde nie wieder frei atmen können, bis man sie abgeschafft hat.»)

Nun standen die männlichen Mitwirkenden des Erroll-Dramas «alle auf der alten Schulliste». Connolly wies darauf hin, als wir an unserem Artikel arbeiteten. Er schrieb:

> 1918 kam ich nach Eton. Seltsamerweise wurde ein Junge namens Randall Delves Broughton, der ebenfalls gerade eingetreten war und der ein Cousin der Familie des Baronet war, mein erster Freund. In Eton wurde jeweils eine Liste mit den Namen aller Jungen, ihrer Heimatanschrift und den Namen ihrer Eltern oder ihres Vormundes veröffentlicht, und diese studierten wir voller Faszination, sobald sich auf dem Schulhof alle versammelten.
> Obwohl wir uns grundsätzlich nicht wie Snobs verhalten sollten, waren einige dieser Adressen doch dazu angetan, uns dazu zu verleiten: c/o Seine Majestät König von Belgien; Herzog von Hamilton, Palast, Hamilton; Sirdar Charanjit, Singh von Kapurthala, Palast Charanjit, Jullundur, Indien. Auch einige Personen aus unserer Geschichte waren darunter: Hay, Hon. J. V., «abwesend»; Cholmondeley, Hon. T. P. H.; Portman, G. W. B. – die späteren Lords Erroll, Delamere und Portman.

Connolly nahm seine Wahl in den Club der selbstgewählten Oligarchie von Vertrauensschülern in Eton, auf deren Aufnahme er sorgsam hingearbeitet hatte, ebenso ernst wie seine spätere Mitgliedschaft im White's Club. White's war ein Ort, wo sich die Schriftsteller unter den Mitgliedern zu Recht unbehaglich fühlten, und Connolly hatte eine krankhafte Angst vor diesem Ort. Er erzählte mir einmal, er habe den Eindruck, daß in dem Moment, da er durch die Tür trete, alle verstummten, und manchmal wurde er, laut Peter Quennell, von der Furcht gepackt, er müsse sich einem Ritual unterziehen und dort «die Hosen herunterlassen». Der Gedanke, im White's ohne Hosen dazustehen, ließ die Ängste wieder aufleben, die ihn während der Zeit in Eton gequält hatten, bevor ihn seine Wahl in den dortigen Club davon befreite. Die leidenschaftliche Haßliebe gegenüber Sportlern und Spießern verfolgte ihn sein ganzes Leben hindurch. In Oxford war er stolz auf seine verrückten Freunde. Und es gab viele leichtfertige Typen in Happy Valley, wie etwa Waughs Freund Raymond de Trafford.

Diana Caldwell war für Connolly die ideale weibliche Ergänzung zu den Männern in der beneideten und gleichzeitig verhaßten schillernden Welt der Oberschicht. Auf ihr ruhte ein Glanz, der von ihrem Aussehen, ihrer Figur und ihrer Kleidung ausging und der ihn faszinierte. Sie war anders als die meisten Frauen, die Connolly kannte, und sie besaß einen Reiz, eine sexuelle Ausstrahlung, die ihn anzog und beeindruckte.

Diana liebte Juwelen, und sie mochte wer weiß was alles tun, um sie zu bekommen. Es faszinierte ihn, daß diese Frau, die man voller Neid als «Revuegirl» bezeichnet hatte, sich schließlich in das verwandelte, was man eine «englische Lady» nannte. Er fand sie mutig und bewundernswert.

In seinen besessenen Nachforschungen lag eine Spur von Leidenschaft, ja von Voyeurismus. Die Möglichkeit, letztlich die Wahrheit über Diana doch nicht zu erfahren, machte Connolly rasend vor Neugier. Er verhielt sich wie der deutsche Prinz in Marlowes Doktor Faustus, der an Faustus, der mit dem Teufel im Bunde ist, die Bitte richtet, die Konkubine Alexanders des Großen herbeizurufen, um seine brennende, zwanghafte Neugier zu befriedigen: Hat sie nun einen Leberfleck oder nicht? Einer von Connollys Informanten hatte ihm erzählt, Diana sei bei einem Jagdunfall lange nach dem Prozeß von einem Geschoß am Rükken gestreift worden. Er machte einmal spaßeshalber den Vorschlag, ich solle mich davon überzeugen, ob man die Narbe noch sehen könne. Es war ein Scherz, doch dahinter stand die krankhafte Neugier, es wirklich zu wissen.

Die Erroll-Story enthielt genau die richtigen Zutaten für Connolly, und er ging mit der Wißbegierde eines Romanautors oder besser: eines verhinderten Romanciers an die Geschichte heran. Bis zu einem gewissen Grad romantisierte er die beteiligten Personen in seiner Vorstellung. Die gewissenhaften Nachforschungen schienen ein Ersatz zu sein für den literarisch bedeutenden Roman, den er sich einbildete schreiben zu müssen. Dies war eines jener unerfüllten Vorhaben, die ihm stets Schuldgefühle verursachten.

Unser Artikel kam gut an und wurde als Erfolg betrachtet. Ich vermute, dies lag sowohl daran, daß er Zeit und Ort wieder lebendig werden ließ, als auch, daß er die Geschichte in einem ganz anderen als dem gewohnten Licht erscheinen ließ. Wir hatten eine Menge an neuem Material gesammelt. (Auf dieses Material stützten sich später meine eigenen Nachforschungen, und Connolly selbst fügte vor seinem Tod ebenfalls noch einiges hinzu.) An sich hatten wir die Recherchen abgebrochen, weil der Termin drängte. Das Rätsel war jedoch noch nicht gelöst, im Gegenteil. Connolly bekam über Weihnachten viele Telefonanrufe und danach Briefe, in denen man ihm zu seiner meisterhaften Leistung gratulierte. Der Schriftsteller Quentin Crewe, der sich ebenfalls mit dem Mord an Erroll befaßt und über seine eigenen Entdeckungen in der Kolumne im Daily Mirror berichtet hatte, schickte ihm ein Telegramm mit folgendem Wortlaut: «Großartig, geschickt, erstaunlich, aufschlußreich. Weit mehr, als ich zu hoffen wagte. Herzlichen Glückwunsch.»

Er bekam Briefe, die besondere Erinnerungen und Anekdoten enthielten. Zum Beispiel folgenden:

21. Dezember 1969

Sehr geehrter Mr. Connolly,

Ihr Bericht über den Mord an Erroll in der heutigen Ausgabe des Magazins der *Sunday Times* war für mich sozusagen Pflichtlektüre. Das hat folgenden Grund.
1945 verbrachten mein Mann und ich mit unseren beiden kleinen Töchtern die Ferien in Westward Ho im Norden von Devon in einer Pension, deren Namen ich leider vergessen habe. Unter den Gästen befand sich eine ältliche, aber elegante und vornehm gekleidete Dame, die ständig dort wohnte. Es war Mrs. Caldwell, die Mutter von Diana und Lady Willingdon.
Wir unterhielten uns ein wenig. Sie war sehr nett und offenbar einsam. Eines Tages lud sie mich auf ihr Zimmer ein. Es war voller Fotos in silbernen Rahmen und vermittelte die Atmosphäre vom Mayfair der zwanziger Jahre (ebenso wie sie selbst).
Sie sprach von Diana und erzählte, sie habe einen furchtbaren Mann geheiratet, vermutlich meinte sie Delves Broughton. Ich erinnere mich

noch sehr genau, wie sie das Wort «furchtbar» betonte. Da die Sache jedoch für Leute wie meinen Mann und mich, zwei berufstätige Menschen in einer kleinen Provinzstadt, himmelweit entfernt war, interessierte sie mich damals nicht besonders.
Doch an zwei Ereignisse kann ich mich noch sehr lebhaft erinnern. Mrs. Caldwell nahm überallhin einen Whippet mit. Ich mag Hunde und machte ihr ein Kompliment, weil der Hund so gut erzogen war. «Sehen Sie», sagte sie darauf, «es sind Hunde der Arbeiterklasse. Die sind daran gewöhnt, streng behandelt zu werden.» Damit brachte sie, wenn sie den Hund auch liebte, sehr klar zum Ausdruck, daß sie das bestehende Klassensystem für selbstverständlich hielt.
Ein anderes Mal ließ sie einen teuren Pelzmantel im Aufenthaltsraum der Feriengäste liegen. Einer der Gäste, ein Herr aus London mit ziemlich vulgären Manieren, hob ihn mit Verachtung auf und meinte: «Tja, der Krieg ist ja nun vorbei und damit hoffentlich auch dieses Zeug.» Ich hatte zwar den Sieg der Labour Party im Jahre 1945 begrüßt, aber dieser Typ hatte mich für einen Moment dazu gebracht, mich auf Mrs. Caldwells Seite zu schlagen. Mein Mann und ich waren uns einig, daß ein solches Verhalten abzulehnen sei.
Zwanzig Jahre später konnte man Whippets zusammen mit bezaubernden Mannequins in *Vogue* oder *Harper's* bewundern, und man hätte in einer Pension jeden, der einen schönen Pelzmantel trug, eher beneidet als verachtet.
Ich möchte die Gelegenheit ergreifen, Ihnen zu sagen, wie sehr ich mich über all das freue, was Sie sonntags so schreiben. Nie habe ich Ihr Buch *Enemies of Promise* vergessen.

Mit freundlichen Grüßen
Evelyn Ratcliff

Doch es gab auch Leute, die nicht so begeistert waren. Am Weihnachtsfeiertag setzte sich Sir Iain Moncreiffe of that Ilk hin und schrieb folgenden Brief an den Herausgeber der *Sunday Times*. Ich weiß nicht mehr, wie Connolly darauf reagierte, aber es war einer von den Briefen, die ihn bis ins Mark trafen.

Sir,

bevor uns Mr. Connolly mit Dienstbotenklatsch erfreut, weist er «empört» darauf hin, daß ein Krieg im Gange war, als Lord Erroll ermordet wurde, dessen einzige Tochter meine erste Frau war. In unseren Augen ist Mr. Connolly eher ein talentierter Schriftsteller als ein Sol-

dat, und deshalb hat er wohl auch vergessen zu erwähnen, daß Lord Erroll erst kurz davor aus dem Feldzug in Eritrea zurückgekehrt war, wo er als Captain lobend in den Kriegsberichten erwähnt wurde.
Es war ebenfalls schmerzlich zu lesen, die Pioniere in Ostafrika hätten «den Menschen so viel weggenommen und ihnen so wenig dafür gegeben». Lord Erroll besaß keine «Landsitze» in Slains Castle und Rosenglass. Er investierte sein bißchen Geld in Kenia, wo er ein führendes, gewähltes Mitglied des Gesetzgebenden Rates war. Und mein eigener Vater verlor mehr als neunzehn Zwanzigstel seiner Investitionen, als er zwei Drittel seines Vermögens und seine ganze Kraft in die Rodung des jungfräulichen Busches steckte: Damit soll keine Anspielung ihn mit dem knappen Dutzend fortschrittlicher Familien verbinden, die ihrer Zeit so weit voraus waren, daß sie die tabufreie Gesellschaft vorausahnten, der unsere Avantgarde heutzutage so begeistert zujubelt.

Hochachtungsvoll
Iain Moncreiffe of that Ilk

In Wirklichkeit waren es nicht die Pioniere Ostafrikas, denen Connolly vorgeworfen hatte, so viel genommen und so wenig gegeben zu haben, sondern ebendiese «fortschrittlichen» Familien in Happy Valley, die Sir Iain mit seinem pubertären Humor mit der jungfräulichen Landschaft in Verbindung gebracht hatte. Zwölf Jahre später traf ich mich mit Sir Iain im White's Club, und wir verbrachten zwei unterhaltsame Stunden damit, über die Angelegenheit zu sprechen.

Nach unserem Artikel gingen beim Presserat auch eine Fülle von Beschwerden von Mitgliedern der Familie Erroll ein. In unserem Artikel war auf einer ganzen Seite ein vergrößertes Foto von Errolls Kopf auf dem Tisch im Leichenschauhaus abgebildet, und die tödliche Schußwunde sowie die Schmauchspuren vom Schwarzpulver waren darauf ganz deutlich zu erkennen. Lord Kilmarnock, Errolls Bruder, warf uns vor, insbesondere das Bild, aber auch der Artikel selbst, seien außerordentlich geschmacklos. Man hätte die Sache ohne vorherige Absprache mit der Familie Erroll nicht veröffentlichen dürfen. Außerdem sei die Anspielung auf Errolls Homosexualität in Eton «eine besonders verwerfliche Art von reißerischem Journalismus, der darauf abziele, Lord Errolls Charakter als Schuljunge in den Schmutz zu ziehen». Connolly antwortete:

> Es gibt keine Zweifel, daß Nachforschungen über einen ungelösten Mordfall, der dreißig Jahre zurückliegt und der weltweit Aufsehen erregte, der das Thema eines Buches sowie zahlloser Artikel in vielen Ländern war und der in der Rechtsprechung Geschichte machte, an die Öffentlichkeit gehören.
> Wenn man sämtliche Mitglieder der betroffenen Familien, sowohl des Angeklagten als auch des Opfers, gefragt hätte, zu denen inzwischen auch einige erwachsene Enkel zählen dürften, dann wäre über diesen Fall ebenso wie über unzählige andere Verbrechen oder Skandale, angefangen bei Tranby Croft, überhaupt nichts an die Öffentlichkeit gedrungen. Die Presse hat zweifellos das Recht, den Wunsch aller Familien zu ignorieren, ihre Leichen im Keller zu lassen.

Bezüglich der ihm zur Last gelegten «Geschmacklosigkeit» und des Fotos von Erroll schrieb Connolly:

> Ich halte den Artikel nicht für geschmacklos, denn er gibt nur das wieder, worüber bereits geschrieben wurde, und außerdem liegt die Sache dreißig Jahre zurück. Ich verstehe nicht, wie man mir schlechten Geschmack vorwerfen kann. Sehr vielen Leuten, deren Meinung ich respektiere, hat der Artikel gefallen, und sie haben mir dies entweder schriftlich oder mündlich mitgeteilt. Für die Beschaffung und Veröffentlichung des Fotos von Lord Errolls Kopf bin ich nicht direkt verantwortlich, aber ich nehme an, daß es deshalb veröffentlicht wurde, weil es deutlich macht, daß ein ungelöster Mordfall kein Gesellschaftsspiel ist, und weil dieser Kopf außerdem eine besondere Wirkung ausstrahlt. Für mich ist das Foto tragisch und erschütternd zugleich, zeigt es doch die außergewöhnliche Schönheit Lord Errolls, die ja sein ganzes Leben prägte und die ihm schließlich zum Verhängnis wurde.

Der «reißerische» Bericht über Errolls Schulzeit entstamme nicht seiner Phantasie, erklärte Connolly, sondern decke sich mit den Schilderungen von zweien seiner Mitschüler in Eton, von denen der eine Sir Sacheverell Sitwell sei. Seltsamerweise hatte Lord Kilmarnock auch etwas gegen das Adjektiv «faschistisch» einzuwenden, das ich im Zusammenhang mit Erroll in meinem Teil des Artikels verwendet hatte, dies, obwohl ich auch deutlich erwähnt hatte, Erroll habe sich davon losgesagt. Connolly beendet seine Rechtfertigung folgendermaßen:

> In Kenia spricht man noch immer von diesem Verbrechen, als wäre es erst gestern geschehen. [Das Virus] ... wird weiterhin Autoren und Journalisten befallen, die damit in Berührung kommen. Nicht sie haben einen schlechten Geschmack. Er wurzelt vielmehr im Kreis der Bewohner von Happy Valley selbst, die keinerlei Rücksicht auf ihre Kinder jemals davon abhielt, zu tun, wozu sie gerade Lust hatten.

Doch das war noch nicht alles. Connolly hatte geradezu mit Fingern auf Gwladys Delamere gezeigt und deutlich gemacht, daß sie seiner Meinung nach die Verfasserin der anonymen Briefe war, die Broughton in seinem Fach im Muthaiga Club gefunden hatte. Ihre Tochter, Mrs. Rose Hodson, verteidigte ihre Mutter gegenüber dem Presserat und sagte über unseren Artikel: «Es handelt sich dabei um alles andere als um eine ernsthafte Untersuchung des Falles, sondern es geht in erster Linie nur um die obszöne Aufbereitung eines alten Skandals.» Doch eine obszöne Aufbereitung hätte sicherlich leichter als Klatsch der Sensationspresse abgetan werden können als unsere ernsthaften Nachforschungen. Connollys Studie über Gwladys als der möglichen Verfasserin der Briefe war das Ergebnis gründlicher Überlegungen, und meiner Ansicht nach handelte es sich dabei um eine geniale literarische Schlußfolgerung. Natürlich war es eine Spekulation, doch sie beruhte auf tatsächlichen Indizien, die er schließlich zu seiner Verteidigung auch vorlegte.

Im Grunde warf man uns vor, daß wir gewagt hatten, «in der Vergangenheit zu wühlen». Diesen Knüppel bekommen Journalisten und Biographen ja oftmals zu spüren in der Hoffnung, sie würden nachträglich so etwas wie Scham empfinden. Das zweite, was man uns zum Vorwurf machte, war, daß uns in diesem Fall, in dem doch angesehene Familien betroffen waren, das ungeschriebene Gesetz des Anstands nicht davon abgehalten hatte, darüber zu berichten. Diese Haltung ist üblich, vor allem bei prominenten Familien, in deren Geschichte ein bereits allgemein bekanntes Ereignis vorgekommen ist. Plötzlich kommt der Augenblick, in dem die Familienmitglieder ein Vetorecht in Anspruch nehmen wollen, wo es gar keines gibt, weil die betreffende Sache bereits seit Jahren allgemein öffentlich bekannt ist.

Das Problem ist, daß Geheimnisse und Skandale in sogenannt

besseren Kreisen immer einen guten Stoff abgeben. Da sie der Geschichte die besten Thriller und die interessantesten Details liefern, wird man sie immer am Leben erhalten. Ich für meinen Teil stimme mit der Schlußfolgerung von Mark Amory, dem Herausgeber der Briefe von Evelyn Waugh, überein:

> Zu entscheiden, was unerträglichen Schmerz oder Verlegenheit verursachen könnte, kann nur eine Sache des persönlichen Urteils sein, doch ich habe die strenge Ansicht vertreten, daß man die Gefühle der Kinder weitgehend außer acht lassen muß. Sie müssen lernen, mit dem Wissen um das Verhalten ihrer Eltern zu leben. [*Letters of Evelyn Waugh*, London 1980]

Connolly und ich wurden letztlich von allen Anschuldigungen, die man gegen uns vorgebracht hatte, entlastet, außer von dem Vorwurf der Geschmacklosigkeit in bezug auf Errolls Foto. Connolly fühlte sich durch die Kritik verletzt und erklärte, er habe das Foto nicht drin haben wollen. Ich bin jedoch der Meinung, daß es der Story Nachdruck verlieh und den enormen Schrecken über den Tod von Erroll nachfühlen half.

– 11 –
Scharfsinn und Intuition

Wie der Starke sich seiner körperlichen Kraft freut und Gefallen findet an Übungen, bei denen er seine Muskeln betätigen kann, so kostet der Analytiker den geistigen Vorgang des Entwirrens *aus. Ihm machen selbst die trivialsten Beschäftigungen Spaß, sofern er dabei sein Talent entfalten kann. Er liebt Rätsel, Vexierfragen, Hieroglyphen und entwickelt bei jeder Lösung einen Grad von* Scharfsinn, *der dem gewöhnlichen Verstand übernatürlich erscheint. Seine Resultate, die ausschließlich und wesentlich durch methodisches Vorgehen zustande kommen, erwecken tatsächlich ganz und gar den Anschein einer Intuition.*

Edgar Allan Poe
Die Morde in der Rue Morgue

Im Innern Connollys schlummerte ein Detektiv, den er für eine Zeitlang eingesperrt hatte und der jetzt herausgelassen werden wollte. Connolly war für die Rolle eines fiktiven Detektivs der analytischen Schule, eines Holmes, eines Poirot oder eines C. Auguste Dupin, eine perfekte, ja beinahe schon komische Besetzung. «Obwohl der größte Hedonist nicht mehr an seinem Lieblingssessel hängen könnte», schrieb Quennell über Connolly, «wird er in seinem immer wieder auf wundersame Weise in Bewegung versetzt und emporgehoben. Er schwebt sozusagen über den Köpfen seiner Zeitgenossen und läßt sie gaffend zurück.»

Wie Holmes sein Kokain, so hatte auch Connolly seine charakteristischen Passionen und Schwächen, doch er verfügte auch über das umfangreiche Allgemeinwissen mit Spezialkenntnissen, wo niemand sie vermutete, wie das für diese Richtung von Denkern typisch ist. Als Literaturkritiker verließ er sich völlig auf seine logischen und analytischen Fähigkeiten. So konnte sich Inspektor Connolly, ein «Bonvivant» und Büchernarr, in seinem Treibhaus aufhalten und seine kostbaren fleischfressenden Pflanzen studieren, während die normalsterblichen Erfüllungsgehilfen unter dem Bann von irgendwelchen Hinweisen herumhetzten und dabei oft die wirklich wichtigen Beweismittel vernichteten. Aber das spielte keine Rolle. Connolly hatte ja bereits die Lösung.

Während ich also nach noch lebenden Zeugen suchte, Fernschreiben an irgendwelche Korrespondenten verschickte, Dokumente sammelte, alte Zeitungen und Gesellschaftsmagazine durchstöberte und mich in die Geschichte vertiefte, machte Connolly sich mit Hilfe eines erschöpfenden Studiums von *Debrett's Peerage* (Adelsverzeichnis) und der Schülerliste von Eton aus dem Jahre 1918 an seine Detektivarbeit. Seine Abneigung gegen das Studium von Adelstiteln war vorüber. Er sammelte systematisch jede Kleinigkeit über seine Zeitgenossen einschließlich Personen, die nur indirekt mit den Hauptfiguren zu tun hatten. Zum Beispiel:

> **Dienstboten**. Waiweru, Lord Errolls Butler. Errolls Dienstboten mochten ihn, andere Leute nicht.
> DBs Dienstboten. Fünfzehn plus Wilks. *Alfred*, sein persönlicher Diener. Bringt DB um sieben Tee. Geht nicht ins Arbeitszimmer. Begann am 16. Dezember mit seiner Arbeit. Fährt mit DB nach Nyeri und stellte am 27. Dezember einen Fahrer ein. *Abdullah bin Ahmed*, erster Boy. Sechs Monate angestellt (Mai), vom Club weggeholt. Holt *drei oder vier Tage* vor Es Tod Benzin vom Dhobi. Vorher kein Feuer gemacht. Mohamed bin Sudi. *Hausboy* seit vier Monaten (Arbeitszimmer, usw.). Sah, wie DB Revolver ins Arbeitszimmer legte. Fand drei Patronenhülsen auf dem Fußboden. *Olei s/o Migoya*. Shamba-Boy. Hatte vorher für Dr. Geilinger gearbeitet, der seinen Abfall in derselben Grube verbrannte. Drei Shamba-Boys sammelten Abfälle. Sie sammelten sie drei Tage lang. *Omari bin Juma*, DBs Telefon-Boy. Verrichtete dieselbe Arbeit wie Mohamed. Wer war Mohamed? War er der verschwundene Somali?

Dann folgte eine ausführliche Liste über Ehen und Affären von einigen beteiligten Personen:

Die Affären

DB:	Lady (Jock) Buchanan Jardine
	Kath Carnarvon
	Phyllis Delamere
DB:	Vera
Vera:	Lord Wharncliffe
	Ld. Moyne: Ida Rubinstein
	Hugh Sherwood (?)
DB:	Diana
Diana:	Vernon Motion, Broughton, Colville, Delamere
Gwlad. D.:	Hugh Delamere
	Erroll
	Alastair Gibb
	Sir Charles Markham
	Denzl
	D. of Gloucester
	P. of W
Soames:	Nina
	Gloria
	Alice
Alice de J.:	Frédéric de Janzé
	Raymond de Trafford
	Joss Erroll
	Dickie Pembroke – Diana – Paula
	Soames (unwahrscheinlich)
	Lizzie
Paula Gelybrand:	Marquis de Casa Maury
	Bill Allen
	Boy Long
	Dickie Pembroke
Idina Erroll:	Gordon
	Wallace
	Erroll
	Haldeman
	Soltau
Mary Delamere:	Cunningham Reid

Connolly brachte seine Freunde auf Trab. Er ließ den Klatsch der dreißiger Jahre wieder aufleben, und mittels großzügiger Spesenabrechnungen wurden viele Essen arrangiert. Er fing an, mich sehr früh morgens von Eastbourne aus anzurufen, um mit mir längere Gespräche über geeignete Strategien zu führen. Wenn mich während dieser frühen Telefongespräche mein aus *Debrett's gespeichertes* Wissen im Stich ließ, konnte er heftig und ungeduldig werden, während sein Kopf unter Hochdruck weiterarbeitete. Ich erinnere mich, daß er mich eines Morgens anschnauzte: «Sie müssen Ihre *Kartei* in Ordnung bringen.» Doch wenn ich neuen Klatsch für die Akten oder neue Beweismittel auf Lager hatte, änderte sich seine Stimmung schlagartig.

Jedesmal wenn ich die Notizbücher aufschlage oder mir die unbezahlten Rechnungen, Eisenbahnfahrten und die Errata, die er in seiner fliegenden, fast winzigen Handschrift festgehalten hat, anschaue, bin ich vom bloßen Umfang und der Genauigkeit von Connollys Aufzeichnungen überrascht. Es gibt eine Stelle, wo er in einem Anfall von Wut über sämtliche Beteiligten herfiel, und man spürt, wie besessen und geradezu begierig er war, das Puzzle zusammenzukriegen:

Was für eine Bande!
Gauner DB
Säuferin JC
Schurke (Sadist) J. Carberry
????? Soames
Mörderin Alice de Trafford (Ehemann im Gefängnis)
Gigolo Lizzie L.
Säufer Portman
Schrulle Gwladys Del.
Die einzigen netten Leute sind Pembroke und Paula Long.

Laster und Todesursachen

Alice de Trafford	Selbstmord
«Boy» Long	Alkohol
Molly, Countess of Erroll	Alkohol und Drogen
Guy Repton	Alkohol
June Carberry	Alkohol
Broughton	Selbstmord
Erroll	Ermordet

Die frühesten Eintragungen schließen Auszüge aus Connollys Tagebüchern von 1967 und 1968 ein, die bereits einige wertvolle Hinweise enthielten. Während seiner Aufenthalte in Nairobi wohnte er gewöhnlich bei Jack Block, dem in Kenia die besten Hotels gehörten, und seiner Frau Doria in deren Haus in Muthaiga. Die Blocks zählten zu den wenigen Menschen in Kenia, die wußten, wer Connolly wirklich war. Pam Scott in Rongai, bei der er auch eine Zeitlang wohnte, stellte ihn während seines Aufenthaltes als «John O'Connor» vor. Er war so beleidigt, daß er beim Essen schmollte – außerdem tat ihm der Rücken weh –, und Pam Scott war außer sich über sein Schweigen. «Er war wie ein dick gestopftes Kissen, das jemand auf einen Stuhl gesetzt hat», sagte sie später zu mir. «Er hätte genausogut woanders sein können.» Sir Michael Blundell, der Leiter einer Delegation weißer Siedler bei der Unabhängigkeitskonferenz im Lancaster House im Jahre 1960, war der Meinung, Connolly sei der Herausgeber der Times.

Bei den Blocks lernte Connolly Lazarus Kaplan, Broughtons ehemaligen Rechtsanwalt, der in der Gegend unter dem Spitznamen «Kappie» bekannt war, und Prinz Windischgraetz, einen Freund von Jack Block, kennen. Letzterer erzählte Connolly, daß der Arzt Dr. Joseph Gregory, der zu Broughtons Verteidigung ausgesagt hatte, behauptet habe, Broughton habe ihm den Mord im Gefängnis gestanden, doch beschlossen, die Tat abzustreiten, als er vor dem Gericht gestanden und gemerkt habe, daß er vielleicht noch eine Chance habe. Gregory besaß, was die Eigenheiten seiner Patienten betraf, ein bemerkenswertes Gedächtnis. Er war allerdings auch bekannt für seine lebhafte irische Phantasie.

So, wie Prinz Windischgraetz die Geschichte erzählte, hatte sie ganz offensichtlich einen wunden Punkt: Warum sollte sich Broughton in große Unkosten gestürzt und Morris engagiert haben, wenn er doch vorhatte, sich schuldig zu bekennen? Windischgraetz war auch kurz auf andere Meinungen eingegangen, die in der Gegend kursierten, und Connolly hatte sie ebenfalls festgehalten. Es herrschte allgemein die Ansicht, Broughton sei damals ziemlich knapp bei Kasse gewesen und was von seinem Geld übrig gewesen sei, sei treuhänderisch verwaltet worden, so daß er nicht drankommen konnte. Laut Windischgraetz hatte

Broughton vor seiner Abreise nach Kenia einen englischen Offizier kennengelernt, der in Geldschwierigkeiten war, und ihn dazu überredet, für tausend Pfund einige Familienporträts aus den Rahmen zu schneiden und sich damit aus dem Staub zu machen, damit Broughton danach Anspruch auf die Versicherungssumme erheben konnte.

Der Trick funktionierte, und Broughton soll ihm danach einen weiteren Vorschlag gemacht haben. Der Offizier sollte ein paar Perlen «stehlen», für die Broughton ebenfalls die Versicherung in Anspruch nehmen wollte. Der Offizier weigerte sich zunächst. Broughton erklärte ihm, die Perlen lägen im Handschuhfach seines Wagens, der vor einem Restaurant geparkt sei, so daß er sich einfach bedienen könne. Der Offizier ließ sich abermals überreden, und wieder kassierte Broughton die Versicherungssumme. Windischgraetz beschrieb Broughton Connolly gegenüber als einen Mann, der glaubte, er sei über jedes Gesetz erhaben. Als einen Mann, der sich gelangweilt habe und dem irgendwann eingefallen sei, er könnte den perfekten Mord begehen. Jack Block fügte hinzu, daß Lee Harragin, der Sohn des damaligen Ersten Kronanwalts, der die Anklage vertreten hatte, ihm erzählt habe, daß Broughton nach dem Prozeß zu seinem Vater gegangen sei und gesagt habe: «So ein Pech, alter Junge. Sie wußten, daß ich es getan habe, und ich wußte, daß ich es getan habe, aber Sie konnten es nicht beweisen.»

Block sagte, Broughton sei nur deshalb freigesprochen worden, weil Scotland Yard, wo man die abgeschossene Patrone, die im Wagen gefunden worden war, hingeschickt hatte, erklärt habe, sie sei nicht aus einer von Broughtons registrierten Waffen abgefeuert worden. Später sei allerdings telegrafiert worden, man habe einen Fehler gemacht. Aber da sei es bereits zu spät gewesen: Broughton sei bereits frei gewesen.

Block erzählte Connolly auch von einem Gerücht, das in der Gegend die Runde machte und das auf Alice de Janzé als Verdächtige hindeutete. Mrs. Eileen Leslie-Melville, eine gleichaltrige Nachbarin von Alice, hatte sich bereit erklärt, auf das Haus von Alice aufzupassen, als sie einige Monate nach dem Mord für ein paar Tage verreiste. In ihrer Abwesenheit kam ein Boy zu Mrs. Leslie-Melville und zeigte ihr einen Revolver, den er, wie er sagte, bei einer Brücke unter einem Steinhaufen auf dem Grundstück gefunden habe. Mrs. Leslie-Melville nahm die Waffe an sich und sagte kein Wort. Sie lag danach mehrere Jahre in ihrem Haus herum. Quentin Crewe hatte von ihrem Sohn, Jock Leslie-Melville, ebenfalls von dieser Geschichte erfahren und darüber in seiner Kolumne berichtet.

Am Tag nachdem diese Gespräche stattgefunden hatten, lernte Connolly Kaplan, Broughtons Rechtsanwalt, kennen. Kaplan korrigierte sofort zwei dieser Gerüchte: Broughton sei nach der Verhandlung tatsächlich im Gerichtssaal auf Harragin zugegangen, aber was er zu ihm gesagt habe, habe nichts mit dem Fall zu tun gehabt. Kaplan wollte allerdings nicht verraten, was er gesagt hatte. Er fügte hinzu, daß man keine Patrone an Scotland Yard geschickt habe, doch Churchill, der Ballistik-Experte, sei gefragt worden, ob ein Colt einen «Kipplauf» haben könne. (Als Soames die Waffe beschreiben sollte, die Broughton bei den Schießübungen auf seiner Farm benutzt hatte, hatte er ausgesagt: «Ich glaube, es war eine Kipplaufwaffe, aber ich bin nicht sicher.» Diese Aussage war für Broughton entscheidend gewesen. Man war der Meinung, daß bei allen Colts die Trommel seitlich ausgeschwenkt werde.) Die Firma, die Colts herstellte, habe zwar telegrafiert, alle Colts hätten fünf Züge und einen Linksdrall im Lauf, diese spezielle Frage sei jedoch nie gestellt worden. Churchill habe per Kabel geantwortet, es gebe Colts mit einem Kipplauf zum Nachladen, doch dieses Telegramm sei dem Gericht nicht vorgelegt worden. Es habe keinen Nachweis über den Verfasser gegeben, und es sei deshalb als unzulässig zurückgewiesen worden.

Connolly fragte Kaplan, ob Broughton es seiner Ansicht nach getan habe. Er antwortete: «Die Antwort lautet X minus 1; jeder, nur nicht Broughton.» Er fügte hinzu, daß nach einem Schuß selten so wenig Blut fließe und daß der Mörder ein ausgezeichneter Schütze gewesen sein müsse. Seiner Ansicht nach kam als Täter eine sitzengelassene Freundin oder der Ehemann einer solchen in Frage, oder aber es handelte sich um einen politischen Mord. Die Polizei, so meinte er, habe sich beim Sammeln von Beweismaterial als außerordentlich unfähig erwiesen, vor allem weil sie es unterlassen habe, den Wagen nach Fingerabdrücken zu untersuchen.

Fragt man die weiße Bevölkerung von Kenia, wird Broughton

heute ebenso wie damals kurz nach dem Prozeß ziemlich weit unten auf die Liste der Verdächtigen gesetzt. Als mögliche Täterin wird am ehesten eine eifersüchtige Frau genannt – Alice de Janzé («Der schnellste Schuß im Gare du Nord») oder June Carberry, von der angenommen wird, daß auch sie eine von Errolls Geliebten war, Gwladys Delamere oder Diana selbst. Danach nennen die «Kenner der Szene» Mrs. Wirewater (obwohl sie sich zum Zeitpunkt des Mordes in Kapstadt aufhielt) oder ihren Mann, der zu dem Zeitpunkt wohl nicht in Kapstadt war und der von Errolls Affäre mit seiner Frau wußte. Die Grundlage für die Aufstellung dieser Reihenfolge sind die Briefe, die wir nach dem Erscheinen unseres Artikels von Leuten bekamen, die früher in Kenia lebten oder immer noch dort leben. Sowohl Männer als auch Frauen verdächtigten am ehesten eine Frau des Mordes. Im übrigen stützt sich die Annahme zusätzlich auf etwa hundertfünfzig Gespräche mit Bewohnern von Kenia oder mit Leuten, die inzwischen ausgewandert sind.

Broughton wurde in der Regel nicht eingeschlossen, einerseits, weil sämtliches Beweismaterial bereits beim Prozeß vorgelegt worden war und andererseits, weil es einfacher und unterhaltsamer war, nach anderen Verdächtigen zu suchen. Außerdem konnte man Broughton aus dem Spiel lassen, weil er es physisch nicht geschafft hätte. Aber der Gedanke, er könnte sich mit jemandem zusammengetan haben, war schon immer heftig diskutiert worden. Weiter oben auf der Liste käme denn auch ein von Broughton angeheuerter Komplize zu stehen, bei dem es sich entweder um einen Somali, einen eifersüchtigen Ehemann oder um einen Geliebten von Diana handeln könnte, der das Verbrechen im Auftrag von Broughton beging.

Bleibt die Frage, ob es sich um einen politischen Mord gehandelt haben könnte. Diese Vermutung wurde von Morris während des Prozesses geäußert, als er aufzuzeigen versuchte, wer alles ein Motiv gehabt hätte, Erroll zu töten. Erroll war aus dem Faschistenbund ausgetreten und hatte darüber hinaus zum fraglichen Zeitpunkt die Kompetenz, Sympathisanten der italienischen Faschisten in der Kolonie zu internieren. Hätte er da nicht auch Opfer politischer Rache sein können? Morris nannte als möglichen Verdächtigen Graf Rocco, einen bekannten Exzentriker, der in einer riesigen toskanischen Villa am Naivasha-See lebte. Man hatte ihn unter Hausarrest gestellt, und kurz vor dem Prozeß war sein Haus von mit Schrotflinten bewaffneten Polizisten umstellt worden, weil man einen Hinweis bekommen hatte, daß Rocco vorhabe, mit einem Heißluftballon zu entkommen. (Er wurde später in Südafrika verhaftet.) Poppy sagte jedoch vor Gericht aus, Erroll sei nicht für die Internierung verantwortlich gewesen, und damit war die Sache erledigt.

Connolly schrieb deshalb an Diana (Lady) Mosley, die Frau von Sir Oswald Mosley, dem ehemaligen Führer der British Union of Fascists, um zu erfahren, ob jemals politische Anschläge auf Abtrünnige der Bewegung geplant oder ausgeführt worden seien. Sie antwortete ihm aus Frankreich:

> Das politische Motiv für den Mord scheint mir in schon beinahe krankhafter Art an den Haaren herbeigezogen. Wenn ich an politischen Mord glauben würde, dann könnte ich mir eine Menge von Kandidaten für mein Charlotte-Corday-Messer vorstellen, aber Lord E. gehört nicht dazu. Aber ich glaube nicht einmal daran.

Ein politischer Attentäter, der nicht dem inneren Kreis des Muthaiga Clubs angehörte, hätte an diesem Abend große Schwierigkeiten gehabt, Errolls Schritte zu verfolgen. Es hätte gewiß Aufmerksamkeit erregt, wenn er ihm mit dem Auto auf seinen verschiedenen Spritztouren gefolgt wäre, allein schon deshalb, weil Erroll gewöhnlich mit einer Geschwindigkeit von achtzig Meilen in der Stunde fuhr. Die Annahme war wirklich nichts als reine Spekulation, und wir hielten es nicht für notwendig, ernsthafte Nachforschungen darüber anzustellen. Als Connolly Nairobi 1967 verließ, war er wie Kaplan von der Unschuld Broughtons überzeugt. Und zwei Jahre später, am 18. Mai 1969, als wir bereits mitten in unseren Recherchen steckten, schrieb er: «Er [Broughton] hat am selben Tag Geburtstag wie ich. Wir im Sternzeichen der Jungfrau Geborenen sind keine blutrünstigen Menschen. Ich glaube nicht, daß er es getan hat und auch nicht, daß er daran gedacht hat.» Um einen sicheren Schluß ziehen zu können, hätte man Broughtons Charakter kennen müssen. Wir wußten jedoch am Anfang nur wenig von ihm, und er blieb weiterhin einer unserer Verdächtigen. Doch falls er den Mord tatsächlich begangen haben sollte, dann hätte er ihn mit einer Geschicklichkeit ausgeführt, die weit über seine Fähigkeiten hinauszugehen scheint. Außerdem hätte er erstaunliches Glück gehabt und es zudem irgendwie geschafft, keine Spuren zu hinterlassen.

Wir fragten uns, wie er sich wohl in den Monaten nach seinem Freispruch verhalten hatte. Hatte er dieselbe gleichgültige Haltung, die zuversichtliche Unschuldsmiene beibehalten, die für sein außergewöhnliches Verhalten im Zeugenstand kennzeichnend gewesen waren?

Von all den Informationen, die Connolly in Nairobi gesammelt hatte, war die von Prinz Windischgraetz über das Auftauchen des «englischen Offiziers», des Mannes, der Broughton angeblich dabei geholfen hat, mit seinem eigenen Besitz Versicherungsbetrug zu begehen, die interessanteste. Dianas Perlen wurden 1939 tatsächlich in Cannes aus dem Handschuhfach eines vor einem Restaurant geparkten Wagens gestohlen, und im gleichen Jahr verschwanden auch Broughtons Bilder aus Doddington. Broughton hielt sich zu der Zeit in England auf. Doch wie es kam, daß Windischgraetz von beiden Vorfällen etwas wußte, war zunächst ein Rätsel.

Wir erfuhren aus einer britischen Zeitung, daß sowohl Scotland Yard als auch eine Versicherungsgesellschaft in Nairobi Nachforschungen angestellt hatten. Anscheinend waren sie durch die häufige Erwähnung von Perlenhalsketten beim Prozeß aufmerksam geworden. Falls sie aber irgendeinen Zusammenhang mit den Perlen, die Diana in Cannes abhanden gekommen waren, witterten, war ihnen kein Erfolg beschieden.

Während des Prozesses war von zwei Perlenketten die Rede gewesen. Bei der ersten handelte es sich um die Halskette, die Erroll Diana geschenkt hatte und die Broughton an ihr bemerkte, als sie am Morgen nach dem ereignisreichen 18. Januar neben Mrs. Carberry im Bett lag. Nach Errolls Tod bestand der Anwalt, der sich um Errolls Nachlaß kümmerte, darauf, daß die Perlen zurückgegeben wurden. Diana gab das kostbare Geschenk von ihrem Geliebten nur sehr widerwillig zurück. Sie war der Meinung, daß Errolls Erben kein Anrecht darauf hätten, da Erroll die Kette von seiner letzten Frau Molly geerbt und sie an sie weitergegeben hatte.

Die zweite Perlenkette hatten Diana und Broughton laut Broughtons Aussage in London gemeinsam erworben. Die Perlen wurden deshalb während des Prozesses erwähnt, weil Broughton mehrmals über das Thema, wer nun wem die Perlen abkaufen sollte, zu sprechen gekommen war, und zwar immer in Momenten größter Spannung zwischen ihm und Diana, bezeichnenderweise auch um halb vier Uhr in der Nacht, als Diana allein mit Erroll aus war. Broughton hatte die Diskussion jedesmal in einen Streit ausarten lassen. Das hatte Harragin, den Ankläger, stutzig gemacht, und er hatte diese Diskussionen über Perlen dazu benutzt, um nachzuweisen, daß Broughton seine wahren Gefühle verberge. Eine Diskussion über Schmuck schien Harragin ein eher nebensächliches und belangloses Thema zu sein, verglichen mit der Verzweiflung darüber, die eigene Frau an einen anderen zu verlieren.

Doch eine Perlenkette war nichts Belangloses, vor allem nicht für Diana. Perlen waren das Symbol ihres Aufstiegs, der unveräußerliche Beweis für ihren Erfolg, denn sie verwandelte nicht nur den Hals, sondern die Frau, die sie trug, von einer Lenare-Schönheit in eine Baroness oder Countess. Die besagte Perlenkette gehörte ihr jedoch nur zum Teil. Broughton sagte bei dem Prozeß aus, daß er sie vor die Wahl gestellt habe: Entweder solle sie ihn auszahlen oder die Kette zurückgeben. War das ein Versuch – so kläglich er auch sein mochte –, Diana zu überreden, ihren Entschluß, ihn mit Erroll zu verlassen, zu ändern? Bestand ein Zusammenhang zwischen diesen harten und für Diana schwierigen Auseinandersetzungen und dem anderen Gerücht, das in Nairobi umging, für das es aber zu diesem Zeitpunkt keinen Beweis gab? Daß Broughton die Vereinbarung und das Versprechen, ihr fünftausend Pfund im Jahr zu zahlen, für null und nichtig erklärt habe, um Druck auf Erroll auszuüben, damit er Diana aufgebe, und daß Erroll daraufhin in Panik geraten sei und Diana gesagt habe, es sei aus zwischen ihnen und es wäre zu ihrem Besten, wenn sie zu ihrem Mann zurückkehren würde? In diesem Fall hätte sich Diana mit einigem Recht in wirklich heftiger Wut gegen Erroll gewandt, den ersten Mann, den sie je geliebt hatte.

Zu Beginn unserer Nachforschungen hatten uns die Gerüchte und das Gerede derart durcheinandergebracht, daß wir die beiden

Perlenketten nicht auseinanderhalten konnten. Doch als Objekt erlangten die Perlen für Connolly eine magische Faszination, da sie ein Schlüssel zum Geheimnis waren. War es nicht denkbar, daß Broughtons englischer Offizier, falls er sich zu diesem Zeitpunkt in Nairobi aufhielt, auch als Komplize beim Mord fungiert hatte? Wir hatten einen Verdacht, wer es gewesen sein könnte, doch als Beweis nicht mehr als Gerüchte.

Mittlerweile zeichnete Connolly minutiös nach, wo sich die Hauptpersonen von dem Moment an aufgehalten hatten, da Broughtons Maschine am 12. November 1940 in Nairobi gelandet war. Er erstellte unzählige Listen, Tabellen und Stundenpläne, insbesondere von den verhängnisvollen Stunden vom Ende der Dinnerparty am 23. Januar bis zu den frühen Morgenstunden, als Broughton laut June Carberry sie zum zweitenmal aufsuchte. Junes Zeitangaben waren verdächtig und schienen auf Vermutungen oder auf bewußter Täuschung zu beruhen. Connolly stürzte sich auch auf die Tatsache, daß Broughton und June zumindest für eine Stunde kein Alibi hatten. Zwischen halb elf, als Broughton kurz nach dem Essen etwas zu Dickie Pembroke wegen einer Partie Bézigue sagte, und kurz vor Mitternacht, als Jacko Heath sie zu einem späten Imbiß in den Speisesaal einlud, hatte die beiden niemand gesehen. June behauptete, sie hätten in dieser Zeit im belebtesten Teil des Clubs in der Nähe der Bar gesessen und Brandy getrunken. Captain «Long John» Llewellin, einer der Zeugen, der Broughtons abfällige Bemerkungen über Diana mitangehört hatte, legte den Zeitpunkt dieser Unterhaltung zwischen den beiden aber auf Mitternacht fest.

Es war halb eins, als Gerald Portman die beiden schließlich dazu überredete, sich der Imbißparty anzuschließen, und laut June verließen sie den Club erst eine Stunde später. Vielleicht war die fehlende Stunde für die Polizei wirklich nicht von Interesse, aber wären Broughton und June Carberry nach der Dinnerparty und nachdem Erroll mit Diana weggegangen war, nicht im Mittelpunkt des Interesses gestanden? Hätten sie nicht Anlaß zu Gerede und Spekulationen gegeben? Gewiß hätte es einer der vielen Zeugen erwähnt, wenn er das Paar in der Zeit zusammen in der Bar gesehen hätte. Für uns hatte die Feststellung der fehlenden Stunde allerdings auch keine unmittelbare Bedeutung, und wir nahmen sie deshalb lediglich zu den Akten. Oder war es etwa June und nicht Broughton, die ein Alibi brauchte? Connolly vermerkte: «Junes Alibi hängt ebensosehr von Broughtons Besuchen ab wie seines, und seiner Aussage zufolge hat er sie in der Nacht nie aufgesucht.» Falls ihre Aussagen nicht glaubhaft sind, falls sie die Tat begangen hat oder zumindest eine Komplizin war oder falls sie jemand anders deckte, stammten die einzig verläßlichen Zeitangaben dieses Abends von Llewellin, der aussagte, daß das Paar den Muthaiga Club gegen halb zwei Uhr verließ, von Waiweru, Errolls Boy, der erklärte, daß Erroll und Diana das Haus in Muthaiga gegen zwei Uhr verließen, und von den Männern, die Errolls Wagen zwischen zehn vor drei und drei Uhr in der Frühe entdeckten.

June und Broughton wurden vom Muthaiga Club aus entweder von Broughtons oder von June Carberrys Chauffeur nach Hause gefahren. Broughtons Fahrer befand sich nicht unter den vielen afrikanischen Zeugen, und es gab Gerüchte, er sei am Tag nach dem Mord verschwunden. Nur Miss Wilks hätte den entscheidenden Beweis jetzt noch erbringen können. Sie war in der Nacht des Mordes mindestens bis drei Uhr auf gewesen, hatte Wärmflaschen gemacht und June Chinin gebracht. Aber lebte sie überhaupt noch, und wo sollte man anfangen, nach ihr zu suchen? Wir nahmen an, daß sie nach dem Prozeß nach Südafrika zurückgekehrt war, möglicherweise in ihre Heimatstadt Durban. Ich schickte ein Telex an Humphrey Tyler, den Korrespondenten der *Sunday Times* in Durban, der für *Cape Argus* arbeitete, und bat ihn, so viel wie möglich herauszufinden. Drei Wochen später teilte er mir mit, er habe noch kein Glück gehabt. Er hatte zwar ein Haus am Strand von Durban ausfindig gemacht, in dem Miss Wilks möglicherweise gewohnt hatte, doch es war abgerissen worden. Tyler wollte seine Suche fortsetzen und konzentrierte sich dabei auf diese spezielle Gegend.

Connolly notierte sich immer wieder von neuem Zeitangaben, als ob etwas Neues dabei herauskommen könnte. Da er nicht imstande war, das Rätsel bei wachem Verstand zu lösen, fing sein Unterbewußtsein, getrieben von Ehrgeiz und Frustration, in der Nacht an zu arbeiten und rief verwirrende, aber um so detailliertere Szenarien hervor.

Seine Frau Deirdre wurde eines Nachts von furchtbaren Schreien ihres Mannes geweckt und sah, wie er mit einem unsichtbaren Angreifer rang. Als er sich beruhigt hatte, griff Connolly mit bewundernswertem Professionalismus nach seinem Notizbuch und machte folgende Eintragung:

> CCs Alptraum. Er nähert sich einer kleinen Hütte. Es ist etwa zehn bis sieben Minuten vor drei. Drin befindet sich ein Opfer / Mörder, das / den er kennt und umbringen wird. Doch es muß vor drei Uhr geschehen. Als er zur Hütte kommt, packt ihn das Opfer und zückt ein Messer. Da war irgendwo ein Fehler. Entweder geht die Uhr nach, oder die Zeitangabe war eine Falle. CC soll umgebracht werden. Er schreit um Hilfe und schlägt im Bett wild um sich. Die Schreie waren laut und klangen wie Hunde- oder Wolfsgeheul (D bestätigte das). Elizabeth Bowen [die Schriftstellerin, ein Gast des Hauses] hat in ihrem Zimmer nichts davon mitbekommen. Die Zeit: etwa halb vier Uhr.

In Connollys Alptraum waren zwei Dinge wiederzuerkennen. Er hatte sich ein paar Notizen über eine Telefonzelle gemacht, die bei dem Prozeß kurz angesprochen worden war und die irgendwo zwischen dem Haus in Karen und dem Tatort an der Straße stand. Er hatte einen Moment die Möglichkeit in Betracht gezogen, der Mörder könnte sich dort vielleicht auf die Lauer gelegt und auf Erroll gewartet haben. Halb vier Uhr war außerdem ein höchst bedeutsamer Zeitpunkt (ebenso wie die zehn Minuten vor drei – der geschätzte Zeitraum, in dem Errolls Tod eintrat). Es war der Zeitpunkt, zu dem Broughton laut June zum zweitenmal an ihre Tür geklopft hatte, und es war auch der Zeitpunkt, als sie angeblich Dianas Hund bellen hörte. Connolly fixierte sich ganz auf das Bellen des Hundes und machte eine lange Eintragung in sein Notizbuch über das Beweismaterial des Gerichts zum Thema «Hundegebell». Harragin hatte diesen Teil seines Verhörs von June Carberry mit der Frage begonnen: «Gibt es einen Dackel im Haus?»

Meine eigenen Nachforschungen hatten mittlerweile eine komplette Sammlung von Polizeiaufnahmen zutage gefördert, die am Tatort gemacht worden waren, darunter auch das Foto von Errolls Leiche im Leichenschauhaus. Ich erhielt sie von einem pensionierten Staatsbeamten aus Ostafrika, der an der Südküste Englands lebte und dem ich Anonymität zusicherte. Im Hinblick auf Anhaltspunkte ist das Foto von Errolls Profil, auf dem deutlich die Schußwunde zu sehen ist, lediglich von medizinischem Interesse. Doch die Aufnahmen vom Fahrzeug im Straßengraben, die aus verschiedenen Winkeln gemacht wurden, und die Fotos, die durch die offenen Vordertüren aufgenommen wurden und die Errolls Leiche zusammengekauert am Boden des Wagens zeigen, lassen sofort die makabre Realität des Augenblicks wieder lebendig werden. Der Tatort ist genauso, wie ihn der Mörder verlassen hat, obwohl die Aufnahmen vier Stunden später bei Tageslicht gemacht wurden. Die Fotos beschwören die kühle Stille eines feuchten Morgens in der Höhenlandschaft von Kenia herauf, mit dem starken Duft von regendurchtränkter Erde und üppiger Vegetation. Die Lage von Errolls Leiche, mit den vor dem gesenkten Kopf gefalteten Händen, als ob er beten oder sich vor Angst dukken würde, macht die Gewaltsamkeit seiner letzten Augenblicke in diesem beengten Raum erschreckend deutlich und vermittelt dem Betrachter das ungute Gefühl, sich auf ungehörige Weise in die wenigen intimen Sekunden zwischen Leben und Tod einzumischen. In der Ecke des einen Fotos ist ein Arm zu sehen. Er hält die Tür des Wagens, die wegen der Schräglage des Fahrzeugs zugeklappt wäre, für den Fotografen auf und gibt damit die Leiche auf dem Boden den Blicken preis. Dies verstärkt noch das Gefühl, voyeuristisch etwas Verbotenes und Tabuisiertes anzustarren. Als die Aufnahmen gemacht wurden, war Errolls Körper noch warm.

Man könnte über diesen Fotos Spekulationen ohne Ende anstellen. Folgende Version über den Tathergang stimmt in vielem mit der der Anklage überein: Der Mörder fuhr mit Erroll bis zur Kreuzung und bat dort, ihn aussteigen zu lassen, weil er den restlichen Weg nach Hause zu Fuß zurücklegen wollte. Er erschoß Erroll entweder, als er aus dem Auto stieg oder kurz danach durch das Fenster oder die offene Wagentür. Errolls Füße standen noch auf Bremse und Kupplung, der Gang war eingelegt, und der Motor lief. Als ihn das Geschoß traf, glitten seine Füße langsam von den Pedalen, und der Wagen begann zu holpern. Die Vorderräder waren bereits nach rechts eingeschlagen, um die Biegung zu nehmen, und angetrieben durch den dreißig PS starken Motor fuhr der Wagen in Richtung Straßengraben. Erroll fiel seitwärts auf den Beifahrersitz, wobei die blutende Wunde den Bezug des Sitzes beschmutzte, und der Wagen kam im Straßengraben zum Stehen. Wenn er die Kraft gehabt hätte, hätte Broughton die Leiche auf den Boden schieben können, um die Pedale frei zu bekommen.

Auf den ersten Blick scheint es auf Grund der Fotos (wie auch nach den Experimenten der Polizei) klar zu sein, daß die Leiche nicht von selbst auf den Boden fallen konnte, weil das Lenkrad dies verhindert hätte, und daß sie nur mit Gewalt auf den Boden geschoben worden sein konnte. Falls der Mörder ausgestiegen ist, bevor der Wagen in Richtung Straßengraben rollte, muß er ihm gefolgt sein. Als der Wagen gefunden wurde, war der Gang eingelegt. Die Zündung muß ausgeschaltet worden sein, *nachdem* der Wagen zum Stehen kam. Wie wir festgestellt haben, konnten die Scheinwerfer nur mit Hilfe einer Zange ausgeschaltet werden. Geriet der Mörder in Panik, weil er die Scheinwerfer nicht ausschalten konnte, und versuchte er vielleicht vergeblich, Errolls Leiche vom Armaturenbrett wegzuschieben, weil er den Wagen weiter von der Straße weg fahren wollte? Dann wäre es am einfachsten gewesen, sich auf den Vordersitz zu setzen und die Leiche mit den Füßen nach vorn und nach unten zu schieben. Der Mörder könnte, als er sich in diese Position begab, den Teppich im hinteren Teil des Wagens verschoben und die weißen Spuren auf dem Rücksitz hinterlassen haben. Er könnte hilfesuchend nach den Halteschlaufen gegriffen haben, die dabei abgerissen wurden und die man im hinteren Teil des Wagens am Boden fand. Bewes war davon überzeugt, daß sie weggerissen wurden. Butcher, der Mechaniker, der den Wagen untersucht hatte, versicherte, die Halteschlaufen seien seit dem Tag davor *losgeschraubt* worden. Mrs. Carberry, die die Schlaufen immer benutzte, erinnerte sich jedoch, daß sie am Abend des Mordes noch an ihrem Platz waren. Man muß daraus schließen, daß Butcher sich irrte, daß die Reißspuren einfach nicht sichtbar waren und die Beschläge lose saßen. Denn warum in aller Welt sollte jemand ein Paar Halteschlaufen losschrauben und sie auf den Boden werfen?

Und doch ist es auch möglich, daß die Leiche von selbst in diese Stellung geriet. Einer der Polizisten, die von Morris angehört wurden, erklärte es an Hand eines einfachen Experiments: Wenn man sich von der Kante eines Bettes seitwärts fallen läßt und dann schlaff zu Boden sinkt, befindet man sich in einer Stellung ähnlich jener, in der Errolls Leiche gefunden wurde. Als der Wagen über die unebene Erde rollte, um schließlich heftig im Straßengraben aufzuprallen, kann die Leiche ohne weiteres unter das Lenkrad gerutscht sein, denn Errolls Körper und Hüften befanden sich bereits zum größten Teil links vom Lenkrad, nachdem er auf die Seite gefallen war. Sollte die Leiche tatsächlich von selbst auf den Boden gerutscht sein, ist das einzige Hindernis im Hinblick auf diese Theorie ausgeräumt, daß auch eine Frau das Verbrechen hätte begehen können.

Damit hatten wir zwei Hauptgruppen von Verdächtigen. Erstens diejenigen, die in Nanyuki mit Revolvern Schießübungen gemacht und dabei Schwarzpulver benutzt hatten, und zweitens diejenigen, die wußten, daß Erroll ein paar Minuten vor oder nach drei Uhr nach Karen zurückkehren würde, und die ihn deshalb hätten anhalten und die Wagentür öffnen können. Zur ersten Gruppe gehörten Broughton, Soames, Diana oder jemand, dem sie eine Waffe gegeben hatten. Zur zweiten Gruppe zählte fast jeder, der Erroll kannte und häufig den Club und sein Haus aufsuchte. Lezard, Portman, Llewellin (und deren Partnerinnen), Mrs. Barkas, Alice de Trafford, die Carberrys, Lady Delamere – alle wußten, daß Broughton die Rückkehr seiner Frau auf drei Uhr festgelegt hatte.

Wie genau hatte man ihre Alibis überprüft? Und war es überhaupt möglich, nach so vielen Jahren den Weg zurückzuverfolgen? Hatte Poppy in der Überzeugung, Broughton habe den Mord begangen – vielleicht fasziniert von der eigenen Cleverness, als die Geschosse entdeckt wurden –, und in seinem Bemühen, einen Schuldspruch zu erreichen, unterlassen, ernsthaft woanders nach einem Verdächtigen zu suchen? Man darf ohne Übertreibung behaupten, daß seine Anklage gegen den Mann seiner Wahl stümperhaft untermauert war. Die Tatsache, an der seine Anklage scheiterte, nämlich daß ein Colt einen Linksdrall hat, hätte nicht übersehen werden dürfen. Ernest Harwich, der bei dem Prozeß den entscheidenden Beweis geliefert hatte (und damit bestätigte, daß ein Colt nicht die Tatwaffe gewesen sein konnte), schrieb kurz nach dem Erscheinen unseres Artikels einen Brief an den Herausgeber der *Sunday Times*. Er war der Ansicht, wir hätten den Eindruck vermittelt, daß er diese Information zurückgehalten habe, bis man ihn vor Gericht danach fragte, und wollte dies richtigstellen:

> Bis zum Zeitpunkt der Voruntersuchung vor dem Friedensrichter wußte ich nicht, noch hatte man mir gesagt, daß es irgendein Problem wegen eines Colts gab. Hätte man es mir gesagt, dann hätte ich die Sache mit dem Colt ein für allemal aus der Welt geschafft. Die Markierung auf beiden Geschossen war derart eindeutig und identisch, daß es nicht den leisesten Zweifel gab. Zu keinem Zeitpunkt habe ich das CID im Glauben gelassen, die tödlichen Geschosse oder die, die in Nanyuki gefunden wurden, könnten aus einem Colt abgefeuert worden sein. Ich bin heute wie damals der Ansicht, daß es für die Anklage besser gewesen wäre, in diesem Punkt nachzugeben, anstatt zu versuchen, mit Gewalt eine Verbindung zwischen Broughtons Colt, der in Nanyuki benutzten Waffe und der Tatwaffe herzustellen.

Zu einem späteren Zeitpunkt aßen wir mit Harwich im Mitre-Hotel in Oxford zu Abend. Harwich war das Ebenbild eines aufrechten, unvoreingenommenen Exoffiziers und Polizeibeamten. Er erzählte uns, man habe ihn damals aus Uganda kommen lassen, wo er stellvertretender Leiter der Sicherheitsabteilung war, um bei der Aufklärung des Falles mitzuhelfen. Als er in Nairobi eintraf, habe ihm Maurice Fox, der reizbare Chemiker, der sich vor Gericht ständig mit Morris herumzankte, aus Mißfallen über Harwichs Einmischung den Zutritt zum Laboratorium verwehrt. Harwich brachte auch die übliche Abneigung der Beamten gegenüber der Muthaiga-Clique zum Ausdruck. Er hielt diese Leute für «total selbstsüchtige, egozentrische Exhibitionisten», die den Prozeß lediglich als Bühne für ihr theatralisches Getue benutzten. Er erinnerte sich mit Verachtung daran, daß die meisten von ihnen Schwierigkeiten hatten, sich ein Alibi zu verschaffen, einfach aus dem Grund, weil sie zu betrunken gewesen waren, um sich daran zu erinnern, wo sie gewesen waren oder mit wem sie am Abend des Mordes geschlafen hatten.

Wir erhielten auch einen Brief mit einem Poststempel aus Hampshire, und zwar von Anstis Bewes, dem Geschäftsmann, der zur Polizei nach Kenia abkommandiert worden war und der sich als einziger Beamter am Schauplatz des Verbrechens und im Leichenschauhaus ausführliche Notizen gemacht hatte. Abgesehen von der Faszination, die Erwähnungen wie etwa die Beschreibung des überwältigenden Parfümduftes im Innern des Buick vermitteln, bestätigten seine Aufzeichnungen unseren zunehmenden Verdacht, daß die Ermittlungen des CID unzulänglich durchgeführt worden waren.

Zum Zeitpunkt des Mordes hatte es zu Bewes' Aufgaben gehört, an Stitzungen des Gesetzgebenden Rates teilzunehmen, um seinen Vorgesetzten über alle Debatten zu berichten, die für die Polizei und deren Arbeit relevant waren. Bewes schrieb:

> In der Zeit, als der Mord geschah, sprach Mr. Wright, ein inoffizielles Mitglied (ich nehme an, er kam aus den Aberdare-Bergen), einmal das Thema Polizei an und hob den Mangel an Teamgeist und die Unzulänglichkeiten an der Spitze hervor. Er behauptete, es würden nur großspurige Berichte angefertigt und keine effizienten Schritte unternommen. Bei der Polizei in Nairobi herrsche Unzufriedenheit, und sie sei die glückloseste im ganzen Land. Isherdass (er wurde später ermordet) hielt fest, von den NCOs [Unteroffizieren] würden keine Beschwerden beim Polizeichef vorgebracht aus Angst vor Schikanen (er sagte mir das nach der Debatte und nicht im Rat). Ich habe diese Bemerkung nur angefügt, um deutlich zu machen, daß die Ermittlungen in diesem speziellen Mordfall angesichts des mangelnden Eifers bei vielen Beamten einfach nicht mit hundertprozentiger Effizienz durchgeführt werden konnten.

Bewes hatte damals noch eine weitere interessante Eintragung in sein Notizbuch gemacht:

> Mrs. Napier (eine Nachbarin) kannte Miss Wilks, und am Tag nach dem Mord kam Miss Wilks zu ihr und sagte, sie könne nicht mehr länger im Haus bleiben, weil «Lady B. ihr immer wieder einbleue, was sie der Polizei erzählen solle». Wenn Miss Wilks sage, das und das sei passiert, dann erklärte ihr Lady B.: «Nein, das hast du falsch verstanden. Das ist passiert!» und so weiter. Miss Wilks sagte, sie werde fast wahnsinnig deswegen. Sie habe Lady B. erklärt, sie werde im Zeugenstand die *Wahrheit* sagen.
> Miss Wilks fügte noch hinzu, daß sich Mrs. Carberry, als sie von Lord

Errolls Tod erfuhr, nicht erst angekleidet habe, sondern in aller Eile im Morgenrock zu Errolls Haus gefahren und mit einem Schmuckkasten zurückgekommen sei, den sie, Miss Wilks, ihr geholfen habe, ins Haus zu tragen. Er sei sehr schwer gewesen. Als die Polizei kam, nahmen die Beamten eine Aussage von Miss Wilks auf. Mrs. Napier sollte ebenfalls eine Aussage machen, aber sie wollte nicht. All das erzählte mir Chefinspektor Elliott.

Bewes' Notizen deuten auf ein wichtiges Problem hin, mit dem Poppy und seine Kollegen konfrontiert waren. Sie hatten es mit einer Gruppe von Menschen zu tun, die es gewohnt waren, Beamte und Polizisten herablassend zu behandeln, und die für Gesetze nichts als eine Art von amüsierter Verachtung übrig hatten.

Sie konnten sich jede Aussage stets von einem ihrer Dienstboten bestätigen lassen, denn sie hatten mehr Geld zur Verfügung, sie zu bestechen, als Poppy je vom CID hätte an Spesen auftreiben können. Poppy zu belügen war nichts im Vergleich zu den Ränkespielen bei amourösen Abenteuern, die es ebenfalls notwendig machten, sich das Schweigen der Dienstboten zu erkaufen. Vor allem die Somali-Diener, die ohnehin für ihre Verschwiegenheit und Zurückhaltung bekannt waren, waren einem ehrgeizigen Polizisten von Anfang Dreißig, der gerade frisch von Scotland Yard kam, mehr als gewachsen.

Zum Beweis dafür, wie schnell die Angehörigen des Muthaiga Clubs auf die drohende Einmischung von Polizeibeamten reagieren konnten, genügt es, sich die Aussagen von Broughton und June Carberry anzusehen, die nur fünfzehn Minuten nach Gerry Portmans Anruf um neun Uhr, als die Polizei bereits auf dem Weg nach Karen war, aufgenommen wurden. Obwohl Broughton später behauptete, er sei so betrunken gewesen, daß er sich kaum an etwas erinnern könne, waren sich sowohl er als auch June in der Aussage absolut sicher, daß sie am vorangegangenen Abend um Punkt zwei zu Hause gewesen seien.

Zunächst hatte Broughton der Polizei erzählt, er habe sein Zimmer nicht mehr verlassen, nachdem er zu Bett gegangen sei. Doch nachdem June von seinen beiden Besuchen an ihrer Tür erzählt hatte, erklärte er gegenüber der Polizei: «Es wäre möglich, daß ich um vier oder so hinaus auf den Korridor gegangen bin, um das Licht auszumachen. Aber ich kann mich nicht mehr daran erinnern.»

Für uns wurde die Frage immer wichtiger: Lebte Poppy noch, und konnte er sich für die Alibis, die er gesammelt hatte, verbürgen? Seit 1969 hatten sich die Reihen der damals Beteiligten stark gelichtet. Die einzige wichtige Überlebende war Diana, Lady Delamere. Die übrigen, Gwladys Delamere, Lezard, Soames, Idina, Alice, waren tot. Auch John Carberry. June lebte in Johannesburg, aber sie war alt und krank und abhängig von Alkohol und Drogen.

Benjamin Pogrund, einer der besten Journalisten in Südafrika, der für seine mutigen Berichte über die Apartheid in der *Rand Daily Mail* bekannt und gleichzeitig Korrespondent der *Sunday Times* in Johannesburg war, wurde von Mrs. Carberry abgewiesen. Er rief sie viele Male an und traf Verabredungen mit ihr, aber sie war nie da, wenn er kam. Er schrieb: «Sie ist eine sehr schwierige Person. Meine Unterhaltungen mit ihr am Telefon reichen von langem Gerede über nichts bis zur strikten Weigerung, über die Sache zu sprechen, weil sie schon zu lange zurückliege. Ich vermute, sie ist Alkoholikerin.»

Einige der weniger wichtigen Personen wie «Long John» Llewellin lebten noch. Er war am Abend des Mordes im Muthaiga Club gewesen, und er stürzte sich begeistert auf einige Ungenauigkeiten in unserem Artikel. Er klärte uns beispielsweise darüber auf, daß Alice de Traffords Lieblingshaustier «Minnie» keine Katze gewesen sei, wie Connolly geschrieben hatte, sondern ein Dackel. Den letzten Bericht von Llewellin, der irgendwann Mitte der siebziger Jahre starb, erhielten wir von einem Freund Connollys, der 1973 Kenia besuchte und danach folgenden Brief schrieb:

Lieber Cyril,

ich habe gestern an Dich gedacht. Ich ging in Nanyuki einkaufen und besuchte Long John Llewellin. Er ist jetzt fünfundachtzig, und er saß auf seiner Veranda. Er hatte eine schwarze Augenklappe und eine Menge Flicken auf dem Tweed-Jackett. Die Veranda war sehr staubig, und in Töpfen standen vertrocknete Kakteen herum. Er hatte zwei schmutzige, aber aufmerksame Boys, ein mit Getränken gut bestücktes Tablett und zwei Dackel, die sorgfältig zubereitetes Fressen bekamen. Das Fell der Hunde war das einzige, was glänzte. Auf dem Tisch lag ein ziemlich vergilbtes Exemplar des Magazins der *Sunday Times*, und Dianas Gesicht darauf war so verblaßt, daß man es kaum mehr erkannte. Er fragte, ob ich in letzter Zeit etwas von diesem Schriftsteller gehört hätte. An den Namen könne er sich nicht erinnern. Ich sagte ihm, ich hätte Dich schon seit Jahren nicht mehr gesehen.

Dickie Pembroke hatte sich nach Kent zurückgezogen und wäre für Connolly, ohne daß er davon wußte, jahrelang leicht erreichbar gewesen. Die Schriftstellerin Antonia Fraser erinnert sich, wie betrübt und frustriert Connolly bei ihrer letzten Unterhaltung vor seinem Tod war, als sie beide erkannten, daß es sich bei einem häufigen Gast auf einem Landsitz, den auch sie in Kent oft aufsuchten, einem «liebenswürdigen, freundlichen, furchtbar netten, sehr langweiligen» Mann, dem sie immer möglichst aus dem Weg gingen, um Dickie Pembroke gehandelt hatte.

Kaplan lebte natürlich auch noch und ebenso Dr. Gregory. Doch was war aus Hugh Dickinson geworden, Dianas ständigem Begleiter, den sie «Dicksy Ducksy» genannt hatte und der vor dem Krieg Gast in Doddington gewesen war? Der nach Kenia gekommen war, um in ihrer Nähe zu sein, und der nach Errolls Tod zusammen mit Broughton und Diana diese außergewöhnliche Safari unternommen hatte? Er hatte vor Gericht ausgesagt, daß er zum Zeitpunkt des Mordes im Krankenhaus von Mombasa gewesen sei, weil er sich den Fuß an einem Kaktus verletzt habe. Wir waren begierig darauf, mit ihm zu sprechen, wenn wir ihn nur hätten aufspüren können.

Mitte Mai 1969 kündigte Kaplan an, daß er nach London kommen wolle, und er bot uns seine Hilfe an. Am 14. Mai arrangierte Connolly für ihn ein Essen im Connaught-Hotel und lud Francis Wyndham und mich dazu ein. Kaplan hatte geschrieben, er besitze eine Kopie des Verhandlungsprotokolls, das wir dringend brauchten, und ein von ihm verfaßtes Manuskript, das er hoffe mit Connollys Hilfe veröffentlichen zu können. Wyndham schrieb am 11. Mai an Connolly:

Lieber Cyril,

ich kann Ihnen gar nicht sagen, wie begeistert ich von Ihrem Artikel über den Erroll-Mord bin. Es ist ein phantastisches Thema, und in Ihren Händen wird es erst richtig meisterhaft.
Je öfter ich darüber nachdenke, desto mehr stimme ich der Bemerkung ihres Anwaltsfreundes zu, daß der Schlüssel zu dem Ganzen bei June Carberry zu finden ist. Sie behauptete, Sir Jock sei in der besagten Nacht zweimal an ihre Tür gekommen, um sich nach ihrem «Malariaanfall» zu erkundigen, und sie habe sich mit Diana lange unterhalten. Damit verschaffte sie nicht nur den beiden, sondern auch sich selbst die dringend benötigten Alibis. Lediglich fünf Personen wußten, was in jener Nacht in Karen geschah: Erroll war tot. Diana und Miss Wilks sagten vor Gericht nicht aus. Sir Jock behauptete, er sei betrunken gewesen und könne sich an nichts erinnern, nicht einmal an sein «Alibi» von Mrs. Carberry. Also ist Mrs. C die *einzige* Quelle für die Informationen, die wir haben, und sie hat entweder die Unwahrheit oder die Wahrheit gesagt oder aber beides miteinander vermischt. Wie Sie sehen, bin ich auch schon von dem Fall besessen, und ich freue mich sehr, Sie, den Anwalt und James Fox am Mittwoch um eins im Connaught-Restaurant zu sehen und mit Ihnen zu plaudern. Ich habe mich heute zum Mittagessen mit einem Mädchen namens Tessa Reay getroffen, und plötzlich wurde mir bewußt, daß sie Sir Jocks Enkelin sein muß. Ich kann es kaum glauben, daß diese Leute tatsächlich existiert haben (und noch existieren) – sie sind *mehr* als Wirklichkeit, wie Figuren in einem Roman.

Kaplan traf zur verabredeten Stunde im Connaught-Hotel ein. Er war ein netter, bescheidener, etwas bekümmert dreinblickender Mann und lavierte sich durch unsere vielen Fragen hindurch, wobei er Broughton, seinen ehemaligen Mandanten, bei jeder sich bietenden Gelegenheit entlastete. In Connollys Aufzeichnungen, die der Deutlichkeit halber hier angeführt werden, ist die Unterhaltung wie folgt wiedergegeben:

Kaplan war davon überzeugt, daß Broughton das Haus nicht verlassen hatte, daß der Diebstahl der Revolver echt war und daß das Blut auf dem Golfstrumpf von einem Tier stammte. In den sechs Monaten, in denen er im Gefängnis saß, hätte Broughton nach Kaplans Ansicht zweifellos den Aufsehern oder den südafrikanischen Soldaten, mit denen er ständig einen trank, etwas erzählt, wenn er schuldig gewesen wäre. Er hielt Broughtons Motiv nicht für ausreichend. Er beschrieb Broughton als einen ausgeglichenen Menschen, der keine Eifersucht kannte, wenn er auch nach dem Prozeß wegen des Alkohols und der «Nerven» immer verwirrter wurde. «Sie, meine Herren, betrachten das Ganze aus einem psychologischen Blickwinkel», sagte er, «während ich mich als Anwalt mit den Fakten beschäftigt habe. Die Anklage stützte sich auf die Geschosse, und die Verteidigung ging davon aus, daß er das Haus nicht verlassen hatte. Sie werden nicht weiterkommen, wenn Sie glauben, daß Broughton es getan hat. Diese Möglichkeit wurde bereits von den Geschworenen verworfen.» June Carberrys Aufrichtigkeit wurde niemals angezweifelt, und niemand stellte ihre Geschichte in Frage. Aber Gwladys, Lady Delamere, war sehr voreingenommen, und Diana, die Morris gebeten hatte, sie ins Kreuzverhör zu nehmen, hatte erklärt: «Diese Frau lügt. Sie müssen sie sich vornehmen.» Kaplan erinnerte sich, daß er einige Jahre nach dem Prozeß im Djinn Palace vor einem Porträt von Erroll stand, das ihn in voller Lebensgröße in einem Krönungsornat zeigte, und Diana fragte: «Denken Sie noch an ihn?» Und sie antwortete: «Wie können Sie mich so was fragen?» Auf die Frage, wie Diana seiner Meinung nach auf unseren Bericht über den Fall reagieren würde, antwortete Kaplan: «Gelangweilt.»

Wir erfuhren von Kaplan kaum etwas, das von großem Interesse gewesen wäre, und seine Erinnerungen stellten sich als langweilig und uninformativ heraus, aber er war ein nützlicher Verbündeter, und die Kopie des Gerichtsprotokolls war für uns von enormem Wert.

Kurz nach seiner Rückkehr nach Nairobi und nachdem wir ihn ursprünglich darum gebeten hatten, seine Hilfe in unserem Bericht erwähnen zu dürfen, versagte uns Kaplan plötzlich seine Unterstützung. Seine Briefe an Connolly verrieten große Angst, und er ließ uns über Mittelsmänner wissen, daß alle Hinweise auf seine Mitarbeit aus dem Artikel entfernt werden sollten. Schließlich verlangte er – seine letzten Mitteilungen erreichten uns über seine Anwaltskanzlei in London – die Rückgabe der Kopie. Connolly übertrug in aller Eile fast die Hälfte der sechshundert Seiten in seine Notizbücher. Etwas oder jemand muß Kaplan einen großen Schrecken eingejagt haben. Weniger als ein Jahr nach dem Vorfall starb er.

Im Juli desselben Jahres hatte Connolly Poppy ausfindig gemacht, wobei er das klassische Hilfsmittel des Enthüllungsjournalismus zu Hilfe nahm, das oftmals die letzte Rettung ist, wenn man etwas herausfinden will – das Telefonbuch. Er freute sich über die Entdeckung und gratulierte sich selbst in seinem Notizbuch. Es war kein bloßer Zufall. Die Städte an der Südküste Englands – Brighton, Hastings, St. Leonards, Eastbourne – waren in den späten fünfziger und in den sechziger Jahren ein bevorzugtes Ziel für pensionierte Staatsbeamte des Britischen Königreiches, Festungen der bürgerlichen Mittelklasse, wo sich aus dem Dienst entlassene Engländer, die nach vielen Jahren aus dem Ausland zurückgekehrt und an den Status und den Komfort einer herrschenden Schicht gewöhnt waren, mit ihrem geringen Lohn von der alten Heimat kümmerlich durchschlugen. Bei unseren Treffen mit zurückgekehrten Kolonialisten lernten wir viele von diesen Hotels und Tea-Rooms entlang der Küste kennen.

Es war aber ein Restaurant darunter, das uns immer wieder aus der Depression riß, in die uns diese Örtlichkeiten gewöhnlich stürzten: das Starlit auf dem Dach des Metropole-Hotel in Brighton, ein alter Schlupfwinkel von Connolly. Es war eines der vornehmsten Gebäude am Meer und bot eine herrliche Aussicht aus den großen Fenstern auf die unversehrten Regency-Häuser entlang dem Strand und die beiden viktorianischen Piers, die weit ins Wasser hinausreichen. Das Essen im Starlit war ausgezeichnet, und wann immer wir es einrichten konnten, trafen wir uns deshalb mit unseren Kontaktpersonen dort. Ein mißglücktes Essen konnte Connolly derart aufregen, daß er alles andere darüber vergaß. Im Starlit waren unsere Treffen, besonders bei schönem Wetter, immer ein Erfolg.

Poppy war unser größter Fang im Metropole. Connolly notierte sich bei unserem ersten Treffen: «Samstag, 5. Juli. Ausgezeichnetes Essen mit Blick auf das Meer; hier pflegte ich mit Ian [Fleming] und Osbert [Sitwell] zu essen.» Ich habe Poppy als einen stattlichen, freundlichen Mann in Erinnerung, der Sherry, Krabbencocktail und Rumpsteak bestellte, eine Speisenfolge, die sich auch bei unseren nachfolgenden Treffen nicht änderte, während Connolly jede Ecke und Spalte der Speisekarte nach neuen Genüssen durchstöberte. Niemals beeinträchtigte ein gutes Essen Connollys

Aufmerksamkeit (auch meine nicht). Er wollte auch nicht, daß bei einem unserer Interviews ein Tonbandgerät oder ein Notizbuch verwendet wurde. Er verließ sich ganz auf sein Gedächtnis und auf das, was wir möglichst bald nach dem Treffen gemeinsam notierten. Poppy hatte, abgesehen davon, daß er die Lücken in unserer Geschichte ausfüllen konnte, einige interessante Anmerkungen zu machen.

Was die Frage nach den Alibis anging, war er hartnäckig. Es bestehe kein Zweifel, erklärte er, daß jedes einzelne überprüft worden sei. Das hieß: Dickinson war in einem Krankenhaus an der Küste gewesen und hatte sich von einer Verletzung am Fuß erholt, die so schlimm gewesen war, daß man ihm den Fuß beinahe amputiert hätte. Sowohl Nancy Wirewater als auch ihr Mann hatten sich in Südafrika aufgehalten. John Carberry war zu Hause in Seremai, Nyeri, gewesen. Alice de Trafford hatte in Nairobi im Muthaiga Club mit Dickie Pembroke im Bett gelegen. (Poppy bestätigte, daß Alice unter den Frauen die Hauptverdächtige war.) Lizzie Lezard hatte im Bett eines Gästezimmers in Errolls Haus in Muthaiga gelegen und gehört, wie Diana und Erroll aus dem Claremont zurückkamen und dann das Haus wieder verließen, um nach Karen zu fahren.

Portman war natürlich im Club geblieben. Nach dem Mord war in Nairobi das Gerücht umgegangen, daß jemand versuche, Portman zum Schweigen zu bringen. Am Tag vor der Voruntersuchung vor dem Friedensgericht wurde er nackt und bewußtlos geschlagen am Fuß der Treppe in seinem Haus gefunden. In Wahrheit sei er aber, sagte Poppy, vom wütenden Ehemann seiner afrikanischen Hausangestellten, die er habe verführen wollen, auf den Kopf geschlagen worden. Gwladys – bei der, wie Poppy zugab, als Motiv Eifersucht in Frage kam –, Llewellin und die anderen waren vernommen worden, aber Poppy hatte seine Notizbücher auf dem Polizeirevier in Nairobi gelassen, und er konnte sich nicht mehr an alle Einzelheiten erinnern.

Er konnte sich nicht vorstellen, daß Broughton den Mord mit einem Komplizen oder mit Hilfe eines Afrikaners geplant hatte, da es seiner Meinung nach unmöglich gewesen wäre, sich auf einen Afrikaner zu verlassen. Er hielt die afrikanischen Dienstboten im allgemeinen für «nette Burschen», die in der Regel die

Wahrheit sagten. Die gegenseitige Abneigung zwischen Kikuyu und Somali hätte außerdem dafür gesorgt, daß sofort angezeigt worden wäre, wenn jemand verschwunden oder plötzlich zu Geld gekommen wäre. Broughtons Fahrer sei nicht verschwunden, erklärte Poppy, sondern einfach nicht vorgeladen worden.

Poppy glaubte, daß Broughton den Liebesbrief nicht wie angegeben im Auftrag Dianas, sondern in Wirklichkeit aus lauter Hohn ins Grab geworfen habe und daß er damit sagen wollte: «Sieh zu, was du jetzt damit anfangen kannst.» Und noch etwas fiel ihm ein: Er fand es unglaublich, daß die Geschworenen so einfach Broughtons Behauptung schluckten, daß er nach einem hektischen Morgen, an dem er ständig herumgefahren war – zum Polizeirevier, dann zum Leichenschauhaus und dann in die Innenstadt von Nairobi, um seine Überfahrt nach Ceylon erneut zu buchen – und die ganze Zeit über offensichtlich mit den Nerven total am Ende gewesen war, geradewegs nach Hause gegangen sei und mit Benzin ein Feuer gemacht habe, einfach «weil es ihm Spaß machte».

Es war Poppy bei diesen Unterhaltungen natürlich daran gelegen, seine berufliche Ehre zu verteidigen. Er hatte zwar ein offenes Ohr für Vorschläge, die in eine andere Richtung zielten, doch war er sich Broughtons Schuld und der Richtigkeit der verschiedenen Alibis fast übertrieben sicher. Er ignorierte, daß die Anklage, die sich ja auf die von ihm gegen Broughton zusammengetragenen Beweise stützte, fehlerhaft war und daß das englische Recht verlangte, die Schuld hinreichend zu beweisen. Poppy beharrte zum Beispiel auf dem Standpunkt, daß ein Gericht in England Broughton verurteilt hätte – eine höchst zweifelhafte Behauptung. Er meinte, es sei in Nairobi sehr schwierig gewesen, «unparteiische» Geschworene zu bekommen. Einer der Geschworenen, ein Mann namens Head, sei beispielsweise Broughtons Friseur gewesen und habe mit dem Daumen nach oben gezeigt, als sie mit dem Urteil in den Gerichtssaal zurückkehrten.

Ich fragte Poppy, ob er die Geschichte kenne, wonach Broughton nach dem Prozeß zu Harragin gegangen sein und gesagt haben soll: «So ein Pech, alter Junge, Sie wußten, daß ich es getan habe usw.» Er hatte nie davon gehört.

«Aber Harragin war ein merkwürdiger Kerl», sagte Poppy. «Er

war ganz verrückt nach Curry. Wenn er zum Essen kam, dann zog er immer gleich seine Jacke aus, um deutlich zu machen, daß er erwartete, Curry zu bekommen und davon ins Schwitzen zu geraten.»

Poppy hielt es für möglich, daß Harragin Oberster Richter von Kenia geworden wäre, wenn er es geschafft hätte, Broughton zu überführen, und er meinte, der Freispruch müsse ihn hart getroffen haben. Er, Poppy, habe sich nicht allzuviel daraus gemacht. Bei einem Fall wie diesem werde man vom vielen Fragen so müde, daß man sich nur noch wünsche, es wäre bald alles vorüber, und es kümmere einen im Grunde nicht, wer gewinne.

Der junge und bereits erfolgreiche Polizeibeamte Poppy hatte die Ermittlungen sorgfältig organisiert – oftmals behindert durch die Unerfahrenheit seiner Kollegen, die zum Beispiel die Leiche und den Wagen fortschaffen ließen, bevor nach Fingerabdrücken gesucht werden konnte. Die Entdeckung der Nanyuki-Geschosse war geniale Detektivarbeit. Und die Entscheidung, den Prozeß auf Grund der vorliegenden Indizien zu führen, hatte schließlich nicht bei Poppy, sondern beim ersten Kronanwalt Harragin gelegen.

– 12 –
Gwladys Delamere, Mayor von Nairobi

Von allen Mitgliedern der Muthaiga-Clique, die bei dem Prozeß auftraten, scheint Gwladys Delamere diejenige gewesen zu sein, die von der Beamtenschicht der Kolonie wegen ihrer überheblichen Art am meisten gehaßt wurde. Man war vor allem auch erbost darüber, daß sie vor Gericht ganz eindeutig die Unwahrheit gesagt und offensichtlich gegen Broughton Partei ergriffen hatte, was angesichts ihrer Unbeliebtheit bei den Geschworenen das Blatt zu seinen Gunsten wendete. Harwich beschrieb sie uns als «einen furchterregenden alten Drachen, der alle herumkommandierte». Viele andere, und darunter offenbar die gesamte englische Gemeinde von Sansibar, hielten Gwladys gar für die Mörderin. Die Debatte darüber muß die Atmosphäre dieser engen, kleinen Insel vorübergehend belebt haben. Margot Irving, die unseren Artikel gelesen hatte und sich noch gut erinnern konnte, schrieb dazu 1970 aus Ankara:

> Ich fand Ihren Artikel besonders deshalb interessant, weil ich 1941 in Sansibar gelebt habe. Mein Mann, Francis Irving, O. B. E., war damals bei der Zollbehörde, und die wenigen Angehörigen der europäischen Gemeinde in Sansibar kannten die betreffenden Personen entweder persönlich oder wußten eine Menge über sie vom Hörensagen. Wir lasen deshalb die fast wörtliche Reportage im *East African Standard* begierig.
>
> Wir waren allgemein der Ansicht, Gwladys Delamere habe den Mord geplant. Sie wußte, daß Joss Diana gegen drei Uhr zurück nach Karen bringen würde. Wir nahmen an, sie habe einen Afrikaner angeheuert, der sich in den hinteren Teil von Joss' Wagen schlich, während dieser im Haus war, und der Joss an der Kreuzung erschoß. Wir haben nie daran geglaubt, daß D. B. es getan haben könnte. Dazu war er zu gebrechlich.
>
> Das Motiv? Krankhafte Eifersucht. Gwladys betete Joss an. Sie war seine «zeitweilige Geliebte». Doch als Diana auf der Bildfläche er-

schien, war Gwladys klar, daß sie ihr Waterloo erlebt hatte. Und bevor sie ihn Diana überließ, plante sie lieber seine Ermordung. Vom gesamten abgefeimten Happy-Valley-Kreis war Gwladys bei weitem die abgebrühteste. Aber keiner von uns konnte sich vorstellen, was für ein weiteres Motiv sie dazu brachte, D. B. den Prozeß durchstehen zu lassen.
All das war (und ist) bloße Vermutung. Doch ich dachte, es könnte Sie vielleicht interessieren.

Es besteht kein Zweifel, daß Gwladys scharf auf Erroll war. Sowohl Kaplan als auch Paula Long und Lady Barwick, von der in diesem Kapitel noch die Rede sein wird, erwähnten ihre starke Zuneigung zu ihm zum Zeitpunkt des Mordes. Aber worin lag ihre plötzliche Abneigung gegen Broughton begründet? Sie war die erste, die er eingeladen hatte, als er in Nairobi eintraf. Und nun sollte sie bereit sein, den Zeugenstand dazu zu benutzen, an ihrem alten Freund, der des Mordes angeklagt ist, ihre Wut auszulassen?

Die ersten Widersprüche in ihrer Aussage betreffen den Rat, den sie Diana und Erroll am Abend des 12. Januar in Broughtons Haus in Karen gab. Zunächst erklärte Gwladys, sie habe Erroll geraten, Diana in Ruhe zu lassen, aber dann habe sie erkannt, daß das zwecklos war. Gab sie ihnen daraufhin den Rat, durchzubrennen und «einen Brief auf sein Kopfkissen zu legen»? Sie bestritt das, doch June sagte aus, daß sie bei Erroll gewesen sei, als er mit Gwladys telefonierte, und daß Erroll gesagt habe: «Gwladys, wir haben Ihren Rat befolgt, außer dem Brief auf dem Kopfkissen.» Sie leugnete auch, an diesem Abend, als sie und Broughton auf dem Sofa saßen und Diana und Erroll beim Tanzen zusahen, gesagt zu haben: «Wissen Sie eigentlich, daß Joss wahnsinnig in Diana verliebt ist?» Sie habe versucht, mit Broughton zu sprechen, aber er habe nicht zuhören wollen – er habe Joss und Diana mit einem Gesichtsausdruck beim Tanzen beobachtet, der «Wut, Schmerz, Zorn, Nachdenklichkeit, Ärger und Unruhe» zum Ausdruck gebracht habe. (War diese nuancierte Aussage vielleicht eher eine Widerspiegelung von Gwladys' eigenen Gefühlen, als sie die jungen Leute eng umschlungen auf der Tanzfläche sah?) Broughton erklärte, er sei zutiefst erschüttert gewesen, als Gwladys ihm die Neuigkeit berichtet habe, «und ich vernachlässigte meine Pflichten als Gastgeber». Gwladys widersprach sich vor Gericht einige Male, wobei sie sich darum drückte, ihre zwanzigjährige Freundschaft mit Broughton einzugestehen und schließlich aus ihm lediglich einen «Bekannten» machte.

Morris eröffnete sein Kreuzverhör mit Gwladys folgendermaßen:

«Wie lange kennen Sie Sir Delves schon?»

«Alles in allem zwanzig Jahre», antwortete Gwladys.

«Kannten Sie ihn schon, als Sie noch in England waren?»

«Ja.»

«Und Sie haben Ihre Bekanntschaft hier weitergeführt?»

«So ist es.»

«Kannten Sie ihn schon, als sie noch mit Ihrem ersten Mann verheiratet waren?»

«Ja.»

«Waren Sie und er gute Freunde?»

«Niemals.»

Als man Broughton vor Gericht zu ihrer Aussage befragte, gab er zur Antwort:

> Teilweise stimmen ihre Angaben, und teilweise sind sie sehr ungenau. Bei unserer Ankunft hier hat Lady Delamere nicht nur mit meiner Frau und mir zu Mittag, sondern auch mit uns zu Abend gegessen. Sie behandelte mich wie einen guten alten Freund, und sie sagte mir, ich hätte noch nie so glücklich ausgesehen. Jetzt hat sie anscheinend plötzlich eine Abneigung gegen mich. Das verstehe ich nicht, denn ich kenne sie seit ihrer ersten Ehe in England. Wir waren uns dort recht nahe und haben uns häufig gesehen. Und als sie bereits mit Lord Delamere verheiratet war, wohnte ich eine Woche im Government House in Entebbe, und wir spielten zusammen Golf. Es war eine sehr schöne Woche, und wir waren die besten Freunde. Lord Delamere war hier überhaupt fast mein engster Freund und in England ein unmittelbarer Nachbar von mir. Über ihre Aussage kann niemand mehr überrascht sein als ich. Sie ist völlig erfunden.

Wir suchten vergeblich nach einer Erklärung für Gwladys' Verhalten. Schließlich glaubten wir eine gefunden zu haben. Von einer anderen Zeugin im Prozeß erfuhren wir, daß man eine unfreundliche Bemerkung, die Gwladys über Broughton gemacht hatte, ihm gegenüber wiederholt und daß er sie in aller Öffentlichkeit heruntergeputzt habe. Danach habe sie ständig in Gegenwart von Diana oder jemand anderem an Broughton herumgenörgelt. («Ein richtiges Miststück», meinte die Zeugin. «Sie hatte ihn auf dem Kieker.») Nach einiger Zeit sei klargeworden, daß sich Gwladys in einem Zustand seelischer Verwirrung befand. Noch 1928, als sie den Prinzen von Wales im Muthaiga Club auf dem Boden herumgerollt hatte, und bis in die dreißiger Jahre hatte sie allgemein als liebenswerte, loyale Freundin gegolten und war wegen ihrer «Attraktivität», wegen ihres zarten, blassen Teints und ihres schwarzen Haars viel bewundert worden. Nun war sie herrisch, leicht reizbar und «unausgeglichen» – ein Wort, das den Freunden immer einfiel, die sich an sie zum Zeitpunkt des Prozesses erinnerten. («Sehr unausgeglichen», meinte Paula Long.)

Diese Aussagen waren für Connolly ein Hinweis darauf, daß Gwladys die anonymen Briefe geschrieben haben könnte, die im Muthaiga Club für Broughton hinterlegt wurden. Er schrieb: «Ich vermute, daß es mit den Wechseljahren zusammenhing und dem, was man als ‹Allergie› gegen jemand bezeichnet.» (Aber Gwladys war erst dreiundvierzig, also noch recht jung für die Wechseljahre.) Connolly hatte auch «wegen des Gebrauchs von Ausdrükken wie ‹Alte Narren sind die traurigsten Narren› und ‹Dreiecksverhältnis›» eine Frau als Verfasserin im Verdacht. Auffallend war zudem die Ähnlichkeit des schroffen und emotionalen Stils von Gwladys' Aussage vor Gericht und in den anonymen Briefen. Schließlich benutzte Connolly die Kopie des Gerichtsprotokolls, um seinen Standpunkt zu beweisen. Er schrieb:

> Ich bin ganz sicher, daß sie die anonymen Briefe geschrieben hat. Hier ihre Aussage:
> «Sie sagten zu ihr: ‹Wissen Sie, daß Joss Sie leidenschaftlich liebt?›»
> «Ja.»
> «Und sie sagte ja?»
> «Ja.»
> «Und sie fragten sie: ‹Was werden Sie unternehmen?›»
> «Ja.»
> «Dann gingen Sie nach oben ins Schlafzimmer und fragten sie: ‹Will er Sie heiraten?›»
> «Ja.»

«Und sie antwortete ja?»
«Ich glaube schon.»
«Und Sie sagten darauf, daß Sie Erroll gern hätten und er ein wenig Glück verdiene?»
«Ich erinnere mich nicht, gesagt zu haben, er verdiene ein wenig Glück.»
«Erinnern Sie sich, daß Sie sagten, Sie hätten ihn gern?»
«Ja, bestimmt.»
«Und Sie bestreiten, daß Sie gesagt haben, er verdiene ein wenig Glück?»
«Ich sagte, ich würde ihn gerne glücklich sehen.»
«Und Sie sagten zu ihr, er sei mit seiner ersten Frau unglücklich gewesen?»
«Ja.»
«Und daß seine zweite Frau zu alt für ihn gewesen sei?»
«Ja.»
«Und Lady Broughton sagte: ‹Ich habe Jock gern.› Damit meinte sie ihren Mann.»
«Ja.»
«Und Sie erklärten: ‹Er ist ein alter Mann, und er hat sein Leben gelebt.›»
«Das bestreite ich.»
«Halten Sie ihn für einen alten Mann?»
«Ja.»
«Sie wissen, daß sie sehr viel jünger ist als er?»
«Ja.»
«Sie sagten zu ihr: ‹Packen Sie Ihr Glück beim Schopf, wo es sich Ihnen bietet. Es ist Krieg.›»
«Vielleicht habe ich das gesagt, aber mit Eurer Lordschaft Erlaubnis möchte ich hinzufügen, daß ich die beiden bat, zu Sir Delves zu gehen und mit ihm über die ganze Angelegenheit zu sprechen.»

Gegen Ende der Vernehmung stellte einer der Geschworenen die Frage, die wir bereits gehört haben, die es aber wert ist, in diesem Zusammenhang wiederholt zu werden. Sie veranschaulicht die Reaktion der Geschworenen auf Gwladys' Aussage:

«Sie haben den Angeklagten als mürrisch bezeichnet; wollen Sie damit sagen, daß er ständig so ist?»

«Ja, dieser Meinung war ich schon immer», antwortete Gwladys.

«Würde das Wort ‹reserviert› nicht ebenso zutreffen?»
«Nein.»
«Es könnte doch sein, daß er nur Ihnen gegenüber mürrisch ist?»
«Wenn das so wäre, dann müßte er immerhin bereits seit zwanzig Jahren mürrisch sein.»

Der erste anonyme Brief lautete: «Gestern abend im Club schienen Sie furchtbar nervös zu sein. Was macht das Dreiecksverhältnis? Was werden Sie dagegen unternehmen?» Der dritte lautete: «Alte Narren sind die traurigsten Narren. Was werden Sie unternehmen?» Und im zweiten Brief stand: «Wissen Sie, daß Ihre Frau und Lord Erroll allein im Hause der Carberrys in Nyeri waren?» Er muß von jemand geschrieben worden sein, der mit einem der drei direkt Betroffenen in engem Kontakt stand. «Ich dachte sofort, die Briefe müßten von einer eifersüchtigen Frau stammen», erklärte Broughton vor Gericht.

Zu seiner Verteidigung vor dem Presserat schrieb Connolly: «Die Wendung ‹Was werden Sie unternehmen?› ist typisch für eine Frau, die es gewohnt ist, ihren Willen durchzusetzen, so wie Gwladys Delamere, Mayor von Nairobi. Natürlich handelt es sich dabei um eine gebräuchliche Wendung, aber nicht, wenn sie auf so aggressive Weise benutzt wird.» Und bei der Beschreibung des Essens zusammen mit Broughton nach der Beerdigung, die sie anläßlich der Voruntersuchung abgab, ging sie entschieden zu weit, als sie sagte: «Er sprach über die Ereignisse des Tages. Er erwähnte seine Frau mit Unbehagen, mit Wut, mit jeder möglichen negativen Gefühlsregung, und das innerhalb einer Viertelstunde.» Am bezeichnendsten waren aber ihre abschätzigen Anspielungen auf Broughtons Alter («Er ist ein alter Mann, und er hat sein Leben gelebt» und «Alte Narren sind die traurigsten Narren»). Gwladys war als Ehefrau von Hugh, Lord Delamere, selbst mit einem viel älteren Mann verheiratet gewesen. Er war drei Jahre nach ihrer Heirat gestorben, und 1941 war sie bereits seit zehn Jahren Witwe. Sehnte sie sich nach einem jüngeren Mann, und sah sie all ihre Enttäuschungen und Mißerfolge in dem alternden Broughton wie in einem Spiegel?

Der englische Kritiker und Krimiautor Julian Symons schrieb, es sei einer der schlimmsten Fehler von Poppy gewesen, daß er die

Schreibmaschine nicht ausfindig gemacht habe, auf der die Briefe geschrieben wurden. Gwladys' Tochter, Mrs. Rose Hodson, schrieb in ihrer Beschwerde an den Presserat, daß es absurd sei anzunehmen, Gwladys, die nicht Schreibmaschine schreiben konnte, habe die Briefe mühsam mit einem Finger getippt. Wenn ihre Wut auf Broughton aber wirklich groß war, dann war das die beste Möglichkeit, um ihm am Zeug zu flicken. Und da sie scharf auf Erroll war, hatte sie damit auch eine Methode gefunden, Broughton auf die Sache aufmerksam zu machen und ihr dadurch ein Ende zu bereiten.

Harwich erklärte, daß allgemein angenommen wurde, Gwladys habe vor Gericht gelogen, weil sie unbedingt verhindern wollte, daß ihre Affäre mit Erroll erwähnt wurde. Außerdem sagte er, daß es in der Mordnacht zwischen Diana und Erroll zu einem Streit gekommen sei, der von Gwladys ausgegangen sei. Sie habe von Erroll verlangt, Diana aufzugeben. Also ein Fall von Eifersucht, als guter Rat getarnt?

Morris wußte über Gwladys' Gefühle für Erroll Bescheid und sagte vor Gericht zu ihr: «Ich möchte noch einmal darauf zurückkommen, daß Sie aussagten, so überaus an Errolls Glück, oder was Sie dafür hielten, interessiert gewesen zu sein.»

«Ich war daran nicht überaus interessiert», entgegnete Gwladys.

Und doch war sie scharf genug auf Erroll, um als erste im Leichenschauhaus aufzutauchen und Bewes um die Erkennungsmarke zu bitten, die Erroll um den Hals trug. Ohne Zweifel war sie sehr verärgert, als man ihr als Mayor von Nairobi mitteilte, es sei ohne die Zustimmung einer höheren Instanz als Bewes nicht erlaubt, auch nur die geringste seiner Effekten zu entfernen.

Nach dem Erscheinen unseres Artikels bekamen wir einen weiteren Hinweis darauf, daß Gwladys wahrscheinlich die Verfasserin der Briefe war. Valerie Ward, die spätere Mrs. Barwick, war damals noch mit einem Siedler namens Roddy Ward verheiratet und eine enge Freundin von Gwladys und ihren beiden Töchtern. Sie erzählte Connolly, daß sie Ende der vierziger Jahre Mitglied des Aga Khan Clubs für Inder gewesen sei und oftmals Saris getragen habe. Sie habe daraufhin in ihrem Fach im Muthaiga Club maschinengeschriebene Briefe gefunden, die auf die Bemerkung hinausliefen: «Wie kann eine hübsche, guterzogene Engländerin Inder nachahmen wollen!» Sie fand die Briefe nicht wirklich beleidigend, aber sie fühlte sich verletzt, weil sie ohne Unterschrift waren. Sie fragte Walter Shapley um Rat, einen «guten Freund» und Anwalt aus Nairobi, der seinerseits mit Lord Francis Scott über die Angelegenheit sprach. Shapley ließ Mrs. Ward kommen und sagte ihr, er sei sicher, daß die Briefe von Gwladys Delamere stammten.

«Er erklärte mir, sie befinde sich in einem so sonderbaren Zustand, daß es das beste sei, die Briefe einfach zu ignorieren.» Sie habe daraufhin nicht mehr mit Gwladys gesprochen und «bedauerte ihren Tod nicht».

Sie unterstützte Connolly 1970 vor dem Presserat, indem sie in ihrer eidesstattlichen Erklärung schrieb:

> Ich weiß, daß Lady Delamere sich sehr zu Lord Erroll hingezogen fühlte und sich über die Aufmerksamkeit freute, die er ihr schenkte. Als jedoch Lady Broughton in Kenia eintraf, wandte Erroll seine ganze Aufmerksamkeit ihr zu.
>
> Es ist für eine ältere Frau recht naheliegend, auf eine jüngere und attraktive Frau eifersüchtig zu sein, die ihr die Aufmerksamkeit ihres Bewunderers Lord Erroll entzogen hat. Ich nehme an, daß Sir Delves Broughton ein paar maschinengeschriebene Briefe erhielt, in denen er zunächst über die Affäre zwischen seiner Frau und Erroll informiert und dann mit Vorwürfen bedrängt wurde. Meiner Ansicht nach ist es mehr als wahrscheinlich, daß Gwladys, Lady Delamere, die Verfasserin dieser anonymen Briefe war.

Gwladys war offenbar in der Mordnacht zu Hause in Soysambu. Sie starb 1943 an einem Schlaganfall infolge zu hohen Blutdrucks.

– 13 –
Kugeln im Gras

Während des Lunches im Brighton Metropole erzählte uns Poppy, Jack Soames sei während des Prozesses sehr nervös gewesen. Er sei volle zehn Tage lang in einer geradezu «schrecklichen Verfassung» gewesen, als er damit habe rechnen müssen, von der Anklage in den Zeugenstand geladen zu werden. Die Ursache seiner Nervosität könnte natürlich einfach Angst gewesen sein, seinen alten Schulkameraden aus Versehen mit einer Aussage zu belasten. Es hing ja so viel davon ab, ob Soames sich erinnerte, mit was für einer Waffe Broughton an jenem Tag in Nanyuki geschossen hatte.

Falls Broughton den Mord tatsächlich begangen hat, ist die Aussage von Soames eine besonders raffinierte Bestätigung für Broughtons eigene Story. Sie legt den Schluß nahe, daß die beiden Männer Komplizen waren oder sich sogar gegenseitig erpreßten. Es war Soames gewesen, sein einziger vertrauter Freund aus Eton, bei dem Broughton wegen Dianas Affäre mit Erroll Trost suchte. Und es war ebenfalls Soames gewesen, an den er den Dankesbrief schrieb, der die merkwürdig detaillierte Beschreibung des Diebstahls der beiden Revolver enthielt sowie das Eingeständnis, daß er «kapituliert» habe und nach Ceylon gehen werde. (Der Brief wurde am Tag nach dem Diebstahl geschrieben und offenbar zwei Tage später in Nanyuki zugestellt.) Dann war da noch der eilige Drink, den sie am 28. Januar im Avenue-Hotel eingenommen hatten, als Soames bereits wußte, daß die Polizei beabsichtigte, in fünf Tagen auf seiner Farm nach Geschossen zu suchen. Es war kurz nachdem Broughton und Carberry, der sich einige Tage in Karen aufhielt, sich eingehend über Ballistik und mikroskopische Vergleiche von Geschossen unterhalten hatten.

Schließlich hatte Soames' Aussage die ballistische Streitfrage für Morris entschieden. Kaplan beschrieb, wie Morris mit seiner Hand Broughtons Schulter umklammerte, als er Soames fragte:

«Und wenn Sir Delves Ihrer Lordschaft und den Geschworenen nun sagen würde, seine Waffe sei keine Kipplaufwaffe, sondern eine Waffe, bei der die Trommel seitlich ausgeschwenkt wird, würden Sie das dann bestreiten?» und seinen Griff lockerte, als Soames antwortete: «Ich würde ihm das glauben.»

Auch wenn Soames den Mord begangen oder Broughton die Waffe und die Munition geliehen hätte, wäre die ballistische Beweisführung stimmig gewesen. Von den drei scharfen Patronen, die die Polizei im Gras gefunden hatte, enthielt die eine Schwarzpulver und die zweite gewöhnliches Pulver. Die dritte Patrone war nicht geöffnet worden. Man wollte das Gericht entscheiden lassen, was damit geschehen sollte. Es gab selbstverständlich keine nachweisbare Verbindung zwischen diesen scharfen Patronen und den tödlichen Geschossen oder den Nanyuki-Geschossen, die im Gras gefunden worden waren. Von den elf leeren 32er Patronenhülsen, die herumlagen, waren vier von Smith & Wesson und vier von Remington hergestellt – und alle elf hatten eine Delle von ein und demselben Schlagbolzen, waren also aus derselben Waffe abgefeuert worden. Deshalb log Broughton entweder, als er sagte, er habe eine ungeöffnete Schachtel mit fünfzig Schuß Munition zum Übungsschießen nach Nanyuki mitgebracht, oder aber Soames besorgte zusätzlich noch weitere 32er Munition, möglicherweise die Schwarzpulverpatronen. (Die während des Prozesses aufgestellte Hypothese, daß an derselben Stelle bereits zuvor ein Übungsschießen stattgefunden habe, kann unberücksichtigt bleiben. Obwohl auf der Farm von Soames zuweilen solche Übungen stattfanden, war dieser spezielle Platz zufällig ausgewählt und niemals zuvor benutzt worden. Außerdem war er nur sehr klein.) Somit belastete zumindest das Schwarzpulverindiz beide Männer gleichermaßen, denn es deutete auf die Möglichkeit hin, daß Soames' 32er bei der Schießübung benutzt worden sein könnte – aber auch beim Mord. Nur Broughton und Soames sagten unter Eid aus, daß Broughton seine eigenen Revolver zur Schießubung nach Nanyuki mitgebracht habe. Es war allerdings absolut nicht ungewöhnlich, einem Gast vorzuschlagen, seine eigenen Waffen mitzubringen, wenn er einen Wochenendausflug machte. Schließlich herrschte Krieg.

Könnten sich die beiden Männer den Mordplan und die Geschichte von den gestohlenen Revolvern während Broughtons zweitem Besuch bei Soames, eine Woche vor dem Mord, in Nanyuki ausgedacht haben? Das würde erstens voraussetzen, daß sie ballistische Kenntnisse besaßen und zweitens, daß Broughton beabsichtigte, seine eigene Waffe zu benutzen, wobei der Diebstahl die Aufmerksamkeit auf den irreführenden Waffenschein lenken sollte. Was schließlich bewog Broughton, so rasch einen Brief zu schreiben und darin den Diebstahl so eingehend zu beschreiben? Hat er den Brief überhaupt geschrieben? Soames sagte aus: «Ich habe ihn irgendwann verbrannt.» Verbrannte er ihn vor oder nach dem Mord? Hätte er ihn aufgehoben, wäre er ein wertvolles Beweisstück für Broughton gewesen. Einigten sich Soames und Broughton erst nach dem Treffen im Avenue-Hotel darauf, auszusagen, daß Broughton an jenem Wochenende seinen eigenen Colt mitgebracht habe?

«Bemerkten Sie, um welche Waffe es sich dem Aussehen nach gehandelt haben könnte?» fragte Harragin. «Soviel ich weiß, war es ein Colt, aber ich bin mir nicht sicher», antwortete Soames.

Connolly machte während seiner Recherchen einmal folgende Notizen:

Wie sind sie vorgegangen
Soames nahm beim Übungsschießen oder beim zweiten Besuch einige Patronen von DB an sich. Erörterte dann, wie man E. loswerden könnte – hatte Motiv in Verbindung mit Alice oder einer anderen Frau – könnte einheimischen Mörder angeheuert haben (fast der einzige Verdächtige, der viel Erfahrung mit ihnen hatte).
Möglichkeiten:

1. Tat es selbst.
2. Heuerte Mörder an.
3. Deckte DB.

Wird von Kaplan für ehrlich gehalten – «fast der einzige».

Soames' (Nanyuki-)Geschosse wurden von Soames mit einer 32er Smith & Wesson abgefeuert. Er benutzte die 38er nur, um einen Schuß abzugeben, als die Polizei später kam.
Er *besaß* eine 38er, schoß bei der Übung aber mit einer 32er und benutzte dieselbe Waffe, um E. zu erschießen.

Das Schwarzpulver gehörte ihm.

Connolly hatte jedoch einen wichtigen Punkt übersehen. Soames behauptete, mit einer 38er geübt zu haben, und die Polizei fand bei ihrer Suche in Nanyuki tatsächlich fünf abgeschossene 38er Patronen im Gras, die offensichtlich von der Schießübung stammten.

Soames' Aussage konzentrierte sich auf den Diebstahl der Revolver, die «Kapitulation» von Broughton, seinen betrunkenen Zustand und die geplante Reise nach Ceylon. Er war jedoch ein Zeuge der Anklage. Harragin übte nie Druck auf ihn aus. Hätte Morris die Anklage vertreten, wäre Soames nicht so leicht davongekommen. Es lohnt sich, das Verhör noch einmal daraufhin zu betrachten.

«Können Sie sich erinnern, was er in dem Brief schrieb?» fragte Harragin.

«Ja, er bedankte sich für die Einladung, bei mir zu übernachten, und teilte mir mit, daß ihm zwei Revolver gestohlen worden seien, ein paar Geldscheine und ein Zigarettenetui. Außerdem erwähnte er, er habe die Angelegenheit geregelt, über die wir gesprochen hatten.»

«Was schlossen Sie daraus?»

«Ich schloß daraus», antwortete Soames, «daß er meinen Rat befolgt hatte. Daß er nach Ceylon fahren würde, meine ich.»

Die Aussage über Broughtons «Betrunkenheit» und die Beschreibung, wie Broughton im Haus von Soames «plötzlich umkippte», unterstützen Broughtons Behauptung, er sei in der Mordnacht betrunken und müde gewesen. Broughton betonte mehrmals, daß die für ihn neue Gewohnheit, harte Sachen zu trinken, ihn *schläfrig* mache (Broughton: «Seit ich in diesem Land bin, habe ich mir angewöhnt, Whisky und Gin als Schlummertrunk zu nehmen.») und daß er angefangen habe, exzessiv zu trinken, als die Affäre zwischen Diana und Joss bekannt wurde. Bei anderer Gelegenheit rutschte Broughton heraus, daß er schlecht geschlafen habe und Soames ihm an jenem Wochenende erstmals Medinal («Fahrkarte ins Vergessen», wie Connolly das Mittel nannte) gegeben habe, um sicherzustellen, daß er schlafen könne (obwohl er bereits vom Alkohol umgekippt war). Soames ging in seiner Zeugenaussage ein zweites Mal fast zu weit:

«In welcher Verfassung war er, als er bei jenem letzten Besuch bei Ihnen ankam?»

«Bei seiner Ankunft war er völlig in Ordnung», sagte Soames. «Um sechs tranken wir Whisky und Soda, und um Viertel vor sieben schalteten wir das Radio ein. Wir tranken zwei weitere Gläser, und dann kippte er plötzlich um.»

«Was sagten Sie zu ihm?»

«Ich war sehr besorgt, da ich nicht verstand, wie er nach drei kleinen Whisky Soda in einen solchen Zustand geraten konnte. Ich sagte zu ihm, ich könne nicht verstehen, daß ein Mann nach drei Whisky Soda derart umkippen könne.»

(Soames scheint das Wort «klein» ausgelassen zu haben, als er den Satz wiederholte, wohl weil er fürchtete, zu stark zu übertreiben. Ein Anwalt, mit dem ich diesen Fall einmal diskutierte, sagte: «In einem Mordprozeß *modifiziert* ein Zeuge in der Regel dann seine Aussage, wenn er meint, sie könnte dem Angeklagten schaden.»)

«Gab er Ihnen eine Antwort?»

«Ja, er sagte, er trinke seit den Schwierigkeiten mit Lady Broughton und Lord Erroll gerne Whisky und Gin, was ihn immer schläfrig mache, da er zuvor niemals harte Sachen getrunken habe.»

Broughton hielt es im nachhinein für nötig, in seiner eigenen Aussage Soames' Beschreibung seiner exzessiven Trinkgewohnheiten abzumildern.

Als Harragin Soames fragte: «Erinnern Sie sich, mit welcher Hand der Angeklagte schoß?» antwortete dieser: «Mit der rechten» – also mit der verkrüppelten Hand. (Broughton bestätigte das in seiner eigenen Aussage.)

«Und wie schoß Sir Delves?» fragte Harragin weiter.

«Sehr schlecht», sagte Soames. «Er schoß wie ein Anfänger.»

Im Gegensatz dazu sagte Broughton deutlich, daß er bei der Armee zwar gelernt habe, mit beiden Händen einen Revolver abzufeuern, es ihm aber leichter falle, mit der linken Hand zu schießen. Eitel, wie er war, konnte er es sich nicht verkneifen, zu erwähnen, daß er seit der Verletzung seiner rechten Hand und dem Ausbruch der Arthritis immerhin zwanzig Elefanten erlegt habe.

Was war Soames für ein Mann, und aus welchem Grund hätte er Broughton beim Mord an Erroll helfen sollen? Frédéric de

Janzé hielt ihn für eindrucksvoll genug, um ihn in einem seiner unnachahmlichen anonymen Porträts in *Vertical Land* zu verewigen. Er gab ihm die Überschrift «Nichts als ein mutiger mieser Kerl» und schrieb für mich mit Bleistift «Jack Soames» an den Rand. Das Porträt gehört zu seinen besten Versuchen, jemanden zu charakterisieren:

> Er sitzt über seinem Portwein, und seine schräggeschnittenen grünen Augen leuchten auf, wenn er sieht, daß seine Geschichten von wilden Büffeln und angreifenden Nashörnern Schauer erregen.
> Beim Spaziergang im monddurchfluteten Garten verziehen sich seine sinnlichen Lippen lustvoll, wenn dem Mädchen an seiner Seite der Atem stockt über seine Geschichten von Ausschweifung und Verrat.
> Sein athletischer Körper beherbergt einen eigenartigen und unheimlichen Geist. Das Krankhafte an sich zieht ihn an; Vergewaltigung und Mord sind sein Element.
> Wenn eine Epidemie ausbricht, ist er sicher, daß er verschont bleibt.
> Er liebt Lärm und Geschrei. Sein geschniegeltes Haar ist wie geleckt.
> Er ist Jäger von Beruf.
> Aber keiner darf vergessen, daß ‹Nevil, Nevil is such a little devil with the girls›. [Frédéric de Janzé, *Vertical Land*]

Es gelang mir, 1979 in London Dushka Repton, eine russische Exilantin, aufzuspüren, die in den späten zwanziger und in den dreißiger Jahren in der Nachbarschaft von Soames gelebt hatte. Sie wohnte in einem Apartment in der Nähe des Unterhauses. Im ganzen Haus wimmelte es von bewaffneten Polizeibeamten – sie waren auf dem Dach, in der Eingangshalle, in den Korridoren. Als die kleine Gestalt an die Tür kam und mich musterte, war mir sofort klar, daß sie fast nichts mehr sehen konnte. Sie erzählte mir, daß die Sicherheitsvorkehrungen für den Minister von Nordirland getroffen würden, der eins der Nachbarapartments bewohne. Aus Mitleid bringe sie den Polizisten trotz ihrer Blindheit jeden Tag einen Kuchen hinunter, den sie jeweils auf einer langwierigen und schwierigen Expedition in einem der Army and Navy Stores kaufe. Sie lebte allein. Die Wohnung hatte ein großes Wohnzimmer und war sehr dunkel. Sie tastete sich bis in die Küche und bat mich, ihr einen Drink aus Brandy und Wasser einzugießen. «Es tut fast weh, über Kenia zu reden», sagte sie. «Ich war dort so glücklich.»

Als wir über Soames sprachen, sagte sie, sie habe die Beschreibung in *Vertical Land* gelesen; sie treffe mehr oder weniger zu. Soames sei ein ausnehmend schöner Mann gewesen, ein wunderbarer Tänzer mit breiten Schultern. «Aber», sagte Mrs. Repton, «er war auch ein zwanghaft pathologischer Lügner. Er erzählte mir ausführlich, wie er von den Bolschewisten im Kaukasus gefoltert worden sei. Ich habe ihm alles geglaubt, bis ich dann durch einen merkwürdigen Zufall herausfand, daß er gar nie im Kaukasus gewesen ist.

Er prahlte gern mit allen möglichen und unmöglichen Dingen», fuhr sie fort, «und mit abenteuerlichen Frauengeschichten, aber viel davon war nur Gerede. Er erzählte zum Beispiel von einer Prostituierten, die beim Gehen mit Vorliebe kleine Vögel in ihren Stiefeln zertreten habe. Er hatte eine lebhafte Phantasie für Horrorgeschichten. Er und Carberry waren gute Freunde, und sie paßten auch zueinander. Sie saßen gern beisammen und schmiedeten dabei Mordpläne. Carberry prahlte sogar des öfteren damit, zwei Morde begangen zu haben – was mich nicht wundern würde. Seine Frau, die arme Gloria, starb als Alkoholikerin.»

Sie und ihre Freundin Nina Drury, die früher einmal mit Soames verheiratet war, hätten einmal darüber gesprochen, ob Soames imstande gewesen wäre, einen Mord zu begehen: «Nina sagte damals, er hätte viel zuviel Angst davor, einen Akt physischer Grausamkeit wirklich zu begehen, obwohl er in Gedanken ein Sadist und Voyeur niedersten Kalibers sei.»

Wie viele andere Männer verliebte sich auch Soames einmal in Alice de Janzé, und zwar gerade zu der Zeit in den späten zwanziger Jahren, als sie ihre Affäre mit Erroll hatte. Mrs. Repton erzählte, Soames habe einmal einen Annäherungsversuch bei Alice gemacht, sei aber brüsk abgewiesen worden. Darauf habe er gereizt zu ihr gesagt: «Sie riechen ohnehin nach Tod!» – eine taktlose Anspielung auf Alices schleichende Schwindsucht. Aber hätten Eifersucht und verletzte männliche Eitelkeit ausgereicht, um ihn gegen Erroll derart aufzubringen?

Als ich 1979 in Kenia nach Hinweisen und damals beteiligten Personen suchte, fuhr ich auch zu Soames' Haus in Burgeret in der Nähe von Nanyuki, weil ich annahm, daß in der Umgebung noch einige seiner ehemaligen Diener lebten. Das Haus mit dem großen steinernen Kamin steht noch und war von einem weißen Siedler bewohnt, der jedoch inzwischen alles verkauft hat. Der Garten war immer noch eindrucksvoll gepflegt: die afrikanische Ausgabe eines englischen Parks aus dem achtzehnten Jahrhundert rund um den riesigen See. Man erzählte mir, daß zu der Zeit, als Soames noch hier lebte, fast jeden Abend Elefanten und Giraffen aus dem niedrigen Gestrüpp am Fuß der Aberdare-Berge gekommen seien, um jenseits des Flusses, der am Haus vorbeifließt, im Gras zu ruhen, während die Gäste auf der Veranda noch ihren Schlummertrunk einnahmen. Inzwischen ist der Wald abgeholzt, und die Tiere sind in andere Gebiete gezogen.

Es gelang mir, bei jenem Besuch den ehemaligen Somali-Diener von Soames ausfindig zu machen, jenen anonymen Zeugen, der, wie bereits beschrieben, erzählte, wie es bei Soames' Hauspartys zuzugehen pflegte. Er lebte am Naivasha-See und arbeitete für einen jungen, polospielenden Geschäftsmann. Der inzwischen alt gewordene Mann trug einen roten Fes und Turnschuhe. Er hatte einen trockenen Sinn für Humor und brachte eine etwas snobistische Sehnsucht nach den Standards der Kolonialzeit zum Ausdruck. Seine Beschreibung, wie reizbar und widerlich Soames gewesen sei, war äußerst lebendig:

> Soames war bösartig und unvernünftig. Wenn er die Straße entlangfuhr und ein Wagen vor ihm Staub aufwirbelte, überholte er ihn und zwang den Fahrer, anzuhalten. Dann beschimpfte er ihn fürchterlich und schrie ihn an, er solle ihm gefälligst keinen Staub ins Gesicht wirbeln.
>
> Oft verlor er auch die Geduld, wenn der Wagen im Matsch ins Schleudern geriet oder bei einer Steigung langsamer wurde. Er schrie dann: «Los, vorwärts, du verdammte alte Kiste!» und schlug wie auf ein Pferd auf das Auto ein.
>
> Einmal waren wir in Limuru und fuhren danach den Steilhang nach Nairobi hinunter. Alle Autos blieben im Schlamm stecken, aber Bwana Soames schrie: «Verdammte Scheiße, ich werde nicht im Schlamm steckenbleiben. Ich werde fahren, fahren, fahren, fahren, und wenn ich nicht durchkomme, zünde ich den verblödeten Wagen an!» Dann stieß er mit dem Fuß dagegen und hämmerte mit den Fäusten darauf herum. Beinahe hätte er den Wagen umgeworfen, als er versuchte, ihn aus dem Schlamm freizubekommen. Alle übrigen

Leute waren steckengeblieben. Der Schlamm war wirklich übel. Ich [und ein anderer Diener] bahnten schließlich eine Spur, und dann kamen wir durch. Wir waren alle naß bis auf die Haut und froren, und der Frau von Soames lief die Farbe des Hutes über das Gesicht. Sie sagte: «Und was ist mit unseren Freunden? Wir müssen ihnen doch helfen.» Soames darauf: «Scheiß auf sie!» Schmutzig und naß kamen wir nach Muthaiga. Wir gingen zur Hütte Nummer eins. Mrs. Soames gab den Dienern Geld und sagte ihnen, sie sollten am nächsten Tag wiederkommen. Aber auf dem Weg nach draußen begegneten wir Soames: «Wo geht ihr hin?» Wir antworteten: «Memsahib hat uns Geld gegeben, damit wir weggehen können.» Er schrie: «Ganz gewiß nicht, wenigstens nicht, bevor wir geduscht und uns angekleidet haben.»

Als ich im selben Jahr einen Ausflug an die Küste machte, fand ich die Bestätigung einer Geschichte, die Poppy beiläufig erwähnt hatte. Sie könnte erklären, warum Soames während des Prozesses so nervös gewesen war. Soames habe das Land bald nach dem Prozeß verlassen und sich auf eine ausgedehnte Urlaubsreise begeben, hatte Poppy gesagt, «für den Fall, daß noch mehr Geschosse in seinem Garten ausgegraben würden». Das könnte ein Hinweis darauf sein, daß Soames zur Zeit des Mordes in illegale Waffengeschäfte verwickelt war. An einem heißen Samstag fuhr ich von Mombasa in südlicher Richtung die Küstenstraße entlang, vorbei an Palmenhainen und Touristenhotels. Ich war auf der Suche nach Dan Trench, dem Sohn von Maxwell Trench, Carberrys Partner in der Brennerei in Nyeri. Dan war zur Zeit des Mordes etwas über zwanzig Jahre alt gewesen. Man erzählte mir, er sei jetzt ein Strandläufer, ein ewiger Pechvogel und Trinker. Er lebe in der Nähe des Hotels, das einst seiner Familie, jetzt aber der Regierung gehöre. Er galt als Mann mit einer gewissen Bildung, und seine Herkunft als Mitglied des inneren Kreises alter Siedlerfamilien verlieh ihm entlang der Küste einen gewissen Ruf. Er war, anders ausgedrückt, eine Art Original geworden.

Ich fand ihn um die Mittagszeit auf dem Gelände des Trade-Winds-Hotels in einer Art Robinson Crusoe-Hütte. Sie stand im Schatten von Jakarandabäumen in der Nähe eines Ladens, in dem man – wie der Name, Mike's Bikes, sagt – Fahrräder ausleihen konnte. Dan saß an einem hölzernen Tisch auf der «Veranda» – das heißt in der offenen, vorderen Hälfte der hölzernen Kiste, in der er lebte und die nicht größer als eine kleine Schiffskajüte war. Er schien noch nicht so sehr alt und zeigte keine Spur von Greisenhaftigkeit, aber sein Körper war ausgemergelt. Er bestand fast nur aus Knochen und war von schwerem Hautkrebs gezeichnet. Als ich mit ihm zu reden begann, stocherte er schrecklich uninteressiert mit einer Gabel in einer Platte voll Fisch herum. Ich zählte die Namen der Leute auf, für die ich mich interessierte. «Woher zum Teufel wissen Sie all die Namen?» fragte er schließlich.

Am Geländer seiner Veranda hing ein Schild mit der Aufschrift «Büro», und auf dem Tisch stand ein Schild «Privat». «Sie kommen einfach her und meinen, sie könnten hier so rumsitzen», sagte Trench. «Ich bekomme nicht halb so viel, wie sie mir schulden.» Man hatte mich davor gewarnt, mit Trench zu trinken, allerdings nicht, weil er Alkohol nicht vertrug, sondern weil er, hauptsächlich wegen schlechter Ernährung, ein gefährliches Magengeschwür hatte, um das er sich nicht kümmerte. Man sagte mir, ein Besäufnis könnte ihn umbringen. Er ließ sich nur langsam und widerstrebend auf eine Unterhaltung ein. Zunächst aß er den Fisch auf, dann bestellte er ein Bier, dann noch eines. Wir wechselten in die Hotelbar am Strand und tranken dort am Meer vier Stunden lang weiter. Er bestand darauf zu trinken. Er war verblüfft, wieviel ich über die damalige Gesellschaft von Happy Valley wußte, obwohl ich ihm erzählt hatte, daß ich mich seit etlichen Monaten mit nichts anderem beschäftigte. «Ich muß schon sagen, all die Mistkerle, die hier rauskommen, kennen ihren Text», knurrte er. Nachdem er das losgeworden war, wandte er sich, Wahrheit und Dichtung, Lob und Tadel mischend, detaillierten Einzelheiten über Personen zu, die in manchen Fällen bereits über dreißig Jahre tot waren. Er erzählte viel von Carberry, dem Partner seines Vaters, erwähnte besonders dessen Grausamkeit gegen Tiere, die damals schon legendär war und, wie Trench behauptete, bereits vorhanden gewesen sei, als Carberry vier Jahre alt war. «Seine Mutter sagte einmal zu ihm: ‹Heute ist Weihnachten, und ich möchte, daß du besonders lieb zu Tieren bist, vor allem zur Katze.› Später kam John zurück und sagte: ‹Ich habe der Katze alle Kanarienvögel zu fressen gegeben.›

Er besaß ein Pferd namens Morning Glory und ein zweites, das

Mafuta hieß», erzählte Trench weiter. «Diese beiden Pferde ließ er immer gegeneinander rennen. Er befestigte Grammophonnadeln an den Trensen, um zu sehen, ob sie dann schneller würden. Er stoppte die Zeit, tauschte die Trensen und ließ die Pferde immer wieder rennen.»

Dan Trench erinnerte sich auch daran, wie Carberry einmal Dans Schwester Nancy quälte. Als sie noch ein kleines Mädchen gewesen sei, habe sie von Carberry ein Paket erhalten, auf dem stand: «Erst bei meiner Ankunft öffnen.» Als er angekommen sei, habe er das Paket mitten in den Raum gestellt, es geöffnet und eine große Puppe hervorgeholt. Dann habe er ein Messer genommen und ihr den Bauch aufgeschlitzt. Das Kind habe geschrien und geweint vor Entsetzen, während Hunderte von Goldsovereigns auf den Boden kullerten. Nach den gesetzlichen Bestimmungen mußte alle ausländische Währung verzollt werden, und Carberry hatte viele Wege gefunden, um diese Bestimmungen zu umgehen. Als er schließlich für achtzehn Monate ins Gefängnis mußte, sprach er davon als von der «glücklichsten Zeit meines Lebens».

Während wir in den Abend hineintranken, kamen Dan Trench und ich oft vom Thema ab. «Hemingway kam kurz vor seinem Tod als kranker Mann hierher. Er war aber nicht imstande, diese Bar hier zu verlassen. Er hatte furchtbare Angst. Er hatte für drei Wochen ein Boot gemietet, aber er fuhr kein einziges Mal raus.»

Gegen fünf Uhr kamen wir auf Alice de Trafford zu sprechen. «Mein Gott, die einzige Frau, die hier hereinkommen könnte, und alle würden sich nach ihr umdrehen», sagte Trench.

Dann verließen wir die Bar, gingen ungefähr eine Meile den Strand entlang, kletterten über ein paar Felsen und stiegen zwischen Kakteen und Bäumen einen steilen Hügel hinauf. Oben standen die Überreste von Alices Strandhaus, ohne Dach und überwuchert, aber noch immer waren Spuren von der Tapete und der Farbe zu erkennen. Dan erinnerte sich daran, wie er ihr den Wassertank im Garten gebaut hatte: Nie habe das Wasser ausgereicht. Wenn Alice zu viele Gäste erwartet habe, habe sie zwei oder drei Tage vor deren Ankunft neue Zimmer anbauen lassen. Nicht ein einziger Raum im Haus sei viereckig gewesen.

Irgendwann während unseres langen Gesprächs an diesem Tag erzählte mir Trench auch vom Waffenhändler Soames. Zur Zeit des Prozesses, sagte er, habe Soames gewußt, daß die Polizei einem Hinweis nachgehe, daß er gestohlenes Eigentum der Armee erhalten habe. Unter anderem waren damals aus dem Gilgil-Depot eine Million 22er Patronen entwendet worden. Auch Lastwagen waren gestohlen und in Einzelteile zerlegt worden, für die die Farmer hohe Preise bezahlten. Verkaufte man diese Dinge an Länder wie Kongo, konnte man prächtige Gewinne erzielen. Doch bewiesen wurde nichts. Soames hatte damals auch einen Partner, Jack Band, einen ehemaligen Pastor, der Milchhändler geworden war. Er lebte bei Soames in Burgeret, und Trench wußte, daß er zu jener Zeit militärische Ausrüstung und Waffen nach Abessinien schmuggelte. Es wurde nach dem Krieg von offizieller Seite entdeckt, und als ich Poppy später auf die Geschichte ansprach, bestätigte er ihre Richtigkeit.

Ich konnte mir plötzlich vorstellen, daß Soames den Mordplan vorgebracht haben könnte. Wie er mit Broughton an jenem düsteren, alkoholgeschwängerten Wochenende die verschiedenen Möglichkeiten durchsprach und schließlich zu seinem Freund sagte: «Natürlich gibt es noch eine andere Lösung. Du könntest ihn einfach beseitigen.» Dadurch wäre Soames Broughtons Komplize geworden. Ich konnte mir allerdings nicht vorstellen, daß er die Tat selbst begangen hat – es wäre unter anderem zu schwierig gewesen, sich ein Alibi zu beschaffen, da seine Diener über nahezu jeden seiner Schritte informiert waren. Aber warum zeigte er der Polizei so bereitwillig die genaue Stelle, wo das Übungsschießen stattgefunden hatte, wenn er von Broughtons Plan wußte? Möglicherweise deshalb, weil es sonst seine Diener getan hätten? Wenn es einen Diener für die Zubereitung der Whiskys mit Soda gab, einen für den Generator und so weiter, dann gab es gewiß auch einen, der ausschließlich für die Schießübungen verantwortlich war, denn abgesehen von Soames' Geigenspiel gab es keinerlei Aktivitäten, bei denen nicht irgendein Diener zur Verfügung zu stehen hatte. Oder konnte Soames gewußt haben, daß die Entdeckung der Geschosse der entscheidende Punkt sein würde, der Broughton entlasten konnte?

Um jedoch überhaupt etwas Genaues über Soames sagen zu können, müßte man erst sicher sein, daß Broughton schuldig war.

– 14 –
Miss Wilks und die fehlende Stunde

Kurz vor dem endgültigen Abschluß unseres Artikels, beinahe zu spät, um noch von Nutzen zu sein, traf ein langes Telex von Humphrey Tyler aus Durban ein, in dem er von einem Gespräch mit Dorothy Wilks berichtete. Er hatte sie in Durban in einem Apartmenthaus an der Küste aufgespürt, wo sie mit ihrer verwitweten Schwester im sechsten Stock lebte. Das Gespräch hatte etwa eine Stunde gedauert.

Es war ein faszinierendes Dokument. Allein die Tatsache, daß Dorothy Wilks hatte aufgespürt werden können, um die Nacht, in der Erroll ermordet wurde, so viele Jahre später noch einmal zu beschreiben, erschien fast wie ein Wunder. Gleichzeitig gab uns das Material aber auch Anlaß zu Enttäuschung. Obwohl Tyler seine Aufgabe hervorragend gemacht hatte, gab es Lücken und Einzelheiten, die nochmals mit Dorothy Wilks hätten abgeklärt werden müssen. Außerdem ergaben sich aus dem, was sie ihm erzählt hatte, neue Fragen, die nur «Aficionados» einfallen konnten, die mit dem Fall so vertraut waren wie wir. Es blieb aber keine Zeit mehr, noch einmal zu Dorothy Wilks zu fahren, und als ich die Suche zehn Jahre später wieder aufnahm, war sie verschwunden. Immerhin hatte sie einige wichtige Punkte geklärt. Folgendes ist eine redigierte Fassung von Tylers Bericht über das Treffen mit Dorothy Wilks. (Miss Wilks bezeichnete ihre ehemaligen Arbeitgeber nie anders als mit «Sir Delves» und «Lady Diana»):

> Miss Wilks befand sich am Abend vor dem Mord allein im Haus der Broughtons. Sie hatte keine Angst, denn sie war schon oft allein gewesen. Sie knipste in solchen Fällen alle Lichter an und spielte im Erdgeschoß laut auf dem Klavier. Die Unterkünfte der Bediensteten waren außerhalb und etwas entfernt vom Haus, und die Hunde hatte man in Zwinger eingesperrt, um sie vor den Leoparden zu schützen, die auf dem Grundstück herumstrichen.

Gegen ein Uhr in der Nacht hörte Miss Wilks jemanden klopfen. Es war June Carberrys Fahrer. Er sagte, Mrs. Carberry werde nach der Party ins Haus der Broughtons kommen. Er brachte einen Koffer mit Kleidern, und Miss Wilks führte ihn hinauf in eines der Gästezimmer, wo er Mrs. Carberrys Kleider ausbreitete. Dann ging er wieder.

Gegen zwei Uhr kehrten Sir Delves und Mrs. Carberry nach Hause zurück. Sie gingen beide nach oben, und Miss Wilks folgte ihnen. Die Treppe mündet oben in einen langen Korridor. Sir Delves und Mrs. Carberry blieben stehen. Mrs. Carberry dankte Sir Delves für eine «wunderbare Party». Sir Delves sagte: «Gute Nacht, meine liebe June.» Dann ging er den Korridor hinab zu seinem Zimmer. Mrs. Carberry wandte sich in die entgegengesetzte Richtung. «Es war das letzte Mal, daß Sir Delves in dieser Nacht von irgend jemandem gesehen wurde», sagte Miss Wilks. Sie selbst ging zu Mrs. Carberrys Zimmer. Mrs. Carberry hatte über Fieber geklagt, und Miss Wilks brachte ihr Chinintabletten und Whisky. Dann setzte sie sich zu ihr und unterhielt sich eine Weile mit ihr.

Ungefähr eine Stunde später fuhr wieder ein Wagen vor, und wieder klopfte es an der Tür. Miss Wilks ging hinunter, um zu öffnen. «Lady Diana fiel fast in den Raum. Sie muß sich an die Tür gelehnt haben, als ich aufmachte. Aus ihren Augen schossen Blitze. Lord Erroll war bei ihr. Offensichtlich hatten sich die beiden gestritten. Von dem sonst üblichen Geturtel war jedenfalls nichts zu bemerken.»

Miss Wilks wies auf ein Tablett mit Flaschen und bot Lord Erroll einen Whisky an. «Aber Wilkie», sagte Lord Erroll, «wissen Sie denn nicht, daß ich Whisky nicht anrühre?» Diana sagte, sie habe Hunger. Die Dose mit Keksen, die gewöhnlich für sie bereitstand, war oben in Sir Delves' Zimmer. «Er hatte nicht schlafen können», sagte Miss Wilks. «Deshalb hatte ich ihm eine Thermoskanne mit etwas Heißem zu trinken gemacht und ihm die Kekse hinaufgebracht. Da Lady Diana weg war, hatte ich sie in seinem Zimmer stehenlassen. Als Lady Diana sagte, sie sei hungrig, bot ich ihr an, sie herunterzuholen. Aber sie sagte, es sei schon gut. Ich wünschte, ich wäre trotzdem gegangen. Ich hätte den ganzen Prozeß sprengen können, wenn ich es getan hätte. Ich hätte dem Gericht ganz genau sagen können, ob Sir Delves zu dieser Zeit in seinem Zimmer war – oder nicht.»

Miss Wilks erzählte Diana, daß June oben sei und ein wenig Fieber habe. Diana ging nach oben, um sie zu begrüßen. Miss Wilks nahm ein Schmuckkästchen, das Diana mitgebracht und auf einen Tisch gelegt hatte, und trug es hinauf in Dianas Zimmer. Diana blieb «ein paar Minuten» bei June und ging dann wieder nach unten. Miss Wilks ging

in Junes Zimmer und setzte sich zu ihr, um sich mit ihr zu unterhalten. Sie hörte nicht, wann Errolls Wagen wegfuhr.
Nach einiger Zeit – «vielleicht eine halbe Stunde» – kam Diana wieder nach oben und ging in June Carberrys Zimmer. Miss Wilks zog sich zurück. Sie konnte hören, wie June und Diana aufgeregt miteinander redeten, und fragte sich, wann «um Himmels willen sie endlich aufhören» würden. Schließlich hörten sie auf. Miss Wilks nimmt an, daß Diana in ihr Zimmer ging, um zu schlafen. Auch sie selbst ging zu Bett. Es war sehr spät. Im ganzen Haus hörte sie niemanden mehr sich rühren.
Nachdem der Mord entdeckt worden war, wurde Miss Wilks von der Polizei verhört, «aber sie bekamen nicht viel aus mir heraus. Ich sagte ihnen, daß ich keine Hellseherin sei.» Sie sagte, sie sei stundenlang verhört worden. Zum Schluß sei sie sehr müde gewesen. Der Ermittlungsbeamte habe sie beiseite genommen und freundlich gefragt: «Wilkie, ganz im Vertrauen. Wer hat Ihrer Meinung nach Lord Erroll wirklich getötet?» – «Ich überlegte nicht lange. Ich platzte einfach heraus. Ich war ebenso schockiert wie alle anderen. Ich sagte: ‹Diana.›»
«Sie hätten sie sehen müssen», sagte Miss Wilks über Diana. «Sie hatte diese besonderen Lippen. Sinnliche Lippen. Und ihre Augen! Und ihre Haut! Kein Sonnenstrahl hat sie je berührt. Ich sah sie einmal in der Badewanne. Sie lag ausgestreckt da und war mit Perlen im Wert von neunzigtausend Pfund behängt. Ich fragte, ob ich sie abnehmen solle, aber sie lachte nur und sagte: ‹Lassen Sie sie nur, Wilkie.› Ja, sie war etwas Besonderes. Und reiten konnte sie! Sie war eins mit dem Pferd. Nicht wie Sir Delves. Er hatte einen verkrüppelten Arm, wissen Sie, und fiel dauernd vom Pferd.»
Miss Wilks bleibt dabei, daß sie nicht sicher sei, wer den Mord begangen habe, doch gegen Ende des Gesprächs blickte sie nachdenklich auf und sagte: «Es sieht so aus, als habe Sir Delves es getan. Es kann ihm doch jetzt nicht mehr schaden, wenn ich das sage, nicht wahr? Sir Delves war ein anständiger Mann», fuhr sie fort. «Er war nicht wie die anderen. Aristokraten! Lords und Ladies! Kommen Sie mir nicht mit Aristokraten. Ich kann sie nicht ausstehen. Natürlich war auch Sir Delves ein Aristokrat, aber er war eben anders.»
Als sie gefragt wurde, ob sie die Polizei belogen habe, um Sir Delves zu retten, war sie, ebenso wie ihre Schwester, total entsetzt über diese Frage. «O nein», sagte Miss Wilks. «Wir wurden anders erzogen, wissen Sie. Ich würde niemals lügen. Unter gewissen Umständen würde ich vielleicht etwas auslassen, ja, aber lügen würde ich niemals.» Darauf stieß Miss Wilks etwas überraschend heftig hervor: «Aber June

Carberry hat es getan. Sie log für ihn. Sie leistete vor Gericht sogar einen Meineid, aber ich kann ihr deswegen keinen Vorwurf machen.»
«Nach dem Mord und kurz bevor er verhaftet wurde, versuchte Sir Delves mich dazu zu bringen, ihn umzubringen», sagte Miss Wilks. «Ich habe das bis jetzt noch keinem Menschen erzählt, nicht einmal meiner Schwester. Er fragte mich, ob ich eine Minute Zeit für ihn hätte. Ich sagte ja, und er kam herauf. Seine Spritze hatte er schon vorbereitet. Er hielt sie mit der Nadel nach oben und bat mich, die Lösung in seinen Arm zu spritzen. Aber die Nadel war abgebrochen, und ich konnte es nicht tun. Zum Glück. Stellen Sie sich vor, ich hätte es getan! Ich wußte damals nicht, daß es Gift war. Das erzählte er mir erst später, der arme Mann. Es war alles so traurig. Ich glaube nicht, daß irgend etwas passiert wäre, wenn er sie nicht geheiratet hätte. Er hätte einfach mit ihr leben sollen, so wie früher.»
Einen Tag nach seiner Verhaftung besuchte Miss Wilks Broughton im Gefängnis. «Ich habe ihn nie zuvor so glücklich gesehen. Er sagte sogar zu mir: ‹Wilkie, ich bin hier viel glücklicher als je zuvor in Karen.›»

Miss Wilks war nicht die einzige Person, der gegenüber Broughton in den Wochen, in denen er im Gefängnis war, Gefühle der Erleichterung, fast sogar des Wohlbefindens äußerte. Vor Gericht sagte er: «Ich glaube, mir wurde sowohl von den Gefängnisbeamten als auch von den Häftlingen mehr aufrichtige Freundlichkeit und Aufmerksamkeit zuteil, als ich je außerhalb des Gefängnisses erfahren habe.» Auch die Geschichte, daß Broughton Miss Wilks mit der abgebrochenen Nadel in der Hand um Hilfe bat, klingt wahr. Seit Soames ihm eine Woche vor dem Mord das Medinal beschafft hatte, hatte Broughton viel an Morphium gedacht. Er sorgte sogar dafür, daß es ihm ins Gefängnis geschmuggelt wurde, falls das Urteil negativ für ihn ausfallen sollte.

Hätte ich Miss Wilks selbst interviewen können, hätte ich sie gefragt, ob Broughton ihr betrunken vorgekommen sei, als er die Treppe hinaufging, und ob June ihn habe stützen müssen. Außerdem hätte ich gefragt, ob man ihr in Karen «eingebleut» habe, was sie der Polizei sagen sollte und was nicht. Da Miss Wilks nach so vielen Jahren keine Ursache hatte zu lügen, um ihre ehemaligen Arbeitgeber zu schützen, kann mit einiger Sicherheit davon ausgegangen werden, daß Erroll und Diana wirklich an der Tür standen. Das würde bedeuten, daß Erroll nicht bereits auf dem Weg zum Haus in Karen getötet wurde.

Im Bericht vom Gespräch mit Miss Wilks finden sich interessante Hinweise: Broughton schlief offenbar trotz seiner abendlichen Schlummerwhiskys schlecht. Die Zeitangaben stimmen nicht mit den Angaben Junes überein. Miss Wilks Aussagen stützen die Annahme, June habe alle Zeitangaben in jener Nacht erfunden, vielleicht in der Gewißheit, daß Miss Wilks niemals in der Lage wäre, ihre Version zu widerlegen. Miss Wilks gibt mit ihren Angaben June ein Alibi, Broughton kein Alibi und Diana ein sehr schwaches Alibi, da sie die «halbe Stunde» erwähnt, die Diana unten war.

Hätte Miss Wilks Broughton nicht hören müssen, als er über den Korridor schlurfte, um June seine zwei Besuche abzustatten? Spielte sie vielleicht darauf an, als sie sagte, June habe einen Meineid geleistet? Hätte sie nicht auch das Hundegebell hören müssen? Sie scheint als eine der letzten im Haus zu Bett gegangen zu sein, da Diana und June, die «aufgeregt miteinander redeten», sie wachhielten. Redeten sie aufgeregt miteinander, weil sie beide wußten, daß Broughton das Haus verlassen hatte, um mit Erroll zu reden? Hat der Termin für unseren Artikel, der uns verunmöglichte, noch einmal mit Miss Wilks zu reden, uns der einzigen Gelegenheit beraubt, Broughtons Geschichte zu bestätigen oder zu widerlegen?

Die folgenden Aufzeichnungen aus Connollys Notizbuch – die er kurz nach dem Eintreffen des Wilks-Berichts niederschrieb – dienen weniger der Lösung des Rätsels, als daß sie zeigen, wie fieberhaft er versuchte, das Puzzle zusammenzusetzen, sobald neue Indizien beigebracht wurden:

JC hörte kein Knarren, keine Türen und keine Schlüssel. Die Treppe knarrte aber beim Betreten so laut, daß es im ganzen Haus zu hören war.
DB hätte nicht hinunterklettern können. «Er rutschte das Treppengelander hinunter.» – Cressida [Connolly, sieben Jahre alt]
DB hätte nur die Treppe hinuntergehen können, während Miss Wilks heißen Whisky aus der Küche holte oder Chinin oder eine Flasche mit heißem Wasser – damit sie ihn nicht hörte.

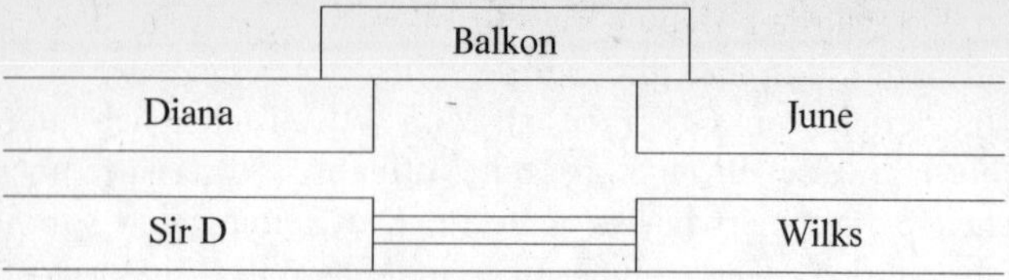

Das Obergeschoß des Hauses in Karen

Wilks füllte die Flasche wahrscheinlich nicht in JCs Badezimmer, da das Wasser um drei Uhr nachts nicht heiß genug gewesen wäre.
Im Erdgeschoß war ein Klo. Dort hätte er sich verstecken können, falls er in Gefahr geraten wäre, entdeckt zu werden. Könnte er eine Strickleiter benutzt haben?
Rückkehr – nicht so einfach – aber Wilks schläft, Diana hat sich zurückgezogen – nur JC ist wach. Hört ihn der Hund? JC erfindet zweiten Besuch, DB schätzt ihn zuerst auf vier Uhr.
Wilks gibt D eine Zeitspanne, in der auch sie es getan haben könnte – weil sie D verdächtigt, oder umgekehrt? Wilks deckt JC, die ihrerseits DB in ihrem Wagen gefahren haben könnte.
JC sagt, sie habe D und E reden und lachen gehört – aber sie lachten angeblich nicht, sondern stritten: Deshalb:

1. Hörte sie sie nicht.
2. Taten sie so, als würden sie lachen und nicht streiten.
3. Lachten sie wirklich, und Wilks hat unrecht.

DB hörte einfach Stimmen. JC wollte den Streit wahrscheinlich verheimlichen, es war immer noch eine der besseren Nächte.
«Eine Tür war offen, als D und E zurückkamen.» (Vermutlich aus Ds Erklärung.) Er hatte auch seinen Schlüssel zur Verandatür – also konnte er das Haus geräuschlos durch diese Tür verlassen und vielleicht auch wieder durch diese Tür zurückkehren.
Warum erwähnte Wilks (oder die anderen) nicht, daß Diana den Hund zurückbrachte? Besonders Wilks.

JCs Aussage deckt DB, Wilks und Diana.
Wilks Aussage deckt JC.
DBs Aussage hat auf niemanden Einfluß.
Diana gab lediglich eine Erklärung ab.

Eine Tür wurde offengelassen. Jeder hätte durch sie hinein- oder hinausgehen können.

Was wissen wir überhaupt von Miss Wilks?
Sie sagt, Mrs. Cs Fahrer / Butler sei wieder gegangen – wohin?
Worin? Kam er am nächsten Tag wieder?

Eine der interessantesten Stellen im Gespräch mit Miss Wilks ist, wie sie die Ankunft von Diana und Erroll in Karen beschreibt – daß Blitze aus Dianas Augen schossen. Sie unterstützte damit das verbreitete Gerücht – eine Geschichte, die Dianas Freunde bis zum heutigen Tag glauben –, daß Diana und Erroll am Abend vor dem Mord nach dem Essen einen Streit hatten. Die Theorie, die beim Erzählen von allen nur wenig variiert wird, beruht auf dem Gedanken, Broughton habe zwar so getan, als habe er «kapituliert» und sei gewillt, die Sache ehrenvoll abzuschließen, daß er in Wirklichkeit aber nicht im Sinn hatte, die Vereinbarung vor der Eheschließung und damit sein Versprechen, Diana fünftausend Pfund im Jahr zu bezahlen, zu halten.

Broughton hat dies vor Gericht praktisch zugegeben, den Spieß aber umgedreht, indem er sagte, Dianas Integrität hätte sie davon abgehalten, das Geld einzufordern, und damit wäre der finanzielle Teil der Vereinbarung ohnehin kein Thema gewesen. Erroll soll Diana im letzten Moment gesagt haben, daß ihre gemeinsamen Heiratspläne ohne das entsprechende Kleingeld nicht verwirklicht werden könnten. Broughton habe Erroll gezwungen, Diana sozusagen offiziell zu übernehmen, weil er wußte, daß dieser dazu unmöglich imstande war. Daraufhin habe Erroll die Nerven verloren und einen Rückzieher gemacht. Broughton war zu jener Zeit fast bankrott. Jedenfalls war er sicherlich nicht gewillt, Dianas Affäre mit Erroll drei Jahre lang oder bis zu der Zeit, da sie sich scheiden lassen konnten, zu finanzieren. Diana selbst aber befand sich viele Meilen von zu Hause entfernt und war im Begriff, alles zu verlieren: einen Baronet, einen Earl und nicht nur eine, sondern beide Perlenketten, vor allem aber ihr Liebesglück.

Liest man Broughtons Aussagen unter diesem Aspekt, sieht man sie in einem neuen Licht. Die «nüchterne, geschäftliche Besprechung» mit Erroll, die er in Hörweite von June und Diana geführt hatte und bei der auch Errolls Hausjunge und der Gartenjunge Zeuge waren (die aussagten, Broughton habe mit der Faust auf den Tisch geschlagen), beschrieb er wie folgt:

	Alibi	Motiv	Gelegenheit
Gwladys Delamere	?	sitzen-gelassen	?
DB	nein (Ankl.) ja (Vert.)	verletzter Stolz	ja (Ankl.) nein (Vert.)
Diana	nein (Wilks) ja (Mrs. Carberry)	im letzten Moment sitzen-gelassen?	ja (laut Wilks)
June	ja (Wilks), sonst nicht	sitzen-gelassen	nein (laut DB)
Alice	im Bett mit Pembroke	sitzen-gelassen	ja (Poppy)
Dickinson	ja (Poppy)	Geld oder Dianas Liebe	?
Soames	ja (Poppy)	?	?
Carberry	?	verletzte Eitelkeit	?

Connollys Tabelle der Verdächtigen

> Ich glaube, ich habe mich bei jener Gelegenheit nach seiner finanziellen Situation erkundigt. Lord Erroll gab sehr ausweichende Antworten. Ich konnte nicht aus ihm herausbekommen, über welche Geldmittel er verfügte. [Es war in Nairobi aber allgemein bekannt, daß Erroll keinen Pfennig besaß.] Ich glaube, er sagte, daß er nicht sehr viel besitze. *Ich wollte aus ihm herausbekommen* [Hervorhebung vom Autor], über wieviel er genau verfügte, und schloß, daß es nicht sehr viel sein konnte. Ich glaube, er sagte damals, daß er fürchte, Diana würde nicht all das haben können, woran sie gewöhnt sei, oder zumindest vieles nicht, woran sie gewöhnt sei.

Eine enge Freundin von Diana erzählte mir 1979, sie habe einmal kurzentschlossen zu ihr gesagt: «Ich war immer der Ansicht, du habest Joss erschossen.»

charakterlich möglich	kräftemäßig möglich	Nanyuki-Geschosse	Karen-Geschosse
?	nein	nein	?
ja (Ankl.) nein (Vert.)	ja (Ankl.) nein (Vert.)	ja (Ankl.) ja (Vert.)	ja (Ankl.) nein (Vert.)
ja	ja, außer dem Hochheben der Leiche	ja	falls sie welche entwendet hat
nein	nein	nein	falls sie welche entwendet hat
ja (schoß schon auf R. de T.)	nein	nein	nein
?	ja	nein	?
ja	ja	ja	?
ja	ja	nein	??

«Und sie nahm das sehr ernst», fuhr diese Freundin fort, «und sie nahm es mir überhaupt nicht übel. Aber sie sagte, nein: sie bestand darauf, daß sie es nicht getan habe. Ich nannte ihr die Gründe für meinen Verdacht: Er habe ihr klargemacht, daß er sie auf keinen Fall heiraten könne, da sie erst in drei Jahren geschieden werden könne und er absolut kein Geld habe, im Gegenteil – er sei sogar hoch verschuldet. Und er habe ihr mehr oder weniger deutlich nahegelegt, daß es das beste für sie wäre, zu Broughton zurückzukehren und die ganze Sache zu vergessen. Und in ihrem Zorn habe sie ihn erschossen. Ich sagte, das scheine mir durchaus plausibel zu sein. Aber sie schwor, daß sie es nicht getan habe.»

Broughton schien nach dem Mord immer wieder darauf anzuspielen, es sei zwischen Joss und Diana irgend etwas vorgefallen. Man sollte sich zwar hüten, zuviel in den folgenden Dialog aus

Broughtons Aussage hineinzuinterpretieren, aber man darf ihn sicherlich mit Blick auf jenen Brief lesen, in dem Broughton an eine Freundin in England schrieb: «Diana macht sich keinerlei Illusionen mehr über Erroll nach all dem, was an den Tag gekommen ist, seit die ganzen Schwierigkeiten begonnen haben.»

Vor Gericht fragte Morris ihn: «Sie hegten die Hoffnung, daß sich alles zum Guten gewendet habe, wenn Sie nach ungefähr drei Monaten aus Ceylon zurückkehren würden?»

«Frauen ändern ihre Meinung rasch», entgegnete Broughton.

«Haben Sie je gehört, daß Erroll seine Meinung geändert hat?»

«Wenn ich nicht allzusehr gedrängt werde, würde ich es vorziehen, diese Frage nicht zu beantworten.»

«Und wenn ich Ihnen lediglich unterstelle, daß Sie glaubten, eine doppelte Chance zu haben, daß sich nach drei Monaten alles zum Guten gewendet haben könnte?»

«Dann, ja.»

«Sie kannten auch Lord Errolls Ruf, was Angelegenheiten dieser Art betraf, und Sie wußten, daß er sehr unbeständig war?»

«Wenn ich antworten muß», sagte Broughton, «dann, ja.»

Warum aber sollte der Streit zwischen Joss und Diana – falls er überhaupt stattgefunden hat – gerade nach einem Dinner ausbrechen, bei dem alles anscheinend so freundschaftlich geregelt worden war?

Es gab weder eine Erklärung dafür noch einen schlagenden Beweis, der für die «Streit-Theorie» gesprochen hätte, bis Connolly auf einen Zeugen stieß, der nicht nur ein plausibles Motiv für den Streit lieferte, sondern auch die «fehlende Stunde» im Zeitplan von Broughton und June Carberry in jener Nacht zu erklären schien.

Lady Barwick, früher Valerie Ward, die Connolly beim Presserat in der Frage, ob Gwladys Delamere die anonymen Briefe geschrieben habe, unterstützte, erzählte Connolly, daß June Carberry sie am Abend vor dem Mord zum Abendessen in den Muthaiga Club eingeladen habe, um Broughtons Kapitulation zu feiern. Doch Lady Barwick und ihr südafrikanischer Freund Laurie Wilmot waren bereits zum Abendessen verabredet, und June lud sie deshalb ein, sich später im Claremont Road House der Gesellschaft anzuschließen. Lady Barwick und ihr Begleiter nahmen gegen Viertel vor acht im Club ein paar Drinks. Connollys Notizen über sein Gespräch mit Lady Barwick erzählen den Rest der Geschichte:

> Sie sah und sprach mit folgenden Personen: Derek Fisher aus Nanyuki, einem Mann namens Gaskell, der ein Magengeschwür hatte und Milch trank, und Denzil Myers. June und Alice de Trafford waren ebenfalls da. Außerdem Long John Llewellin und seine Frau, Gypsy irgendwas und Jacko Heath, lebt noch (1969) und ist mit Sally Billiard Leake verheiratet!
> Nachdem sie und LW zu Abend gegessen hatten, fuhren sie in seinem getarnten Armeewagen nach Claremont. Sie waren die ersten und wurden an einem langen Tisch plaziert. Tanzten zwei Runden. Dann kamen Diana und Erroll. Sie sahen recht unglücklich aus und setzten sich an das Ende desselben Tisches – und später tauchten June Carberry und Broughton auf! Joss und D waren über ihr Erscheinen völlig verblüfft. Ihr Kommen war offensichtlich nicht geplant gewesen. DB war sehr blaß und begann sofort zu meckern. Alle anderen Gäste wurden von ihnen einfach ignoriert. Ein schrecklicher Streit brach los. DB schrie Erroll an, und June brummte irgendwas, um sie zu beruhigen. Es wurde so schlimm, daß sie und LW aufstanden und in einen anderen Club gingen, Blue Room oder 400 (oben). Sie meint, daß noch jemand an ihrem Tisch saß, aber sie kann sich nicht erinnern, wer. Der Krach war im wesentlichen ein Eifersuchtsgeklüngel. Broughton und June gingen dann zurück nach Muthaiga – oder wohin?
> Am nächsten Morgen wurde sie angerufen, weil sie abgesehen von Gibbs als einzige in Kenia einen Buick besaß und die Nummer fast identisch war (T 7341). [Das Kennzeichen von Errolls Buick war T 7331.]

Poppy wies zwar gewöhnlich alle Vermutungen zurück, daß seine Ermittlungen lückenhaft gewesen sein könnten, meinte aber, Valerie Wards Geschichte könnte wahr sein. Er war beeindruckt von der fehlenden Stunde im Zeitplan und bestätigte, daß die Polizei über andere Buicks Erkundigungen eingezogen habe, falls es widersprüchliche Angaben darüber geben sollte, wo Errolls Wagen vor dem Mord gesehen worden war.

Broughton hatte auf jeden Fall sicher vorgehabt, an jenem Abend ins Claremont Road House zu gehen. Er hatte Mrs. Barkas, Lizzie Lezard und Llewellin erzählt, wie sehr er sich darauf freue.

Lezard hatte angenommen, er werde June als Tanzpartnerin mitnehmen. June stritt niemals ausdrücklich ab, daß sie tatsächlich zum Claremont gingen. In ihrer Zeugenaussage sagte sie nur: «Joss und Diana gingen ins Claremont. Jock fragte mich, ob ich tanzen wolle, und ich sagte, daß ich nicht tanzen wolle, da ich mich nicht ganz wohl fühlte.» Dies bestätigte sie dadurch, daß sie später am Abend Chinintabletten verlangte.

Daß Diana und Erroll miteinander ins Claremont Road House tanzen gehen wollten, hatte Broughtons Zorn bereits an einem anderen Abend erregt. Damals soll er, wenn die Information der Anklage stimmt, zu Diana, bevor sie wegging, gesagt haben: «Soll ich dir den Champagner ins Gesicht schütten oder ihm die Flasche über den Kopf schlagen, oder ist es dir lieber, wenn ich dir die Flasche an den Kopf werfe?» Hatte ihr Aufbruch an diesem letzten Abend seinen Zorn erneut angefacht, den er während des Dinners so sorgfältig hinter gekünstelter Passivität und dem geradezu pervers großzügigen Toast und den guten Wünschen verborgen hatte?

Warum bezeugte niemand anders Broughtons Szene im Claremont Road House? Die Antwort ist: Es wurde niemand danach gefragt, und Poppy sagte, Miss Wilks sei die einzige Zeugin gewesen, die freiwillig Informationen geliefert habe. Lady Barwicks Version der letzten Vorgänge zwischen Broughton und Erroll vor dem Mord, die Connolly im folgenden zusammenfaßt, kommt der allgemein verbreiteten Version sehr nahe:

> Valerie Barwick. Ausschnitt aus ihrer Theorie (die offensichtlich auf Tatsachenkenntnis beruht): Als es zur Krise kam, sagte DB zu ihr, er werde sie nicht ohne einen Test aufgeben. Er werde zu ihr sagen, daß sie von ihm kein Geld bekommen werde. Wenn Es Gefühle echt seien, würde er sagen: ‹Mach dir keine Gedanken, irgendwie kriegen wir das schon hin.› Wenn nicht, dann würden sie ihn gemeinsam in die Zange nehmen – oder so was Ähnliches. Genau das wurde am letzten Abend in Angriff genommen, und E sagte im wesentlichen, daß er sich lediglich wegen ihres Geldes um sie bemüht habe und daß ohne Geld keine Hochzeit stattfinden könne – das könnte im Club, im Nachtclub oder danach im Haus oder auch auf dem Weg zurück nach Karen (Wilks Beschreibung der zornigen Diana) geschehen sein. Vielleicht war die Szene im Claremont der Showdown und der Augenblick, in dem DB

beschloß, Erroll zu töten. (Sie glaubt allerdings, daß er den Mord schon lange geplant hatte.)

Mit Hilfe dieser neuen Informationen rekonstruierte Connolly die Szene und schrieb:

Das Abendessen war recht kurz, von halb neun bis halb elf, und endete mit einem vin triste, vielleicht einem Streit nach dem Toast. D und E gingen möglicherweise sehr rasch weg. E ist überrascht, DB und JC im Claremont zu sehen, auch Diana ist konsterniert. Der Streit flammt wieder auf, und DB *droht* Erroll. (VW und Partner gehen.) DB und JC kehren in den Club zurück, und er fängt wieder an: «Alles schön und gut, Juney» usw. Vor allem fürchtet er, daß diese *Drohung* bekannt werden könnte. Kaum ist erwiesen, daß es ein Mord war, eilt er nach Nyeri und fragte sie, was sie der Polizei erzählt habe – nur, daß er im Club schlechter Laune war, beruhigt sie ihn. Wenn er diese Drohung tatsächlich ausgesprochen hat, hätte D *gewußt*, daß es sich um Mord handelte, als die Nachricht von Es Tod eintraf. Kann DB deshalb nicht ertragen.

Die Tatsache, daß niemand den Besuch von J und DB im Claremont oder den Streit verriet, weist darauf hin, daß *alle* übereingekommen waren, nichts davon zu sagen. Ziel von DBs Handlungsweise war, das feindliche Feuer auf sich zu lenken. Er erkundigt sich nach den Bedingungen im Gefängnis, fragt, was mit einem Mann geschehe, der den Liebhaber seiner Frau töte – lenkt die Aufmerksamkeit auf das Feuer im Garten.

Wenn DB einen Mörder angeheuert hätte, hätte er ein Alibi benötigt und deshalb dafür gesorgt, daß auch Wilks aus irgendeinem Grund in sein Zimmer hätte kommen müssen – er hätte sogar D und E zeigen können, daß er anwesend war –, aber er verhielt sich ganz anders.

– 15 –
Briefe aus Wanjohi

Die Einsamkeit ließ Alice erstarren. Alle hatten Angst vor ihr.

Beryl Markham

Alice de Traffords Ehe mit Raymond war schon lange zu Ende gewesen, als sie sich 1938 scheiden ließen, und sie war in ihrem Haus in Wanjohi oft genug allein mit ihren Hunden und ihrer zahmen Elenantilope. Nach Errolls Tod hatte sie sich in Dickie Pembroke verliebt, der ihr das Alibi für die Mordnacht geliefert hatte. Pembroke konnte ihre Zuneigung nie mit der Intensität erwidern, die sie ihm entgegenbrachte, und sie begann sich mit selbstmörderischer Ergebenheit an ihn zu klammern.

Als ihre Liebschaft mit Pembroke begann, ging ihre Beziehung zu Lezard in die Brüche. Es war eine Zeit der vollkommenen Verwirrung für Alice. Patricia Bowles erinnert sich, daß Alice kurz vor Dianas Ankunft in Kenia, zur Zeit, als Erroll seine Affäre mit Mrs. Wirewater unterhielt, von der Möglichkeit sprach, Erroll als Geliebten wiederzugewinnen.

Am Morgen nach dem Mord hatte Alice Lezard angefleht, sie zur Leichenhalle zu bringen, damit sie sich von Erroll verabschieden könne. Sie nahmen unterwegs auch Gwladys mit. Bewes hat ihre Ankunft in seinem Notizbuch beschrieben. Er konnte allerdings nicht aufschreiben, was nur Lezard beobachtete: Bevor Alice einen frischen Zweig auf Errolls Brust legte, küßte sie ihn auf die Lippen, zog das Leichentuch weg, befeuchtete es mit ihren Scheidensäften und sagte: «Jetzt gehörst du für immer mir.» Nach dieser Szene verdächtigte Lezard Alice – der Mord schien ihm zu ihren morbiden Vorstellungen zu passen. Es gibt auch einen Hinweis darauf, daß Alice ihm die Tat sogar gestanden haben könnte. In späteren Jahren war Lezard uncharakteristisch ausweichend, wenn dieses Thema angesprochen wurde. Der Schriftsteller Alastair Forbes, der nach dem Krieg eine Zeitlang mit Lezard zusammenwohnte, ist jedoch überzeugt, daß Lezard es ihm erzählt hätte, wenn Alice den Mord begangen hätte. «Oder wenn er», wie Forbes schrieb, «es selbst getan hätte oder Geld dafür genommen hätte, um es zu tun, oder es hätte tun lassen, ohne sich die Finger schmutzig zu machen, was unter den gegebenen Umständen das Wahrscheinlichste gewesen wäre.»

Alice brachte Broughton jeden Tag etwas ins Gefängnis, hauptsächlich Bücher. Sie war fasziniert vom Prozeß, hatte aber, wie sie Patricia Bowles fast täglich anvertraute, große Angst, daß Broughton verurteilt werden könnte.

Von Pembroke hatte man erwartet, daß er sich nach seiner ersten stillen Versetzung, wie das so üblich war, möglichst unauffällig verhalten würde, aber der Prozeß, in dem er als Zeuge auftrat, und danach sein Verhältnis mit der berüchtigten Alice hatten ihn wieder ins Rampenlicht gebracht. Pembroke bat erneut um Versetzung und wurde im Juli 1941 nach Kairo beordert. Alice verlor dadurch ihren Lebensmut vollends.

Die Briefe, die sie ihm noch im Monat vor ihrer Trennung schrieb, geben Zeugnis von ihrem glücklosen Ende und beschreiben zugleich das Ende von Happy Valley. An der Tatsache, daß Pembroke ihre Briefe sorgfältig aufbewahrte, bis er in den sechziger Jahren in England starb, lassen sich in gewisser Weise die Gefühle ermessen, die er auch für sie hegte.

Der erste Brief wurde am 23. Juli 1941 in Wanjohi geschrieben.

Mein lieber Dickie,

es erscheint absurd, geradezu grotesk, Dir gegenüberzusitzen und einen Brief an Dich zu schreiben. Doch angesichts der langen Zeit, die der Brief wahrscheinlich unterwegs ist, schicke – oder übergebe – ich Dir lieber ein bißchen Nonsens, damit Du bei Deiner Ankunft gleich etwas zu lesen hast, als daß ich mir vorstelle, noch wochenlang keinen Kontakt zu Dir zu haben, wenn Du erst Ägypten erreicht hast.
Wir hatten gerade unsere «Toasties» und haben uns ausführlich über die Vorzüge von echtem und falschem Kaviar unterhalten.
Einen Augenblick noch werde ich traurige Dinge sagen – aber wenn der G & T mit Schuß ein wenig gewirkt hat, will ich wieder fröhlich

sein. Ich kann mir die kommende Zeit einfach nicht vorstellen. Joss ist weg, dann Dina [Alice spielt möglicherweise darauf an, daß Lady Idina mit ihrem vierten Ehemann von Happy Valley wegging], jetzt Du – der mir doch von allen am meisten bedeutet. Sogar Paula [Long] ist irgendwie weit entfernt. Wir sind verschiedene Wege gegangen, und ihr riesiger, mutiger Liebhaber hat ihr Wesen ein wenig verändert. Lizzie geht. [Auch Lezard war eben nach Kairo versetzt worden.] Selbst Du hast mir in letzter Zeit vorgeworfen, ich sei ein wenig zu hart zu ihm. Ich habe es nie böse gemeint, denn ich halte große Stücke auf ihn und mag ihn wirklich gern. Jetzt seid ihr alle weggegangen oder im Begriff zu gehen, und mich erfüllt ein unstillbares Selbstmitleid, wenn ich daran denke, daß ich keinem folgen kann. Du wirst gewiß mit mir lächeln, wenn ich hinzufüge: Gott sei Dank ist man imstande, Selbstmitleid noch als solches zu erkennen und ihm keine größere Bedeutung zuzumessen als die, die ihm zukommt. Noch eins – was ich in meinem Briefchen so beiläufig zu Lizzie sagte, ist mein voller Ernst. Gott sei Dank, daß ich unvernünftig schien und stark war. Wir hatten – zumindest was mich angeht – eine wunderschöne Woche. Ich hoffe, daß ich das Ende, das morgen kommen wird, mit Haltung ertragen *kann*. Nur zwei Tage hätte ich wahrscheinlich nicht ertragen können, ohne mich unangenehm aufzuführen und Dir den Abschied schwer zu machen.

Der nächste Brief trägt kein Datum. Er wurde vom Norfolk-Hotel aus geschrieben, kurz nachdem Pembroke abgereist war:

Mein geliebter Dickie,

sehr viel gibt es nicht zu erzählen, aber ein paar Dinge schon. Zunächst einmal folgendes: Du hast mich genau fünf Monate und vier Tage unvorstellbar glücklich gemacht. Es gibt keinen einzigen Gedanken und kein einziges Wort, die die Kontinuität dieses Glückes in meiner Erinnerung stören.
Zweitens, daß die Tatsache, daß Du in diesen unsicheren Zeiten fortgehst, und sei es, wie wir hoffen, auch nur für kurze Zeit, nichts als Schmerz, reinen, absoluten Schmerz bedeutet. P. S. Lustig, was einem für kleine und unbedeutende Gedanken dazwischenkommen. Ich vergaß ganz, Dir zu sagen, daß Du, wenn Du Gelegenheit hast, das Morphium zu nehmen, erst einen Tropfen aus der Nadel drücken mußt, bevor Du einstichst, um die Luft herauszubekommen, denn die tut weh und brennt. Außerdem darfst du U93 nicht länger als vier Tage

hintereinander nehmen (dreimal am Tag *nach* dem Essen) – drei Tage sind besser. Wahrscheinlich wird Dir ein wenig flau sein, aber wenn Dir wirklich schlecht ist, solltest Du es sofort absetzen. Manche Leute vertragen es überhaupt nicht. Nimm es bei einer schweren Erkältung oder wenn Du irgendeine Infektion hast, die nicht rasch genug heilen will.

Ende August wurde bei Alice Gebärmutterkrebs festgestellt, und sie wartete auf einen Operationstermin im Krankenhaus. Außerdem hatte sie noch einen weiteren schmerzlichen Verlust erlitten.

Ich konnte nicht anders, ich mußte einfach lachen, so traurig mir auch bei meiner Ankunft zumute war. Die Oberin und die Schwestern (die ich fast alle seit Jahren kenne) begrüßten mich, als käme ich zu einer Party. Besonders die Nachtschwester überraschte mich gewaltig, als sie zu mir sagte: «Wir haben noch genügend von Ihrem Matetee hier, wenn Sie welchen haben wollen. Sie haben das letzte Mal ein ganzes Päckchen hiergelassen, und es ist kaum angerührt worden.» Ich hatte nämlich vorgehabt, heute gleich jemand danach zu schicken!
Flo fuhr mit mir hinunter [nach Nairobi]. Die Fahrt war schrecklich – wir hatten zwei Platten und beim zweitenmal natürlich keinen Ersatzreifen mehr. Wir kamen um sieben hier an, aber ich hatte keinen Hunger und gab das Abendessen zurück, worauf die Oberin sagte: «*Ich* weiß, was Sie mögen. Letztes Mal haben Sie literweise Hühnerbrühe getrunken.» Alle lachten laut, und ich trank eine Tasse Hühnerbrühe!
Die Operation selbst wird hier nur fröhlich «die OP» genannt, und während Kissen geklopft und Handtücher ausgeschüttelt werden, wird einem immer wieder gesagt, wie gut es einem danach gehen wird. Es klingt, wie wenn die Leute zu einem sagen: «Diesen Film oder dieses Stück *mußt* du einfach sehen, es wird dir gefallen.»
Und jetzt muß ich Dir noch etwas erzählen, aber ich ertrage es nicht, mehr als die bloßen Tatsachen zu berichten. «Minnie» [Alices Hund] ist tot – ich habe sie getötet, völlig schmerzlos, sie hat nichts gespürt. Ihre krankhafte Angst vor Autos beschränkte sich nicht mehr nur auf Autos. Ihr Elend war so groß, daß ich sie erlösen mußte. Ich fühle mich, als hätte ich einen Mord begangen. Sie hat mir so vollkommen vertraut, und es brach mir fast das Herz, als ich ihr in der Pâté von Dir Nembutal zu fressen gab.
Alle diese Wechsel und Veränderungen betrachte ich nun mit einer Gleichgültigkeit, die schon fast an Ekel grenzt. Ich kann mir einfach nicht vorstellen, wie Wanjohi ohne die Gesellschaft von Minnie sein

wird und ohne die Zugreise nach Diani Beach. Du hast einmal ungeduldig zu mir gesagt: «Das Leben muß weitergehen.» Es muß nicht. Nimm Joss, nimm Minnie. Das Leben muß *nicht* weitergehen. Bei Joss traf *irgend jemand* diese Entscheidung, im Fall von Minnie traf *ich* sie. Wie lang unser Leben währt, liegt allein in unserer Hand (falls uns nicht jemand zuvorkommt).

17. September. Medizinisch gesehen geht es mir gut, und seit gestern ist die Wunde so gut wie zugeheilt, aber ich fühle mich trotzdem einfach gräßlich, schwach und krank. Ich denke, daß das alles besser wird, aber es scheint sehr lange zu dauern. Die Oberin, die einfach *reizend* ist, hielt mir einen Vortrag, bevor ich entlassen wurde, und sagte, daß ich noch eine Weile mit depressiven Anfällen rechnen müsse, mich aber von ihnen nicht unterkriegen lassen dürfe. Du kennst die Bücher ‹Was jedes junge Mädchen (jede Ehefrau / jede Mutter) wissen sollte›? Ihr Vortrag hätte meiner Meinung nach mit dem Titel ‹Was jede alte Hexe in den Vierzigern wissen sollte› in die Serie aufgenommen werden können. Wie diese depressiven Anfälle *zusätzlich* zu den Depressionen, die ich ohnehin habe, sein werden, kann ich mir nicht mehr vorstellen.
Der Teil des Gartens, den ich vom Bett aus sehen kann, sieht schön aus und leuchtet in voller Farbenpracht. Die Elenantilope stand am Straßenrand in den Chrysanthemen, als wir gestern nach Hause kamen. Sie ist ganz schön groß geworden. Fast erschreckend groß.
Ich kann gar nicht sagen, wie trostlos es ohne Minnie ist. Sie ist der letzte Mensch, und ich meine «Mensch», der außer Paula übriggeblieben war. Vorgestern war ich an Joss' Grab und freute mich, daß jemand neue Töpfe mit Blumen hingestellt hatte. Seit Mitte Mai lagen nur einsame verwelkte Sträuße dort herum, und nichts wurde gepflegt.

20. September. Bill Allen [früher mit Paula Long verheiratet; später Chef des britischen Geheimdienstes in Ankara] kommt heute zum Lunch. Ich habe mich viel mit ihm unterhalten. Zuerst sagte er, er halte Jock für unfähig, «ein Ding zu drehen», denn Jock sei, wie er sagte, der größte Feigling (im gewöhnlichen Leben), den er je gesehen habe. Er kenne ihn seit Jahren, möge ihn aber dennoch. Als ich betonte, der Mord sei auch so feige gewesen, wie man sich nur vorstellen könne, stimmte er mir völlig zu und hielt es für folgerichtig. Sie [Diana] ist eine gute Freundin seiner Exfrau (eine schreckliche Frau, ich habe sie einmal kennengelernt). Deshalb fragte ich, was er von ihr halte. Er sagte, er habe sie mehrmals gesehen und sie zum Lunch ausgeführt usw. «Ich kann nichts Besonderes an ihr finden», sagte er. Beim Lunch habe er sich «schrecklich gelangweilt». Das überrascht mich, denn obwohl ich sie, wie du weißt, nicht gerade überwältigend finde, wundere ich mich über *jeden*, sogar über Bill, der sie in jeglicher Beziehung für uninteressant hält. Er beharrt allerdings auf seiner Meinung.

Alice machte kurz vor ihrem Selbstmord am 23. September einen Selbstmordversuch. Als Patricia Bowles, ihre Nachbarin und Freundin, kam, um sie zu retten, stellte sie fest, daß Alice bereits alle Möbelstücke gekennzeichnet hatte, damit sie an ihre Freunde verteilt werden konnten. Patricia Bowles erzählte:

Unser Haus war in Kipipiri, dahinter der Berg. Nancy Wirewater, Joss Errolls alte Flamme, lebte in Clouds, solange Diana fort war. Dort sollte eine gemeinsame Geburtstagsparty für Alice und noch jemand stattfinden. Die Gäste trafen gerade ein. Flo Crofton war bei Alice und schickte eine Nachricht, daß Alice nicht kommen werde, weil sie es diesmal erfolgreich getan habe. Die Party begann. Ich raste nach Gilgil, um einen südafrikanischen Arzt zu besorgen, und er und ich setzten die Magenpumpe in Gang. Ich fühlte mich schrecklich, weil ich sie zurückholte. Sie wollte doch gehen. Ich verbrachte die Nacht dort und versuchte sie davon abzuhalten, das Nembutal zu nehmen, das sie offenbar versteckt hatte. Sie hatte ihr Gewehr im Bett und war bewußtlos geworden, bevor sie es hatte benutzen können. Beim zweitenmal benutzte sie es. Diesmal ging ich nicht hin. Ich hatte eine tödliche Angst, es noch einmal tun zu müssen. Es war absurd gewesen. Wir hatten uns dauernd entschuldigt. Ich mich bei ihr, weil ich sie wieder zurückgeholt hatte, und sie sich bei mir, weil sie mir Unannehmlichkeiten bereitete. Und die ganze Zeit über hatte sie mich geradezu angefleht, nichts für sie zu tun.

Nach dem ersten Versuch schrieb Alice zwei Briefe. An Dickie Pembroke schrieb sie:

Mein Liebling, ich nehme nicht einen einzigen Augenblick an, daß Du verstehen kannst, warum ich das tue. Wir denken so unterschiedlich. Glaube mir bitte, bitte trotzdem, daß ich zumindest von meinem Standpunkt aus richtig handle.
Ich schreibe diese Zeilen an einem strahlenden Morgen in meinem

Garten am mittleren Pool – ich nehme Sonne und Farbe und Frieden in mich auf. Du weißt, daß ich Dich sehr liebe – zu sehr, um Dich später als anderes Wesen wiedersehen zu wollen.
In Kampala Lebwohl zu sagen war mir so unerträglich, weil ich damals bereits wußte, daß es für immer sein würde.
Mit all meiner Liebe, Alice.

Liebe Grüße auch an Lizzie. Ich kann einfach nicht noch einmal schreiben, und es gibt nichts mehr zu sagen. A.

An Patricia Bowles schrieb sie:

Me voilà encore! Du hast mir einen so reizenden Brief geschrieben. Das war lieb von Dir, und er wurde in der Stimmung des Augenblicks sehr dankbar aufgenommen.
Aber schau – ich habe Dir das vielleicht nicht deutlich machen können –, das Leben ist nicht mehr wert, gelebt zu werden, wenn es einem gleichgültig ist, ob man gebraucht wird oder nicht.
Mehr will ich nicht sagen, aber ich glaube, daß Du mich verstehen wirst, wenigstens zum Teil.
Wenn Du vielleicht nicht darüber reden würdest. Es braucht ja niemand zu wissen, daß es nicht aus einer postoperativen Depression heraus geschah. Das ist angenehmer für Dickie und die Kinder und auch besser für Dich und Flo und William [der Arzt, der sie operierte].
Alles Liebe, Alice.
Liebe Grüße auch an Derek.

Am Tag, an dem sie sich wirklich umbrachte, räumte Alice ihr Schlafzimmer auf und stellte überall Blumen hin. Sie kleidete sich sorgfältig an und zog ihre beste Bettwäsche auf. Sie hinterließ mehrere Briefe. Einer war an die Polizei gerichtet – sein Inhalt wurde niemals freigegeben. Die anderen waren an ihre Kinder, an Dickie und einer auch an Patricia Bowles: «Wenn Du diesen Brief erhältst», hieß es darin, «habe ich es noch einmal getan. Diesmal, hoffe ich, erfolgreich.» Außerdem bat sie, daß an ihrem Grab eine Cocktailparty abgehalten werde.

– 16 –
Der größte Draufgänger aller Zeiten

Broughton hatte einen treuen Freund in England, der den Prozeß aufmerksam verfolgte: «Porchy» Carnarvon (Earl of Carnarvon). Als er erfuhr, daß Broughton freigesprochen worden war, schickte er sofort ein Telegramm, das auf Drängen Jimmy de Rothschilds eingerahmt und im White's an die Wand gehängt wurde. Es lautete: «Herzlichen Gückwunsch zur cleveren Rettung eines Kopfes.» Wieviel muß Broughton dieses Telegramm bedeutet haben! Schließlich war es ein Zeichen, daß er von seinen Offizierskollegen und Kameraden immer noch akzeptiert wurde. Lord Carnarvon schrieb in seinen Memoiren mit dem Titel *No Regrets* ziemlich viel über seinen alten Freund. Die beiden Männer hatten sich 1914 beim Militär kennengelernt, und aus dem Buch geht klar hervor, daß Carnarvon davon überzeugt war, Broughton besser zu kennen als irgendwer sonst. Im Mai 1980 wandte ich mich deshalb an ihn und bat ihn schriftlich um ein Interview.

In den frühen siebziger Jahren war Lord Carnarvon eine Zeitlang der Star in britischen TV-Talkshows gewesen, wo er unverhohlen die Rolle des unverbesserlichen Feudalisten und Plutokraten spielte. Er hatte die Körpergröße eines Jockeys, sah aber eher aus wie ein Buchmacher, der in seinem Leben zu oft dem schlechten Wetter ausgesetzt war, und meist redete er auch so. Er zwinkerte ständig anzüglich, erzählte schmutzige Witze und ließ sich eingehend über die Qualität der Beine und Fesseln von Frauen aus. Sein Lachen bestand aus der einzigen, aber laut hervorgestoßenen Silbe «hah!»

Vierzig Jahre nachdem Carnarvon besagtes Telegramm an Broughton geschickt hatte, fuhr ich mit Tessa Reay, der Enkelin von Vera und Jock Delves Broughton, zu seinem Wohnsitz Highclere Castle in Berkshire. Es war ein warmer Morgen Ende Mai; in der Luft lagen nur noch Reste der nächtlichen Kühle, und der ganze schön gestaltete Park stand in voller Blüte. Goldfasane staksten durch die unbezäunte Wiese entlang der geschotterten Auffahrt. Es schien, als habe sich hier seit Jahrhunderten nichts verändert; jedenfalls nichts, seit Broughton in den zwanziger Jahren am Wochenende als Gast zu den Pferderennen kam.

Ich klingelte an der Eingangstür, aber niemand öffnete. Wir gingen deshalb durch die große viktorianisch-gotische Halle mit den emporstrebenden Säulen und den ledernen Wandverkleidungen, die von einem Oberlicht erhellt wurde. Auf der Suche nach Lord Carnarvon stießen wir auf einen großen Raum mit perfekter Empireeinrichtung. Die Sessel und Sofas waren jedoch mit dunkelgrünem Leder bezogen, wie es in den Clubs der St. James's Street bevorzugt wird.

Große Uhren tickten im Gleichklang, aber beim Lehnstuhl neben dem Kamin stand ein billiger grüner Wecker mit schwarzem Blatt und Leuchtzeigern – der erste Hinweis auf einen anwesenden Bewohner. Wahrscheinlich hielt Lord Carnarvon hier gewöhnlich sein Mittagsschläfchen. Wir riefen seinen Namen in einen Gang hinter der mit braunem Stoff überzogenen Tür, hörten aber nur den Widerhall unserer eigenen Stimmen. Wir trennten uns und suchten das Erdgeschoß ab. Im Badezimmer gab es eine Sauna und eine Liste mit den täglichen Dampftemperaturen des Earl. An den Wänden hingen die üblichen Karikaturen von der Rennbahn, Cartoons und ein Reim über das Thema ersterbender Manneskraft.

His sporting days are over
His little light is out
What used to be his sex appeal
Is now his water-spout

Dann tauchte Lord Carnarvon plötzlich auf und hielt mich zunächst für Cyril Connolly. Eine halbe Stunde später erschien auch ein Butler und entschuldigte sich: Die Klingel sei kaputt.

Carnarvon war geschmackvoll gekleidet und trug Gabardinehosen, ein grünliches Tweedjackett und makellos polierte braune Golfschuhe mit genoppten Sohlen. Seine Redeweise erinnerte teils an Willie Whitelaw (Betonung und Lautstärke), teils an Earl Mountbatten (rollende Stentorstimme).

«Veras Enkelin», sagte er. «Ich kann es nicht fassen. Nun. Sie können alles haben, was Sie wollen. Sie müssen nur fragen.» Er sah zum Tablett mit den Drinks hin. «Sind Sie verheiratet und mit zahlreichen Kindern gesegnet?»

«Nein, ich bin geschieden», sagte Lady Reay.

«Schon gut, Liebes.

Die gute Vera», fuhr er fort. «Los. Fragen Sie mich, was Sie wollen. Die bezauberndste Frau ihrer Zeit. Wirklich ausgesprochen entzückend. Sie wurde immer mit Gladys Cooper verwechselt. Ich glaube, das brachte sie auf Touren, denn sie liebte es, bewundert zu werden. Ich kenne keine Frau auf der ganzen Welt, der es nicht gefällt, bewundert zu werden.»

«Hatten Sie je eine Affäre mit ihr?»

«Nein. Nein. Bestimmt nicht. Hab sie nicht ein einziges Mal angerührt. Es ist verdammt schwer, sich das vorzustellen, aber ich glaube nicht, daß die liebe Vera freiwillig mit irgend jemand ins Bett gegangen ist.

Ihr Interesse galt dem Schießen mit der Büchse – vielleicht schoß sie auch mit der Schrotflinte, ganz gewiß aber mit der Büchse. Und da sind Sie auch schon am Punkt. Wenn Sie zu Vera sagten: Ich habe vor, das Quellgebiet des Mekong oder sonst was zu erforschen. Kommen Sie mit? Dann hätten Sie sie hören müssen! Wo ist das? Timbuktu oder so. Gibt es dort Krokodile? Ja, Liebling, Krokodile sind garantiert. Müssen wir mit Moskitonetz schlafen? Ich sagte, ich wüßte nicht, ich hätte nicht gefragt, aber, ja, wahrscheinlich schon, sicher. Ist die Gegend zivilisiert? Nein. Überhaupt nicht zivilisiert. Ich würde wahnsinnig gerne fahren. So müssen Sie sich das vorstellen.»

Tessa Reay erzählte, ihre Großmutter sei in Länder wie Burma und die Philippinen gereist, die damals fast unbekannt waren. Auch Menschenfleisch habe sie gegessen. «Oh, das bezweifle ich nicht», sagte Lord Carnarvon.

«Ich kann mir nicht vorstellen, daß sie Lord Moyne liebte», bemerkte er. «Meine Vermutung ist, daß Vera sich sagte: ‹Walter ist da. Ich muß so freundlich wie möglich sein.› Ich bin einfach überzeugt, daß Vera ein Mensch war, der sich überhaupt nicht verlieben konnte. Ich habe nie das geringste Anzeichen dafür bemerkt, daß sie untreu war oder so etwas. Ich vermute, sie gehörte zu den

Damen, die niemals die Gefühle anderer verletzen wollen. Ich glaube jedenfalls nicht, daß sie es je bewußt getan hätte. Ich glaube, sie sagte sich: ‹Ich bin für die Fleischtöpfe; wer wäre es nicht? Nun, da sind sie. Walter ist verrückt nach mir, und ich werde weder mit ihm noch mit sonst irgend jemandem streiten.› Aber ich kann wirklich kaum glauben, daß sie sich freiwillig irgend jemandem hingegeben hätte. Die gute Vera. Ich glaube nicht, daß Sex sie überhaupt interessierte.

Jock war meiner Meinung nach ein *schwacher* Mann», setzte Lord Carnarvon seinen Monolog fort. «Er war *keinesfalls* ein *mutiger* Mann.» Er lehnte sich nach vorn, um die Wirkung seiner Worte zu betonen, wobei er sich deutlich der Versuchung erwehrte, das Wort Feigling zu gebrauchen. «Ich kannte ihn wahrscheinlich besser als jeder andere», erzählte er weiter. «Im Jahre 1914 schützte er einen Sonnenstich vor, weil er Angst hatte, nach Frankreich zu kommen. Er war im Grunde ein unehrlicher Mensch und sehr eitel.

Und als Vera mit Lord Moyne abhauen wollte, sagte er: ‹Ich hoffe, daß du Spaß mit ihm hast. Gott segne dich. Wir sehen uns dann, wenn du wieder zurück bist.› Das soll nicht heißen, daß seine Gefühle nicht verletzt gewesen wären. Er war jedoch zu schwach, um nein zu sagen; er war ein *mari complaisant*.

Vera sagte sich wahrscheinlich: ‹Jock unterhält mich nicht mehr.› Jock war ohnehin kein sehr unterhaltsamer Mann. Erzählte keine lustigen Geschichten oder ähnliches. Er sagte meist fast gar nichts. Ein sehr gewöhnlicher Mann, gut gekleidet, gestutzter Schnurrbart. Absolut nett. Die bestgekleideten Männer waren damals ich, auf Platz eins, gefolgt von Broughton, Jock Buchanan Jardine, Hugo Londesborough und Burghie Westmorland. Jock war vielleicht ein wenig eitel und verdammt dumm, wenn Sie mich fragen.

Ich hasse es, über irgend jemand etwas Häßliches zu sagen, und tue es nie, aber trotzdem: Er war wirklich dumm. Kaum graue Zellen.

Wollen Sie wissen, wofür sich Jock am meisten interessierte? Jeden Morgen aufs Klo zu gehen. Genau das. Und Sie hören es aus berufenem Munde.»

Ich erwähnte das Gerücht, Broughton habe kein oder zumindest nur noch wenig Geld gehabt, als er nach Kenia ging. «Das war auch so», sagte Carnarvon. «Oben in Doddington hat er vornehm und großzügig und sehr angenehm gelebt. Er hat gewettet und verloren. Und dazu kam, daß alles, was er tat, irgendwie unredlich war. Er machte lieber zehn Pfund mit krummen Touren als hundert Pfund auf ehrliche Weise. Ohne daß Vera oder die Kinder etwas davon wußten, verkaufte er Land und Bilder, die ihm nicht gehörten. Er hatte einfach kein Recht, diese Dinge zu verkaufen. O ja. Ja. Nur schwache Menschen erliegen der Versuchung, unehrliche Dinge zu tun. Das ist nun mal so. Wenn ein armer Teufel Hunger hat und ein Kaninchen aus einem Stall klaut, kann ich das verstehen. Aber Jock hat nie Hunger gelitten. Ich kann mir schon vorstellen, daß er sich scheute, nach England zurückzukehren. Er wußte ganz genau, daß er etwas getan hatte, für das er, falls es herauskam, wahrscheinlich ins Gefängnis hätte wandern müssen. Ich bin sicher, daß er sich dessen bewußt war.»

Warum, fragte Tessa Reay, ihr Großvater solche Risiken eingegangen sei, nur um derartige Extravaganzen zu finanzieren? «Wenn man einmal etwas angefangen hat, meine Liebe, gewöhnt man sich daran», antwortete Lord Carnarvon. «Es ist schwierig, so was aufzugeben. Nur starke Menschen sind dazu imstande. Er war kein starker Mann, und ich bin sicher, daß er entschlossen war, alles, an das er sich einmal gewöhnt hatte, für den Rest seines Lebens zu tun.»

Dann begaben wir uns zu dritt quer durch das große Speisezimmer zum Lunch. Lord Carnarvon blickte auf ein monumentales Porträt van Dycks von Karl I. zu Pferd. «Erroll? Kannte ihn», sagte er. «Windhund.» Windhund? «Einer der größten Windhunde seiner Generation – der größte Draufgänger aller Zeiten.

Er war ein *coureur par excellence.*» *Coureur*? «Schürzenjäger. Das war er. *Früher* war er sehr attraktiv. *Später* in Kenia war er ziemlich aufgedunsen.»

Zum Essen gab es Ravioli, Highclere-Lamm mit neuen Kartoffeln und Erdbeeren. «Gorellas», sagte Lord Carnarvon. «G-O-R-E-L-L-A-S. Holländisch. Sie kommen aus Holland. Sie sind besser als die aus Cambridge. Nicht so saftig, aber sehr ertragreich.

Erroll betrog Diana mit Alice de Trafford», fuhr er fort. «Diese Affäre war keineswegs vorüber. Ich glaube nicht, daß Jock Broughton den Mumm gehabt hätte, irgend jemanden umzubringen. Er konnte Erroll mit seiner kaputten Hand genausowenig erschießen, wie er einen Elefanten erlegen konnte. Verdammt schlechter Schütze. Unfähig, irgend etwas Schweres hochzuheben. Hätte einen Revolver von der Armee nicht einmal halten können.»

Aber warum ließ er sich bloß mit einer Frau ein, die so viel jünger war als er, noch dazu eine, die von seinen Freunden nicht gerade mit offenen Armen empfangen wurde? Liebte er Diana?

«Er war ein schwacher Mann. Schöne Frauen gefielen ihm, würde ich sagen.

Er war kein großer Verführer. Er brachte einem Mädchen eine Schachtel Pralinen ins Schlafzimmer und erhob dann Anspruch auf den Rest. Ob Diana damals hübsch war oder nicht? Mich sprach sie nie an, aber das will nichts heißen. Hah!

Man kann das unmöglich wissen», fuhr Lord Carnarvon fort. «Des einen Freud ist des andern Leid. Ich meine, für mich sind *Hände* sehr wichtig und *Nägel*. Schließlich wird man von Händen gestreichelt. Von irgend jemandem berührt zu werden, der an den Fingernägeln kaut – uahhhuahh – einfach abstoßend. O nein, meine Liebe, Sie brauchen jetzt nicht Ihre Nägel zu betrachten. Sie sind nicht angekaut. Lächerlich.

Aber das ist das erste, was ich mir ansehe. Ich bin ein Mensch, dem Hände sehr wichtig sind. Viele Menschen achten darauf nicht. Ich habe *unzählige* Männer gekannt, die einfach aufs Ganze gehen und mit einer Frau, die fürchterliche Hände hat, ins Bett hüpfen oder was auch immer. Stört sie nicht im geringsten. Denken nicht mal dran. *Jeder* ist da anders.

Ich für meinen Teil schenke Händen große Aufmerksamkeit, aber ich achte auch auf die Beine. Leute mit häßlichen Beinen, dicken Beinen – nun, ich meine, es sind arme Teufel, sie können nichts dafür. Sie haben sie sich nicht ausgesucht. Aber mich, Carnarvon, hat das immer *abgestoßen*.»

«Und was passiert mit einer Frau», fragte Tessa Reay, «wenn sie ihr gutes Aussehen verliert?»

«AUS» entgegnete Lord Carnarvon.

Wir schweiften jetzt deutlich von unserem Thema ab. Aber vielleicht hatten sich Broughton und seine Zeitgenossen auf diese Art und Weise unterhalten?

«Ich habe früher sehr schöne Frauen gekannt, mit nicht einem einzigen Funken Verstand im Kopf, absolut dumm, aber ich habe mir gesagt: ‹Ich werde dich auf den Rücken legen, *und* ich werde es genießen.›

Meine erste Frau war sehr, *sehr* schön. Auch Tilly [Losch, die Schauspielerin, Lord Carnarvons zweite Frau] war sehr schön. Sie hatte etwas sehr Seltenes: grüne Augen mit bernsteinfarbenen Pupillen. So etwas sieht man nur einmal im Leben. Und sie hatte von Natur aus dunkles Haar, man nennt es, glaube ich, tizianrot. Ich kann nicht behaupten, daß sie die tollsten Beine hatte – sie ist übrigens tot. War ja auch Tänzerin. Beim Ballett in Wien. Das trainiert Muskeln in Waden und Schenkeln. Bedienen Sie sich, greifen Sie zu. Nehmen Sie ordentlich Sahne. Alles, was Sie wollen. Nüchtern kommen und betrunken gehen. Das sage ich immer zu meinen Gästen.»

Nach dem Lunch führte er uns in einen riesigen Salon. Die Wände waren bis oben hin voll mit ledergebundenen Büchern, und der Raum stand voller prachtvoller Möbel. Ich fragte nach der Herkunft eines bestimmten Möbelstückes. War es französisch? Italienisch? «Ich kann Ihnen nicht sagen, wie ich dazu gekommen bin», sagte Lord Carnarvon. «War alles hier, als ich kam.» Er zeigte auf einen Stuhl und einen Tisch und sagte, angeblich habe Napoleon daran auf Elba seine Abdankungsurkunde unterzeichnet. «Sehen Sie die Kratzer an der Armlehne? Es heißt, er habe sie mit den Fingernägeln gemacht. Aus Enttäuschung. Das Holz war damals weich.» Der Raum, in dem wir uns befanden, war einige Jahre zuvor bei einem Brand stark beschädigt worden. Die Stuckrosetten an der Decke – «Makronen», wie Lord Carnarvon sie nannte – hätten erneuert werden sollen. Lord Carnarvon war damals gerade im Ausland gewesen, und der Bauunternehmer hatte ihm telegrafisch einen Kostenvoranschlag gemacht: hundertfünfzig Pfund pro Makrone. «Ich telegrafierte zurück», bellte Lord Carnarvon, «überhaupt keine Makronen!»

Dann bot Lord Carnarvon Tessa Reay für fünf Pfund fünfundneunzig ein Exemplar von *No Regrets* an, schrieb eine Widmung hinein und verschwand. Er war eine ganze Weile weg, und ich hörte, wie Tessa Reay in einem fernen Korridor rief: «Lord Carnarvon? Lord Carnarvon? Wo *sind* Sie?» Schließlich kam er zurück, um sich von uns zu verabschieden, und wir machten uns auf die Heimfahrt nach London.

– 17 –
Paläste und Fassaden

Die Phase, die uns am meisten Möglichkeiten bot, den mysteriösen Charakter von Delves Broughton kennenzulernen, begann mit seinem Freispruch. Es dauerte eine ganze Weile, bis er auf das Urteil reagierte. Der Richter dankte bereits den Geschworenen und enthob sie aller weiteren Pflichten, als man sah, wie Broughton errötete und vor Freude und Aufregung zu strahlen begann. Beim Verlassen des Gerichtssaals machte er dann Harragin gegenüber die Bemerkung, die niemand genau verstand. Eine verbreitete Version davon lautete: «Ich fürchte, ich bin Ihnen durch die Lappen gegangen.» Diana und Kaplan hatten in Erwartung des Urteils in Kaplans Haus eine Party für Broughton arrangiert. Ein Gast erinnert sich an die ausgelassene Stimmung und das nostalgische Gelächter, das sich erhob, als June Carberry ihr Brandyglas erhob und sagte: «Es sieht heute für den alten Jungen nicht allzu gut aus.»

Broughton beschrieb den Beifall und die Freundlichkeiten, die ihm entgegengebracht wurden, sowie seine eigene Euphorie in einem Rundbrief an seine Freunde in England, den er zusammen mit einem Glückwunschschreiben von Morris ein paar Tage später abschickte. (Bei seiner Rückkehr nach Johannesburg wurde Morris gefragt, wen er denn für den Mörder halte. «Mein Gott», antwortete er, «ich habe völlig vergessen, danach zu fragen.») Broughton fertigte von jedem Schreiben, das er erhielt, hundert Kopien an. Der Zweck seiner Briefaktion bestand ganz klar darin, den Skandal so klein wie möglich zu halten, die ganze Geschichte als ärgerliche Unterbrechung seines Lebens abzutun und sie jetzt, da alles vorüber war, seinen Freunden gegenüber als amüsante Episode darzustellen:

> Ich wünschte, ich könnte Euch die wirkliche Geschichte mit allen Hintergründen erzählen, aber sie würde zensiert, und deshalb hat es keinen Sinn, damit anzufangen.

Es war eine lächerliche Sache, und ich war das Opfer unglücklicher Umstände. Ich war vom 6. März bis zum 1. Juli im Gefängnis. Während dieser Zeit hatte ich niemals Angst, und ich war auch nicht niedergeschlagen. Ich hielt mich die ganze Zeit über gut in Form. Da ich nur in Untersuchungshaft saß, konnte ich mir Essen und Trinken bringen lassen und soviel rauchen und lesen, wie ich wollte, nur trinken [sic] war mir verboten, was mich aber nicht im mindesten störte. Ich hatte viel Besuch und ging täglich zwei Stunden spazieren. Nie habe ich mich besser gefühlt als im Gefängnis.
Ich hatte einen Mitgefangenen, der meine Zelle saubermachte usw., und hatte keinerlei Unannehmlichkeiten außer der, daß die winzige, getünchte Zelle nur zwei auf drei Meter maß. Mein Bett war sehr bequem, und ich hatte nicht eine einzige schlaflose Nacht.
Ich las viel und spielte viele verschiedene Spiele.
Der Prozeß war streckenweise langweilig, besonders während der Beweisführung und der Kreuzverhöre zu den ballistischen Problemen. Ich ging an einem Donnerstag in den Zeugenstand und verließ ihn erst am folgenden Donnerstag wieder. Ich verbrachte also fünf volle Tage im Zeugenstand. Davon nahm mich der erste Kronanwalt dreieinhalb Tage lang ins Kreuzverhör.
Sie konnten mich nie in Widersprüche verwickeln oder auch nur im geringsten ins Wanken bringen. Die meisten Fragen hielt ich für sinnlos. Sie waren alle leicht abzuwehren, aber man mußte seinen Kopf beieinanderhalten und auf der Hut sein.
Hier in diesem Land werden die Geschworenen nicht abgesondert, bis sie sich zur Urteilsfindung zurückziehen. Das war die einzige Zeitspanne, während der ich, wie ich zu meiner Schande gestehen muß, eine gewisse Anspannung fühlte. Das gebe ich zu. Ich konnte nicht stillsitzen und ging drei Stunden und fünfundzwanzig Minuten lang auf und ab.
Als das Urteil schließlich abends um Viertel nach neun verkündet wurde, ging ein Seufzer der Erleichterung durch den Gerichtssaal, der bis zum letzten Platz mit Zuschauern gefüllt war. Es gab auch welche, die Beifall klatschten.
Ich brauchte zehn Minuten, um zu mir zu kommen und mir bewußt zu werden, daß ich ein freier Mann war. Aber ich mußte vielen Menschen die Hand schütteln, allen voran den Leuten von der Polizei.
Von Anfang an stand praktisch das ganze Land fest hinter mir. Ich fuhr mit einigen Freunden zu einem Haus, wo Diana mich erwartete. Ich hatte nicht zugelassen, daß sie am letzten Tag ins Gericht kam. Die Ärmste hat viel mehr durchgemacht als ich.

Dann feierten wir bis tief in die Nacht hinein.
Nie in meinem Leben habe ich mich besser oder glücklicher gefühlt als am Tag darauf. Weder meine Gesundheit noch meine Nerven waren beeinträchtigt; ich hatte, abgesehen von der Zeit, während der ich auf das Urteil der Geschworenen warten mußte, nie unter großer Anspannung gestanden.
Das Problem bei der ganzen Sache ist, daß sie mich fünftausend Pfund gekostet hat, die ich nicht besitze. Und da die Krone sich bekanntlich nicht irren kann, ist es mir nicht möglich, etwas zurückzubekommen. Ich hatte den besten Anwalt von ganz Afrika: Morris aus Johannesburg.
Ich war zum Schluß gekommen, daß man es sich nicht leisten kann, über Kosten nachzudenken, wenn es um das eigene Leben geht. Außerdem hatte ich die Pflicht gegenüber meiner Familie, meinen Namen von allem reinzuwaschen.
Die Gefängnisbeamten waren alle ausgesprochen freundlich. Im Gefängnis gibt es mehr Nächstenliebe als an den meisten Orten draußen in der Freiheit.
So endet also der Prozeß, der in Friedenszeiten ein historischer Prozeß gewesen wäre. Ich glaube, Jocelyn Erroll (der 22. Earl), High Constable von Schottland, der bei offiziellen Anlässen in Schottland direkt hinter dem König und der Königin und vor allen anderen Adligen, auch den Herzögen, auftrat, war der erste Earl, der seit Bosworth, dem Freund von Mary, der Königin der Schotten während der Regierung Elizabeths, ermordet wurde. [Historisch gesehen lag Broughton total falsch. Vielleicht spielte er auf den Earl of Bothwell an, den dritten Ehemann von Queen Mary. Bothwell war der führende Kopf der Verschwörung gegen ihren zweiten Mann, Lord Darnley, im Jahre 1567 gewesen, hatte ihn jedoch nicht eigenhändig erwürgt. Bothwell starb ein paar Jahre später geisteskrank in einem dänischen Verlies.]
Errolls Familie ist mit der Geschichte Schottlands eng verbunden und hat einige Male in die königliche Familie hineingeheiratet. Die Ursprünge der Familie reichen weit zurück in das Dunkel der schottischen Geschichte.

Prahlt Broughton? Im gesamten Brief findet sich kein Wort über die tragischen Umstände von Errolls Tod, nicht die geringste Anspielung auf die Trauer um einen «guten Freund», ja nicht einmal ein Hinweis auf die ungeklärten Tatumstände.

In seinem persönlichen Schreiben an Lady d'Avigdor-Goldsmid schrieb Broughton:

Diana ist absolut loyal, seit mich das Unglück getroffen hat, und was mit ihr geschah, war vornehmlich mein Fehler und lag an meiner Übellaunigkeit. [Hier fügte er die Bemerkung ein, daß Diana sich nach all dem, was über Erroll «an den Tag» gekommen sei, «keinerlei Illusionen» mehr über ihn mache.] Deshalb kam ich zum Schluß, es sei das beste, unser Leben weiterzuführen, als sei nichts geschehen, und ich bin recht glücklich. Wir sind jetzt auf dem Weg nach Ceylon, wo ich zu tun habe.

Aus dem Schluß des Briefes – einer Standardfrage, die in allen seinen Briefen aus jener Zeit auftaucht, die ich gesehen habe – spricht eine gewisse Angst:

Bitte schreiben Sie mir, meine Liebe, und erzählen Sie mir aufrichtig, wie die Leute zu Hause auf meinen Prozeß reagiert haben und ob Sie meinen, daß ich nach dem Krieg heimkehren und mein altes Leben wiederaufnehmen kann oder nicht. Das Schlimmste an dem v... Prozeß ist, daß alle meine privaten Angelegenheiten vor aller Welt breitgetreten wurden.

Nachdem Diana sich während des Prozesses aufs äußerste angestrengt und für die Sache ihres Mannes eingesetzt hatte, muß ihr die Tatsache unerträglich gewesen sein, daß Broughton seine Reisepläne nach Ceylon wieder aufgriff und sie zu einer langen Seereise zu zweit zwang. Ihre Beziehung war inzwischen von Schuldvermutungen und Argwohn vergiftet, und Diana hatte nicht nur Angst vor ihm, sondern sie verachtete ihn auch. Aber es blieb ihr nichts anderes übrig, als mit ihm zu gehen. Angesichts all dessen, was passiert war, muß sich Broughton im klaren darüber gewesen sein, daß eine solche Reise für Diana eine Tortur war.

Gegen Ende August, als der Krieg in Europa und Nordafrika sich für die Alliierten besonders schlecht entwickelte, schrieb Broughton von Indien aus nach England:

Der Nawab von Bhopal war, als ich 1927 das letzte Mal in Indien war, der beste Polospieler der Welt. Er ist Mohammedaner. Wir hatten Aufenthalt in Bhopal und begaben uns dann zu seinem Landsitz, ungefähr fünfundvierzig Meilen entfernt, wo er eine sehr fröhliche Party veranstaltete (nur Inder). Es gibt dort zwei zauberhafte Swimmingpools, außerdem unzählige Ponys, Tennisplätze usw. Ungefähr sechzehn Leute tanzten im Freien auf einem für diesen Zweck eigens errichteten Tanzboden. Ich saß beim Essen zwischen der «Begum» (seiner Frau) und einer wirklich reizenden [Auslassung] von ungefähr zwanzig Jahren. Alle sprachen perfekt Englisch. Wir fuhren mit dem Zug hin. Es ist ein wunderbarer «Palast». Wir bewohnen sechs riesige Räume, und uns stehen vier Diener zur Verfügung, die sich um uns kümmern. Lunch und Dinner nehmen wir mit Seiner Hoheit ein. Außerdem nimmt er uns in seinem Wagen zu seinen anderen drei Palästen mit und fährt auch mit uns in einer Motorbarkasse auf dem See herum. Der See ist ungefähr dreißig Meilen entfernt. Wir sahen zwei Tiger und drei Leoparden ans Ufer kommen und trinken. Dieser Ort scheint eine Million Meilen von jeglichem Krieg entfernt zu sein. Es gibt keine Europäer hier, und das Leben spielt sich ab wie schon vor tausend Jahren, abgesehen von den Autos Seiner Majestät, der Motorbarkasse und jedem erdenklichen modernen Komfort in seinen Palästen. Ich hätte vielleicht besser sagen sollen, das Leben der einfachen Leute. Die Stadt wirkt mit all den Kühen (die heilige Tiere sind) sehr pittoresk. Überall sind Pfauen zu sehen und Affen. Seine Hoheit besitzt die erlesenste Sammlung von Perlen in der ganzen Welt und Unmengen von anderen unbezahlbaren Schmuckstücken. Er hat uns gestern abend alles gezeigt. Die Sammlung wird auf acht Millionen geschätzt.

Ende September waren Broughton und Diana wieder zurück in Kenia, und Broughton schrieb von da an oft an Mrs. Woodhouse. Im November 1941 schrieb er:

Meine liebe Marie,

seit Ihrem Glückwunschtelegramm habe ich kein Wort mehr von Ihnen gehört. Haben Sie den langen Brief und meine Notizen über den Prozeß erhalten? Als der Prozeß vorbei war, fuhr ich nach Ceylon und Indien, um etwas zu erledigen, und kehrte erst Ende September wieder zurück. Ich verbrachte in beiden Ländern eine herrliche Zeit und wurde großzügig bewirtet. In Ceylon hatte ich ein Erlebnis, das meinen Sinn für Humor ansprach: Ich wurde – gerade erst aus dem Gefängnis entlassen – ausgerechnet vom Lordoberrichter von Ceylon besonders häufig empfangen, und er redete mich die ganze Zeit über höchst respektvoll mit «Sir» an. Zurück fuhr ich mit einem Schiff der Bank-Linie. Sehr komfortable Schiffe mit sehr gutem Essen, guten Kabinen und guten Stewards. Erinnern Sie sich an die Auswirkungen,

die der Hummer bei Ihnen hatte, den wir am Anfang unserer Fahrt nach Madeira in Southampton zu uns nahmen? Ich habe mich hier inzwischen der Landwirtschaft zugewandt. Ich habe tausend Hektar Weizen gesät und verkaufe monatlich für zweihundert Pfund Milch. Außerdem habe ich der Regierung garantiert, dieses Jahr tausend Schweine und wöchentlich eine Tonne Gemüse zu liefern. Deshalb arbeite ich täglich von morgens bis abends. Die Schwierigkeiten in der Landwirtschaft sind heutzutage schrecklich. Man bekommt keine Ersatzteile, und die Läden sind nahezu leer. Zum Glück ist das Klima ideal, und die Arbeitskräfte sind sehr billig. Ich zahle meinen Arbeitern etwa acht Pfund im Monat, kann also ihrer rund zwanzig beschäftigen.
Ich habe ein hübsches kleines Haus zehn Meilen von Nairobi entfernt mit einem geradezu himmlischen Garten. Die Arbeitskräfte sind so billig, daß mich hier zwanzig Gärtner soviel kosten wie ein einziger in England. Ich verfüge über zwanzig Hektar Grund mit einem Tennisplatz (hart) und einem Swimmingpool, besitze drei Ponys, sechs Hunde, zwei Affen, zwei Mungos und Pfauen. Wir haben einen herrlichen Blick auf die Ngong-Berge.
Ich habe entsetzliches Heimweh. Bitte schreiben Sie mir, und erzählen Sie mir, was die Leute zu Hause über meinen Prozeß denken. Ich sehne mich danach, von Ihnen zu hören und alles über Ihre liebenswerte Person zu erfahren.

Liebe Grüße an Jim.

Auch Ihnen, meine Liebe, alles Gute,

Jock

Broughtons Sorge darum, seine alte gesellschaftliche Position wiederzuerlangen, entwickelte sich zu einer regelrechten Obsession. Bereits im Gefängnis hatte er dem Justizbeamten erzählt, daß er sich umbringen würde, sollten seine Freunde zu Hause ihn abweisen. Zwei Wochen nach dem Mord, also eine ganze Weile vor seiner Verhaftung, hatte er die ersten Anzeichen gespürt, daß er geächtet wurde. «Mr. Wheelock [sein Agent], Mr. Hooper [sein Partner] und Mrs. Carberry», erzählte er dem Gericht, «besuchten mich. Von den anderen Freunden, von denen ich eigentlich erwartet hatte, daß sie mich besuchen würden, kam jedoch keiner.» Soames hatte, wie wir wissen, das Land verlassen. Die Carberrys gingen bald nach dem Prozeß nach Johannesburg. Dickinson war nach Abessinien versetzt worden, Pembroke und Lezard nach Kairo. Mit Gwladys zu sprechen kam nach dem, was sie vor Gericht gesagt hatte, nicht in Frage.

Als Carnarvon von White's aus sein Glückwunschtelegramm abschickte, wurden auf der gegenüberliegenden Straßenseite im Brooks's Club Wettschulden beglichen. Im Wettbuch von Brooks's ist am 25. Mai 1941 folgender Eintrag verzeichnet:

> Seine Gnaden der Duke of St. Albans wettet fünf Pfund gegen Sir Mark Grant Sturgis, daß Sir Delves Broughton für den Mord an dem Earl of Erroll gehängt wird.

Doch Broughton hatte geglaubt, der Freispruch habe alles verändert. Er hoffte, bei seiner Rückkehr von Ceylon als bewunderter Held und Berühmtheit empfangen zu werden. Statt dessen wurden er und Diana ignoriert und gemieden; «von allen geschnitten», erinnerte sich Kaplan. Diana galt als Hure, die Schande über die Kolonie gebracht hatte. Sie wurde jetzt offen verurteilt und verhöhnt, und zwar nicht nur von Beamten. Abgesehen von ein oder zwei Ausnahmen hatten sich alle Herren der feinen Gesellschaft gegen sie gewandt. Broughton begegnete man mit Argwohn; er wurde fallengelassen wie eine heiße Kartoffel. Bill Allen, der sich im Juni 1941 auf Urlaub von Addis Abeba in Kenia aufhielt, schrieb: «Ich merkte, daß der Umgang mit den Broughtons von Lord Francis Scott, dem damaligen Militärattaché, nicht gern gesehen wurde.»

Die Exkommunikation verlief rasch und geschäftsmäßig. Das Komitee des Muthaiga Club tat als erstes seine Pflicht und verbannte die beiden aus dem Club. Der folgende Auszug aus einer geplanten Aufzeichnung der Geschichte des Clubs wurde von einem ehemaligen Mitglied verfaßt, das um Anonymität gebeten hat. Der Text beruht auf den Protokollen der Sitzung, auf der beschlossen wurde, die Broughtons als Clubmitglieder auszuschließen:

> Vor dem ersten Zusammentreten des Komitees im Jahre 1941 und vor der jährlichen Generalversammlung wurde Lord Erroll ermordet. Er lebte zu jener Zeit im Club. Er wurde erschossen in einem Automobil

gefunden, mit dem er auf dem Heimweg von Karen war, wo er zu Abend gespeist hatte [sic]. In jüngeren Jahren hatte er ein wechselvolles Leben geführt und war oft mit dem Club-Komitee in Konflikt geraten. In jüngster Zeit jedoch hatte er als Sekretär des Manpower Committee von Kenia hervorragende Leistungen erbracht. Die Umstände von Lord Errolls Tod, die Tatsache, daß wohlbekannte, adlige Personen in den Fall verwickelt waren und daß er selbst als Mitglied zum Muthaiga Country Club gehörte, brachten dem Club unerwünschte, peinliche und entstellende Publizität. Das hielt einige Monate an und erreichte während des Mordprozesses gegen Sir Delves Broughton einen Höhepunkt.

Es entstand das Bild einer weißen kenianischen Gesellschaft, die trotz eines furchtbaren Krieges nicht von ihrem frivolen und lässigen Leben ablassen konnte. Das Club-Komitee war, was nur natürlich ist, aufs äußerste beunruhigt von Ereignissen, die seinem Einfluß völlig entzogen waren.

Als nach dem Freispruch von Sir Broughton im Club eine Party veranstaltet wurde, reagierte das Komitee deshalb nach einer Sondersitzung mit aller Schärfe, weil man der Ansicht war, ein solches Verhalten bringe den Club erneut in Verruf.

Was für edle Absichten der Autor auch immer verfolgen mochte, so geht es doch nicht an, derart den Schleier der Diskretion über historische Ereignisse zu legen. Es ist eine Tatsache, daß den Broughtons mitgeteilt wurde, sie seien im Muthaiga Country Club nicht mehr als Gäste erwünscht. Wie mir der Autor anvertraute, sei der ausschlaggebende Grund dafür gewesen, daß «der Freispruch einer Person, die wegen Mordes an einem Mitglied des Club-Komitees angeklagt war, im Club gefeiert wurde».

Diana und Broughton mußten mit einschneidenden Veränderungen in ihrem Leben fertigwerden. Broughton war jetzt genau mit jenen zwei Dingen konfrontiert, die er am meisten fürchtete – Einsamkeit und Bedeutungslosigkeit –, und in seinen Briefen zeigen sich erste Anzeichen von Depressionen. So schrieb er an Marie Woodhouse: «Ich hatte immer die Sympathie der Öffentlichkeit hinter mir, denn er war ein professioneller Ehebrecher und hatte viele Feinde. In Kenia hieß es überall, wer es getan habe, verdiene eine Medaille» – ein Thema, auf das er später immer wieder zurückkam. Auch das Bedauern über die Trennung von Vera brachte er erneut zur Sprache, und er wiederholte die Unterhaltung mit Gwladys am Tag des Begräbnisses. An andere englische Freunde schrieb er: «Nach Vera hatte ich nie wieder Glück. Wir trennten uns nach siebenundzwanzig Ehejahren, und es hat keinem von uns Gück gebracht.» (Broughton spielt darauf an, daß Moyne sich beharrlich weigerte, Vera zu heiraten.)

Die Arbeit, von der Broughton in seinen Briefen spricht, stellte in Wirklichkeit keine hohen Anforderungen an ihn. Es war leichte Büroarbeit in Nairobi. Sein Agent Wheelock und sein Partner Hopcraft verwalteten den Grund und Boden am Naivasha-See und die Kaffeeplantage in Spring Valley. Gegen Ende des Jahres 1941 hörte er auch mit der Büroarbeit auf. Als er daraufhin begann, wieder über Erroll zu sprechen, zeigte es sich, daß weder er noch Diana jemals mit der Erinnerung an ihn fertigwerden konnten. Schließlich tat er das Unglaubliche und bezog Errolls Haus. Er mietete den Djinn Palace am Naivasha-See, der seit Errolls Tod leerstand. Er versuchte sogar, den Palast von den Agenten der Treuhänder zu kaufen, konnte aber die nötige Summe nicht aufbringen. Das Porträt von Erroll in den Krönungsgewändern hing immer noch oben auf dem Treppenabsatz. Und in der Halle hängt bis zum heutigen Tag ein Bild von Molly Ramsay-Hill, auf dem sie ausgestreckt auf einem Kanapee liegt.

Daß Broughton am Naivasha-See Ackerland besaß, war kaum ein überzeugender Grund für einen so gewagten Schritt. Das Haus, der Garten, der zum Wasser hin abfällt, und die gesamte Umgebung sind allerdings von bezaubernder Schönheit. Doch der Naivasha-See ist auch ein merkwürdiger und einsamer Ort, der ein Gefühl von Einsamkeit und auch Gefahr hervorruft. Eine kühle Brise weht von den Aberdare-Bergen herunter, und immer wieder gibt es Berichte über Ertrunkene, obwohl das Wasser harmlos und friedlich aussieht. Es war, als sei Broughton absichtlich dorthin gegangen, um sich seiner eigenen hoffnungslosen Einsamkeit zu stellen. Er war in diesem Haus ausgesprochen unglücklich, während seine Ehe mit Diana in das letzte Stadium ihres qualvoll langsamen Endes eintrat.

Einmal besuchte Broughton Paula Long, die sich im Krankenhaus von einem schweren Autounfall erholte. Er vertraute ihr seine größte Sorge an: daß er bei einer Rückkehr nach England aus all seinen Clubs (dem Turf-Club, dem Club der Guards usw.) würde austreten müssen. Sie fand das merkwürdig, aber «typisch für einen eitlen und geselligen Menschen». Er sagte anläßlich dieses Besuchs auch, seiner Ansicht nach sei durch die Erschießung Errolls eine gute Tat vollbracht worden (eine neuerliche Variation des Themas); Erroll habe «es darauf ankommen lassen». Ihr fiel auf, wie er diesen Satz betonte, und sie kam zum Schluß, daß er versuchte, *sich selbst* zu rechtfertigen – und damit zugleich den Mord eingestand. Sie war danach davon überzeugt, daß Broughton den Mord begangen hatte. Verdächtigt hatte sie ihn bereits während des Prozesses. Sie war oft mit ihm spazierengegangen und fand, daß er «sehr gut zu Fuß» war. Doch für sie war das entscheidende Beweisstück der Golfstrumpf gewesen, der verkohlt und blutbefleckt im Feuer gefunden worden war. Broughton hatte ausgesagt, er habe niemals Golfstrümpfe getragen. Mrs. Long erinnerte sich jedoch nicht nur, daß er sie «dauernd» trug, sondern hatte auch ein Foto, mit dem sie es beweisen konnte.

Broughton, sagte sie, sei ein bemitleidenswerter Mensch gewesen. Sein Stolz habe sich gegen die Erniedrigungen gewehrt, die ihm von Diana und Joss Erroll zugefügt wurden, und gegen die schreckliche Tatsache, daß er nie wußte, was gegen ihn ausgeheckt wurde. Völlig vernarrt sei er in Diana gewesen, erzählte sie, sogar noch nach dem Prozeß, und wahnsinnig eifersüchtig. Sie beschrieb, wie Erroll und Diana tanzten, als «klebten sie aneinander, als würden sie es beim Tanzen miteinander treiben. Es war ein *coup de foudre*, und Broughton sah traurig zu.»

Sie vermutete, Broughton sei deshalb in den Wagen gestiegen, um das Gespräch über die Scheidung weiterzuführen (bei anderer Gelegenheit schon – am Tag vor dem Mord – hatte er die Enge von Errolls Wagen für ein ähnliches Gespräch gewählt). Er habe neben Erroll, der vielleicht «irgendeine spitze Bemerkung fallenließ», auf dem Beifahrersitz gesessen. Dann sei er wahrscheinlich ausgestiegen und habe Erroll entweder durch die offene Tür oder durch das Fenster erschossen. Ihrer Ansicht nach sei es für ihn kein Problem gewesen, nach Hause zu gehen oder zu laufen. Da June Broughtons Alibi fast mit Sicherheit erfunden habe, habe er sich soviel Zeit nehmen können, um zum Haus zurückzugelangen, wie er wollte.

Diese Erinnerungen von Paula Long sind für die letzte Analyse von einiger Bedeutung. Aus vielem, was sie Connolly und ein paar Jahre später mir erzählte, spricht eine merkwürdige Intuition und eine tiefe Einsicht in die Vorgänge und in das Wesen der damals Beteiligten, Eigenschaften, für die sie bei ihren Freunden bekannt ist.

Die Broughtons kannten kaum jemanden am See, aber selbst in jener kleinen, unabhängigen Gemeinschaft wurden sie von allen wie Ausgestoßene behandelt. Es gab nur eine Ausnahme: einen außergewöhnlichen Mann namens Gilbert Colvile.

Colvile war der einzige Sohn von Generalmajor Sir Henry Colvile von Lullington Hall, Derby, und er war zusammen mit Broughton und Lord Francis Scott in Eton gewesen. Er war naturalisierter Afrikaner geworden, ein begeisterter Anhänger der Massai, und gehörte zu den größten Viehzüchtern des Landes. Der kleine, linkische, kinnlose Mann, ein Geizhals und Einzelgänger, lebte mit vielen Hunden in ziemlicher Verwahrlosung. In seinem Haus roch es genauso säuerlich und rauchig wie in den Hütten der Massai. Er kleidete sich auffallend schäbig, verstand aber soviel von Vieh wie ein Massai selbst. Nach kurzer Zeit war er etwas wie Dianas offizieller Beschützer geworden. Allerdings beschützte er sie weniger vor der feindseligen Gesellschaft als vor Broughton, der unglücklich und aggressiv geworden war und auf dessen seelische Verfassung sich der Alkoholgenuß auszuwirken begann.

Es kam die Zeit, da Diana ein außerordentliches Talent dafür zu entwickeln begann, einen reibungslosen Übergang von einem Ehemann zum andern zu arrangieren, oft noch mit einem Tanzpartner hinter den Kulissen. Eine treffende Beschreibung dieser merkwürdigen, ungewissen Phase im Leben der Broughtons fand sich in einem Brief aus Hertfordshire, den Albert Andrew am Weihnachtstag 1969 an Connolly schrieb:

Sehr geehrter Mr. Connolly,

ich war begeistert von Ihrem Artikel über den Mordfall Erroll, und wenn ich in eine Buchhandlung gehe, muß ich mir als erstes unbedingt das andere Buch zu diesem Thema bestellen – falls es noch lieferbar ist. Da Sie an dieser Geschichte und den Hintergründen offenbar stark interessiert sind, meine ich, Ihnen das Wenige, was ich weiß, mitteilen zu müssen. Ich wünschte nur, ich könnte genauere Zeitangaben machen. Ungefähr im März 1942 hielt ich mich bei der Familie McCrae auf, die einen Bungalow am Ufer des Naivasha-Sees besaß. Wir erfuhren, daß das (inzwischen) bekannte Ehepaar Delves Broughton ein Haus in der Gegend gemietet hatte, und Mrs. McCrae, ihre Tochter Margaret und unsere Nachbarn, Hauptmann Ralston und Frau, schworen, daß nichts sie dazu bewegen könne, die beiden gesellschaftlich anzuerkennen. (Lady D. B. wurde damals nur als «diese Frau» bezeichnet.)

Eines Tages (ich glaube, es war Anfang April) war ich mit Mrs. McCrae allein zu Hause, als einer der Boys kam und sagte, an der Tür sei eine weiße Frau, die die Dame des Hauses zu sprechen wünsche. Mrs. McCrae ging an die Tür und führte eine Frau herein. Es war, wie sich herausstellte, Diana Delves Broughton. Sie war sehr besorgt und sagte, ihr Mann sei vom Pferd gefallen. Also ging ich mit ein paar Eingeborenen zu der von ihr beschriebenen Stelle und fand Sir D. B. offensichtlich mit großen Schmerzen im Gras liegen. Wir mußten zurückgehen und eine provisorische Tragbahre holen, um ihn darauf zum Haus zu schaffen, aber Mrs. McCrae hatte inzwischen offenbar das Rote Kreuz in Naivasha alarmiert. Die Sanitäter kamen, um die Sache zu übernehmen, während wir noch versuchten, damit fertigzuwerden.

Eine Weile später kam Diana, um Mrs. McCrae für die Hilfsbereitschaft zu danken, und so wurden die Broughtons langsam in die Gesellschaft am See eingeführt. Sie muß ihnen sehr fremd vorgekommen sein, völlig anders als die Gesellschaft, die sie bisher gekannt hatten, denn obwohl viel Tennis und Bridge gespielt und auch viel getanzt wurde, hatte das Leben hier nichts mit dem Leben in Happy Valley gemein. Diana schien jedoch sehr um Freundlichkeit bemüht. Ich kann gut verstehen, daß sie in Kenia Fuß faßte. Sie war eigentlich kein Snob. Ihr Ehemann kam nur selten. Sie schreiben, es sei zwischen den beiden im Mai 1942 zum Bruch gekommen. Ich bin mir jedoch ziemlich sicher, daß sie im Juni 1942 noch gemeinsam bei einer Tanzveranstaltung im Country Club waren. Ich erinnere mich deutlich daran, mit Diana getanzt und sie dann zu ihren Begleitern zurückgebracht zu haben, zu denen auch Colvile und Broughton gehörten. Könnte es in dieser Zeit zu einer kurzen Versöhnung gekommen sein? Diana war in unserer Gegenwart immer höflich zu ihm, und ich erfuhr erst im Juli oder August in Nairobi, daß sie sich getrennt hatten. Es tat uns allen leid, aber da sie jung genug war, um seine Tochter sein zu können, überraschte es uns nicht.

Von den anderen im Artikel erwähnten Personen kannte ich nur noch eine, nämlich Idina. (Ich glaube, sie hieß zu der Zeit, als ich sie kannte, Idina Soltau.) Sie war überaus liebenswürdig und aufmerksam, und ganz gewiß nicht hochnäsig. Sie war zu jedem freundlich, und gesellschaftlicher Rang war das letzte, worauf sie Wert legte. Besonders angenehm war sie zu ihren Bediensteten.

Offen gestanden fand ich in Regierungskreisen und unter den Angehörigen der Armee oder der Mission viel mehr Snobs als bei den sogenannten Zeitvertreibern. Diese akzeptierten nämlich jeden, solange er kein Langweiler war. Wenn man einigermaßen gut Bridge spielte und trinken konnte, ohne ausfallend zu werden, war man bei ihnen nicht unwillkommen. Natürlich waren sie Schmarotzer, aber immerhin sehr amüsante.

Ich danke Ihnen, daß Sie mit Ihrem Artikel Erinnerungen an die interessanteste Zeit meines Lebens wachgerufen haben.

Hochachtungsvoll
Albert W. Andrew

Je größer Broughtons Einsamkeit wurde, desto mehr betrachtete er Mrs. Woodhouse als seine einzige treue Freundin. Anfang Mai schrieb er ihr, daß er nach Hause kommen wolle.

Meine liebe Marie,

Ihr Brief hat mir große Freude bereitet. Die Sache mit Jim tut mir sehr leid. Die Nachricht kam für mich völlig überraschend. Wie zerbrechlich so eine Ehe doch ist. Heutzutage scheinen alle Ehen nur noch in einer Katastrophe zu enden. Ich möchte so schnell wie möglich nach Hause zurückkehren, aber ich bezweifle, daß das vor Kriegsende möglich sein wird. Ich bin sehr unglücklich hier, Tausende von Meilen entfernt von meinen Freunden.

Bitte schreiben Sie mir oft. Sie fehlen mir unsäglich.

Broughton unternahm in dieser Zeit eine mysteriöse Reise nach Mombasa. Es gibt keinerlei konkrete Hinweise, wo er sich aufhielt oder was er tat. Bekannt ist nur, daß er, nachdem er sich kaum von seinem Reitunfall erholt hatte, einen Bahndamm hinunterfiel und sich schwer am Rücken verletzte.

Dieser Vorfall wird in einem Brief erwähnt, den ich von Mrs. Molly Hall erhielt, die während der Zeit, in der sie in Kenia lebte, als «Woody» Hall bekannt war und jetzt auf Mallorca lebt. Ihr undatierter Brief erreichte mich im Februar 1970.

Sehr geehrter Mr. Fox,

Lady Nihill (die Frau von Sir Barclay Nihill, 1947 bis 1950 Oberster Richter von Kenia, den ich damals kannte) bat mich, Ihnen mitzuteilen, was ich über die letzten Tage von Sir Delves Broughton noch weiß. Lassen Sie mich zunächst in aller Deutlichkeit darauf hinweisen, daß er den Mord nicht gestand. Was geschah, ist folgendes:
Jane Wynne Eaton (bekannt als «Silver Jane», eine berühmte ostafrikanische Pilotin), die mit mir zusammen in Mombasa wohnte, fragte ihn ganz direkt, ob er es getan habe oder nicht. In demselben Augenblick fiel ihm ein, daß er eine Verabredung hatte, und er ging. Wir erhielten also keine Antwort, weder in die eine noch in die andere Richtung.
Aber sonst sprach er immer wieder von der ganzen Sache, von der Zeit, die er im Gefängnis verbracht hatte, und der Tatsache, daß es *kein* Motiv gegeben habe. Außerdem redete er viel von seiner ersten Frau, Vera. Offenbar hatte sie sich in einen anderen verliebt und auf eine Heirat gehofft – daher die Scheidung. Jock war danach ein gebrochener Mann und wollte unbedingt weg, aber nicht allein. Es gab *zwei* Frauen, die mit ihm gegangen wären. Seine erste Wahl konnte sich nicht freimachen, aber Diana «griff» sofort zu. Wie Sie wissen, heirateten sie gezwungenermaßen. [In Kenia wird allgemein angenommen, daß sie nur als Ehepaar in das Land einreisen durften: eine Annahme, die sich während des Prozesses als falsch erwies.] Nachdem Jock nach dem Prozeß aus dem Gefängnis entlassen worden war, verbrachte er zwei Wochen in Mombasa. Er kam morgens in mein Haus und saß den Tag über herum. Ich habe keine Ahnung, wo er die Nacht verbrachte. Er deutete einmal vage an, er habe ein Zelt, und ich schlug ihm vor, es in meinem Garten neben dem Haus aufzustellen, wo er ein Badezimmer hätte und meine Boys sich um ihn kümmern könnten. Aber er sagte, ihm gehe es gut dort, wo er sei.
Mombasa war voll von Militär usw. Ein Zelt: wirklich sehr mysteriös. Wo könnte er es aufgestellt haben? Eines Tages kam ein Afrikaner zu ihm, allerdings kein gewöhnlicher afrikanischer Boy. Er war sehr groß und sehr kräftig, möglicherweise ein Somali. Er kam gleich auf die Veranda, wo wir Kaffee tranken. Ich vermutete, daß er Geld wollte.

Jock sagte: «Er will Geld, um etwas essen zu können.» Ich sagte: «Trinken Sie Ihren Kaffee aus, und sagen Sie ihm, daß er im Zimmer der Dienstboten auf Sie warten soll.» Aber ich redete ins Leere. Die beiden waren verschwunden. Jock kam später wieder zurück, aber wir verloren kein Wort über die Sache.
Einmal kam Jock abends mit mir in den Club, um Bücher in die Bibliothek zurückzubringen. Er war gerne im Club, wollte aber nicht allein hingehen, obwohl der Sekretär ihm gesagt hatte, daß er immer willkommen sei. Wir tranken zwei Whiskys, dann fuhr ich ihn zurück zu meinem Haus. Es regnete, und ich bot ihm an, ihn zu seinem «Zelt» zu bringen, aber er wollte nichts davon wissen. In mein Haus wollte er auch nicht kommen, sondern bestand darauf, zu Fuß zu gehen! Hier muß ich einfügen, daß man von meinem Haus bis zum Hafen schauen konnte: eine breite Straße, ein Grünstreifen, ziemlich breit, und die Schneise eines kleinen Güterzugs. Und dort fiel er, direkt auf den Weg weiter unten. Als er am nächsten Tag kam, war er vom Hals bis zur Taille im Gips und hatte große Schmerzen. Ein paar Wochen später begleitete ich ihn zum Schiff. [Broughton war in der Zwischenzeit kurz nach Nairobi zurückgekehrt.] Er hatte kein Gepäck, nur sein zusammengerolltes Bettzeug und sein Rasierzeug. Er reiste als Deckpassagier, obwohl er immer noch den Gipsverband trug.
Diana kenne ich gut. Ich wohnte bei ihr im Gin [sic] Palace, als sie mit Gilbert Colvile verheiratet war. Ich schlug mich damals gerade mit Micky Dew [geborene Grosvenor] herum. Keine Pflegeanstalt wollte sie aufnehmen. Sie war eine schwierige Frau; sie hatte immer eine Peitsche in der Hand oder im Bett, mit der sie ihre Boys schlug.
Ich dachte oft, sie würde wohl eines Tages ermordet werden! Ich war völlig verzweifelt, daß ich in diesem Haus sein mußte, aber man konnte sie, krank, wie sie war, nicht einfach allein lassen. Als dann Diana und Gilbert einmal zu Besuch kamen, nahmen sie uns, ohne zu zögern, mit in den Gin Palace. Ich erwähne das nur, weil mir nicht gefällt, was Sie über Gilbert Colvile geschrieben haben. Er war großzügig, vielleicht ein wenig schüchtern und wirklich liebenswürdig. Diana folgte ihm überallhin, bis ins tiefste, dunkelste Afrika, wo er seine Ländereien besuchte und seine Rinder zählte usw. Diana ist freundlich und warmherzig.
Niemand scheint auf die Idee gekommen zu sein, daß Joss Erroll auch von einer Frau ermordet worden sein könnte, und zwar von einer Frau, die einst am Gare du Nord mit einem Gewehr schoß und den Mann verletzte, den sie später heiratete. Eine Frau, die ihren Kopf in Chiffon hüllte, sich nach Joss Errolls Tod in ein mit Blumen übersätes

Bett legte und umbrachte. Sie hatte auch ein Motiv, falls Sie unerwiderte Liebe als Motiv gelten lassen.
Ich wünschte, ich könnte mit Ihnen reden. Schreiben ist so mühsam. Ein Hinweis hie und da, der nützlich sein könnte. Zum Beispiel der mysteriöse Afrikaner in Mombasa. Jock hatte ihn offensichtlich schon jahrelang gekannt. Der verlorene Revolver. Nichts wäre leichter gewesen, als ihm den Revolver zu geben und dann den Verlust der Polizei zu melden. Der Boy hätte in jener Nacht völlig problemlos hinten in den Wagen klettern können, während Joss sich im Haus aufhielt. Ich hoffe, ich konnte Ihnen ein wenig helfen.

Hochachtungsvoll
M. M. Hall

Der Sturz über den Bahndamm, der mysteriöse Somali – Broughton erinnerte uns immer mehr an Orest, der von den Furien verfolgt durch Afrika irrte. Es gelang ihm, noch immer im Gips, nach Nairobi zurückzukehren, wo er ein letztes Mal versuchte, Diana zurückzugewinnen. Er bat Dickinson um eine Unterredung in Grogans Büro und flehte ihn an, sich bei ihr für ihn einzusetzen. Als Dickinson die Bitte zurückwies und sagte, Diana werde niemals zu ihm zurückkehren, begann Broughton zu schreien und Drohungen gegen beide auszustoßen. «Der Alkohol und die Nervenanspannung» hatten ihn nach Aussage Kaplans inzwischen «völlig verwirrt».

Im Juli schrieb Mrs. Woodhouse, ihr Mann sei gestorben. Broughton telegrafierte ihr: «Komme unverzüglich zurück.» Am 9. August schrieb er ihr von Nairobi aus:

Meine liebe Marie,

ich versuche, so früh wie irgend möglich nach Hause zu kommen. Ich fliege nach Johannesburg, fahre von dort mit der Eisenbahn nach Kapstadt und dann per Schiff nach Hause. Alles völlig verrückt. Es kann sechs Monate dauern. Ich werde mich sofort melden, wenn ich angekommen bin. Ich sehne mich danach, Sie wiederzusehen.

In Liebe
Jock

Ich kehre allein zurück.

Broughton fuhr schließlich im September desselben Jahres nach Mombasa.

– 18 –
Perlen und Austern

Mittlerweile war Dianas Freund Hugh Dickinson ins Zentrum der Geschichte gerückt. Poppy hatte uns – zunächst nur sehr vage – erzählt, Broughton habe Drohungen gegen ihn ausgestoßen. Es wurde offensichtlich, daß Dickinson, wenn auch in einer Nebenrolle, in den entscheidenden Augenblicken des Dramas, außer selbstverständlich in der Mordnacht, immer zugegen gewesen war. Auf irgendeine Art und Weise war er dem Ehepaar Broughton unentbehrlich gewesen.

Das Leben des vertrauten Freundes mit den Tendenzen zum «Außenseiter» aus der Zeit in Doddington drehte sich im Laufe der Jahre immer mehr um Diana. Als er sie in Mombasa abholte, übergab sie ihm ihre Heiratsurkunde und die besondere Vereinbarung, die sie mit Broughton getroffen hatte, zur Aufbewahrung. Warum sie es tat, hat sie ihm nie erklärt. Das Trio fand ein paar Tage, nachdem Erroll erschossen worden war, wieder zusammen, und zwar um gemeinsam eine Safari ins südliche Massai-Reservat zu unternehmen. Als Broughton schließlich nach England zurückkehren wollte, benötigte er Dickinson als Vermittler zwischen sich und seiner Frau.

Ich wußte, daß Dickinson noch lebte, aber er schien zu keinem Menschen aus der alten Kenia-Clique mehr Kontakt zu haben. Ich brauchte Monate, um ihn zu finden. Briefe an sein ehemaliges Regiment und das Militärarchiv erwiesen sich als Fehlschläge. Auf mein Drängen hin gab man mir schließlich die Adresse der Bank, mit der er während des Krieges in Verbindung gewesen war. Ende Oktober 1969, also kurz vor dem Termin für unseren Artikel, rief Dickinson mich zu meiner Überraschung im Büro der *Sunday Times* an. Er hatte meinen Brief innerhalb einer Woche erhalten. Er war jetzt Geschäftsführer einer Reinigungsfirma für Büroräume in London. Seine Telefonnummer war, wie er mir sagte, unter dem Mädchennamen seiner Frau verzeichnet. Ich vereinbarte einen Termin zum Lunch im Savoy Grill am 5. November und schickte ein Telegramm an Connolly.

Auf dem Weg zu unserer Verabredung erzählte ich Connolly, in einem Gäßchen vor dem Eingang zum Savoy Grill werde ein Fotograf warten, um ein Bild von Dickinson zu machen, wenn er nach dem Lunch herauskomme. Zum Zeichen, daß der Fotograf Posten bezogen habe, würde ich während des Essens ans Telefon gerufen werden. Schon der Gedanke daran, beim Einsatz solch unerlaubter journalistischer Methoden erwischt zu werden, ließ Connolly vor Angst erschauern.

Das Menü sorgte jedoch dafür, daß sich seine Nerven beruhigten. Zunächst nahm es fast zuviel seiner Aufmerksamkeit in Anspruch: In seinem Notizbuch vermerkte er zum ersten Gang:

> Dickinson, 5. Nov. (Hochzeitstag von DB)
> Savoy Grill (Austern, Rebhuhn, Bordeaux!). Dickinson ist dünn, grauhaarig, hat ein rötliches Gesicht, liebenswürdige Züge; er ist ruhig, reserviert und nervös. [Dickinson hatte, nach meinen eigenen Aufzeichnungen, in Wirklichkeit blonde Haare mit einem rötlichen Stich.] Haßt Publicity. Hatte nach dem Prozeß eine schlimme Zeit durchzustehen. Stammt aus einer alten northumbrischen Familie. Bruder oder Schwager ist High Sheriff. Sherry. Gespräch über die alten Zeiten im Savoy. Über die alten Zeiten in Kenia. Bietet an, für zwanzigtausend Pfund die ganze Geschichte zu erzählen.

Das Angebot wurde abgelehnt. Doch Dickinson stand nicht auf und ging, sondern begann trotzdem zu erzählen. Folgendes ist eine Zusammenfassung unserer Unterhaltung; sie beruht im wesentlichen auf den Aufzeichnungen in unseren Notizbüchern.

Er hatte Diana auf einer Cocktailparty kennengelernt und durch sie dann Delves Broughton, und er war häufig in Doddington zu Gast gewesen («sehr komfortabel, ziemlich verschwenderisch»). Er hatte sich stets sehr fit gehalten und konnte selbst jetzt noch zwölf Sätze Tennis spielen und jede Entfernung zu Fuß bewältigen. Seine Beziehung zu Diana war sehr herzlich und eng, aber platonisch gewesen. Er war ihr tatsächlich nach Kenia gefolgt. Er und Diana betrachteten sich fast als Geschwister. Er bekam Schwierigkeiten bei der Armee, weil er mit dieser Begründung Urlaub wegen dringender Familienangelegenheiten beantragt hatte, um nach einem Haus für sie zu suchen. In Wirklichkeit hatte er jedoch nur in ihrer Nähe sein wollen. Als während des Prozesses die Wahrheit ans Licht kam, wurde er nach Abessinien strafversetzt.

Diana war, wie er sagte, «eine wunderbare Frau», die Leben in die Gesellschaft brachte. In den Jahren vor 1940 hatte sie mehrere Geliebte, darunter Mark Pilkington, Rory More O'Ferrall und Broughton. Dickinson hatte glückliche Zeiten mit ihr verlebt, sie jedoch schon achtzehn Jahre nicht mehr gesehen. Er gab zu, daß sie möglicherweise Schmuck und Kleider mehr liebte als Männer. Promiskuität war jedenfalls nicht ihre Sache.

Erroll war der größte «Sportsmann» in Kenia, und es gab dort viele davon. Zweifellos hatte Diana in ihm die Liebe ihres Lebens gefunden. Er war bei vielen Leuten sehr unbeliebt, und sein schlechter Ruf hatte viel zum Freispruch Broughtons beigetragen. Es gebe keinerlei Zweifel, wiederholte Dickinson, daß Diana Erroll leidenschaftlich geliebt und er diese Liebe «auf seine Weise» erwidert habe. Erroll habe immer tadellos ausgesehen und sei immer besser gekleidet gewesen als alle anderen.

Delves Broughton war vor allem *verschlagen* und vielleicht sogar imstande, anonyme Briefe zu schreiben, sehr intelligent, auf *keinen* Fall sauertöpfisch, ein guter Gesellschafter, freundlich und sympathisch, aber ein *Heuchler.* Er konnte zu irgend jemandem ausgesucht freundlich sein und eine Minute später dieselbe Person als «grauenvolle alte Ziege» oder ähnlich bezeichnen. Er schlug einem auf die Schulter und sagte: «Ganz toll, alter Junge», meinte aber in Wirklichkeit: «Einfach schrecklich.» Er war verrückt nach Diana, aber später – das heißt während der Sache mit Erroll – waren sie einander spinnefeind. Eine solche Liebe mußte einfach in Haß umschlagen. Dickinson konnte sich nicht erinnern, daß auf der Safari irgend etwas, etwa ein Gespräch, darauf hingeweisen hätte, daß Broughton es getan hatte. Das Thema war ohnehin tabu gewesen.

Dickinson sah Broughton zum letztenmal in Ewart Grogans Büro in Nairobi. Broughton war kurz davor in Mombasa einen Bahndamm hinuntergefallen und hatte den ganzen Oberkörper im Gips. Dickinson hatte den Eindruck, Broughton sei verrückt geworden, und sagte zu ihm: «Warum gehen Sie nicht in ein Heim oder so?» Broughton antwortete: «Ich kann ohne Diana nicht leben. Sie kennen sie am besten und sind der einzige, der wirklich Einfluß auf sie hat. Könnten Sie nicht zu ihr gehen und versuchen, sie umzustimmen?» Dickinson sagte ihm, daß nichts Diana bewegen könne, zu ihm zurückzukehren. Deshalb werde er es gar nicht erst versuchen. Broughton wurde wütend und begann zu schreien. Dickinson sagte, er könne ihm nicht helfen. Er solle sich mit den Realitäten abfinden und nach England zurückkehren. «Er redete viel verrücktes Zeug bei diesem Gespräch.»

Dickinson gab zu, daß er die Spritze und das Morphium in einer Schachtel Pralinen in das Gefängnis von Nairobi geschmuggelt hatte. Broughton habe ihm gesagt, er wolle sich umbringen, falls das Urteil negativ für ihn ausfalle. Als wir andeuteten, ob Broughton, in einem Versuch, Diana zurückzugewinnen, die Sache ihm habe anhängen wollen, erwiderte er, Broughton sei wegen seiner engen Freundschaft zu Diana böse auf ihn gewesen. Mehr wollte er dazu nicht sagen.

Er meinte, Broughton wäre moralisch dazu imstande gewesen, den Mord zu begehen, kräftemäßig jedoch nicht. Dickinson konnte sich nicht vorstellen, wer es sonst getan haben könnte. Er selbst wäre kräftemäßig durchaus in der Lage gewesen, lag aber zur Tatzeit in Nyali im Krankenhaus. Ein Kaktusstachel war in seinen Fuß eingedrungen, und man hatte den Fuß beinahe amputieren müssen. Daß afrikanische Killer Erroll erschossen haben könnten, hielt er für unwahrscheinlich, selbst wenn man als zutreffend annehme, daß «jeder Afrikaner für ein paar Schillinge auf Nimmerwiedersehen verschwinden würde». Erroll hätte bei jedem Europäer angehalten, der winkend am Straßenrand stand und mitgenommen werden wollte, aber niemals bei einem Afrikaner.

Dickinson schien schon nervös, solange über den Mord geredet wurde. Als aber die Sprache auf die Diebstähle kam, fühlte er sich sichtlich unbehaglich. Er war mit Diana, Mark Pilkington, Rory More O'Ferrall und ein paar anderen zwei Monate vor Ausbruch des Krieges in Südfrankreich gewesen. Sie hatten den Wagen direkt vor dem Restaurant geparkt, in dem sie zu Mittag aßen. Der Schmuck befand sich laut Dickinson im Handschuhfach. Sie wurden alle von der Versicherungsgesellschaft verhört, doch außer Freddie McIlvray, einem südfranzösischen Playboy, wurde niemand von der Polizei befragt. Von den gestohlenen Gemälden in Doddington wußte Dickinson nichts.

Als der Anruf des Fotografen kam, löste sich unsere Tischrunde auf. Statt jedoch durch den Seiteneingang hinauszugehen, wo er dem Fotografen direkt in die Kamera gelaufen wäre, ging Dickinson durch das Hotel zum Vordereingang und stieg dort in ein Taxi. Die einzigen Fotos, die an diesem Tag gemacht wurden, zeigten zwei beschämte Journalisten, die mit weinselig geröteten Wangen aus dem Savoy Grill kamen.

Die Weihnachtsfeiertage des Jahres 1969 verbrachte Dickinson bei seinem Bruder Roy in der Nähe von Newcastle. Wir erhielten kurze Zeit später durch einen Zufall eine Beschreibung des Familientreffens. Auf Grund des Artikels scheint Dickinson der Held der Stunde gewesen zu sein, und im ganzen Haus wurde nur vom Mord an Erroll gesprochen. Unserer Quelle zufolge hatte Dickinson kundgetan, er wisse, wer der Mörder sei, habe aber absolutes Stillschweigen gelobt. Er selbst sei es nicht gewesen, sagte er, auch Broughton nicht, doch Broughton habe, wie er sagte, die Sache arrangiert. Ihm selbst seien fünfundzwanzigtausend Pfund für die Geschichte (sic) angeboten worden, aber es gebe gewisse Dinge, die man auch für Geld nicht tue. Für mich war diese Geschichte nichts anderes als eine weitere Ausgabe jener vielen Gerüchte und Behauptungen, exklusive Informationen zu besitzen, hinter denen nie etwas steckte.

Während dieser Weihnachtsfeier hatte sich eine Kleinigkeit zugetragen, die ich für unbedeutend hielt, bis ich beim Schreiben dieses Buches das Protokoll noch einmal durchsah. Auf die Frage eines Gastes, ob sein Alibi – der Krankenhausaufenthalt an der Küste – echt sei, hatte Dickinson mit einem Augenzwinkern geantwortet. Im Zeugenstand hatte er einen Fehler gemacht, der allerdings unbemerkt geblieben war. Er hatte Harragin gesagt, er sei am 18. oder 19. Januar für «ungefähr einen Monat» ins Krankenhaus gekommen. Zu Morris jedoch, der ihn über seine Begegnung mit Diana und Erroll in Malindi ungefähr eine Woche vor dem Mord befragt und ihm dann die Frage gestellt hatte: «Wann sahen Sie nach dieser Begegnung Lady Broughton und Sir Delves erstmals wieder?» hatte Dickinson gesagt: «Ich glaube am letzten Tag im Januar.» War das einfach ein Irrtum?

Wenn Dickinson sich die Mühe gemacht hätte, sich ein falsches Alibi auszudenken, hätte er sich wohl nicht so leichtfertig entlarvt, schon gar nicht vor Gericht. Oder doch? Ein Versprecher ist schließlich nur ein Versprecher.

– 19 –
Ein echter Pferdesportler

Broughton war sich bewußt, daß er ein ernsthaftes Risiko einging, wenn er nach England zurückkehrte. Sein Sohn, Sir Evelyn, erzählte mir 1980, die finanzielle Situation seines Vaters sei eigentlich immer schlecht gewesen. Broughton hatte in seinem Rundbrief nach dem Prozeß selbst darauf angespielt. («Das Problem bei der ganzen Sache ist, daß sie mich fünftausend Pfund gekostet hat, die ich nicht besitze.») Er bemühte sich in seinem Brief, die Ausgaben für seinen Verteidiger zu rechtfertigen, als wolle er damit an seine Treuhänder appellieren.

Durch zufällige Gespräche und mitleidig gemurmelte Worte auf der Rennbahn oder in der City erfuhr auch der damals vierundzwanzigjährige Evelyn von Freunden seines Vaters, daß bei der Verwaltung des Vermögens einige katastrophale Fehler gemacht worden waren. Von dem großen Reichtum, den Delves Broughton geerbt hatte, war nach fünfzehn Jahren fast nichts mehr übrig.

Evelyns Vater hatte die Treuhänder betrogen und ungefähr 32 500 Hektar Ackerland in Cheshire für vielleicht fünfzig Pfund pro Hektar verkauft. Den Erlös – rund anderthalb Millionen Pfund – hatte er in die eigene Tasche gesteckt, statt sie in das Vermögen einzubringen.

«Mein Vater hatte die Wahnvorstellung, in Geldnot zu sein», sagte Evelyn, «obwohl er überhaupt keinen Grund dazu hatte.»

Außerdem hatte Broughton geradezu zwanghaft fortgesetzt Fehler bei seinen Investitionen gemacht. Er hatte nach Angaben von Sir Evelyn von Doddington aus auf Devisenmärkten und an der Warenbörse spekuliert und in «minderwertige Goldminen» investiert. Auch das Wetten forderte seinen Tribut (Broughton verwettete hohe Summen bei illegalen Hahnenkämpfen), und Doddington, wo er am Wochenende immer viele Gäste haben wollte, wurde immer noch sehr aufwendig geführt. Es gab wohl

Versuche, Kosten einzusparen, aber sie waren ohne Wirkung. So wurde etwa das Haus in der Hill Street immer wieder einmal für ein paar Wochen geschlossen oder das Personal in Doddington ein wenig reduziert.

Als der vierundzwanzigjährige Evelyn feststellte, daß die Treuhänder des Vermögens, die Broughton zum Teil selbst eingestellt hatte, die Aktivitäten seines Vaters nicht verhinderten, bat er seine Rechtsanwälte, Einspruch gegen sie zu erheben, und wandte sich gegen seinen Vater. «Ich sagte zu ihm, ich hätte erfahren, daß von meinem Erbe nichts mehr übrig sei», sagte er, «und fragte ihn, wo das Geld geblieben sei. Mein Vater verlor die Beherrschung. Er kam hinter seinem Schreibtisch hervor und jagte mich mit einer Reitpeitsche aus seiner Bibliothek.»

Evelyn nahm sich eigene Anwälte und hoffte, retten zu können, was noch zu retten war. «Ich behaftete ihn auf den Wert des Vermögens im ersten Kriegsjahr, da er wirklich nicht anständig gewesen war und weil, was an Geld je in der Kasse gewesen war, praktisch beim Teufel gelandet war. Es ging um ungefähr fünfzigtausend Pfund. Der gesamte Erlös aus dem Landverkauf war weg.

Mir war das damals nicht klar gewesen», sagte Sir Evelyn, «aber jetzt verstehe ich, warum er nach Kenia ging und Doddington aufgab.»

Als Broughton im November 1942 in Liverpool eintraf, stand kein Mitglied seiner Familie zu seinem Empfang bereit, und nicht einmal Mrs. Woodhouse war gekommen. Das war jedoch noch nicht weiter beunruhigend, wenn man bedenkt, wie problematisch es war, in Kriegszeiten zu reisen, und wie streng die Fahrpläne der Schiffe geheimgehalten wurden. Ganz unbemerkt kam Broughton jedoch nicht an: Zwei Detektive von Scotland Yard, die über seine Reisedaten sehr gut informiert waren, begrüßten ihn. Da Poppy um ein Urteil wegen Mordes betrogen worden war, hatte er Informationen weitergeleitet, die Broughton abermals in den Verdacht brachten, eine kriminelle Handlung begangen zu haben; dieses Mal ging es um Betrug. Aber da im Moment keine konkrete Anklage gegen ihn vorlag, durfte er nach Doddington weiterreisen.

Dennoch hatte dieser Empfang einen vernichtenden Effekt auf Broughtons psychisches Gleichgewicht, das nur noch durch die

Hoffnung auf eine ehrenvolle Rückkehr aufrechterhalten worden war. Diese Enttäuschung erklärt wohl bis zu einem gewissen Grad auch sein Verhalten während der folgenden drei Wochen. Er kehrte fast heimlich nach Doddington zurück. Der *Chester Chronicle* berichtete später, daß nur «sehr wenige Leute von seiner Rückkehr Notiz nahmen» und daß er im Haus des Butlers Mr. Martin am anderen Ende des Parkes gewohnt habe, «wo man ihn beim Spazierengehen gesehen hat». Doddington diente während des Krieges als Schule.

Am 24. November rief Broughton Eustace Bowles an, einen Rechtsanwalt aus Market Drayton, den er seit dreißig Jahren kannte. Er erzählte ihm, daß ihn ein Pferd abgeworfen habe (kein Wort über den Sturz vom Eisenbahndamm). Sein ganzer Oberkörper sei eingegipst; das sei sehr unbequem. Er werde bald ins Krankenhaus gehen und sich den Gips abnehmen lassen. Dann fragte Broughton: «Kann ich bei Ihnen vorbeikommen und mit Ihnen sprechen?» Bowles schlug den 6. Dezember vor, einen Sonntag.

Inzwischen muß sich Broughton darüber klargeworden sein, daß seine Familie wußte, in welchem Ausmaß er die Treuhänder betrogen hatte. Zu Mrs. Woodhouse sagte er, daß er zu «gegebener Zeit» Kontakt mit ihnen aufnehmen werde. Er besuchte auch Vera, die bei ihrer Mutter in der Nähe von Wrexham wohnte, und versuchte sie dazu zu überreden, daß sie zu ihm zurückkehrte, aber sie lehnte ab.

Kurz nach seiner Heimkehr traf Broughton zufällig seinen alten Freund Alan Horne, einen Pferdezüchter, mit dem er seit den späten zwanziger Jahren bekannt war. Und mitten in einem langen Gespräch gestand Broughton ihm plötzlich den Mord. Es war das erste von zwei Geständnissen, die er in dieser Zeit ablegte.

Durch einen Hinweis von Quentin Crewe entdeckten wir, daß Horne inzwischen pensioniert war und in Worthing, Sussex, lebte. Dort trafen wir uns mit ihm im Mai und Juni 1969 im Beach-Hotel. Der kleine, drahtige Mann mit seiner humorvollen und direkten Art war uns auf Anhieb sympathisch. Er trug einen ordentlichen Anzug aus Tweed und wirkte so betont gebadet und geschrubbt wie ein Mann, der sich in Stallungen eigentlich wohler fühlt als im Ruhestand in einer eleganten Stadt an der Südküste.

Horne hatte lange über sein Gespräch mit Broughton nachgedacht, und es hatte ihn so sehr belastet, daß er ein Stück darüber verfaßt und es von Hand in ein rotes Notizheft mit festem Einband geschrieben hatte. Wo seine Erinnerung an das Gespräch mit Broughton bruchstückhaft war, hatte Horne sich seiner Phantasie bedient. Connolly sagte über das Stück, es sei «an den Haaren herbeigezogen und absolut steif, aber spannend».

Horne war in den dreißiger Jahren als Zuchtberater oft nach Doddington gekommen, hatte aber 1941 die Arbeit mit Pferden aufgegeben. Im Jahre 1942 war er als Zensor bei den Sicherheitsbehörden in Liverpool tätig.

Am Tag, als er Broughton traf, war Horne auf dem Weg zu einem Freund in Malpas. Er beschrieb, was geschah:

> Ich unterbrach meine Fahrt in einem kleinen Dorf, ich glaube unweit von Nantwich, Walgerton, und aß dort zu Mittag. Als ich das Pub verließ, erblickte ich Sir Delves. Er saß im Wagen eines Freundes. Der Freund war kurz ausgestiegen, um einen anderen Freund zu besuchen, und hatte Sir Delves im Wagen gelassen.
>
> Als ich vorbeiging, streckte Sir Delves den Arm heraus. Er sagte, sein Freund werde in einer halben Stunde zurückkommen. Wir plauderten ein wenig, vornehmlich über Pferderennen, und ich erwähnte schließlich auch den Prozeß. Ich sagte, es tue mir so leid, daß er all diesen Schwierigkeiten und Belastungen ausgesetzt gewesen sei, hätte aber erfahren, daß alles zu einem guten Ende gekommen sei. Wie ich bereits sagte, waren wir alte Freunde, und wir unterhielten uns ungefähr eine Stunde lang. Er sagte: «Wissen Sie, ich habe es wirklich nicht getan.» Und ich sagte: «Ich habe auch nicht angenommen, daß Sie es getan haben, Sir Delves.» Dann begann er von sich aus über die Sache zu reden und sprang von einem Punkt zum anderen. Ich mußte ihn nicht drängen. Er war zutiefst unglücklich, angespannt, nervös und aufgeregt. Früher war er ein unbekümmerter Bursche gewesen. Er hatte sich gepflegt, sich aufrecht gehalten und gut ausgesehen. Militärische Haltung, Sie wissen schon. Doch in späteren Jahren trank er wohl recht viel.
>
> Ich erinnere mich, daß er unvermittelt sagte: «Horne, versprechen Sie mir, nichts auszuplaudern, wenn ich Ihnen etwas erzähle?»

Broughton erzählte Horne, daß er den Mord gemeinsam mit einem Freund geplant habe. Namen wollte er keine nennen. Er bezeichnete den Komplizen als «Derek» und sagte von ihm lediglich, er habe seine eigenen Gründe gehabt, warum er Erroll aus dem Weg haben wollte. Broughton habe sich zu einem Plan anstiften lassen, der vorsah, daß er einem Afrikaner, den «Derek» anheuern würde, tausend Pfund für die Ermordung Errolls bezahlen sollte. Außerdem habe er in den Diebstahl der Revolver eingewilligt. Doch Broughton, der zuviel getrunken hatte, habe dann die Sache bereut und versucht, sie rückgängig zu machen, habe aber von «Derek» erfahren, daß der Afrikaner jetzt nicht mehr zu erreichen sei. Nach Aussage von Broughton sei Erroll einen Tag früher als geplant erschossen worden.

Der Afrikaner habe sich in Karen hinten in Errolls Wagen versteckt, an der Kreuzung Erroll erschossen und sei dann verschwunden. Broughton sagte, er habe nach dem Prozeß in Ceylon nachgedacht und sei zum Schluß gelangt, daß «Derek» ihn betrogen und den Mordplan trotz Broughtons Versuchen, ihn davon abzuhalten, vorangetrieben habe. Laut Horne soll Broughton gesagt haben: «Nach meiner Rückkehr nach Kenia stellte ich Derek zur Rede. Er wurde rot vor Zorn und leugnete alles. In seinem Verhalten und seiner Antwort lag eine Hinterhältigkeit, die mir nicht gefiel.» (Man darf nicht vergessen, daß Horne die Unterhaltung aus dem Gedächtnis rekonstruierte.)

Wir fragten Horne, warum Broughton seiner Meinung nach entschieden habe, ausgerechnet ihm die Geschichte zu erzählen. Er erwiderte: «Wir interessierten uns beide für Pferderennen, und so etwas schafft eine Bindung, die man kaum erklären kann. Vielleicht weil man viel voneinander weiß, Dinge, die man in anderen Lebensbereichen nicht herausfindet. Wenn Sie ein guter Pferdesportler sind, dann können Sie auch verlieren. Anders kann ich es Ihnen nicht erklären.»

Broughton verbrachte seine Zeit damit, auf seinem Lieblingsspazierweg um den See in Doddington zu gehen und mit jedem auf dem Gelände zu sprechen, dem er zufällig begegnete. Mrs. Woodhouse sah er jeden Tag. Auf sein Drängen hin lasen sie gemeinsam immer wieder das Protokoll, und er freute sich jedesmal erneut über seinen cleveren Auftritt vor Gericht.

Mrs. Woodhouse war Mitte der sechziger Jahre nach Hastings gezogen, und wir trafen uns mit ihr dort an einem windigen Tag

Ende Juli im Queen's Hotel. Sowohl Cyril Connolly als auch ich machten uns Notizen über sie:

> Connolly: Tante war bekannte Reiterin in Cheshire. Ein Sohn, jetzt Arzt in Hammersmith. Dunkel, mittleres Alter fast überschritten, gemütlich, Sinn für Humor, freundliche braune Augen, roch nach Gummi. Begeistert von der guten alten Zeit. Tory-Anhängerin. Mag doppelte Whiskys. Zunächst argwöhnisch (Foto in Zeitungen), aber dann immer entspannter. Liebt Kriminalgeschichten. Haßt die Labour Party. Energisch!
>
> Fox: Früher offenbar gutaussehendes, jagdbegeistertes Mädchen. Feucht-fröhlich. Typische Vertreterin der eher merkwürdigen Hälfte von Broughtons Freundeskreis. Brille. Elegantes Tweedkostüm mit plumper Saphirbrosche. Als CC zur Teezeit listig einen doppelten Whisky vorschlug, sagte sie: «Eine verdammt gute Idee.»

Mrs. Woodhouse kam nicht sofort zur Sache. Sie beschrieb, wie es früher in Doddington zugegangen war, wie ihr Diana mißfallen hatte, und erwähnte, daß Broughton Diana nach seiner Rückkehr «eine echte Hure» geschimpft habe. Veras Wunsch, Lord Moyne zu heiraten, sagte sie, sei der Auslöser für alle seine Schwierigkeiten gewesen. Ein zweiter Schock sei die Heirat seiner angebeteten Tochter Rosamund gewesen. Danach habe Broughton sich anstrengen müssen, um eine junge und schöne Frau zu bekommen. Vera sei sehr schön gewesen, sie habe grüne Augen und eine wundervolle Figur gehabt. Rosamund wäre zum Prozeß nach Kenia gefahren, aber er habe sie nicht kommen lassen wollen.

Sie war nicht der Ansicht, Rosamund habe ihn gemieden, als er zurückkehrte. Vielmehr habe er seine Kinder einfach nicht über seine Heimkehr informiert. Sie meinte sogar, er habe sich nicht einmal mit Vera getroffen.

Broughton, sagte sie, habe Diana sehr geliebt. Er sei ein ehrenwerter, wunderbarer Mann gewesen, der solche Art von Unfairness nicht habe ertragen können. Sie habe einmal daran gedacht, er könnte vielleicht impotent gewesen sein. Ihr sei aufgefallen, wie sehr er sich für Affendrüsen interessierte, nachdem ein Nachbar sie mit gutem Erfolg angewandt hatte. Aber, meinte sie, vielleicht sei es einfach Eitelkeit gewesen und die Beunruhigung über seine schwindende Schönheit. Er sei ein sehr schlechter Reiter, aber körperlich fit gewesen; daß er nicht imstande gewesen sei, längere Strecken zu gehen, auch bei schnellem Tempo, sei einfach Unsinn.

In Kenia habe er angefangen zu trinken, und das sei ihm nicht gut bekommen. Bis dahin sei er wegen seines «Säuferbruders» Brian vorsichtig gewesen. Wenn Brian ins Haus gekommen sei, habe Broughton jedesmal gesagt: «Das ist der Grund, warum ich niemals einen Tropfen anrühren werde.»

«Sie heirateten am ersten April», sagte Mrs. Woodhouse (in Wirklichkeit war es Guy Fawkes Day, der 5. November), «und er schrieb mir: ‹Hoffentlich bin ich kein Aprilscherz.› Dabei war er nichts anderes, der arme Kerl.

Ich sah ihn nach seiner Rückkehr fast täglich», sagte sie. «Er kam und holte mich ab; sein Chauffeur steuerte den Wagen. Dann fuhren wir zurück nach Doddington, um Tee zu trinken oder einen Spaziergang zu machen. Wir hatten etwas gemeinsam. So könnte man es vielleicht am besten ausdrücken. Wir waren beide einsam.

Er machte sich große Sorgen, was die Pachtbauern und die übrigen Einheimischen nach dem Prozeß über ihn dachten. Sie hatten in den Pubs über das Urteil Wetten abgeschlossen. Er lebte damals in Badgers' Bank. Er wollte in Ruhe zu Abend essen. Er konnte nicht mehr mithalten. Ich erinnere mich, daß er in June Carberry eine gute, loyale Freundin sah. Die Wilks dagegen hielt er für genauso schlimm wie die Dame des Hauses und meinte, sie habe völlig auf *ihrer* Seite gestanden.»

Zwei Tage, bevor Broughton nach Liverpool mußte, um den Gipsverband wechseln zu lassen, sprach er mit Mrs. Woodhouse wieder einmal über das Protokoll. «Wir unterhielten uns viel und gingen oft zusammen spazieren», sagte Mrs. Woodhouse. «Er sagte zu mir: ‹Marie, Sie wissen, daß ich es getan habe.› Ich war wie vor den Kopf geschlagen und sagte: ‹Sie haben es nicht getan, Jock.› Er sagte: ‹Ich bin noch nie in meinem Leben so schnell gerannt.›

Wir lachten sogar darüber. Er sagte, er habe geglaubt, damit allen einen Dienst zu erweisen, aber ich glaube, er prahlte ein wenig. Er versuchte sich Mut zu machen.»

Broughton erzählte Mrs. Woodhouse, daß er aus dem Haus geschlichen sei, nachdem er bei Mrs. Carberry vorbeigeschaut habe. Er sei zum Hinterhalt gegangen und dann zurückgerannt. Er erzählte ihr, daß der Diebstahl der Waffen echt gewesen sei. Der Mord sei mit einer dritten Waffe verübt worden, die er später einem Freund gegeben habe, damit er sie verstecke. «Mehr sagte er nicht, und über die Einzelheiten konnte ich ihn nicht ausfragen», sagte Mrs. Woodhouse.

Sie hatte den Eindruck, daß die Affäre zwischen Diana und Joss Broughton verfolgte. Kurz nachdem sie begonnen habe, habe er an sie geschrieben. «Er erzählte mir, daß Joss Erroll in Nairobi einmal ausgepeitscht worden sei. Ich fragte ihn, warum er das nicht auch getan habe, und er sagte, er sei nicht stark genug; außerdem habe er gewollt, daß es endgültig sei.

Wir lachten darüber, daß er das Feuer angezündet hatte», sagte sie. «Das paßte überhaupt nicht zu ihm.»

Als wir nach unserem Gespräch im Wind auf dem Gehsteig standen, verabschiedete sich Mrs. Woodhouse von uns: «Also dann, cheerio, meine Herren.» Connolly und ich wandten uns um und stolperten den Strand entlang – er in einem Filzhut, dessen Krempe im Wind flatterte – zu einer Bar, um unsere Notizen festzuhalten. Später schrieb Mrs. Woodhouse und teilte uns mit, wie sehr ihr unser Artikel gefallen habe.

Zwei Tage nach seinem letzten Gespräch mit Marie Woodhouse, am 2. Dezember 1942, fuhr Broughton in das Adelphi-Hotel in Liverpool:

> Er fuhr ohne mich zum Adelphi [hatte Mrs. Woodhouse uns erzählt]. Wir hatten zwei Zimmer gebucht und wollten zu einer Veranstaltung gehen, um ihn aufzuheitern. Jock sollte bald ins Krankenhaus, um einen leichteren, bequemeren Gipsverband zu bekommen. Im letzten Augenblick stellte sich heraus, daß ich ihn nicht begleiten konnte, da mein Sohn Nick sehr krank wurde und ich ihn nicht allein lassen konnte.
>
> Ich rief Jock an und sagte es ihm, aber er schien zu erwarten, daß ich trotzdem mitkäme. Er war ein wenig enttäuscht. Später rief er mich zurück und sagte: «Geht es Ihnen gut, Marie – ich meine, finanziell?» Da hätte ich es merken müssen. Ich sagte: «Selbstverständlich, Jock.» Ich war immer in Geldnot. Er sagte, er werde mich dann ja am näch-

sten Tag sehen. Ich sagte, ja, sofern es meinem Sohn besser gehe. Am nächsten Morgen versuchte ich ihn anzurufen, aber man sagte mir, Sir Delves Broughton wolle unter keinen Umständen gestört werden. Was für eine Närrin ich war, daß ich nicht merkte, was er sich antat. Ich wußte, daß er sich schon im Gefängnis Morphium beschafft hatte, falls das Urteil negativ für ihn ausfallen sollte.

Der *Cheshire Chronicle* berichtet, was in den folgenden drei Tagen geschah:

Miss Bridget Hayes, die erste Wirtschafterin im Adelphi-Hotel, sagte, sie sei am Mittwoch, den 2. Dezember, gegen halb vier Uhr telefonisch von der Ankunft Sir Delves Broughtons benachrichtigt worden.
Der Coroner [Vorsitzender des Geschworenengerichts, das bei ungeklärten Todesfällen Nachforschungen anstellt] fragte sie: «Äußerte er besondere Wünsche?»
«Eigentlich nicht», antwortete Miss Hayes. «Er bat darum, völlig in Ruhe gelassen zu werden. Er wollte von niemandem gestört werden.»
«Haben Sie ihn gefragt, ob er irgend etwas wünsche oder ob Sie irgend etwas für ihn tun könnten? Betonte er, daß er nicht gestört zu werden wünschte?»
«Ja.»
Die Zeugin fügte hinzu, daß Sir Delves ihr von seinen Plänen für das Wochenende erzählt habe. Er habe gesagt, er beabsichtige am Sonntag morgen in das Northern Hospital zu gehen.
«Sagte er, wie er in der Zwischenzeit behandelt oder vielmehr nicht behandelt werden wollte? War das nicht recht ungewöhnlich?» fragte der Coroner.
«Ja, er betonte, er wolle von niemandem gestört werden.»
«Von Mittwoch bis Sonntag? Wunderten Sie sich darüber?»
«Ja», antwortete Miss Hayes. «Ich fragte: ‹Wie steht es mit den Mahlzeiten?› und er sagte: ‹Ich brauche nichts zu essen. Ich sorge schon selbst für mich. Ich bereite mich auf eine Operation vor.›»
«Und daraufhin erwarteten Sie nicht mehr, ihn zu sehen, weder bei den Mahlzeiten noch bei anderer Gelegenheit?»
«So ist es.»
«Wurde darüber gesprochen, wer das Bett machen sollte?»
«Er sagte, ich solle mir darüber keine Gedanken machen.»

Achtundvierzig Stunden später – viel zu spät – fand Miss Hayes Broughton aus Nase und Ohren blutend im Koma. Sie registrierte ein Detail, das einer Soap Opera angemessener gewesen wäre als der Realität: In der Toilette schwamm ein Fläschchen mit der Aufschrift «Medinal».

Dr. Ray Maudsley, der diensthabende Arzt im Northern Hospital, nahm Broughton am Freitag, den 4. Dezember, um 18.30 Uhr im Krankenhaus auf. Er stellte in der linken Armbeuge einen Einstich fest. Etliche andere Einstiche waren nicht in die Vene gedrungen. Broughton hatte sich vierzehnmal «Medinal» gespritzt. Er starb am 5. Dezember um 2.25 Uhr nachts.

Mrs. Woodhouse wurde von der Polizei aus Cheshire aufgesucht und erhielt überdies eine dringende Nachricht, in der Vera um ein Treffen bat. Die Frage, ob es Selbstmord gewesen sei, gefährde die Zahlungen der Lebensversicherung, und Mrs. Woodhouse müsse verstehen, daß die Familie sichergehen wolle. Das Urteil des Coroner ließ jedoch keinen Zweifel an der Todesursache.

Broughton wurde in der Familiengruft in der Pfarrkirche von Broughton beigesetzt. Er hatte Mrs. Woodhouse aus Kenia regelmäßig Päckchen mit Kaffee und Tee geschickt – ein wenig Luxus während des Krieges. Als auch noch nach seinem Tod solche Päckchen ankamen, fand sie das «recht makaber».

Broughton hatte zwei Briefe hinterlassen, die beide an seine Anwälte gerichtet waren. Die wichtigste Nachricht bezog sich auf die «Belastung» durch den Prozeß und die Tatsache, daß er weitere Anklagen nicht ertragen könne. Er schloß den Brief mit charakteristischem Pathos: *Moriturus te saluto*. Im zweiten Brief hieß es, daß er wegen seiner Rückenverletzung auf der Heimreise und seit seiner Ankunft in England mehrmals Bewußtseins- und Gedächtnisstörungen gehabt habe. Seine gesamte rechte Körperseite sei gefühllos, und er werde bald gelähmt sein. Deshalb habe er beschlossen, sich das Leben zu nehmen.

– 20 –
Erpressung

Meine Herren, haben Sie jemals so etwas Unglaubliches gehört? Ein Mann, dessen Leben ruiniert ist; seine Frau wurde ihm vor seinen Augen weggenommen; er wurde vor der gesamten Öffentlichkeit Kenias zum Narren gemacht – und wenn seine Frau nach Hause kommt, streitet er mit ihr darüber, wer für ein bißchen Schmuck bezahlen muß. Glauben Sie ein Wort davon?

Wir konnten Broughtons Interesse an diesem einen Schmuckstück nicht so einfach abtun, sei es auch nur aus diesem Grund, daß Broughton dieses Thema immer dann angeschnitten hatte, wenn das Verhältnis zu Diana besonders gespannt war. Wir hatten Broughton immer mit Versicherungsbetrügereien in Verbindung gebracht, seit Connolly 1967 in Nairobi das Gerücht gehört hatte, daß Broughton einen Offizier, der in Geldnot war, für den Diebstahl seiner Gemälde bezahlt habe.

Perlen tauchten in der einen oder anderen Form auf fast penetrante Art und Weise immer wieder in unserer Geschichte auf, und wir spürten instinktiv, daß die Perlen eine heiße Spur waren und möglicherweise auf Erpressung hindeuteten. Auf der Suche nach Hinweisen fanden wir im Archiv des *Daily Express* in Broughtons Akte das Original eines Memorandums der Nachrichtenredaktion – eine Rarität, da Memos selten ins Archiv gelangen. Es war am 11. Dezember 1942 kurz nach Broughtons Tod von einem Redakteur verfaßt worden.

Memo in Sachen Sir Delves Broughton

Die Manchester-Redaktion teilt uns mit, daß sie folgende, etwas merkwürdige Geschichte von einem Einheimischen gehört habe.
Es geht um Sir Delves Broughton, der vor kurzem in Liverpool starb; die gerichtliche Untersuchung der Todesursache wird am Montag, den 14. Dezember, durchgeführt. Er wird mit den Diebstählen in Dod-

dington Park vor zwei Jahren in Verbindung gebracht. Nach dem Diebstahl wurden drei Gemälde als vermißt angegeben, die angeblich sehr wertvoll waren.

Die Gemälde wurden nie mehr gefunden, und die Versicherungsgesellschaft war nicht sehr glücklich über diese Sache, zahlte Sir Delves Broughton den Versicherungsbetrag jedoch offenbar aus.

Es gibt jetzt Hinweise, daß nach dem Mord am Earl of Erroll in Nairobi – Sir Delves Broughton wurde freigesprochen – der Polizei in Nairobi mitgeteilt wurde, Sir Delves Broughton habe sich der Presse gegenüber in dieser Angelegenheit sehr merkwürdig bekommen.

Außerdem heißt es, Scotland Yard habe sich wegen des Diebstahls für Sir Delves Broughton interessiert, als er vor kurzem nach Liverpool zurückkehrte, und sei ihm auf der Spur. Es ist nicht bekannt, ob die Leute von Scotland Yard ihn verhörten oder nicht, aber er soll Selbstmord begangen haben. Es wird erwartet, daß bei der Untersuchung am Montag irgendein rehabilitierendes Urteil gefällt wird.

Es war an der Zeit, ein zweites Mal mit Poppy im Metropole-Hotel in Brighton zu Mittag zu essen. Bei der Gelegenheit erzählte er uns, die Versicherungsgesellschaft, die Broughton für die gestohlenen Gemälde aus Doddington sowie die Perlen, die aus Miss Caldwells Auto verschwunden waren, entschädigt hatte, sei durch Presseberichte über den Prozeß in Nairobi argwöhnisch geworden, besonders durch die erwähnten Auseinandersetzungen zwischen Diana und Jock wegen der Perlen. Doch die Ermittlungen der Versicherungsgesellschaft seien ergebnislos verlaufen. Man habe festgestellt, daß man den Perlen von Erroll nachjagte. Das wiederum habe ihn alarmiert. Seine Informanten in Karen hatten von ständigen Auseinandersetzungen über dieses Thema berichtet. Außerdem hatte Poppy einen Brief gesehen, in dem Broughton Diana drohte, sie in eine Betrugsaffäre hineinzuziehen, wenn sie nicht zu ihm zurückkehre und mit dem nächsten Schiff mit ihm nach England zurückfahre. Diana hatte sich überlegt, was sie gegen Broughtons Drohungen unternehmen könnte, und Poppy erwartete deshalb einen Besuch. Aber nicht Diana kam zu ihm, sondern Hugh Dickinson.

Dickinson sagte Poppy anläßlich dieser Unterredung, er müsse sich «etwas von der Seele schaffen». Als das Gespräch zu Ende war, unterzeichnete er folgende Aussage:

Im Juni vor Ausbruch des Krieges suchte mich Sir Delves Broughton in London auf und sagte, er wolle mit mir über einen Vorschlag reden. Er betonte, daß Diana, damals noch Diana Caldwell, unter keinen Umständen von dem Vorschlag erfahren dürfe, den er mir gleich unterbreiten werde. Er schlug vor, daß ich die Perlen stehlen sollte, die sie trug. Er habe sie als Geldanlage für ungefähr sechstausend Pfund gekauft, eine Versicherung über zwölftausend Pfund abgeschlossen und ihr die Perlen geliehen. DB begründete seinen Vorschlag damit, daß er in Geldnot sei und sie ebenfalls kein Geld habe. Mich hielt er für den geeigneten Mann, um zu helfen und es zu versuchen, da er wußte, wie sehr ich sie mochte. Ich sagte ihm, ich könne ihm unmöglich sofort antworten und müsse mir die Sache überlegen. Er kam später noch einmal auf mich zu, und ich hielt ihn wieder ihn. Dann sagte er, er wisse, daß wir alle zusammen nach Südfrankreich fahren wollten; das halte er für eine glänzende Gelegenheit. Ich sagte, ich würde es tun, wenn sich eine geeignete Gelegenheit bieten sollte, machte aber keine Versprechungen.
In Südfrankreich wohnte ich in Juan-les-Pins. Sie und X [Mark Pilkerton] wohnten im Carlton in Cannes. Wir drei und ungefähr ein halbes Dutzend weiterer Leute hatten eines Tages im Carlton ein paar Drinks und wollten danach das Abendessen in einem Restaurant ungefähr zwanzig Meilen außerhalb einnehmen. Sie und X hatten vor, die Nacht in einem anderen Hotel zu verbringen. Deshalb wurde Ihr Gepäck in den Wagen geladen, während wir herumstanden und warteten. Als alles verstaut war, fuhren wir mit zwei oder drei Wagen zu besagtem Restaurant. Während des Abendessens, das recht vergnüglich verlief, stand ich auf und ging hinaus. Ich holte Dianas Toilettenkästchen aus dem Wagen von X und legte es in meinen. Dann ging ich zurück, um fertig zu essen. Nach dem Abendessen löste sich die Gesellschaft auf. Ich fuhr an die Küste und suchte ein ruhiges Plätzchen. Dort öffnete ich das Toilettenkästchen, nahm die Perlen heraus und steckte sie in meine Tasche. Den restlichen Inhalt warf ich ins Meer. Am nächsten Tag vergrub ich die Perlen und grub sie erst am Tag vor meiner Heimreise nach England wieder aus. In England vergrub ich sie wieder, bis ich mit DB Kontakt aufgenommen hatte. Er trug mir auf, sie in eine Dokumentenmappe zu legen und ihm die Mappe über seine Rechtsanwälte zukommen zu lassen. Um neugierige Fragen zu vermeiden, sollte ich bei der Übergabe sagen: «Hier ist die Mappe, die Sie für mich aufbewahren wollten.» Ich tat alles wie vereinbart. Die Namen der Anwälte kenne ich jedoch nicht. Nach kurzer Zeit kam er zu mir und sagte, er habe ein paar Gemälde, die er aus Doddington entfernt haben

möchte, da sie sehr hoch versichert seien. Wenn ich mich weigern sollte, es für ihn zu tun, sagte er, werde er seine Rechtsanwälte bitten, Scotland Yard zu holen und die Mappe untersuchen zu lassen. Ich fühlte mich gezwungen, seinen Wünschen zu entsprechen.
Er sagte mir, ich solle nach Doddington kommen, damit er mir zeigen könne, welche Gemälde er beseitigt haben wolle. Ich glaube, es waren drei, könnte es aber nicht beschwören. Es könnten auch vier gewesen sein. Er sagte mir, ich brauchte dazu eine zusammenklappbare Trittleiter, die ich in Gamages bekommen könnte, eine große Tasche, um die Bilder hineinzutun, und einen Glasschneider, um die Scheibe aus dem Toilettenfenster schneiden zu können. Außerdem sollte ich bei einem Londoner Verleih ein Auto mieten. An einem bestimmten Sonntag Ende Oktober 1939 sollte ich es tun, da er in dieser Nacht in einem Hotel in Liverpool übernachten werde. Ich fuhr am genannten Tag hin und begann gegen elf Uhr abends mit meiner Aktion. Ich fuhr mit dem Wagen bis ungefähr hundert Meter vor das Haus und ließ ihn dort stehen. Dann versuchte ich, die Scheibe aus dem Fenster zu schneiden, das er mir bezeichnet hatte, aber es gelang mir nicht.
Daraufhin ging ich um das Haus herum zum Vordereingang, um mich umzusehen, und entdeckte, daß im ersten Stock ein Fenster ein paar Zentimeter offenstand. Es war eine helle Mondnacht. Ich kletterte die Regenrinne hinauf, schlüpfte durch das Fenster und ging durch das Haus, um von innen die Eingangstür zu öffnen und die Leiter und die Tasche usw. hereinzuholen. Ich schnitt die Gemälde aus dem Rahmen. Zwei waren zu groß und paßten nicht in die Tasche; deshalb zerschnitt ich sie. Dann ging ich zurück zu meinem Wagen und fuhr davon. Als ich ungefähr eine Stunde gefahren war, hielt ich an einer einsamen Stelle an und versuchte, wie Broughton vorgeschlagen hatte, die Gemälde mit ein wenig Benzin zu verbrennen. Doch das klappte nicht. Also steckte ich die Bilder wieder in die Tasche und fuhr weiter, bis ich an einen kleinen Fluß kam, der direkt an der Straße vorbeifloß. Ich befestigte die Bilder an der Leiter und versenkte sie. Dann fuhr ich zurück nach London.
Das war, soweit es mich betrifft, das Ende der Geschichte. Erst später sprach ich einmal mit ihm darüber, und er erzählte mir, daß die Versicherungsgesellschaft Schwierigkeiten mache. Er glaube aber, daß alles in Ordnung gehen werde. Mir wurde nie Geld angeboten, und ich hätte auch nie daran gedacht, für meine Dienste etwas zu verlangen. Alles, was ich wollte, waren die Perlen, mit denen er mich erpreßt hatte. Ich wußte nicht, was ich mit ihnen anfangen sollte, und wollte sie nicht bei meiner Bank aufbewahren, da meine finanzielle Situation

schlecht war und ich befürchtete, man könnte dort neugierig werden. Deshalb fragte ich Diana Caldwell, ob sie bei ihrer Bank für mich eine Mappe mit privaten Unterlagen aufbewahren könne. Ich nannte ihr auch den Grund, warum ich sie nicht bei meiner Bank deponieren wollte. Sie erfüllte meine Bitte und deponierte die Mappe bei ihrer Bank; ich glaube sogar unter ihrem Namen, aber ich bin mir nicht ganz sicher.

Nachdem ich die Bilder beseitigt hatte, erfuhr ich, daß eine Schwindelfirma die Schätzungen vorgenommen hatte. Broughton erzählte mir, er habe wegen der Bezahlung Probleme mit der Versicherungsgesellschaft, weil er die Versicherungssumme erst vor kurzem extrem erhöht habe und die Versicherungsgesellschaft die Firma nicht eruieren könne, die die Schätzung vorgenommen hatte. Es habe sich dabei um ein Schwindelunternehmen gehandelt.

Dickinson erzählte Poppy, er sei «beim Zoll noch nie so nervös» gewesen. Unter dem Schmuck, den er ins Meer geworfen habe, seien eine Jadebrosche, eine goldene Armbanduhr und eine Armbanduhr aus Platin sowie drei Armreifen mit blauen Steinen gewesen. Unter den Gemälden, die er zerstörte, waren zwei Romney-Porträts von Mitgliedern der Familie Broughton.

Miss Caldwell hatte von der Versicherungsgesellschaft einen Scheck über 12 730 Pfund und zehn Schilling erhalten, während die Perlen schließlich ohne ihr Wissen in ihrem Bankschließfach gelandet waren. Kein Wunder, daß Broughton im Gespräch mit Diana dauernd das Thema Schmuck anschnitt. Der Plan war wirklich äußerst makaber und entlarvte die wahre Natur Broughtons, die sich unter dem ruhigen, aristokratischen Äußeren verbarg. Er sah vor, daß Diana ihr Leben unter der ständigen Bedrohung, erpreßt zu werden, mit einem Mann würde verbringen müssen, den sie verachtete.

Damit ist auch geklärt, was sich in Grogans Büro zwischen Broughton und Dickinson abspielte, als Broughton von Dickinson verlangte, Diana zu überreden, zu ihm zurückzukehren. Spielte er in seinem Geständnis gegenüber Horne mit «Derek» auf Dickinson an, um sich dafür zu rächen, daß Dickinson sich nicht erpressen ließ und ihn bei Scotland Yard anzeigte? Dickinson hatte Poppy gegenüber geäußert, er würde Broughton erledigen, falls er ihn erpressen sollte.

Als ich Dickinson dreizehn Jahre später erneut anrief, erschrak ich über die Gebrechlichkeit, die aus seiner Stimme sprach. Das leicht prahlerische Selbstvertrauen, an das ich mich noch von dem gemeinsamen Treffen mit Connolly her erinnerte, war ganz verschwunden. Er erzählte mir, daß seine Frau im Krankenhaus liege; sie habe sich bei einem Raubüberfall den Oberschenkelhals gebrochen. Er selbst habe eine Operation am offenen Herzen hinter sich. Die vergangenen Jahre seien kummervoll und traurig gewesen. Er war sofort damit einverstanden, sich mit mir zu treffen, und ich schlug das Ritz vor.

Er sah gut aus, wenn auch ein wenig blaß, und besaß inzwischen den Charme und die aufmerksame Höflichkeit, die oft mit hohem Alter kommen. Wir versuchten, bei einem jungen Ober spanischer Herkunft, der unterwürfig grinste, Drinks zu bestellen. Dickinson sagte: «Ich nehme einen trockenen Martini.» Diese Bitte wurde falsch verstanden, und ein frustrierendes Hin und Her über die Art des Servierens und die Zutaten begann. Dickinson starrte dem Ober hinterher und sagte: «Was für ein sonderbarer Mann.» Das Ritz sei heruntergekommen. Dickinson habe vor kurzem feststellen müssen, daß es unmöglich sei, auf der Toilette das Waschbecken zu füllen: es gab keinen Stöpsel. «Und das im *Ritz*», sagte er. «Dem Angestellten hat es leid getan. Er sagte, sie könnten keine Stöpsel hinlegen, weil die Leute sie *mitnähmen*.»

Wir begannen, ein paar biographische Details zu korrigieren, und klärten rasch die Unstimmigkeiten hinsichtlich seines Alibis auf. Er war mit seinem vergifteten Fuß ins Krankenhaus von Nairobi verlegt worden und hatte dann dort Ende Januar Broughton und Diana gesehen. Außerdem sagte er, alle Detailinformationen über den Mord, von denen er seinen Freunden und Verwandten berichtet habe, seien reine Spekulationen gewesen.

Ich fand Dickinson rührend, traurig und sehr würdevoll und hätte beinahe darauf verzichtet, ihm sein Geständnis vorzulegen, das er nicht mehr gesehen hatte, seit er es vierzig Jahre früher unterzeichnet hatte. Er muß geglaubt haben, es sei für immer begraben. Aber er war auch entspannt, hatte resigniert und schien gerne über die Vergangenheit zu sprechen. Ich sagte ihm deshalb, daß ich der Ansicht sei, Broughton habe versucht, ihn zu erpressen. Ich hätte deshalb das Geständnis mitgebracht, das er Poppy gegenüber abgelegt habe. Er errötete ein klein wenig, und es herrschte Schweigen zwischen uns. Dann sagte er mit der gleichen höflichen Gelassenheit wie zuvor: «Er versuchte es tatsächlich. Er war ein wenig schwierig. Damit [mit dem Geständnis] wollte ich ihm den Boden unter den Füßen wegziehen.»

Ich gab ihm das Dokument, und er las es langsam. Seine Hände, die die Blätter am Rand festhielten, zitterten. Er ließ ein Blatt auf den Boden fallen. Als er die Hälfte gelesen hatte, sagte er: «Jetzt wird alles wieder lebendig. Wie sind Sie dazu gekommen?» Dann las er weiter. «Das würde Ihrem Buch mit Sicherheit eine gewisse Würze geben.»

Eine zweite Runde wurde bestellt. Dickinson setzte seine Lektüre fort, langsam, mit großer Konzentration. Er sah auf: «Mein Gott, ich werde berühmt oder vielleicht eher berüchtigt.» Als er seine Lektüre beendet hatte, sagte er: «Ich werde diese Nacht niemals vergessen, solange ich lebe. Sie war absolut phantastisch.» Dann beschrieb er den Abend ungefähr so, wie er es in seinem Geständnis getan hatte, fügte allerdings einige, wie man sagen könnte, pittoreske Details hinzu.

«Sie können sich nicht vorstellen, wie *zäh* Leinwand ist. Man denkt, Leinwand sei wie Papier, dünn und leicht zu zerreißen. Aber ich mußte richtiggehend sägen und sägen und sägen. Und als ich diese scheußlichen Dinger schließlich aus ihren Rahmen geschnitten hatte, mein Gott, jedes war mindestens so groß –» Dickinson wies auf den Rokokospiegel in der Cocktailbar –, «verließ ich damit das Haus durch den Vordereingang wie ein Gentleman, fand ein stilles Plätzchen und versuchte, sie zu verbrennen. Das Benzin verbrannte sofort, war weg, aber die Leinwand wollte einfach nicht brennen. Ich war so erschöpft, daß ich auf dem Weg nach London am Steuer einschlief und von der Straße abkam.»

Ich fragte ihn, ob er gezwungen worden sei, die Bilder zu stehlen, indem Broughton ihn wegen seiner Beteiligung am Diebstahl der Perlen erpreßte. «Ja, Broughton hatte damals das Ruder in der Hand», sagte er. «Für mich war es mehr ein Abenteuer, eine Herausforderung.» Aber schließlich weigerte sich Dickinson, Broughton zu helfen: «Nach dem Prozeß wollte er, daß Diana zu ihm zurückgekrochen kam. Deshalb versuchte er uns beide zu erpressen. Ich sagte: ‹Zum Teufel damit, sie wird tun, was sie will.›» (Diana erklärte mir später, Broughton hätte sie in ihrer Situation nicht erpressen können.)

Als Dickinson auf einem Truppentransporter nach England zurückkehrte, wurde er vor allen anderen Passagieren von Detektiven von Scotland Yard in Empfang genommen. Angeklagt wurde er jedoch nie: «Sobald sie herausfinden, daß man keinen finanziellen Gewinn daraus zieht, verlieren sie das Interesse», sagte er. Dickinson kooperierte mit den Schätzern von der Versicherungsgesellschaft. Broughton, dem er die Perlen schließlich zurückgegeben hatte, hatte ihm gegenüber angedeutet, er habe sie in einem Baumstumpf in Doddington versteckt. Dickinson und der Schätzer verbrachten in der Folge einige Tage damit, über das Gelände zu gehen und sie zu suchen. Sie fanden sie allerdings nicht. Sir Evelyn erinnerte sich jedoch, daß sie von einem Arbeiter gefunden und der Versicherungsgesellschaft zurückgegeben wurden.

Schließlich kam Dickinson auch auf Diana zu sprechen. Er schien immer noch besorgt um sie. Vielleicht stand er immer noch in ihrem Bann. Ihr Verhältnis sei immer platonisch gewesen, sagte er, aber sehr eng, und er würde alles für sie tun. Dianas Dienstmädchen in der Duke Street, wo sie vor dem Krieg lebte, habe ihn einmal einen «Kofferträger» genannt. Diana habe ihr das sehr übelgenommen, und Dickinson habe lachend gesagt: «So werde ich aber nicht gerade gern genannt.» Diana, sagte er, habe sich nach Schmuck und Titeln gesehnt, und «ich wollte nicht über meine Verhältnisse leben». Sie hätten sich seit zwanzig Jahren nicht mehr gesprochen. «Ich war ihr ergeben», sagte er, «und bin es auf merkwürdige Weise immer noch.»

– 21 –
Weiße Hoheit

Traumhafte Tage im Muthaiga Club – die letzte Phase der Suche im Jahr 1979. Im Zimmer rascheln Insekten, und aus dem Nichts stürzen sich plötzlich Ameisen auf einen toten Käfer vor dem metallenen Fensterrahmen. Regen tropft auf die Blätter der Bananenpflanzen. Die Rückkehr zu vertrauten Freuden erregt die Sinne: der durchdringende Geruch von verbranntem Holz, die leuchtend rote Erde, die schrill klingenden rhythmischen Klänge aus den Taxiradios.

Das Angenehme an den Schlafzimmern in feinen britischen Clubs aus der Kolonialzeit – und der Muthaiga Club ist dafür ein gutes Beispiel – ist ihre ungeheure Größe und ihre luftige spartanische Einrichtung. Auch die Korridore, die in diese Räume münden, sind von entsprechenden Ausmaßen. In den Räumen gibt es gewöhnlich einfache, in Indien gefertigte Möbel etwa aus dem Jahre 1930, ein Waschbecken an der Wand und eine Wasserkaraffe. Der Boden ist hart und mit grünem oder braunem Linoleum belegt, das Badezimmer, in dem das Donnern des heißen Wassers von den cremefarbenen Wänden widerhallt, recht luxuriös.

Junggesellen werden im Normalfall im sogenannten Militärflügel untergebracht, wo sich die preiswertesten Unterkünfte befinden. Ich wurde jedoch in ein luxuriöseres Quartier geführt, das über einen allgemein zugänglichen Balkon zu erreichen war. Die Hausordnung in meiner Schreibtischschublade war seit dem letzten Mal unverändert (Mitglieder, die eigene Getränke mitbringen, werden zur Kasse gebeten; es ist untersagt, Schlangen in den Club mitzubringen; Mitglieder, die sich nach Mitternacht in den Gemeinschaftsräumen aufhalten, werden nach Stunden mit einer Strafe belegt). Im Schreibtisch lagen auch die für hier lebenswichtigen Dinge: Die Marken für die Bar waren weiß, die anderen grün und rosa, je nachdem, welche Wünsche man äußerte. Es gab viele Ober, die mit den Marken in der Hand auf dem langen Weg zwischen den Zimmern und der Bar hin und her eilten. Ob es dieses Zimmer war, in dem Portman übernachtet und Broughton sich am Abend, an dem er den Toast ausbrachte, umgekleidet hatte – Portman mit rotem Kopf von den Martinis und dem donnernden heißen Wasser?

Wenn keine besonderen Anweisungen erteilt werden, wird morgens um halb sieben Tee gereicht, und zwar in einem robusten, blaßblauen Service der *civilisation anglaise*. Der Tee ist immer besonders stark; es ist Zeit für müßige Träumereien, Zeit, das morgendliche tropische Licht während der kurzen Regenschauer zu genießen, den süßen Duft der Vegetation, die Kühle, das Rufen der Ziegenmelker und das fegende Geräusch der Besen draußen auf dem Hof und dem Balkon – eine zweistündige Ruhepause, bevor sich alles im Speisesaal versammelt, um das reichliche afrikanische Frühstück aus Papaya und Schinken «na mayai» einzunehmen und die *Daily Nation* und den *East African Standard* zu lesen. Zeit, um über den Buick an der Kreuzung der Straßen nach Karen und Ngong nachzugrübeln.

In der Bibliothek für die Mitglieder habe ich im Beschwerdebuch geblättert:

> Um 4.30 Uhr aufgewacht, weil Eingeborener Blätter wegfegte. Um 5.15 Uhr aufgewacht durch die schweren Schritte des Wächters, der die Lichter löscht. Um 5.30 Uhr aufgewacht, weil ein Handkarren vor den Schlafzimmerfenstern vorbeirumpelte. Seit dreißig Jahren fegt dieser Eingeborene (oder seine Ahnen?), schon bevor es hell wird, Blätter weg. Ist das wirklich nötig?
>
> Ein anderer: Ich mag den Militärflügel. Dort ist es ruhig. Man wird von den schrillen Schreien verschont, die aus den Zimmern der verheirateten Mitglieder dringen, wo die Männer damit beschäftigt sind, ihre Ehefrauen zu vergewaltigen.

Um die Mittagszeit wird das Licht kristallhell von den Bäumen reflektiert. Ein Diener kommt ins Clubsekretariat, um sich beim Verwalter – einem ehemaligen Bezirkskommissar von Kenia – über eine Beleidigung zu beschweren. Auf die Beschuldigung, er habe Sahne aus dem Speisezimmer genommen, habe der Verwalter zu ihm gesagt: «Du wirst sie schon getrunken haben.» Jetzt sagt der Verwalter zum aufgebrachten Diener: «Wenn du nicht merkst, daß das ein Spaß war, und wenn du keinen Spaß verstehst, dann kann ich dir auch nicht helfen.» Der Verwalter weigert sich, sich zu entschuldigen, und der Diener weigert sich zu gehen, bevor nicht seine Ehre wiederhergestellt wird – worauf kaum Aussicht besteht.

Bei einem Abendessen in Nairobi, zu dem ich eingeladen bin, ist die Tafel mit einem großen Strauß von Bougainvillea geschmückt, die in einer Waterford-Schüssel arrangiert sind, und silberne Leuchter stehen auf einem blanken Queen-Anne-Tisch, der von einem eingeborenen Schreiner angefertigt wurde. Perserteppiche. Sherry zur Suppe, Piri-Piri, Taube und Rebhuhn, gebratene Bananen und Bordeaux.

Gesprächsthemen: Die verschiedenen Arten von Tulpenbäumen, Nandi und abessinische; als Elspeth Huxley ankam, habe es nur Nandi gegeben. Kritik an Habsucht und Verschwendung der neureichen Kikuyu-Farmer. Die Käuflichkeit Kenyattas wird bis zu einem gewissen Grad verteidigt. Auch daß er eine große Fläche Land in der Nähe von Nakuru beschlagnahmt, ohne die Besitzer dafür zu bezahlen oder zu entschädigen, wird verteidigt, da er dadurch Ruhe in ein Gebiet gebracht habe, in dem immer wieder Stammesfehden ausgetragen wurden.

Jeder hat seine eigene Auffassung vom Mord an Erroll. Über Diana Delamere äußert man sich mit Achtung und Bewunderung. Eine Frau sagt: «Mein Gott, wie clever Diana ist.» Spekulationen über ihr Vermögen, wieviel Land sie jetzt insgesamt wohl besitze, über die Besitzungen, die ihr Tom Delamere, ihr Mann, hinterlassen hat. Von diesem Zeitpunkt an reden wir bis zwei Uhr nachts über nichts anderes.

«Sie sollten sie mal beim Preisfischen in Malindi sehen. Ganz allein, von Kopf bis Fuß mit Schmuck behängt, geht sie den Pier hinunter zu ihrem Merlin-Boot, und sie kommt fast nie ohne Fisch zurück. Dabei sind Merline heutzutage vor der Küste schwer zu fangen.»

Der erste Mann: «Nun, sie hat eben Klasse. Mehr, als man von Wallis Simpson sagen kann.»

Zweiter Mann: «Derselbe Typ Frau. Genau derselbe.»

Dritter Mann: «Man muß den Hut vor ihr ziehen.»

Das muß man wirklich. Als sie mit dem Hochseefischen anfing, wurde sie zwei oder drei Saisons lang auf dem Boot jedesmal furchtbar seekrank. Diese Quälerei hätte die Begeisterung jedes gewöhnlichen Menschen für diesen Sport rasch gedämpft. Aber Diana war entschlossen, ihre Seekrankheit zu überwinden. Immer wieder fuhr sie, die Rute in der Hand und einen Eimer auf dem Schoß, hinaus aufs Meer, bis sie es schließlich geschafft hatte.

Für eine Gastgeberin in Nairobi ist der Mord an Erroll ein Thema, das immer eine lebhafte Unterhaltung verspricht. Es ist überhaupt das einzige Thema, das seit fünfundzwanzig Jahren die Gäste garantiert in den Bann schlägt, ein Thema, bei dem sich die Einheimischen auszeichnen und mit Historikern konkurrieren können. Die Kenntnisse über die Affäre und über den inneren Kreis sind der Maßstab dafür, wie gut man das Land kennt, und die Tatsache, daß Diana noch hier lebt und eine bedeutende Persönlichkeit ist, gibt der Geschichte noch die Würze der Indiskretion. Die Geschichte über den Mord ist daher nicht im geringsten hinterwäldlerischer Klatsch, durch den man den Großstädtern, die auf dem Weg in die Jagdreservate sind, provinziell erscheint. Sie hat eine Bedeutung erlangt, die sich ganz auf dem Niveau der Geschichten über Tania Blixen und Hemingway hält.

Es gab schon Gelegenheiten, bei denen Diana in der Öffentlichkeit noch unter der Sache zu leiden hatte. Mitte der sechziger Jahre beispielsweise kam man einmal bei einem Lunch mit dem inzwischen verstorbenen Herzog von Gloucester, der Kenia besuchte, und verschiedenen einheimischen Politikern, unter anderen auch dem ehemaligen Ersten Kronanwalt von Kenia, Charles Njonjo, auf den Mord an einer einheimischen Krankenschwester zu sprechen, der vor kurzem bekannt geworden war. Darauf bemerkte ein ehemaliger Kolonialpolitiker mit einem deutlichen Blick auf Diana laut: «Wenigstens werden keine Weißen mehr ermordet.» Njonjo war verärgert. Er hatte bereits eine taktlose Bemerkung des Herzogs durch ein Lachen mildern müssen. Der Herzog hatte einen prominenten Kikuyu-Politiker gefragt: «Kaufen Sie Ihre Frauen einzeln oder im Dutzend?» Njonjo wollte auf Diana nichts kommen lassen.

Dianas Aufstieg zu Reichtum und in gewissem Sinn auch zu Ruhm war gezielt und dramatisch verlaufen. Vom Unglück verfolgt und vom Rest der selbstgefällig strengen Kolonialgesellschaft gemieden, hatte Diana nach dem Mord eine sehr ungewisse Zukunft vor sich. Sie erhielt ein Beileidsschreiben von Nancy Wirewater aus Kapstadt, und ihr ehemaliger Geliebter Mark Pilkington teilte ihr mit, daß er komme, um in ihrer Nähe zu sein, doch kurz nachdem Diana seinen Brief erhalten hatte, kam er in Nordafrika um. Das Schlimmste von allem war aber wohl, daß sie noch eine Zeitlang in der Nähe ihres Ehemannes leben mußte.

Aber dann trat Gilbert Colvile in ihr Leben. Niemand konnte sich erinnern, daß er jemals mit einer Frau auch nur gesprochen hatte, von einer Affäre ganz zu schweigen.

Am Naivasha-See erzählt man sich, Diana habe Broughtons Partner John Hopcraft im Hinblick auf ihre nächste Eroberung schon bald gefragt: «Wer ist der reichste Mann in Kenia?» Zu jenem Zeitpunkt erholten sich die Besitzungen von Delamere erst langsam von den Verlusten der Jahre zwischen den Kriegen. Eine Menge Land hatte verkauft werden müssen, um Lord Delameres Schulden zu bezahlen, und Colvile hatte der Spitze der Liste der reichsten Männer sicherlich sehr nahe gestanden.

«Er war der langweiligste Mann der Welt», sagte sein Nachbar am Naivasha-See, ein Trophäen jagender Österreicher namens Baron Knapitsch. «Er redete über nichts anderes als Vieh und Regen.» Mein Somali-Bekannter sagte: «Er rauchte nicht, und er trank nicht. Das einzige für das er sich interessierte, waren die Massai. Er hatte Hunde wie Sand am Meer.»

Über Colvile, der Eton und Sandhurst besucht hatte und ehemaliger Leutnant der Grenadier Guards sowie Mitglied des Guards' Club war, äußerten sich die Somali, mit denen ich sprach, mit Verachtung – möglicherweise wegen seiner Bewunderung für die Massai. Als Diana ihn heiratete, liefen ihr alle Diener weg, denn er war für seinen Geiz bekannt. Aber es gab auch Gründe, die eher in einem gewissen Snobismus wurzelten. Die Somali hatten gegen Colvile Dinge wie die folgenden einzuwenden:

«Colviles Mutter lebte in Gilgil und führte ein Hotel.»

«Sie benahm sich nicht wie eine Mazungu [eine Weiße].»

«Sie hatte keine englischen Manieren [sie war zum Teil französischer Abstammung] und pflegte Milch zu tragen [auf dem Kopf].»

«Wir hatten nicht viel Achtung vor ihr, denn sie spielte weder Tennis noch Polo oder Bridge, und mit Colvile war es ebenso.»

«Er ließ die Kühe in sein Haus.» (Eine Übertreibung.)

«Er pflegte im Auto einen Massai-Moran mit einem Speer auf dem Vordersitz fahren zu lassen.» (Dolmetscher: «Achten Sie auf die Verachtung in seiner Stimme.»)

Kann sein, daß Colvile kein Menschenfreund war. Nach Aussage von Sir Michael Blundell war er ein einsamer, wortkarger und mürrischer Mann. «Zu Versammlungen des Meat Board, in dem auch Tom Delamere war, erschien er mit einem großen, flachen Filzhut, der ganz zerknautscht war. Und natürlich keine Strümpfe zu seinem leichten, zerknitterten Tweedanzug. Als ich ihn Gilbert nennen wollte, sagte er knapp: ‹Mein Name ist Colvile.›»

Eine Bekannte von Diana sah es so: «Während des Prozesses und danach sprach kein Mensch mehr mit ihr. Sie mußte allen Clubs fernbleiben und konnte in keinem Hotel übernachten. Colvile war ein großer Frauenverächter, aber als er Diana kennenlernte, dachte er: Diese Frau ist wirklich zäh. Sie kam ihm vor wie ein Mann. Er schrieb ihr und teilte ihr mit, er werde alles für sie tun. Er gehöre als Gründungsmitglied zu jedem Club in Afrika und könne dank seinem Geld mit dem Gesindel schon fertigwerden.»

Kaum war Broughton weg, holte Diana Colvile in den Djinn Palace, zivilisierte ihn und heiratete ihn im Januar 1943, einen Monat nach Broughtons Selbstmord. Colvile war nur fünf Jahre jünger als Broughton. «Er kaufte für Diana Errolls Haus, den Djinn Palace», sagte eine Bekannte, «und gab ihr seinen Familienschmuck. Er *verabscheute* Delves Broughton.» Diana bemerkte einmal zu Dushka Repton, sie sei sozial ganz unten gewesen und niemand habe mehr mit ihr gesprochen. Da habe Colvile ihr wieder aufgeholfen, und das werde sie ihm nie vergessen.

Colvile stand zu seinem Wort. Er gab nicht nur seine legendäre Knausrigkeit auf – Diana durfte in Nairobi eine Koppel Rennpferde kaufen, und bei der Hochzeit wurde ein großer Teil des Besitzes auf sie überschrieben –, sondern war auch dafür besorgt, daß sie ihr gesellschaftliches Leben wieder aufnehmen konnte. In der Folge wurde sie oft mit Jack Hilton auf Partys gesehen; er wurde zu ihrem ständigen Tanzpartner. Colvile störte das nicht –

wenn man zu Partys geht, braucht man nun einmal einen Tanzpartner. Diana und Colvile waren einander dennoch treu ergeben. Sie nannte ihn «mein kleines Monster». Eine Freundin erinnert sich, daß Diana einmal zu ihr sagte: «Nein, meine Liebe, heute abend kann ich nicht kommen. Ich habe versprochen, mit Pooey [ein anderer Spitzname] ins Kino zu gehen.» (War Colvile je zuvor im Kino gewesen?) Nur wenige Leute konnten verstehen, wie die beiden miteinander zurechtkamen, wie Diana diesen Mann ertragen konnte und wie Colvile es fertiggebracht hatte, lebenslange Gewohnheiten aufzugeben und sich einer jungen, eleganten Frau zuzuwenden, von der er nicht das geringste erwartete.

Poppy hatte Colvile stets für einen merkwürdigen Burschen gehalten. Er war der Ansicht, Colviles seltsame Lebensweise vor Dianas Ankunft habe auf einer homosexuellen Neigung zu seinem bevorzugten Stamm beruht, und zwar besonders zu den jungen Kriegern dieses Stammes. Nun gab es aber bei den Pionieren in den Kolonien, abgesehen von einem gerade noch zulässigen Maß an Alkoholismus und Promiskuität, nicht viele weitere Möglichkeiten, sich unkonventionell zu verhalten, und «sich mit den Eingeborenen einzulassen» – was Colvile nach Ansicht von Poppy tat – war absolut unverzeihlich. Für Poppy konnte so was nur in einer sexuellen Verirrung begründet sein.

In den frühen fünfziger Jahren war die Zeit von Dianas Ächtung vorüber, und sie begann, an jedem bedeutenden gesellschaftlichen Ereignis teilzunehmen. Schon bald war es soweit, daß ein Pferderennen in Nairobi ohne Diana kein richtiges Pferderennen, kein wirklich *großes* Ereignis mehr war. Auch in Nairobi gab es einen Club 400, und Diana wurde dort oft in Begleitung von Jack Hilton gesehen. Ihr Kommen und Gehen wurde in der lokalen Klatschspalte «Miranda's Merrier Moments» in erbarmungsloser Ausführlichkeit beschrieben. Eine Frau erinnert sich, Diana während dieser Zeit einmal im Club 400 gesehen zu haben. «Sie trug ein wunderschönes schwarzes Kleid und funkelnde Smaragde. Sie hatte eine phantastische Figur. Man mußte sie einfach anstarren.»

Eine Tragödie aber gab es auch in ihrer Ehe mit Colvile. Diana verlor zwei Kinder; das erste lebte nur zehn Tage, und das zweite wurde tot geboren. Diana und Colvile adoptierten danach eine Tochter, Sarah, die «Snoo» gerufen wurde.

Als Diana den rothaarigen, kleingewachsenen Tom Delamere, den Sohn des großen Pioniers, kennenlernte, mochte sie ihn zuerst nicht. Ungeachtet der Tatsache, daß Toms Vater Hugh Delamere Colvile stets deutlich vorgezogen und ihn freundlicher behandelt hatte als seinen eigenen Sohn, waren Colvile und Tom Delamere eng befreundet. Diana, Colvile und Delamere wurden bald überall zusammen gesehen und pendelten als Trio zwischen dem Djinn Palace und Soysambu, der Farm von Delamere, hin und her.

Diana, die, wie sie selbst sagte, seit Errolls Tod für keinen Mann wirklich etwas empfunden hatte, verliebte sich in Tom. Dieses Mal wurde der ungeschriebene Pakt eingehalten. Colvile war zwar unglücklich darüber, Diana zu verlieren, doch die Freundschaft zu ihr und Tom blieb davon unbeeinträchtigt. 1955 willigte er in die Scheidung ein und versprach Diana sogar, ihr sein gesamtes restliches Vermögen zu vermachen. Im selben Jahr reichte Mary Delamere gegen ihren Mann die Scheidung ein, und Diana heiratete Delamere, dem sie die Spitznamen «Bär» und «Brummer» gab.

Bei der Hochzeit sagte Diana zu Kaplan: «Beim drittenmal muß es klappen.» (Sie hatte Vernon Motion vergessen, ihren ersten Mann, der bei Carroll Gibbons' Savoy Orpheans mitgespielt hatte.)

Der Notstand wurde ausgerufen und wieder aufgehoben, und die Unabhängigkeit unter Jomo Kenyatta wurde Wirklichkeit. Als Colvile starb, vererbte er Diana tatsächlich seinen gesamten Besitz. Die vorsichtigsten Schätzungen des Erlöses, den Diana erzielte, als sie Colviles Besitz verkaufte, um die Erbschaftssteuer zu bezahlen, lagen bei zweieinhalb Millionen Pfund.

Ich sah Diana zum erstenmal auf der Rennbahn von Nairobi, als ich im Jahre 1966 für die *Daily Nation* arbeitete. Sie war eher klein, ähnlich den Mitgliedern des englischen Königshauses, und königlich waren auch ihre Kleidung und ihr Verhalten. Sie trug das Eleganteste, was Hardy Amies kreieren konnte, doch mit dem protzigen weißen Hut, der wie eine Melone aussah, und ihrem schweren Schmuck war sie auf eine Art herausgeputzt, die bei einer echten Hoheit als extravagant bezeichnet worden wäre. Das lag jedoch ebensosehr an ihrem eindrucksvollen Gesicht mit den eisblauen Augen wie an ihrer Kleidung. Ich war der Ansicht, sie übertreibe ein bißchen – sie wäre sogar in Ascot aufgefallen, von Nairobi gar nicht zu reden. Sie trug, so könnte man sagen, ihren Reichtum nicht auf *diskrete* Weise zur Schau.

Mir fiel unwillkürlich ein, daß es wahrscheinlich weniger Vermutungen über ihre Herkunft geben würde, wenn sie sich nicht so offensichtlich mit Schmuck behängen und dadurch ständig auf ihren Reichtum und ihre Macht hinweisen und Aufmerksamkeit erregen würde. Sie sah aus, als wäre sie beständig auf einer Parade. Wahrscheinlich liegt es wirklich daran, daß man in Nairobi der festen, aber falschen Ansicht ist, Diana sei «aus dem Nichts» gekommen. Revuetänzerin und Mannequin sind noch die positivsten Vermutungen, die man in der Bar des Muthaiga Club zu hören bekommt. «Sie hat sich Ansehen verschafft», sagte ein weibliches Mitglied, «weil sie früher überhaupt keines hatte, wissen Sie.» Dennoch wird Diana von den meisten Weißen für die faszinierendste Frau in Kenia gehalten. Sie gilt als Symbol für das Überleben der Weißen und die profitorientierte Kooperation mit der seit der Unabhängigkeit herrschenden schwarzen Klasse.

Als Jomo Kenyatta ihr den Uhuru Cup, einen riesigen silbernen Pokal, überreichte (ihre und Delameres Pferde gehörten immer zu den besten), lächelten sich die beiden großen Überlebenden wie in geheimem Einverständnis zu, und ich erinnere mich, wie ich in diesem Augenblick dachte, daß Diana es wieder einmal geschafft habe, einen reichen und mächtigen Mann zu bezaubern.

Die Somali-Diener äußerten sich erstaunt darüber, daß sie niemals ihren Schmuck ablege, bevor sie in den Swimmingpool in Kilifi steige. Vielleicht fühlte sie sich ohne ihn «unbekleidet». Die Somali jedoch hatten jedesmal den Eindruck, sie werde auf verhängnisvolle Weise von den glänzenden Steinen in die Tiefe gezogen.

Ein Freund von mir sah sie einmal im Muthaiga Club in einem Cape, das von zwei starken Magneten zusammengehalten wurde. Er beobachtete fasziniert, wie sie die Magnete auseinanderzog und wieder zusammenschnappen ließ. Er bemerkte, daß sie aus der Bibliothek im Club einige Bände aus der Reihe «Wahre Morde» ausgeliehen hatte.

Als Kenia unabhängig wurde, entfernte man die Statue Lord

Delameres und brachte sie in den Garten von Soysambu. (Sie hatte in der Delamere Avenue in Nairobi gestanden, die in Kenyatta Avenue umbenannt worden war.) Für die Pfauen hatte man im Garten Spiegel aufgestellt, und sie pickten in ihrer Eitelkeit eifrig auf ihrem eigenen Bild herum. Diana pflegte sie dazu anzufeuern: «*Weiter* so!»

Antonia Fraser schrieb an Connolly:

> Der Fall hat mich immer fasziniert. Offenbar hat er für jeden eine andere Bedeutung. Ich interessierte mich weniger für Jock Broughton als für Diana, die *femme fatale*. Über die Frage, warum einige Frauen vom Unglück verfolgt werden, grüble ich oft nach (Mary Stuart, die Königin der Schotten, gehört dazu). Stellen Sie sich vor, wie aufgeregt ich war, als ich ungefähr im Jahre 1958 im Muthaiga Club saß und eine Frau wie eine große Raubkatze vorbeischleichen sah: blaßgoldene enge Strickjacke (alle anderen trugen billige Baumwolle), Haare und Teint von gleicher Farbe, über dem Arm ein Pelz (es herrschten Temperaturen um 25 Grad). Ein Murmeln ging durch den Raum: Diana Delamere. Eine meiner Hypothesen über eine *femme fatale* ist, daß ihr oft *kalt* ist, verglichen mit anderen.

«Kalt» und «hart» waren auch Eigenschaften, die Diana oft zugeschrieben wurden, doch Menschen, die ihr nahestanden, betonten immer ihre Loyalität und Wärme gegenüber ihren Freunden. «Sie ist zu gewöhnlichen, langweiligen Menschen wirklich nett», habe ich sagen hören.

Sie sei immer von Bediensteten umgeben, denn sie habe Angst, allein zu sein. Es sei für diese nicht immer leicht, sagte man mir, soviel von ihrer Zeit ihr zu widmen, aber bei Diana sei «ein Befehl ein Befehl».

«Sie war Tom gegenüber immer fair und freundlich, obwohl er ein schwieriger Mensch und lange Zeit krank war», sagte ein Freund von Diana. «Sie hatte Geduld mit ihm, und er war sehr streng. Er wollte nicht, daß sie sich herumtrieb.

Soysambu war recht düster», erzählte der Freund weiter. «Sie lebten ausgesprochen gut dort; sie protzten nicht, verhehlten aber auch nicht, wie reich sie waren. Ihre Diener waren immer makellos gekleidet: grüner Fes, Stiefel und weiße Kniehosen. Einmal saß ich alleine im Salon, und einer dieser prächtig gekleideten Diener kam herein. Er hat mich wahrscheinlich nicht bemerkt. Er ging zum Tablett mit den Getränken, nahm die Whisky-Karaffe, trank einen großen Schluck, stellte sie zurück an ihren Platz und verließ den Raum. Ich war davon richtig beeindruckt.

Diana zerbrach sich den Kopf über ihre Garderobe. Für Ascot wurden gewaltige Vorbereitungen getroffen, und sobald das Ereignis vorüber war, planten sie auch schon das nächste und entwarfen zusammen mit Hardy Amies die Kleider und sonst alles mögliche. Diana hatte eine großartige Eigenschaft als Frau. Sie gab einem stets das Gefühl, man sei der Typ, den sie gerade erobern wolle.»

Der Freund hatte die Kleidung der Diener nicht ganz korrekt beschrieben. In Soysambu tragen sie zwar tatsächlich einen grünen Fes, aber ihre Livree besteht aus einer langen khakifarbenen Tunika mit grünen Schärpen und einer khakifarbenen langen Hose. An der Küste in Kilifi dagegen sind sie ganz in Weiß gekleidet, und die «Bootsjungen» tragen lange oder kurze Hosen aus marineblauem Drillich und marineblaue T-Shirts mit dem Namen von Dianas Boot *White Bear* auf der Brust. Bei besonderen Anlässen tragen auch die Bootsjungen Weiß.

Ein besonders luxuriöses und charakteristisches Merkmal für das Leben in Soysambu sind die Frühstücksrituale. Wenn die Gäste sich am Abend zum Diner umkleiden, finden sie eine gedruckte Speisekarte mit Goldrand auf dem Tisch in ihrem Zimmer – und eine Rose fürs Knopfloch. Eine enorme Auswahl an tropischen Früchten und gekochten Speisen ist darauf aufgeführt, und die Gäste können ihre Wünsche anzeichnen. Das Frühstück darf nur im Zimmer eingenommen werden. Ein Freund von mir, der einmal dort übernachtete, sagte: «Ich vermute, daß Diana die Vorstellung nicht paßte, daß schon morgens früh junge Männer in ihrem Haus herumliefen. Man wurde nicht angehalten, morgens allzu eilig zu erscheinen.»

Noch bevor wir unseren Artikel schrieben, lernte Connolly sie schließlich kennen. Die nichtsahnende Gastgeberin machte sich dabei keinerlei Vertrauensbruches gegenüber ihrer Freundin schuldig. Connolly hielt die Begegnung in seinem Notizbuch fest.

Erste Begegnung mit [Auslassung] beim Abendessen bei Lady Hoare. 14 Selwood Terrace. 23. Juli (69).

Diana trug ein einfaches, schwarz-weiß geblümtes Sommerkleid, eng geschnitten; dazu eine fünfreihige, schwere Perlenkette mit einem kleinen Diamantverschluß.
Mittelgroß (nicht klein), kurze blonde Haare, große blaue Augen, kleine gebogene Nase. Mundwinkel *nicht* unzufrieden heruntergezogen. Stimme recht metallisch, aber nicht dumpf, sondern lebendig mit einem Anflug von Fröhlichkeit und Lachen. *Keine* unbedeutende Frau. Muß früher umwerfend gewesen sein.

Erinnert mich an:
1. Herzogin von Windsor als Unterhalterin von dummem, ältlichem Ehemann.
2. Diana Cooper vor zwanzig Jahren.
3. Gestalten aus den Mädchenpensionaten der zwanziger und dreißiger Jahre, z. B. Doris Castlerosse, Lady Queensberry (Mrs. Follett). Aber nicht, wie sie, nervtötend.
4. Frauentyp, den man mit dem ehemaligen Cannes, Schottland, Ascot, St. Moritz in Verbindung bringt, aber nicht mit Hauspartys oder irgendeinem bestimmten Zweck abgesehen von reinem Vergnügen – keine Boheme.

Ebenfalls anwesend Ehepaar Walter Bell. Er ist Exnachrichtenoffizier (Kenia). Gutes Essen.

Themen
Ihre Leidenschaft für Rom. Wohnt im Hôtel de Ville. Beste Suite (Klimaanlage). Mag Schwule; Ehemann sagt jedoch, daß er «keine Zeit für ‹Schwuchteln›» habe, wie sie beim Militär genannt würden. Sie verteidigte die «netten», die ihr sagen, ob ihre Frisur richtig sitzt, ihren Kleidern Beachtung schenken usw.

Ansichten
Kann Südafrika nicht leiden. Nichts könnte sie dazu veranlassen, dort zu leben. Liebt Kenia, würde lieber dort bleiben und das Land niemals verlassen als in einem anderen Land leben. Sie hat eine «entzückende» Farm am Naivasha-See und ein Haus in Kilifi auf der Seite von Mombasa. D. betreibt in Elmenteita Landwirtschaft und geht im Winter aus gesundheitlichen Gründen an die Küste. Mag Alan Bobbé's Grill [ein Restaurant in Nairobi]. Trank *nichts*.

Kaufte für 600 Pfund ein Gemälde von Michonze. Brachte einen «kleinen Gainsborough», um ihn säubern zu lassen – «ein Erbstück der

Familie»(DB?) – das Porträt eines jungen Mädchens (Kindes) mit blauem Kragen und weißem Kleid.

Gegen Wilson, für Kenyatta. Lord D. diskutierte mit Bell den ganzen Abend über afrikanische Politik. Gespräch über Eton. Sie sagte zu ihm: «Ich weiß, daß du es für ein schlechtes Zeichen hältst, wenn jemand angewachsene Ohrläppchen hat, aber hier –» sie deutete auf mich – «ist noch jemand mit angewachsenen Ohrläppchen.» Sie nahm ihre Perlenohrringe ab und hob ihr Haar, um mir ihre Ohren zu zeigen. Er nennt sie «Buzzy».

Sie ist sehr charmant und kann mit Männern umgehen. Man kann verstehen, daß der richtige Typ von Mann (für sie) vor dreißig Jahren verrückt nach ihr war. Ein wenig gewöhnlich oder vielleicht einfach ein wenig mondän. Diamanten, Saphire und Perlen. Sie brachten mich zur Victoria Station, damit ich meinen Zug erreichte, sehr freundlich. Die Schlangenfarm in Kilifi. Ich sagte, der Mann sehe aus wie D. H. Lawrence an einem freien Tag. «Einem sehr freien Tag.»

Sie war in der City gewesen und hatte erfahren, daß sie «an ihren blauen Chips festhalten» solle. Preissturz werde anhalten. Dachte daran, eine Abschiedsparty bei Aspinall's zu geben – Abneigung gegen Cocktailpartys –, damit ihre Freunde spielen könnten, soviel sie wollten. Bezeichnet die Sache mit Kennedy als Tragödie. Lord D. sehr gegen Krieg. Meinte, jeder sollte *Oh What A Lovely War!* sehen, um zu wissen, was Krieg wirklich bedeutet. Alle eher für Sandy Wilson. Sie war nicht in Jack Blocks Haus gewesen und hatte auch seine Bilder nicht gesehen. Erwähnte die Chester-Rennen. Fliegt mit Alitalia – hat alten Freund bei der Gesellschaft. Mochte Pferderennen.

Im Jahre 1979 sah ich Diana Delamere wieder, auch diesmal auf der Rennbahn von Nairobi, wo sie in der Delemare-Loge saß. Sie war jetzt Witwe, sah aber viel jünger aus als 1966 und trug immer noch Hardy Amies Royal. Der Ehemann ihrer derzeitigen Dienerin lüftete bei jeder Bewegung, die sie machte, seinen Schlapphut: Als sie aufstand, um durch die Absperrung zum Sattelplatz zu gehen, ebenso, wie als sie in die Loge zurückkehrte, um sich das Rennen anzusehen. Die Delamere-Loge liegt am äußersten Ende auf der Nordseite der Mitgliedertribüne; Diana saß mit einem roten Hut in der Ecke, direkt gegenüber dem Ziel.

Sie aß mit ihren Begleitern, zu denen auch ihr Stiefsohn und

Erbe des Delamere-Vermögens Hugh Cholmondeley (jetzt Lord Delamere) gehörte, im Mitgliederrestaurant zu Mittag. Als vor dem ersten Rennen der Lautsprecher eingeschaltet wurde, ging ein lautes schrilles Pfeifen – Rückkoppelung – durch den Speisesaal, in dem wir saßen. Als das Pfeifen anhielt, sah ich, wie Diana sich mit zurückgehaltenem Ärger empörte: «Um *Gottes* willen.»

Obwohl ich eine direkte Ablehnung oder Schlimmeres erwartete, wenn ich je den Fall Erroll in ihrer Gegenwart anschneiden sollte, gab es immer eine kleine Hoffnung, daß sie mit einem seriösen Historiker darüber sprechen würde, und sei es auch noch so kurz. Diese Möglichkeit wollte ich mir sorgfältig offenhalten. Es wäre zwar bequem, in gewisser Weise aber auch unredlich gewesen, wenn ich geschrieben hätte, Diana habe es abgelehnt, mit mir zu sprechen, nur weil ich meine Bitte in einem unpassenden Moment vorgetragen hatte.

Die Rennbahn war jedoch nicht der richtige Ort dafür. Diana war dort zu exponiert. Schließlich spricht man ja auch Mitglieder der königlichen Familie nicht einfach in Ascot an. Das Telefon war ebenfalls keine gute Möglichkeit. Man konnte dadurch alles in wenigen Sekunden kaputtmachen, und zwar für immer. Der erste Kontakt mußte bei einer persönlichen Begegnung hergestellt werden. Und diese Begegnung mußte auf dem altbewährten Schlachtfeld des Journalisten stattfinden: auf der Hauseingangstreppe. Diana in ihrer eigenen Festung in Soysambu aufzusuchen erschien aber von der Straße her als ein Ding der Unmöglichkeit. Alles, was man sah, war ein fernes Gatter mitten im afrikanischen Flachland, ein Wachhäuschen und eine Stahlschranke quer über die Straße. Dahinter verlor sich der Pfad im Busch hinter dem Horizont. Sich als unwillkommener Journalist über ein Feldtelefon von einem abgelegenen Wachhäuschen aus anzumelden wäre einfach absurd gewesen. So verstrichen noch achtzehn Monate, bis ich Diana endlich kennenlernte.

– 22 –
Abdullah und die Prinzessin aus Afghanistan

Bevor ich ins Landesinnere weiterreiste, verließ ich an einem stillen, heißen Nachmittag Nairobi und fuhr hinaus nach Karen, um mir den Tatort noch einmal anzusehen. Ich hatte die Hoffnung, daß mir vielleicht der Ort selbst einen Hinweis auf die Ereignisse in jener verhängnisvollen Nacht geben würde. Die Strecke war mir von früher her noch wohlbekannt: Eine gerade Straße führt durch die Vorstädte von Nairobi hinaus, vorbei an der Rennbahn und dem Jamhuri-Park. Dort hatte ich einmal über die jährliche Landwirtschaftsausstellung berichtet und sehr beeindruckt erlebt, wie Kenyatta in der Zeit des «Aufbaus der Nation» nach der Unabhängigkeit eine Rede hielt und dann mit einem Fliegenwedel die *Harambee* («Schließt euch zusammen») singenden Massen dirigierte.

Die Straßen nach Karen und Ngong, an deren Kreuzung der Buick gefunden worden war, sind heute geteert. Dies sowie die Kirche St. Andrew's, die wenige Meter vom schon damals bestehenden Graben entfernt aus Holz und Stein errichtet wurde, sind die einzigen sichtbaren Veränderungen in der unmittelbaren Umgebung. Wenn man sich die Kreuzung ansieht, fällt sofort auf, was für eine scharfe Kurve der Buick machte, als er über die Kreuzung fuhr und sich in Richtung des Grabens drehte. Zuerst kam es mir vor, als habe Erroll das Steuer nach rechts herumgerissen, um einem Wagen auszuweichen, der ihm auf der falschen Straßenseite entgegenkam. Aber es ist auch möglich, daß er bereits nach rechts abgebogen war und dann, nachdem die Schüsse gefallen waren, über dem Lenkrad zusammensackte. Dabei könnte sein Fuß von der Kupplung gerutscht sein, so daß der Wagen ebendiese scharfe Kurve beschrieb und auf das Bankett schleuderte. Es hatte dafür aber am Tatort schon früher keine eindeutigen Beweise gegeben.

Zwischen der Kreuzung und dem Haus der Broughtons erstreckt sich eine ausgedehnte Wiese, die als Viehweide dient. Auf der Straße, die mitten durch das Weideland führt, näherte sich Erroll der Kreuzung, und vielleicht ging Broughton ihr entlang zurück nach Karen. Ich war erstaunt, wie groß die Entfernung zwischen dem Haus und der Kreuzung war (2,4 Meilen ist weiter, als man denkt), und deshalb zunächst überzeugt, daß der Mörder an der Kreuzung auf Erroll gewartet haben müsse und es sich deshalb eher um einen bezahlten Killer als um jemanden aus dem Haus in Karen gehandelt habe. Eines wenigstens konnte nicht in Zweifel gezogen werden: Wenn der Mörder Broughton gewesen war oder irgend jemand aus dem Haus, mußte er oder sie mit Erroll zur Kreuzung gefahren sein. Nach allem, was ich hier sah, gewann die Frage an Bedeutung, ob Broughton imstande gewesen wäre, diese Entfernung so schnell zurückzulegen, daß er durch June Carberrys Angaben eine Alibi hatte. (Harragins Protokollführer hörte, wie Diana während des Prozesses sagte: «Er ist nicht annähernd ein solches Wrack, wie man hier glaubhaft machen will.»)

Das Haus der Broughtons lag, als ich dort stand, hinter schweren Stahltoren und sah verschlossen und leer aus. Der Besitzer war Udi Gecaga, Kenyattas ehemaliger Schwiegersohn und Direktor des englischen Bergbaukonglomerats Lonrho. Er erzählte mir, die Auffahrt und der Eingang des Hauses seien in der Zwischenzeit auf die andere Seite verlegt worden, sonst sei jedoch nichts am Haus verändert worden.

An einem anderen Nachmittag startete ich vom Wilson-Flugplatz aus Richtung Norden. In einem kleinen Flugzeug hebt man sechs oder sieben Sekunden, nachdem die Bremsen gelöst sind, ab und geht in den Steigflug. Wir flogen über die hügeligen, fruchtbar aussehenden Plantagen der Kikuyu hinweg und dann vorbei am Nyeri Hill, dessen Gipfel knapp unter der Spitze der Tragflächen vorbeizog. Der bewaldete Kegel ist ein Meilenstein für tieffliegende Piloten. Er markiert fast ganz genau die Grenze zwischen dem Siedlungsland der Kikuyu und den ausgedehnten Viehebenen der Massai, die von hier bis fast an den Turkana-See reichen. In geringer Höhe an diesem weiten Tal zwischen dem Mount Kenya und den Aberdare-Bergen entlang über die riesige ebene Wiesenfläche zu fliegen, die in einer langen, sanften Steigung in die Ausläufer des Mount Kenya übergeht, muß eines der aufregendsten Erlebnisse sein, die man in einem kleinen Flugzeug überhaupt haben kann.

Der Pilot David Allen war von Beruf Wildhüter. Der zweite Passagier war seine Frau Petal, die Tochter von Sir Derek Erskine. Wir landeten auf der grasbewachsenen Bahn vor dem Garten ihres Hauses, das dem Mount Kenya zu liegt und nur ein paar Meilen von Soames' alter Farm in der Nähe von Burgeret entfernt ist. An diesem Abend gingen wir zu einem Fluß im Wald, um unter hohen, afrikanischen Bäumen mit unaussprechlichen Namen Forellen zu fischen. Am folgenden Morgen gleich nach Sonnenaufgang warfen wir unsere Angeln erneut aus.

Als ich einige Jahre früher einmal auf einer eiligen Reportagereise in Nairobi war, hatte Sir Derek Erskine mir eine Geschichte über Broughton und eines von Erskines Pferden namens Pantaloon erzählt. Diese Geschichte war mir wichtig erschienen, und ich hatte ihr schon immer einmal nachgehen wollen. In der Zwischenzeit war Erskine gestorben, doch die anderen Familienmitglieder, die mir auf dieser Reise unbeschränkte Gastfreundschaft gewährten, erinnerten sich gut daran. Ich erfuhr auch, daß Sir Derek seine Erinnerungen, einschließlich die an Broughton und Pantaloon, vor seinem Tod auf Tonband gesprochen habe. Eines Abends bot mir Lady Erskine an, mir das Tonband vorzuspielen.

Broughton habe zwar seinen eigenen Stall mit Pferden gehabt, erzählte sie mir, aber Pantaloon sei ein ganz besonders schönes Tier gewesen und habe seinem Reiter immer geschmeichelt, deshalb habe Broughton oft zu Erskine gesagt, daß er das Pferd gerne kaufen würde. Am Morgen vor dem Mord habe er gefragt, ob er es bis zum kommenden Sonntag leihweise mitnehmen könne.

Am besagten Sonntag war Broughton allein in Nairobi und wartete darauf, was die Untersuchung von Errolls Todesursache erbringen würde. Diana und June Carberry waren nach Nyeri gefahren. Erskine beschrieb auf dem Tonband den Sonntagnachmittag, an dem Broughton gegen vier Uhr das Pferd zurückbrachte. Er war zu diesem Zeitpunkt einer der wenigen, die die wahre Ursache von Errolls Tod kannten.

Jock Broughton ritt zu unseren Ställen hinauf. Er sah sehr mitgenommen aus, und auch Pantaloon wirkte sehr müde und erschöpft. Der Anblick erschreckte mich. Jock fiel fast aus dem Sattel und taumelte in unser Haus. Wir fragten ihn, ob er eine Tasse Tee wolle, aber er sagte: «Nein, ich habe einen sehr langen Ritt hinter mir und bin seit heute morgen um halb zehn unterwegs. Ich habe nichts gegessen und hätte gern einen Schluck Gin.» Meine Frau stellte ihm eine Flasche Gin und ein Wasserglas hin, und er trank ein ganzes Glas Gin, als wäre es Wasser.

Dann sagte er zu mir: «Haben Sie etwas Neues von Joss gehört?»

«Nein», sagte ich, «nur daß er tot ist.»

«Aber was um Himmels willen ist passiert?» sagte Jock. «Hat er vielleicht einen Herzinfarkt gehabt?»

«Ja», sagte ich, «höchstwahrscheinlich hat er einen Herzinfarkt gehabt.»

«Aber am Freitag abend ging es ihm doch so gut», sagte er. «Was könnte einen Herzinfarkt verursacht haben?»

«Das ist ganz leicht zu beantworten», sagte ich. «Eine Kugel durch den Kopf.»

Ich beobachtete Jock genau, als ich diese Worte aussprach, und von diesem Augenblick an hatte ich keine Zweifel mehr, wer Joss Erroll ermordet hatte.

Diese Unterhaltung wird noch bedeutsamer, wenn man weiß, daß Broughton am Tag davor, also noch bevor die tatsächliche Todesursache offiziell bekannt war, zu Kenneth Coates, einem untergeordneten Polizeibeamten, gesagt hatte: «Ich bin für die Öffentlichkeit der Verdächtige Nummer eins.»

Die Stimme auf dem Tonband erzählte weiter:

Zwei Jahre danach kam Arthur Orchardson, ein guter Freund von mir, der früher für mich geritten und einer von Kenias führenden Gewehrfachleuten war, zu Pferd an dem besagten Entwässerungsgraben vorbei und entdeckte plötzlich etwas, das wie eine rostige Waffe aussah. Er stieg ab und hob sie auf. Es war eine Pistole. Er brachte sie mit und zeigte sie mir. Wir entschieden sofort, daß diese Pistole besser verschwinden sollte, und vergruben sie an einem Ort, wo sie nie wieder gefunden werden könnte.

Während des Lunches bei der Familie Erskine zwei Tage später lernte ich eine Frau kennen, die als die Prinzessin aus Afghanistan bekannt ist. Sie erschien mir mit ihrem Auftreten und ihrem Verhalten ausgesprochen «englisch» und erzählte mir, sie könne sich noch an Lord Erroll erinnern. Sie hat ihr Leben lang in diesem Distrikt gelebt, und ihr verstorbener Mann war Adjutant bei demselben Herzog von Gloucester gewesen, der Njonjo, den Ersten Kronanwalt, mit seiner Bemerkung über die Kikuyu so aufgebracht hatte. Gemeinsam hatten sie den Notstand überlebt, indem sie auf ihrer abgelegenen Farm blieben, nachdem die meisten Weißen vom Land in die Stadt geflohen waren. «Einen hat er erschossen», sagte die Prinzessin und meinte damit ihren Mann und einen Mau-Mau-Kämpfer. «Unten am Ende vom Garten.»

Als die Prinzessin mich einlud, über Nacht zu bleiben, packte ich meine Sachen und ging mit ihr, obwohl ich keine Ahnung hatte, was von ihr zu erwarten war. Sie lebte im gleichen Distrikt, ganz in der Nähe eines Heims für pensionierte Siedler. Ihre Mutter stammte aus einer bedeutenden afghanischen Familie und hatte ihren englischen Vater in Indien geheiratet. Die Prinzessin war also eine echte «Anglo-Inderin», obwohl man im Gespräch mit ihr hätte meinen können, sie habe ihr ganzes Leben in einer südenglischen Grafschaft verbracht. In der Auffahrt kam uns eine Meute von zehn oder zwölf der wildesten und lautesten Hunde entgegen, die man sich vorstellen kann. Die Prinzessin züchtete Rhodesische Ridgebacks, deren Name von den gesträubten Haaren entlang ihres Rückgrats herrührt.

Es war sofort klar, daß die Prinzessin fast nichts über Erroll wußte. Die einzige Bemerkung, die ich für beachtenswert hielt und notierte, war: «Erroll konnte einfach alles gut.» Aber sie war sehr gastfreundlich: allerdings hatten ihre Hunde sämtliche Sitzgelegenheiten in Beschlag genommen und es schien nicht ratsam, sie aufzufordern, Platz zu machen. Nur der Stuhl der Prinzessin war frei, und so setzte ich mich einfach drauf. Ihre Schwiegertochter, die bei ihr lebte, sagte sofort: «Das ist *ihr* Stuhl. Ich wollte es Ihnen nur sagen. Aber ich glaube nicht, daß es beim Tee eine Rolle spielt.»

Um sechs Uhr deckte der schweigsame Somali-Diener den Tisch – Platzdeckchen mit Jagdszenen, Schalen für die Pickles, silberne Salz- und Pfefferstreuer und eine Wasserkaraffe, die mit einem perlenbesetzten Leinentuch abgedeckt war.

Das Essen war vorzüglich. Sherry, wie üblich zur Suppe, dann Rinderfilet, Karotten und perfekte kleine Röstkartoffeln. Danach gab es eine Pause. Die Pause wurde immer länger, doch das erwartete Gericht erschien nicht. Ich hörte, daß die Küche der Prinzessin erst vor kurzem vollständig abgebrannt sei. Auf der anderen Seite des Hofes in der Dunkelheit sei eine provisorische Kochstelle eingerichtet worden. Die Prinzessin aus Afghanistan wurde ungeduldig und sehr ärgerlich. (Den Telefonisten in Nanyuki hatte sie angeschrien: «Putz dir doch die Ohren, du *verfluchter* Kerl.») «Wo» heißt auf Kisuaheli *wapi*. Jetzt stand die Prinzessin vom Tisch auf, ging zur Tür und brüllte in die Dunkelheit: *«Wapi zweiter Gang?»* – Und siehe: Aus der afrikanischen Nacht kamen ein Eiergericht an einer exquisiten Béchamelsauce und Sardellen in einer perfekten Blätterteigpastete – zubereitet auf einem Paraffinkocher irgendwo neben dem Hühnerhof. Alles schmeckte ausgezeichnet, doch ich fragte mich, wie die Prinzessin hatte überleben können, wenn sie die Afrikaner all die Jahre über so böse angefahren hatte. In Nanyuki erfuhr ich, daß sie einfach für exzentrisch galt. Sie war sehr wohltätig gewesen, und das hatte sich zu ihren Gunsten ausgeschlagen.

Am folgenden Tag entließ mich die Prinzessin aus Afghanistan. Ich fuhr zum Naivasha-See, wo sich die letzten Spuren von Erroll und Broughton befinden: im Besitz von Diana Delamere. Ich mietete ein Haus, das früher Kiki Preston gehört hatte, der Dame mit der silbernen Spritze. Es war ein wilder, abgelegener Unterschlupf – ein Ort, an dem man schreiben konnte, ein guter Ausgangspunkt für detektivische Einsätze. Abgesehen von Stefan, dem Hausjungen, war ich allein.

Frühmorgens ging ich unter Jakaranda- und Pfefferbäumen und großen, alten Akazien am Naivasha-See entlang spazieren und scheuchte dabei Schwärme von Wasservögeln auf. Wenn ich merkte, daß die Sonne wirklich heiß wurde, ging ich zurück, um die Kühle der frischen Papayas und Ananas zu genießen, die bereits im Schatten für mich bereitlagen. Die Oberfläche des Sees schien sich jedesmal, wenn ich mich umwandte und zurückblickte, drastisch verändert zu haben. Zuerst lag der See da wie ein Spiegel, den Kolonnen von Pelikanen mit riesigen Schnäbeln überquerten, ohne auf dem gläsernen Wasser eine Spur zu hinterlassen. Eine Minute später hatte ein plötzlich aufgekommener Wind ihn in ein tobendes schottisches Loch mit Strudeln und Schaumkronen verwandelt. Das Licht kann sich ähnlich abrupt verändern. Manchmal ist auch auf große Entfernung die Sicht so klar, daß man jeden einzelnen Zweig einer Akazie am anderen Ufer scharf erkennen kann. Doch plötzlich sieht man nur noch einen eintönigen grauen Streifen, ohne daß am Himmel eine Wolke aufgezogen wäre, mit der sich die Veränderung erklären ließe. Diese Erscheinung kann leicht Halluzinationen hervorrufen, denn der Mittelgrund scheint einmal näherzukommen und dann wieder zurückzuweichen. Die Düsterkeit des Sees mit den einsamen Häusern und den ausgedehnten Wiesen, die ins Wasser abfallen, als würde der See langsam anschwellen, kann ein Gefühl der Beklemmung auslösen. Wie verzweifelt muß Broughton sich in dieser Umgebung gefühlt haben, wenn bereits Einsamkeit sein seelisches Gleichgewicht störte.

Vom Garten meines Hauses aus konnte ich in ungefähr zwei Meilen Entfernung über einer Baumgruppe gerade die Spitze des weißen, krenelierten Turmes des Djinn Palace sehen. Ein deutscher Geschäftsmann hatte das Gebäude renovieren lassen, und der alte marokkanische Innenhof mit den Brunnen und dem Mosaik sah jetzt aus wie ein gut eingerichtetes Gartenzentrum. Der Brunnen war aufgefüllt worden. Die Holzschnitzereien jedoch und die Mosaikbar waren unversehrt geblieben.

Während der Kriegsjahre hatte eine vornehme Gesellschaft an diesem wilden Teil des Sees gelebt. Im Haus von Kiki Preston hatte der letzte Aga Khan und im Nachbarhaus Prinz Paul von Jugoslawien gelebt; den Rasen hatten sie gemeinsam benutzt.

Jenes Haus gehört heute Baron Knapitsch, dem Trophäenjäger. Er hat sehr viele kleine und große Tiere geschossen, und da er zum Andenken jedes Gehörn aufhebt, quillt die Herrentoilette, die den Überschuß aus seinen höhlenartigen Wohnzimmern aufnehmen muß, von Antilopen- und Gazellenhörnern beinahe über. In seinem Garten hat der Baron zwei große abgebrochene Äste so aneinandergestellt, daß sie einen Bogen bilden und an ein monumentales Paar von Elefantenstoßzähnen erinnern.

Er lud mich zum Abendessen ein. Ich nahm ein Bad und ging über den Rasen. «Sie können sich nicht vorstellen, wieviel Wild es vor ein paar Jahren noch hier gab. Wundervoll. Unglaublich.» Diana sei bei ihm auf seinem österreichischen Schloß gewesen. «Schöne Frau», sagte er. «Nein. Wirklich. Schön.»

Colvile, erzählte er, habe hier am Naivasha-See 60000 Hektar besessen, 140000 in Rumuruti und weitere 30000 sonst noch irgendwo. (Das kommt den Angaben, die durchschnittlich gemacht werden, sehr nahe: Nach Ansicht der Siedler hinterließ Colvile einen Besitz von 200000 Hektar, als er starb.) Weiter erzählte der Baron, Colvile habe 29000 Stück Vieh besessen («Kaum zu glauben. Selbst nach brasilianischen Maßstäben. Nein.») und Diana bei der Hochzeit die Hälfte der Rechte an der Farm überschrieben.

Gegen Ende meines Aufenthaltes stieß ich eines Tages auf eine vielversprechende Spur. Auf einem meiner Ausflüge um den See herum hatte ich durch Zufall einen alten Somali-Diener kennengelernt, der für Soames und für verschiedene Freunde von Erroll gearbeitet hatte. Sein Arbeitgeber schlug mir vor, mich mit ihm zu unterhalten, weil er schon sehr alt sei. Als sich die Verbindung zu Soames herausstellte, erschien mir das als ein außergewöhnlicher Glücksfall.

Der Somali drückte sich zunächst sehr vorsichtig aus; sein Arbeitgeber dolmetschte. Übersetzung: «Er sagt, daß die Diener Broughton in der kurzen Zeit, die er in Kenia war, im allgemeinen mochten. Aber da er ein Neuling war, seien sie sich nicht so ganz sicher gewesen.»

Nach einer Weile sagte er plötzlich: «Ja, ich weiß viel über Lord Erroll – Bwana Hay –, und ich werde Ihnen gerne von ihm erzählen.»

Darauf folgte, in Übersetzung, eine Beschreibung der Ereignisse vom Januar 1941, die von einer atemberaubenden Genauigkeit war. Keinerlei Ausrutscher wie Gerüchte oder Verzerrungen, wie sie doch nach so langer Zeit verständlich gewesen wären. Der alte Somali stellte nach vierzig Jahren die Beweisführung der Anklage in allen Einzelheiten dar, ohne ein einziges Mal dem Protokoll der Verhandlung zu widersprechen. Es war ein beeindruckender Vortrag, unbeeinträchtigt von Gerüchten, die die Berichte der Siedler oft so ungenau gemacht hatten.

Er und seine Kollegen hätten damals heftig über den Fall diskutiert, erinnerte er sich. Nachdem er die Angelegenheit mit den anderen Dienern durchgesprochen habe, sei er persönlich zur Ansicht gelangt, daß der alte Mann Erroll selbst erschossen habe. War einer von diesen anderen Dienern noch am Leben? Ich erwähnte Abdullah bin Ahmed, Broughtons ersten Boy, der Zeuge im Prozeß gewesen war. Ja, sagte der Somali, Abdullah sei sein engster Freund und lebe jetzt in Kilifi. Er sei überzeugt, fügte er hinzu, daß Abdullah genau wisse, was passiert sei. Wenn ich ihn aufsuchte, sollte ich ihm aber nicht sagen, daß er mir das erzählt habe. Abdullah habe auf Anweisung Broughtons das Feuer angezündet, und Abdullah habe gewußt, was verbrannt wurde. Ja, selbstverständlich hätten sie über das Feuer gesprochen.

Nachdem Broughton Kenia verlassen habe, fügte er hinzu, habe Diana Abdullah als Diener behalten. Ihre Ehe mit Colvile jedoch hätten viele Diener, darunter auch Abdullah, nicht gutgeheißen. Colvile sei wie ein Massai gewesen. Er habe sogar einen Massai-Fahrer gehabt. Diana sei in Ordnung gewesen. Sie habe niemals gewöhnliche Leute in ihr Haus gelassen. Aber Colvile, dieser Massai, sei niederträchtig gewesen, und alle Diener seien weggegangen. Das einzige Mal, daß Abdullah selber gegangen sei. Später sei er zwar zweimal wegen Trunkenheit entlassen worden, aber immer wieder zurückgekommen.

Diana sei gut mit Abdullah zurechtgekommen, obwohl er getrunken habe. Vor vielen Jahren, nach den Vorfällen, die Abdullahs Anstellung vorübergehend beendeten, habe Diana ihn erwischt, nach Kilifi zurückgebracht und gesagt: «Arbeite dort.» Seither sei er im Ruhestand. Ein sehr langer Ruhestand. «Diana ist wie eine Mutter zu ihm», sagte der alte Somali. «Sie möchte nicht, daß Abdullah Schwierigkeiten bekommt.» Er sei sicher, wiederholte er, daß Abdullah wisse, wer Lord Erroll erschossen habe, aber es sei Abdullahs Sache, darüber zu reden oder nicht. Es könnte zwar sein, daß er Angst habe zu reden, aber er wolle mir wenigstens einen Hinweis geben, wo ich ihn an der Küste finden könne.

Ein paar Tage später fuhr ich in der drückenden, glühenden

Hitze, die manchmal über dieser Küste liegt, von Mombasa nach Kilifi, um Abdullah zu suchen. Mary Ann Fitzgerald, eine befreundete Journalistin aus Nairobi, begleitete mich als Dolmetscherin.

Während wir an der Kilifi-Fähre auf die Überfahrt warteten, kauften wir Guajavasaft und Cashewnüsse und betrachteten die Rümpfe der alten Fährflöße, die in Richtung Meer im Schlamm neben der Furt lagen. Eines der seltenen Fotos, die es von Diana und Joss aus der Zeit ihrer kurzen Romanze gibt, wurde auf einer dieser Fähren aufgenommen, die damals an einer langen Kette über die Bucht gezogen wurden.

Wir begannen unsere Suche nach Abdullah in Kilifi in der Nähe des Marktplatzes, der nur ein paar hundert Meter von Dianas Haus an der Küste, der «Villa Buzzer», entfernt war. In einem Gemischtwarenladen, der abgesehen von einem großen Vorrat an Rosenwasser fast leer war und von einem riesigen Kühlschrank in der Mitte dominiert wurde, erfuhren wir, daß Abdullah ganz in der Nähe lebe, jedoch sehr alt und krank sei. Zwei kleine Jungen lotsten unseren Wagen einen schlammigen Pfad entlang. Er führte zwischen Hütten hindurch, die aus weichem Korallengestein und Blech, Mangrovenstangen und Schlamm gebaut und durch Müllberge voneinander getrennt waren. Eine Palme, die mitten auf der Straße wuchs, zwang uns, anzuhalten und zu Fuß weiterzugehen. Schließlich kamen wir zu einer schmalen hölzernen Tür, die hinter einer behelfsmäßigen Mauer aus Zementblöcken beinahe nicht zu sehen war.

Abdullah saß am Ende eines dunklen Korridors mit nackten cremefarbenen und weißen Wänden auf einem Stuhl. Er trug nur einen Kekoi, und seine nackte Brust und sein Bauch wölbten sich weit vor. Hinter einem hölzernen Gitter über der Tür zu seinem Zimmer steckten seine Habseligkeiten: eine Zahnbürste und eine Ausgabe des Koran. Das war offenbar alles, was er besaß.

Das Zimmer hatte er gemietet, und das Bett, das einzige Möbelstück im Raum, war von Lumpen bedeckt. Hoch oben an der Wand und fast nicht mehr zu erkennen hingen ein paar billige indische Drucke. Zuerst redete Abdullah langsam und träge, sehr undeutlich. Offensichtlich hatte er irgendwo Schmerzen. Meine Kollegin gab ihm eine lange Erklärung. Abdullah reagierte darauf verwirrt und verlegen und zeigte noch weniger Interesse. Dann aber gab er einen deutlichen Hinweis darauf, daß er etwas wußte. Broughton, sagte er, sei sehr gut zu Fuß gewesen, ein kräftiger Mann. Aber er, Abdullah, sei krank, er brauche Medikamente. Ob wir morgen kommen könnten?

Wir fuhren wieder über die Bucht und nahmen uns den Rest des Tages frei. Zum Lunch gingen wir in den Sportclub «Ocean» und zum Abendessen in den Mnarani Club in Kilifi, in den sich die alten Siedler gern zurückziehen. Am folgenden Morgen brachten wir Schmerzmittel und Obst mit und luden die zwei grinsenden Jungen ins Auto. Diesmal brachten sie uns zum Marktplatz, wo Abdullah vor einem kleinen Verkaufsstand mit Kleidern saß. Er trug ein Hemd und hatte einen Stock in der Hand.

Über Nacht hatte Abdullahs Verhalten eine gewisse Entschlossenheit angenommen. Ich stellte fest, daß ich wie selbstverständlich davon ausgegangen war, er werde mit mir sprechen, nachdem ich mich doch so bemüht hatte, ihn zu finden. Aber ich hatte mich geirrt. Es sei klar, sagte er, daß wir alles über den Mord an Erroll wissen wollten. «Ich bin alt», sagte er. «Sie [Diana] ist auch alt, aber sie hat Geld. Es ist eine sehr ernste Angelegenheit. Ich kann mich an nichts erinnern. Ich kann mich nicht einmal an Delves Broughton erinnern. Ich erinnere mich einfach nicht mehr an ihn. Es ist schon lange her. Ich habe alles vergessen.»

Abdullah dankte uns für die Medikamente und das Obst, das wir für die Kinder mitgebracht hatten. «Bitte seien Sie nicht traurig», sagte er, «weil ich Ihnen nichts gesagt habe.» Er legte wie ein Gefangener seine Handgelenke aneinander und machte eine Geste, als würde ihm die Kehle aufgeschnitten. Das wäre der Preis, wenn er reden würde. «Es ist eine sehr ernste Angelegenheit», wiederholte er. Abdullah hatte Angst, und er meinte es todernst. Es gab nichts mehr zu sagen.

– 23 –
Lady Delamere

Diana, Lady Delamere, lernte ich Ende Mai 1981 auf der Schwelle zu ihrem Londoner Apartment irgendwo hinter dem Hotel Ritz persönlich kennen. Als ich an der Tür geklingelt hatte, klopfte mein Herz, daß ich meinte, es müsse im totenstillen, mit Teppichen ausgelegten Korridor des achten Stockwerkes wie Kanonendonner zu hören sein. Voller Erleichterung, eine Entschuldigung zu haben, wollte ich gerade zum Aufzug zurückgehen, als die Tür geöffnet wurde und eine winzige Zofe erschien. Sie war ganz in Schwarz gekleidet, und ihre Haltung schien geduckt und ängstlich. Später erfuhr ich, daß sie wie Miss Wilks mit ihrem Nachnamen, Peterson, angeredet wurde. Ich nannte meinen Namen und Miss Peterson verschwand in der Wohnung. Mein Herz hämmerte weiter in der Brust, und ich stellte mir vor, welch bittere poetische Gerechtigkeit mir für mein Eindringen widerfahren könnte: Wenn sie erschiene, um mich zu begrüßen, würde ich mit einer Thrombose vor ihrer Tür zusammenbrechen und nicht einmal in der Lage sein, die erste Frage auszusprechen. Aber unangemeldet zu erscheinen war die einzige Möglichkeit gewesen, an Diana heranzukommen, und selbst in diesem nicht sehr vielversprechenden Augenblick hier zu sein hatte einiger Vorbereitungen bedurft.

Über jemanden aus ihrem englischen Freundeskreis hatte ich zufällig erfahren, daß Diana im Mai nach England kommen werde, um die York-Rennen zu besuchen, und sich während dieser Zeit bei einem Freund in Yorkshire aufhalten wolle. Am Ende des zweiten Renntages nahm ich an, sie habe sich eingelebt. Ich rief ihren Gastgeber an und verlangte, sie zu sprechen. Bestürzt erfuhr ich, daß sie noch in Nairobi war. Mein Informant hatte sich geirrt.

Jetzt blieb mir nichts anderes mehr übrig, als dem argwöhnischen Gastgeber, der ebenfalls in Kenia Land besaß, in möglichst allgemeinen Worten zu erklären, warum ich mit ihr sprechen wollte. Er machte mich darauf aufmerksam, daß sie wahrscheinlich auf keinen Fall mit mir über ihr Leben in Kenia reden werde, schlug mir aber vor, ihr trotzdem einen formellen Brief mit meiner Bitte zu schicken. Damit ich dies tun konnte, diktierte er mir ihre Londoner Adresse – ein wichtiger Schritt vorwärts – in besagtem Apartmenthaus hinter dem Hotel Ritz. Allerdings gab er mir, wie sich herausstellte, irrtümlich eine falsche Wohnungsnummer an.

Ebenfalls während des Gesprächs, und zwar etwas früher, hatte er mir bereits das exakte Datum ihrer Ankunft mitgeteilt, als er eine Aussage von mir korrigierte. Nachdem ich mit meinem Anruf ihre Freunde und damit auch Diana selbst fast drei Wochen zu früh bereits vor mir gewarnt hatte, lag meine einzige Chance darin, zu warten und mein Glück am fraglichen Tag direkt an ihrer Tür zu versuchen. Briefe oder weitere Telefonanrufe hätten der Sache ein sofortiges Ende bereitet.

Die wenigen Flugzeuge, die täglich aus Nairobi kommen, landen morgens mit einem Abstand von jeweils ein oder zwei Stunden in London. Am Tag X konzentrierte ich mich auf den Flug mit der größten Verspätung, zählte ein oder zwei Stunden für die Erholung von der Zeitverschiebung und den Mittagsschlaf hinzu und kam zum Schluß, daß vier Uhr nachmittags der richtige Augenblick sei, um zuzuschlagen. In der Zwischenzeit ging ich mit einer Freundin ausgiebig chinesisch essen und rief meinen Verleger an, um mich moralisch aufbauen zu lassen, denn ich wußte, daß er früher leidenschaftlich und mit Erfolg Enzyklopädien verkauft hatte. Die Tür werde sich öffnen, sagte er zu mir, und dann werde jemand erscheinen mit der deutlichen Frage auf dem Gesicht: Was wünschen Sie? Er habe darauf immer geantwortet: «Genau darüber wollte ich mich mit Ihnen unterhalten.» Und das habe seine Wirkung nie verfehlt.

Zu den Gepäckträgern, die sich in der Halle unterhielten, sagte ich im Vorbeigehen – mehr als Kennwort denn als Anfrage – «Lady Delamere». Einer von ihnen antwortete: «Zweiundachtzig.» Ich war auf dem Weg zu Nummer dreiundvierzig gewesen.

Und dann erschien in der Tür eine der beeindruckendsten Frauen, die ich je gesehen habe. Sie trug einen perfekt geschnittenen, blauen Morgenmantel mit blau eingefaßten Kanten und um den Hals lange Goldketten. Sie sah jünger aus, als ich erwartet hatte; ihr Gesicht war langgezogen und schmaler als früher, die eisblauen Augen jedoch blickten so durchdringend wie eh und je. Jede Spur von Müdigkeit nach der langen Reise war unter einem perfekten Make-up verschwunden, dabei hatte sie doch niemanden erwartet. Ich war so geblendet von ihrer Erscheinung, daß ich kaum noch eine Erinnerung an die ersten Sätze habe, mit denen ich mich vorstellte. Ich murmelte zusammenhanglos etwas von Schriftsteller, gewisse Menschen, Kenia und dankbar für ein kurzes Gespräch. Lady Delamere hielt die Tür halb offen. Sie sagte, sie sei gerade erst angekommen und der Flug sei anstrengend gewesen. Abgesehen davon rede sie nie über ihr Privatleben und glaube nicht, mir behilflich sein zu können.

Jahrelang hatte ich über Diana nachgedacht und Spekulationen angestellt. Sie war zu einer faszinierenden, aber fernen, ewig unerreichbaren Gestalt geworden, die ihre Geheimnisse mit ins Grab nehmen und eine qualvoll verlockende Geschichte unerzählt lassen würde. Ich dachte, meine Qual würde gelindert, wenn wir ein einziges Mal, und wäre es nur für fünf Minuten, miteinander sprechen könnten. Und nun stand ich an ihrer Schwelle, und wie in einem immer wiederkehrenden Alptraum konnte ich mich nicht verständlich machen, weil die Worte mir nicht über die Lippen wollten. Im Traum erkennt sie mich nicht, und die Tür schließt sich langsam, bis auch der letzte Spalt zu ist. Doch dies hier war kein Alptraum, sondern Wirklichkeit, und Diana sagte: «Nun, auf dem Flur kann ich Sie ja nicht einfach stehenlassen. Kommen Sie herein.»

Die Einrichtung des gemieteten Apartments war ein matter Abklatsch von Eleganz. Im Salon saß Dianas Tochter Snoo in einem Sessel. Auf den Bücherregalen standen bereits einige Fotos von Tom Delamere. Auf dem Teppich lag der Inhalt von Dianas Handtasche verstreut. «Ich bin ein wenig durcheinander», sagte sie. «Ich habe meine Tabletten verloren.» Mit flatterndem Herzen bot ich an, sie zu suchen, und stellte mir schon lebhaft vor, wie wir alle drei auf dem Teppich herumkrabbelten. Die Tabletten waren, wie sich herausstellte, gegen ihre Herzbeschwerden.

Sie wiederholte, daß sie mir nicht helfen könne. Sie sei oft gebeten worden, etwas zu schreiben – erst vor kurzem von einem «bezaubernden» Verleger aus London –, doch sie habe sich immer geweigert. «Ich würde lieber *sterben*», sagte sie. Warum ich nicht über Tom schreiben wolle, einen lieben, netten, freundlichen Mann? Ob ich ihr jetzt erklären könnte, hinter was ich eigentlich her sei? Ich sagte ja und machte hastig einen Rückzieher, denn die erste Bedingung war immer gewesen, mit ihr allein zu sprechen. Ich ging das Risiko ein und schlug ein Treffen in fünf Tagen vor. Diana willigte ein.

Ich war bereits hingerissen von ihrem Charme, ihrer zwanglosen Art und der direkten Freundlichkeit. Aber es war mir klar, daß dieser Eindruck sich möglicherweise nicht würde halten lassen.

Als wir uns in der folgenden Woche trafen, trug Diana eine vierreihige Perlenkette, die von Diamantenschnallen zu beiden Seiten in Form gehalten wurde, und eindrucksvolle Diamantohrringe. Sie hatte elegante schwarze Riemchenschuhe an und ein schwarzes Cocktailkleid mit langen Ärmeln und einem langen, engen Rock. Das Kleid ließ sie schlank und groß erscheinen und betonte ihre zarte Figur. Ihre Erscheinung war von so überwältigender Vollkommenheit, daß sie mir wie eine Priesterin vorkam. Daß eine derartige Haute Couture auch Probleme mit sich bringt, wurde aber bald offensichtlich: Die einfache Handlung, eine Flasche Tonic aus einem niedrigen Schrank zu holen, zwang sie zur Parodie eines Knickses, bei dem sie Knie und Beine kreuzte wie ein Fohlen, das verzweifelt versucht, aufzustehen.

Wie bei meinem ersten Besuch, als die Handtasche auf dem Boden lag, hatte es auch diesmal kurz vor meinem Eintreffen eine kleinere häusliche Katastrophe gegeben. Miss Peterson könne nicht mit einer Handdusche umgehen und sei beim Versuch, sie unter Kontrolle zu bringen, recht naß geworden. Ihr Kleid hing zum Trocknen neben dem Elektro-Ofen, und sie selbst war vorübergehend *hors de service.*

Diana klagte, wie kalt es Ende Mai in London noch sei. Sie gehe nur noch in einem Pelzmantel aus, sagte sie. Die Zentralheizung des Wohnblockes sei aus Prinzip Anfang Mai abgeschaltet worden, aber sie habe einen Elektro Ofen gekauft, neben dem nun Petersons Kleid trockne. Das erinnerte mich an Antonia Frasers Beobachtung, Diana Delamere sei wie Mary Stuart kälteempfindlich, was für eine *femme fatale* typisch sei. Diana erzählte, sie habe den größten Teil des Tages damit zugebracht, Herzspezialisten aufzusuchen. Im Jahre 1968 habe sie einen Herzanfall gehabt, der zu einer Angina pectoris geführt habe. Jetzt habe der Arzt ihr verboten, länger als einen Monat am Stück auf der Höhe von Soysambu zu verbringen, was sie «schrecklich» finde. Man habe ihr sogar geraten, das Fischen aufzugeben. Aber sie habe dem Arzt gesagt, dieser Winter sei ohnehin ein schlechter Winter für Merline.

Ihre Sprechweise erinnerte an die dreißiger Jahre. Am Telefon, das unablässig klingelte, lud sie eine Freundin zum Abendessen ein. «Bist du ein Wheeler's-Typ? Magst du Fisch?» In einem Gespräch über die Arbeit und die Mühe, die es machte, ihre Garderobe auf dem modernsten Stand zu halten, sagte sie: «Soll ich mich etwa einfach *gehenlassen*?» Und später, als sie ebenfalls am Telefon über den Wert eines gerade begehrten Hutmachers redete, meinte sie: «Man bezahlt keine tausend Pfund für einen Apfel mit einem Pfeil, das sollten Sie doch wissen.» Sie war sehr beschäftigt mit ihrem gesellschaftlichen Leben, den Renntagen, den Wohltätigkeitsveranstaltungen («Man muß einfach etwas kaufen, sonst hinterläßt man einen *schrecklichen* Eindruck.»), den Wochenenden und den Arztbesuchen. Man habe ihr gesagt, sie dürfe sich nicht übernehmen und solle jede Aufregung (ein Blick in meine Richtung) vermeiden. Sie werde nicht nach Ascot gehen. «Ich kann nicht ohne Tom nach Ascot», sagte sie zu einem Freund. «Ich gehe nur zum *schmutzigen* Ascot.» (Vermutlich der Samstag der Royal-Ascot-Woche, an dem es nicht erforderlich ist, in formeller Garderobe zu erscheinen, da die Königsfamilie nicht anwesend ist.)

Offensichtlich hatte ihr keiner in seiner Beschreibung Gerechtigkeit widerfahren lassen. Nach herkömmlichen Maßstäben, sogar gemessen am verbohrten Snobismus der dreißiger Jahre, aus denen viele Beschreibungen stammten, erschien sie mir als Frau mit Stil. Sie war distinguiert und beeindruckend. Als ich das Thema Snobismus anschnitt, insbesondere den Gebrauch des Wortes «gewöhnlich», entgegnete sie nur: «Wird dieses Wort noch immer gebraucht?» Sie war weder kalt noch hart, doch sie dominierte ihre gesamte Umgebung. Außerdem hatte sie etwas Aufregendes an sich, eine gewisse Wendigkeit, Witz und Mut. Für ihre Rivalinnen war sie ohne Zweifel eine Gefahr gewesen. «Mit einem Hang, sich das Leben angenehm zu gestalten und andere zu erfreuen» – Connolly hatte es genau getroffen.

Aber sie stand auch im Ruf, eine schwierige und leidenschaftliche Gegnerin zu sein, wenn man es wagte, ihr entgegenzutreten. Es war wohl das Geheimnis, das ihr das Überleben gesichert hatte. Ich wäre nicht überrascht gewesen, wenn sie mir plötzlich die Tür gewiesen hätte. Alle, die sie gut kannten, hatten mir übereinstimmend versichert, sie habe niemals auch nur ein Wort über die Ereignisse von 1941 geäußert, nicht einmal ihren engsten Freunden gegenüber, und sie werde es auch in Zukunft nicht tun. Es sei ihr unverbrüchliches Prinzip, die Angelegenheit nicht zu erwähnen oder auch nur zu erlauben, daß die in ihrer Gegenwart erwähnt werde. Wäre ihr in jener kleinen Gemeinschaft von Kenia nur das winzigste Detail entschlüpft, wäre es im Laufe der Jahre ganz bestimmt durchgesickert. Aber es ist nicht geschehen.

Unsere Gespräche verliefen in einer Atmosphäre, die geprägt war von Vorsicht und dem Bewußtsein von potentiellen Konflikten. Beim ersten Treffen erklärte ich ihr, daß ich über Erroll schreiben wolle, allerdings nur unter dem Aspekt, was seine Geschichte über die Gesellschaft von Kenia in einer bestimmten Zeit aussage, und nicht, um «einen Skandal wieder aufzuwärmen». Für einen Schriftsteller, sagte ich, sei die Geschichte unwiderstehlich, und besonders Broughton gäbe eine treffliche Hauptfigur für einen Roman ab. Mein Projekt, fuhr ich fort, sei jedoch kein Roman, könne aber durchaus ein Buch über verschiedene Charaktere werden. Des weiteren wolle ich einige Mythen korrigieren, besonders über sie. «Das ist mir gleichgültig», sagte sie. «Es wurde immer geredet, und ich will nicht...» Sie machte eine ausladende Bewegung mit dem Arm und ließ den Satz unvollendet. «Ich habe es nicht getan, wenn Sie das meinen», sagte sie.

Ich erklärte ihr, daß ihr Name für meine Generation nicht mit einem Skandal verbunden sei, sondern mit dem Glanz der großen Welt. Sie entgegnete nur, das sei für sie von keinerlei Interesse. Ich zeigte ihr den Brief einer Freundin (abgetippt und ohne Namen), die sie preist und schreibt, wie ungewöhnlich es doch sei, daß eine so operettenhafte Geschichte mit vollständiger, stereotyper Besetzung im wirklichen Leben geschehen konnte. Diana sagte, auch sie wundere sich, daß es geschehen sei. Es sei «etwas, das sonst nur Hausmädchen zustößt».

Sie sagte mir sofort, daß sie die Vergangenheit nicht wieder aufleben lassen wolle. Sie werde sich wehren, wenn ich über sie schriebe. Sie werde «auf mich losgehen», warnte sie; sie werde ihre Anwälte darauf ansetzen, meinen Verleger im Auge zu behalten. Sie sagte, jemand, den ich sehr gut kenne – sie nannte keinen Namen –, habe ihr in den fünf Tagen seit unserer letzten Begegnung geraten, jedes Buch mit einem gerichtlichen Verbot zu belegen und mich nicht zu empfangen, sondern an ihre Anwälte zu verweisen. Aber es gebe noch nichts, das man mit einem Verbot belegen könne, und sie befolge solche Ratschläge nie, ohne sich selbst ein Urteil gebildet zu haben. Sie treffe ihre eigenen Entscheidungen über Menschen.

Doch als wir uns unterhielten, war sie es, die sich offensichtlich verpflichtet fühlte, mir meine Befangenheit zu nehmen. Sie bot mir einen Whisky an. «Sie scheinen einen nötig zu haben.» Sie selbst nahm russischen Wodka mit einer Zitronenscheibe. Einmal unterbrach sie sich mitten in einem Satz, der die Unterhaltung wahrscheinlich zum entscheidenden Punkt gebracht hätte, und fragte: «Mögen Sie die? Man kann sie nur essen, wenn man nicht mehr ausgeht.» Sie reichte mir eine Büchse mit Knoblauchnüssen. Dann sagte sie, wie um ihr Widerstreben zu erklären, plötzlich: «Ich habe in meinem Leben nur zwei Männer geliebt. Tom Delamere und – Joss.

Ich wußte immer, daß er meinetwegen getötet wurde, doch er wäre wahrscheinlich ohnehin irgendwann umgebracht worden. Er war die Art von Mann. Ich war leidenschaftlich in Joss verliebt. Er war die erste wirkliche Liebe meines Lebens.»

Dann begann sie zögernd über die Vergangenheit zu sprechen. Ich bin sicher, daß sie das erste Mal seit vierzig Jahren mit jemandem über die traumatischen Erlebnisse reden konnte, ohne etwas ergänzen oder erklären zu müssen. Sie sagte mir, daß sie dies nur tun könne, weil Tom Delamere nicht mehr am Leben sei. Sie hätten vereinbart, in der Öffentlichkeit *nichts* zu sagen. Ich wiederholte, wie sehr mich Broughton als Charakter faszinierte, und beschrieb Diana, was für ein Mensch er meiner Einschätzung nach gewesen sein müsse. «Ich glaube, daß Jock es wohl getan hat», sagte sie. «Er war zu jener Zeit ein wenig verrückt. Als ich nach Südafrika kam, um Morris als Verteidiger zu engagieren, sagte er zu mir, Jocks Reaktionen seien seiner Ansicht nach die ersten Anzeichen für eine ernsthafte geistige Störung. Jock hat mir gegenüber nie zugegeben, daß er es getan hat, aber er hat es auch nie geleugnet.»

Hatten sie und Joss auf Grund von Broughtons Verhalten keinen Verdacht geschöpft? «Ich muß sehr naiv gewesen sein. Ich war sehr jung. Im nachhinein war es klar, daß es falsch gewesen war, alles für bare Münze zu nehmen.» Joss habe, sagte sie, die Meinung vertreten, Broughton sei ein altmodischer Gentleman, der sein Wort halte. Er habe niemals etwas anderes angenommen. Sie habe es für schrecklich gehalten, Broughton so zu behandeln und auszunehmen, aber Joss habe darauf bestanden, daß die Ehevereinbarung ernst genommen werde, da es ihr Leben und ihr Glück sei, das zähle.

Diana wiederholte dann die Unterhaltung mit Gwladys – nahezu Wort für Wort so, wie es im Protokoll steht –, während der Gwladys sie gedrängt hatte, die Romanze fortzuführen. Die Unterstützung und Billigung durch die ältere Generation hätten ihr geholfen, zu einer Entscheidung zu kommen. Wäre Erroll die Ehe eingegangen? Und das Problem der Scheidung, der Regelung, daß eine Scheidung erst nach Ablauf von drei Jahren gewährt werden konnte? Sie sei damals so verliebt gewesen, daß es ihr nie eingefallen wäre, sich anders zu verhalten. Irgendein Weg hätte sich gefunden.

Erinnerte sie sich an irgend etwas während der Mordnacht? Hatte sie nicht gehört, wie Broughton wieder ins Haus zurückkehrte? Sie konnte sich nicht vorstellen, warum sie es nicht gehört hatte. Wenn etwas sehr Unangenehmes passiere, sagte sie, sei es, als werde ein eiserner Rolladen heruntergelassen, und man könne sich an nichts mehr erinnern. Sie erinnere sich jedoch, daß Broughton sie ausdrücklich gebeten habe, bei ihrer Heimkehr die Verandatür und nicht die Vordertür zu benutzen, und ihr die Schlüssel dazu gegeben habe. Irgendwie seien sie aber verwechselt worden, und sie habe doch die Vordertür benützen müssen. Außerdem habe Broughton zu ihr gesagt, sie dürfe ihn auf keinen

Fall wecken, wenn sie nach Hause komme. Er wolle eine Schlaftablette nehmen und nicht gestört werden. Er wäre sehr aufgebracht, wenn er geweckt würde. Und das, meinte sie, habe sie verstanden.

Ich bemerkte, es sei mir sehr merkwürdig vorgekommen, daß sie so kurz nach dem Mord mit Broughton auf eine Safari gegangen sei. Sie habe, erzählte sie mir, Angst gehabt, sich mit Broughton im Haus in Karen aufzuhalten. Er habe schreckliche Alpträume gehabt. Er sei draußen um das Haus gegangen und habe sie durch die Fenster hindurch beobachtet. Sein Gesicht hinter dem Glas oder im offenen Fenster habe etwas besonders Erschreckendes an sich gehabt. Sie habe hinaus in die freie Natur gewollt, mit ein paar weißen Jägern, die sie beschützten. Deshalb habe sie John Hunter mitgenommen.

Die Reise nach Indien und Ceylon nach dem Freispruch, sagte sie, «war ein Alptraum. Ein Alptraum. Ich war so durcheinander und so unglücklich, daß mir alles gleichgültig war, wenn Sie wissen, was ich meine. Ich fühlte nichts mehr. Ich meinte, ich müsse ihm wieder auf die Beine helfen. Ich weiß nicht, ob er wieder auf die Beine kam.» Der Streß dieser ganzen Sache, glaubte sie, sei die Ursache gewesen für ihre Herzkrankheit zwanzig Jahre später.

«Er war wirklich ein schlechter Mensch», sagte sie. «Er schickte mir einen Brief und versuchte mich dazu zu bewegen, mit ihm nach England zurückzukehren. Der Brief war beängstigend. Ich zeigte ihn sofort dem Ersten Kronanwalt.» Ich fragte sie, ob Broughton versucht habe, sie zu erpressen. «Ja», erwiderte sie, «aber er hatte keine Grundlage dazu.»

Sie wisse nichts davon, meinte sie, daß Broughton etwas mit dem Diebstahl der Perlen in Cannes zu tun gehabt habe oder daß jemand aus ihrer Gruppe sie gestohlen habe. Ich erzählte ihr, daß sie nach dem Krieg in einem Baumstumpf im Park von Doddington gefunden worden seien. «Was Sie da sagen, erschüttert mich zutiefst», sagte sie.

Nach dem Erpressungsversuch reiste Broughton nach England und schickte ihr von dort aus ein Telegramm, das sie als «völlig verrückt» bezeichnete. Es lautete: «Bewundere Deinen Schneid. Liebe Dich und werde mich um Deine Hunde kümmern, als wären es meine eigenen.»

«Er war wahnsinnig», sagte sie und faßte sich mit der Hand an den Kopf.

Dann sprach sie mit großer Zuneigung über Colvile. Nach dem Mord habe er ihr zunächst aus reiner Loyalität gegenüber Erroll geholfen, erzählte sie. Die beiden Männer seien sehr enge Freunde gewesen. Joss habe nach einer allfälligen Einigung mit Broughton als allererstes vorgehabt, mit seiner zukünftigen Braut für ein Wochenende zum Djinn Palace zu fahren und sie mit Colvile bekannt zu machen. Die Fahrt dorthin sei für das Wochenende geplant gewesen, an dem Erroll ermordet worden sei. Erroll habe den Djinn Palace geliebt, sagte sie. Obwohl er das Haus aus finanziellen Gründen nicht bewohnen konnte, habe er es nicht verlieren, nicht einmal vermieten wollen. Deshalb sei Diana nach ihrer Rückkehr aus Ceylon sofort mit Broughton dort eingezogen und habe dann später Colvile nach der Hochzeit überredet, das Gebäude zu kaufen. «Wenn etwas nur irgendwie mit Joss zu tun hatte», sagte sie, «wollte ich es tun.»

Es stimmte, erzählte sie, daß Colville kaum je mit einer Frau gesprochen habe, bevor er sich mit ihr verbunden habe. «Es war wirklich erstaunlich, als wir dann zusammen waren. Er war intelligent und freundlich, aber sehr ungewöhnlich. Manchmal konnte er knüppelhart sein.» Er sei wirklich geizig gewesen, räumte sie ein, aber nur bei kleinen Beträgen. Das sei die französische Seite in ihm gewesen, die er von seiner Mutter geerbt habe. Colvile habe seine Schweigsamkeit in der Ehe nicht abgelegt. Einmal sei ein Freund zu Besuch gekommen und habe versucht, mit Gilbert zu sprechen. Doch er habe hinter seiner Zeitung gesessen und einfach nicht geantwortet. Das sei Diana sehr peinlich gewesen. Der Freund habe schließlich gesagt: «Es ist wohl besser, wenn ich gehe. Gilbert will offensichtlich nicht mit mir reden.»

Diana und Colvile seien oft meilenweit über seine Besitzungen geritten. Sie hätten eine Meute Atherstone-Hunde importiert und Löwen und Böcke gejagt. Gelegentlich hätten sie aus den Beuteln um ihren Hals eine Prise von einem Schnupftabak der Massai genommen. Diana nannte ihn «Eau de Boma». «Er macht den Kopf und den Geist klar und läßt einen die Fährte besser erkennen.» Von Colvile habe sie gelernt, wie man das Brackvieh aussortiere. Sie habe sich auf das Gatter setzen müssen, während die Massai das Vieh in die Umzäunung hineintrieben, und er habe ihr beigebracht, eine Kuh ohne Milch, einen Ochsen, der nicht kräftig genug gebaut war, oder ein schwaches Kalb zu erkennen. Zum Schluß habe sie immer härter entschieden als er, welche Tiere geschlachtet werden müßten, und Colvile habe sie oft begnadigt.

«Gilbert war traurig, als ich ihn wegen Tom verließ», sagte sie. «Er sagte stets: ‹Es gibt immer einen, der liebt, und einen, der geliebt wird.›» Sie und Tom hätten ihm in Soysambu eine eigene Wohnung eingerichtet, so daß er dort leben konnte, wann immer er in ihrer Gesellschaft sein wollte. Sie sei «Little Bear» gewesen, Tom «Little Brown Bear» und Colvile «Pooh Bear» oder «Pooey».

Dann setzte sich Diana neben mich auf die Couch und zeigte mir Fotos von Soysambu und ihrem Leben mit Delamere: ihren Garten, ihre Pferde und die Salons. «Ich habe mit Tom viele glückliche Jahre verlebt», sagte sie. «Wir unterhielten uns oft stundenlang miteinander.» Als ich sie auf ihre berühmt-berüchtigte Liebe zu Schmuck ansprach, verteidigte sie sich.

«Nicht ich bin verrückt nach Schmuck», sagte sie. «Tom liebte Schmuck und ging in jeden Laden und fragte: ‹Wo ist das Angebot der Woche?› Wenn wir ein schönes Stück sahen, sagte er oft: ‹Halbe-halbe, Baby?›»

Und wer behauptet habe, sie sei mit Schmuck behängt den Pier hinunter zum Fischen gegangen, habe sich geirrt. Sie trage beim Fischen nie Schmuck, sagte sie. Ebensowenig hätten die Somali sehen können, wie sie in ihren Swimmingpool eintauchte und von leuchtenden Steinen nach unten gezogen wurde. «Ich schwimme nie mit Schmuck. Ich trage höchstens einen einfachen Goldring. Überhaupt trage ich tagsüber kaum Schmuck. Allenfalls lege ich zum Lunch ein paar goldene Ohrringe an. Schmuck trage ich eigentlich nur abends.»

Tom Delamere liegt neben Colvile und ihrem einzigen Kind, das nur zehn Tage gelebt hat, auf dem kleinen, von Mauern umgebenen Friedhof begraben, den sie auf Colviles Farm in Ndabibi (das Wort der Massai für «Ort des Klees») angelegt hat. Sie ließ Feigenbäume pflanzen und Rohre zur Bewässerung der Blumen legen. Am Fuße jedes Grabes wurde ein Hund begraben. Zwischen den Gräbern hat sie sich Platz für ihr eigenes Grab reserviert. Die Inschriften stammen alle von ihr. Auf das Grab des Kindes schrieb sie: «Ein so kurzes Leben», für Colvile: «Wenn Sie ein Denkmal suchen, schauen Sie sich um», und für Tom: «Ein großartiger Mann».

Als ich aufbrach, baute sie sich vor mir auf, krempelte wie ein Preisboxer einen schwarzen Ärmel hoch und sagte: «So wird es sein.» Wir lachten beide, und sie sagte: «Soweit ist es aber bisher nicht gekommen.»

Vier Monate später, im September jenes Jahres, hatten wir kurz vor ihrer Rückkehr nach Nairobi nochmals eine Verabredung.

Wie gewöhnlich platzte ich mitten in eine Katastrophe hinein. Diana hatte gerade ein Glas Wodka Tonic und eine ganze Büchse Käsegebäck umgeworfen. Der Drink war auf ihrem gefältelten Kleid gelandet, und die Crackers lagen auf dem Fußboden verstreut. Miss Peterson eilte zu Hilfe, doch Diana wollte sich umkleiden. Ich sagte, daß es gar nicht so schlimm aussehe. «Um mich mache ich mir Sorgen», sagte sie. Sie erschien in einem blau-weiß geblümten Kleid und trug jetzt außer Diamanten auch Saphire. Sie und Peterson hatten sich über das Rennpferd Shergar unterhalten, das bis zu jenem Tag ungeschlagen war.

«Ein merkwürdiges Thema», sagte Diana, «aber sie interessiert sich dafür. Wir sind der Ansicht, daß man Shergar nicht für St. Leger hätte melden sollen. Meinen Sie nicht auch, Peterson? Ich kann es nicht ertragen, wenn ein gutes Pferd geschlagen wird.» Miss Peterson gab keinen Laut von sich.

Zunächst begegnete Diana mir mit Argwohn. In der gleichen Woche war in meiner alten Zeitung in Nairobi eine Serie über den Mord an Erroll erschienen. Die Artikel waren von einem amerikanischen Journalisten geschrieben worden und beruhten, wie der Verfasser selbst einräumte, größtenteils auf unserem Artikel in der *Sunday Times*. Die Serie enthielt jedoch nichts Neues, und ich konnte Diana davon überzeugen, daß ich nichts damit zu tun hatte. Aber es war ein unglückseliges Zusammentreffen. Sie sagte, der Verfasser werde «Ärger bekommen», wenn sie wieder in Nairobi sei.

In der Zwischenzeit schienen durch unsere Treffen bei Diana neue Erinnerungen wach geworden zu sein, und obwohl sie nicht nachließ, vor rechtlichen Sanktionen zu warnen, setzten wir unser Gespräch fort. Ich bewunderte ihre Urteilsfähigkeit. Es war ihr klar, daß sie nicht verhindern konnte, daß das Buch geschrieben wurde – daß ich mich dazu verpflichtet hatte –, aber statt den Rat ihrer Freunde zu beherzigen und mir die Tür zu weisen, hatte sie wohl entschieden, daß die Gespräche mit mir über die Dinge aus ihrer Sicht das Buch nur verbessern konnten. Und darin hatte sie selbstverständlich recht. Als ich die Vermutung äußerte, sie würde wohl gegen jede Erwähnung des Mordes an Erroll Einwände erheben, wenn sie einen Entwurf zu lesen bekäme, entgegnete sie: «Daran störe ich mich nicht. Es geht nur um die Art der Darstellung.»

Angesichts der heiklen Situation ließ ich viele Fragen ungestellt. Daß ich in den vier Stunden, die wir miteinander verbrachten, beharrlich immer wieder auf unser Thema zurückkam, schien Dianas Gastfreundschaft ohnehin bereits auf eine schwere Probe zu stellen. Dennoch war es erhellend, was sie mir erzählte. Zuerst stritt sie zwei Dinge ab: Broughton und June seien an dem Abend vor dem Mord nicht ins Claremont Road Hause gekommen, sagte sie, und Broughtons Versuch, sie zu erpressen, habe nichts mit den Perlen zu tun gehabt. Womit er sie jedoch zu erpressen versuchte, wollte sie auch nicht sagen.

Ich erkundigte mich, warum sie direkt nach dem Mord nach Nyeri gefahren sei. Es habe mich überrascht, sagte ich, daß sie außer Haus gewesen sei, als Broughton aus Nairobi zurückkehrte. Sie konnte sich nicht erinnern, warum sie und June weggefahren waren, aber sie erinnerte sich daran, daß die Polizei am Abend zuvor gekommen war. Sie sei völlig durcheinander gewesen und habe im Bett gelegen, sei dann aber hinuntergegangen, um sie zu begrüßen. «Sie fragten mich: ‹Wie, glauben Sie, ist es passiert?› Und ich antwortete automatisch: ‹Er fuhr immer sehr schnell; er muß einen Unfall gehabt haben und dabei getötet worden sein.›

Die letzten Worte, die ich zu Joss sagte, waren: ‹Liebling, fahr bitte vorsichtig.› Seine letzten Worte zu mir waren: ‹Vorsichtig ja, Liebling, aber nicht langsam.›»

Sie war der Ansicht, Broughton habe sich unten an der Einfahrt in den Büschen versteckt, um Erroll um eine Unterredung zu bitten. Dann habe er irgendwo unterwegs verlangt, daß er ihn absetze, und ihn erschossen. «Er kannte die Umgebung gut. Wir sind oft dort geritten», sagte sie.

«Ich war», begann ich «immer fasziniert von...»

Diana unterbrach mich und sagte zu meiner Überraschung: «Jack Soames. Es war wirklich lustig, daß ich besser schoß als Jock. Er war kein guter Schütze, aber es ist nicht schwer, wenn man direkt neben jemandem sitzt.»

Sie wiederholte ihr Bedauern darüber, daß sie Broughtons Gefühle nicht besser eingeschätzt habe. «Wir waren eine derart närrische Gesellschaft, daß wir nicht einmal ahnten, was in ihm vorging.» Im Gefängnis, sagte sie, sei er ganz normal gewesen. Er sei nur ein einziges Mal ärgerlich geworden, und zwar als sie eingewilligt habe, die Erroll-Perlen Walter Shapley zu geben, dem Anwalt, der Errolls Besitz verwaltete. «Joss hatte sie mir gegeben und gesagt, ich solle sie niemals abnehmen», sagte Diana. «Alle machten ein schreckliches Theater darum. Dabei gehörten sie nicht einmal zu seinem Besitz. Sie hatten Molly gehört.»

Warum, fragte ich, June Carberry im Morgenmantel zu Errolls Haus gefahren sei, um ein Schmuckkästchen zu holen, unmittelbar nachdem die Nachricht von seinem Tod bekannt geworden sei? «Es war kein Schmuckkästchen», sagte Diana. «Manchmal hat man einen ganz besonderen Schutzengel, und das war einer dieser seltenen Augenblicke.» June habe die Briefmappe geholt, sagte sie, in der alle Liebesbriefe gewesen seien, die sie an Joss geschrieben habe. Es sei geradezu eine Ironie des Schicksals gewesen, daß sie am Abend davor Joss gebeten habe, sie zu verbrennen. «Er sagte: ‹Nein, Liebling, ich möchte sie aufbewahren.› Ich wollte ihm eine Lehre erteilen und versteckte die Briefmappe in einer Schachtel mit Gesichtstüchern.» Die Polizei habe später Errolls gesamte Korrespondenz beschlagnahmt, sagte sie. Ihre Briefe jedoch seien nie gefunden worden.

Sie gab zu, daß sie und June sich zusammentaten, um Broughton zu verteidigen. Danach habe sie June allerdings kaum noch gesehen. «Ich war so überrascht. Die Leute waren nach dem Prozeß einfach abscheulich zu mir. Viele schnitten mich damals und wurden später Freunde. Gwladys sprach nie wieder mit mir. Ich konnte nicht verstehen, warum die Leute derart empört über mich waren. Einige regten sich wohl wirklich darüber auf, daß die Angelegenheit während des Krieges eine feindselige Stimmung gegen Kenia hervorrief. Aber andere waren einfach nur auf alles und jeden eifersüchtig. Der Trend war damals eher, Jock zu bemitleiden. Die Tatsache, daß ich mich zusammenriß, jeden Tag zum Prozeß ging und dabei so ordentlich und gefaßt aussah wie möglich, brachte einige Leute in Rage. Ich kann mich an die Gesichter erinnern. Ach, ich möchte lieber nicht mehr daran denken.»

Bald nach dem Mord sei sie zu Errolls Haus gegangen, um seine zwei Hunde zu holen sowie einen dritten, den Fabian Wallis – Errolls homosexueller Freund aus Happy Valley – vor seiner Abreise nach Abessinien dort gelassen hatte. Es habe sie sehr verletzt, als Wallis ihr mitteilte, sie dürfe den Hund nicht behalten, und ihr auftrug, ihn bei einem seiner Freunde abzugeben. Als Fabian Wallis schließlich bankrott und traurig in einem Gästehaus in Nairobi lebte und seine Freunde eine Sammlung organisierten, um ihm eine elektrische Heizdecke zu kaufen, habe Diana gesagt: «Es braucht keine Sammlung veranstaltet zu werden. Ich werde ihm eine kaufen.»

Wir wandten uns wieder dem Thema Broughton zu, und ich sagte, wenn er wirklich schuldig gewesen sei, sei sein Auftritt im Zeugenstand ein Meisterstück der Täuschung und Kaltblütigkeit gewesen. Er sei auf diesen Auftritt auch stolz gewesen, sagte sie. Dann erzählte sie mir, er habe auf dem Weg aus dem Gerichtssaal zu Harragin einfach gesagt: «Ich bin ein sehr guter Schauspieler.» Morris, setzte sie hinzu, habe Broughton für schuldig gehalten.

In den letzten Wochen vor seiner Abreise nach England sei Broughton völlig außer sich gewesen und von Alpträumen und Angstzuständen gequält worden. Diana sagte, sie sei ziemlich sicher, daß er nach dem Prozeß aus Eifersucht auf Erroll, die er auch nach dessen Tod nicht habe überwinden können, einen von Errolls Hunden getötet habe. Der endgültige Bruch mit Broughton sei erfolgt, als Colvile einen nicht abgeschickten Brief von Broughton an Vera gefunden habe, in dem Broughton geschrieben habe, daß er zu ihr zurückkehren wolle, sie jedoch aus «steuerlichen Gründen» nicht noch einmal heiraten könne. Colvile habe den Brief kopiert und das Original an Vera geschickt, die Kopie aber bei sich behalten.

Das letzte Mal habe sie Broughton in einer Anwaltskanzlei in Nairobi gesehen. Dort habe sie ihn auch offen des Mordes beschuldigt. «Er wollte, daß ich mit ihm nach England zurückkehrte», sagte Diana. «Ich hatte aber keinesfalls vor, mitzufahren, und wollte ihm dies unbedingt in Anwesenheit eines Rechtsanwaltes sagen. Ich sagte also zu ihm, daß ich nicht mit ihm zurückfahren wolle, weil ich der Ansicht sei, er habe Joss getötet. Er gab keine Antwort darauf. Er verließ einfach den Raum.»

Noch Jahre nach dem Tod von Joss habe sie keinerlei Empfindungen gehabt. «Ich hatte immer die traurige Gewißheit, daß ein Leben mit Joss nie hätte Wirklichkeit werden können. Es war so delikat und so perfekt, daß es gar nicht von Dauer sein konnte. Das habe ich immer gewußt.»

Das Gerücht, sie und Joss hätten am Abend vor dem Mord Streit gehabt, sei weit von der Wahrheit entfernt. Sie bedaure zutiefst, wiederholte sie, daß sie während ihrer kurzen Affäre nie mit Joss gestritten habe. «Wenn man nie Streit gehabt hat, ist man, wenn es zu Ende ist, viel verletzlicher», sagte sie.

Dann gingen Diana und ich in die Küche. Während sie ein paar Snacks aus dem Kühlschrank holte, bemerkte sie: «Peterson sagte heute zu mir: ‹Ich habe Ihnen im Mai ein Ei gekauft, und Sie haben es nicht aufgegessen.› Im *Mai*!» (Es war inzwischen Mitte September.) Es war nicht zu übersehen, daß dies einer ihrer äußerst seltenen Ausflüge in die Küche war. Als wir uns zu ein paar Crackers und Käse an den kleinen Tisch setzten, fragte sie mich, welches Besteck wir benutzen sollten. Danach ging sie zum Spülstein und begann ungeachtet meines Protestes zu spülen. Sie kippte fast eine halbe Tasse Spülmittel auf einen Teller und tippte dann mit einer Bürste leicht dagegen. «Ich mache es nur ungefähr zweimal im Jahr», sagte sie, «aber es macht mir großen Spaß. Ich weiß nicht, warum alle Leute immer so ein Theater darum machen.»

Bevor ich sie verließ, erzählte sie mir, sie habe im Sommer in der Nähe der Rennbahn von Ascot eine Hellseherin aufgesucht. «Sie sagte zu mir: ‹Ich bin froh, daß ich nicht Sie bin. Sie haben in Ihrem Leben schreckliche Zeiten durchgemacht, aber Sie haben sich immer wieder aufgerappelt.› Dann sagte sie noch: ‹Ihre Freunde profitieren von Ihnen, aber wenn Sie in Gefahr geraten, werden sie Ihnen nicht helfen.› Ich hatte ihr eigentlich die Frage stellen wollen: ‹Werden sie wiederkommen?› und meinte die schlimmen Zeiten in meinem Leben. Aber nach dem, was sie bereits gesagt hatte, brachte ich es nicht mehr fertig. Alles, was ich wollte, war ein großer, starker Drink. Mir fiel gerade ein, daß ich Ihnen das noch erzählen wollte.»

– 24 –
Das Ende der Fährte

Einer der letzten Einträge in Connollys Notizbuch trägt die Überschrift «Das Ende der Fährte». Es waren die Notizen über ein Gespräch, das er 1971 mit Juanita Carberry, Junes Stieftochter, geführt hatte, die zur Zeit des Mordes fünfzehn Jahre alt gewesen war. Es war nicht ganz das Ende der Fährte, wie sich später herausstellte, aber Connolly war dem Ende bemerkenswert nahe gekommen. Nur Juanitas Verschwiegenheit hatte ihn ein paar Schritte vom Ziel ferngehalten.

Im Frühling desselben Jahres besuchte Connolly am letzten Tag, an dem sie noch geöffnet war, eine Gemäldeausstellung mit dem Titel «Der Tod des Lord Erroll» in der Upper Grosvenor Gallery in London. Gezeigt wurden vornehmlich expressionistische Darstellungen der Fotos aus unserem Artikel. Auch die Titel der Bilder stammten aus unserem Text: «Eine der besseren Nächte», «Ich denke jetzt oft mit Wehmut an Madeira» und so weiter. Der Künstler Tom Hill hatte sich direkt von unserem Artikel zu dieser Serie anregen lassen und Connolly eine Einladung geschickt.

Als Connolly die Ausstellung verließ, warf er einen Blick ins Gästebuch und entdeckte den Namen Juanitas; dahinter stand eine Nachsendeadresse. Er schrieb ihr einen Brief, und daraufhin versuchte Juanita ihn bei der *Sunday Times* zu erreichen. Aber sie hatte mehrmals Pech: Mit wem immer sie dort verbunden wurde, niemand wollte wissen, wer Connolly war. Doch sie ließ nicht lokker, und schließlich kam es am 17. September 1971 im Queen's Elm Pub in der Fulham Road zu einem Treffen.

Connolly hat die Zusammenkunft in seinen Aufzeichnungen festgehalten:

> JC verspätet sich. Klein, kurzgeschnittenes Haar, mittlerer Farbton, angenehme, ruhige Stimme. Arbeitet als Steward auf Tankern. Spricht mehrere Sprachen, darunter fließend Kisuaheli usw. Lunch im *Le*

Français, trinkt Milch, bestellt auf französisch. Eindruck: sehr integer, sensibel, gute Beobachtungsgabe usw.

Zuerst erzählte Juanita von ihrer Familie: Wie gern June sie als ihre Schwester ausgab und damit prahlte, Juanita könne jeden Mann in Kenia unter den Tisch trinken – dabei habe sie immer nur Milch getrunken. Daß diese Prahlerei aber schleunigst aufhörte, als Juanita in Eden Roc und Cannes mehr und mehr die Aufmerksamkeit von Junes Verehrern auf sich zog. Daß sie Carberry und seine Grausamkeit haßte. Er habe ihr immer gesagt, wie enttäuscht er sei, daß sie nicht als Junge geboren worden sei. In Seremai habe Carberry etwas vom Haus entfernt einen «Flügel für die Kinder» gebaut, dessen einzige Bewohnerin sie selbst gewesen sei. «Er ließ mich gegen einen Jungen, der sehr gut schwimmen konnte, im Gezeitenwind quer über die Bucht von Mombasa um die Wette schwimmen. Er nahm jeweils Wetten an; der Vater des Jungen durfte ihn allerdings auf einem Boot begleiten – das war die Bedingung gewesen, unter der er seinen Jungen mitmachen ließ. In Südfrankreich setzte mein Vater auf mich. Wenn ich gewann, bekam ich hundert Francs, wenn ich verlor – eine Tracht Prügel. Ich wurde eine sehr schnelle Schwimmerin.» Als sie dreizehn war, habe er sie gezwungen, vom Sprungturm zu springen. «Man braucht kräftige Muskeln», sagte Juanita, «sonst fällt man auf den Rücken. Beim Nach-oben-Klettern fing ich meist an zu weinen. Einerseits hatte ich Angst, aber andererseits wollte ich auch springen.» Juanita erinnerte sich auch an jenen schrecklichen Tag, an dem Carberry ihr befahl, von seiner Jacht, die im Hafen von Kilindini verankert lag, zum Ufer zurückzuschwimmen. Die Bucht war bekannt als Haifischgewässer. Sie sei einmal um das Boot herum geschwommen. Dann habe sie nach dem Dollbord gegriffen und darum gebettelt, wieder an Bord zu dürfen. Carberry habe ihr statt einer Antwort auf die Finger getreten.

Sie erzählte, Carberry habe den Pferden manchmal Blechbüchsen an den Schweif gebunden und sie seien vor lauter Panik gegen Bäume gerannt. Einmal, erinnerte sie sich, habe er eine Katze mit Schwunggewichten an einen Drehbohrer gebunden und sie im Kreis herumgeschleudert, bis ihr Kopf geplatzt sei.

Juanitas Kindheit, die an die grausamsten Grimm-Märchen erinnert, endete, als sie nach der schlimmsten Tracht Prügel, die ihr von ihrem Vater je verabreicht wurde, von zu Hause weglief. Sie hatte in Nyeri einen Brief von einer Freundin erhalten. June wollte ihn lesen, da sie annahm, er komme von einem Verehrer, aber Juanita hatte ihn ungeöffnet ins Feuer geworfen. Sie hörte ihre Eltern darüber beratschlagen, wie sie sie bestrafen wollten. Sie sollte so lange mit einem Kiboko geschlagen werden, bis sie aufhörte, zu schreien. Sie sagte, sie wisse nicht mehr, wie lange sie geschlagen worden sei. Sie habe sich ganz darauf konzentriert, ihrem Vater das Vergnügen vorzuenthalten, sie weinen zu sehen.

Danach habe sie sich auf ihr Pony gesetzt und sei zur Polizeistation von Nyeri geritten. «Es war ein qualvoller Ritt», sagte sie. «Ich zeigte ihnen die Striemen und bat sie, den Vorfall zu Protokoll zu nehmen. Dann ging ich zu meinem Onkel und blieb bei ihm.»

Juanita sagte zu Connolly, sie wolle nicht, daß irgend etwas, das sie sage, gegen Broughton verwendet werde. Sie habe ihn sehr gern gehabt, denn er habe ihre Liebe zu Pferden geteilt und sei in den ersten paar Monaten in Kenia sehr nett zu ihr gewesen.

Sie erzählte Connolly, daß sie am Morgen nach dem Mord mit Miss Rutt nach Karen gefahren sei. Broughton habe sie zu den Ställen mitgenommen, damit sie die Pferde anschauen könne. Dabei seien sie an dem Feuer vorbeigekommen, und sie habe die Turnschuhe in der Asche entdeckt.

Nach dem Lunch seien June, Juanita, Miss Rutt und Diana nach Nyeri gefahren. Am folgenden Nachmittag sei Broughton gekommen. Juanita sei allein im Haus gewesen. Broughton sei anscheinend der Meinung gewesen, sie wisse, daß er den Mord begangen habe. Jedenfalls habe er ihr erzählt, daß die Polizei ihm den ganzen Weg von Nairobi gefolgt sei, und dann hinzugefügt, sie brauche sich nicht zu fürchten, wenn sie kämen. Er sei in einer sehr düsteren Stimmung gewesen. Später habe sie aber doch das Gefühl gehabt, er sei plötzlich entschlossen gewesen zu kämpfen.

Neun Jahre nach dem Gespräch mit Connolly saßen Juanita und ich hoch über Palmen und dem leuchtenden Blau des Indischen Ozeans auf der Veranda im zweiten Stock des Mombasa Club neben Fort Jesus und aßen Papageienfisch und Wachteln. Als ich Juanita von weitem auf einem Stuhl sitzen und auf mich warten sah, hatte ich zunächst den Eindruck, sie sei eine ordentlich-konservative und ein wenig unfreundliche Frau. Sie begann über die Notwendigkeit von Disziplin in der Welt zu reden, über das Problem der Überbevölkerung, über den Niedergang Großbritanniens. Doch während wir uns unterhielten, änderte ich meine Einschätzung. Ich konnte verstehen, was Connolly an ihr gefallen hatte und warum sie hier in ihrer Heimatstadt so beliebt war. Wir wurden oft von anderen Gästen, hauptsächlich Reedereileuten und Hafenbeamten, unterbrochen. Juanita hatte schöne, energische Gesichtszüge und eine sportliche Figur. Zu meiner Überraschung entdeckte ich, daß sie ein dünnes Goldkettchen um den rechten Knöchel trug, was im Kontrast zu ihrer sonst streng konservativen Erscheinung stand. Ich hätte sie auf vierzig geschätzt, obwohl sie schon fast fünfundfünfzig war.

Wir fuhren zu ihrem Haus, einem modernen, luftigen Bau, der innen und außen weiß gestrichen war und große Fenster hatte, von denen man die äußere Einfahrt des Hafens von Mombasa überblicken konnte. Den ganzen Nachmittag über fuhren ein paar hundert Meter unterhalb des Gartens Tanker und Frachter vorbei. Für Juanita, eine kundige Seefahrerin, war die Lage des Hauses geradezu ideal. Einen großen Teil des Jahres verbringt sie allerdings auf langen Reisen mit ihrem Freund, der Kapitän ist. Am glücklichsten sei sie auf See, erzählte sie mir, und je länger die Reise, desto lieber.

In der Nähe der Eingangstür zu Juanitas Haus lag auf einem Podest dunkel glänzend eine Samenhülse von der Größe einer großen Melone. Sie sah aus wie eine aus Mahagoni geschnitzte Nachbildung der weiblichen Scham. Die Ähnlichkeit war so unheimlich, daß man sogar die Schamhaare auf der Oberfläche ganz genau zu erkennen glaubte. Ein paar Schritte weiter stand an der Mauer der Veranda ein ausgewachsener Ylang-Ylang, der exotischste Baum mit dem süßesten Duft der Welt – der einzig wahre Grundstoff für ein echtes Parfüm. Juanita hatte ihn vor ein paar Jahren gepflanzt, und er war zu voller Größe herangewachsen. In ihrem Schlafzimmer, von dem ich einen kurzen Blick erhaschen konnte, war nicht mehr als das bloße Minimum an Einrichtung:

ein schmales Bett, über das eine Tagesdecke mit einfachstem Muster ausgebreitet war: kleine Blumen auf strahlendem Weiß. Das Bett war so ordentlich gemacht, als habe die Eigentümerin eine Inspektion erwartet.

Als wir uns auf der Veranda unterhielten und das Fernglas austauschten, um auf das Meer hinauszusehen, entdeckte Juanita auf der Klippe zwei herausgeputzte Prostituierte. «Soll ich Sie schnell hinunterbringen?» fragte sie.

Ich erkundigte mich, was sich ereignet habe, nachdem sie von zu Hause weggelaufen war. Sie antwortete, sie habe June, der sie ihrer Meinung nach ohnehin gleichgültig gewesen sei, nie wieder gesehen. Carberry habe sie zufällig einmal im Norfolk-Hotel getroffen, als sie mit achtzehn Jahren während des Krieges bei der Armee gewesen sei. «Er kam sofort auf die Prügel zu sprechen und sagte: ‹Glaubst du, es sei meine Schuld gewesen?› Ich sagte: ‹Ich habe nie darüber nachgedacht.› Darauf fragte er: ‹Bist du der Ansicht, ich sei dir gegenüber grausam gewesen, als du noch ein Kind warst?› Ich antwortete: ‹Das Wort Grausamkeit läßt sich nur schwer definieren.› Er sagte: ‹Ich finde nämlich, ich sei dir gegenüber sogar sehr großzügig gewesen, vor allem, da du gar nicht mein Kind bist.› Dann erzählte er mir, daß nicht er, sondern Maxwell Trench [Carberrys Partner] mein Vater sei. Ich sagte: ‹Mir ist es völlig egal, wessen Kind ich bin. Du hast dich mir gegenüber jedenfalls nie wie ein Vater verhalten.›» Seit diesem Zeitpunkt seien sie und Dan Trench wie Schwester und Bruder zueinander gewesen.

Carberry habe sie enterbt, als sie zu ihrem Onkel, General Anderson, gezogen sei. Deshalb sei sie mit siebzehn Jahren in die Armee eingetreten und habe seither immer selbst für ihren Lebensunterhalt gesorgt.

«June zeigte keinerlei Gefühle, als ich ging. Ich hatte Mitleid mit ihr, da sie einsam war. Ich haßte den ständigen Alkoholkonsum, aber ich hatte Mitleid mit ihr. Als sie nicht mehr so gut aussah, ließen ihre Freunde sie alle im Stich. Als ich erfuhr, daß sie in Johannesburg krank lag, schrieb ich ihr. Ich bot ihr an, zu kommen und nach ihr zu sehen, aber ich erhielt keine Antwort.» Gegen das Ende hin habe June ihre Tage damit verbracht, mit ihrem Rolls-Royce herumstreunende Hunde einzusammeln. Und was vom

Vermögen ihres Mannes noch übriggeblieben sei, habe sie einem Heim für herrenlose Hunde vermacht.

Ich erzählte Juanita, auf welche Weise ich in das Geheimnis verwickelt sei. Ich sei vor allem verblüfft gewesen, sagte ich, daß Connolly die Notizen zu seinem Gespräch mit ihr als das «Ende der Fährte» betitelt habe. Juanita lachte darüber. Dann sagte sie rasch: «Es gibt kein Geheimnis. Er hat es getan. Jetzt kann ich es Ihnen sagen. Er hat es mir am Tag danach selbst erzählt. Er war verzweifelt. Sie hatten ihn ausgelacht. Er wollte sein Herz ausschütten, der arme Mann. Er kam am späten Nachmittag nach Nyeri. Alle waren nach Nanyuki gefahren, und ich war als einzige im Haus. Ich glaube, es machte ihn fast fertig, daß niemand da war.

Wir gingen zu den Ställen», fuhr sie fort, «und ich zeigte ihm mein Pferd. Da erzählte er mir, daß er Erroll erschossen habe. Wir gingen ein wenig spazieren. Wir besaßen Tennisplätze, und ich erinnere mich, daß wir gerade auf dem Weg zu den Plätzen waren, als er mir seine Hand zeigte. Mir war bis dahin nicht bewußt gewesen, daß er behindert war. Er sagte, ich brauchte keine Angst zu haben, wenn die Polizei käme. Dann erzählte er mir von der Waffe, die er, wie er sagte, in die Thika-Fälle geworfen habe. Er glaubte, die Polizei sei ihm gefolgt und habe gesehen, daß er dort angehalten habe.»

Als Broughton die Spalten in ihrem Buch über das, was er mochte, und das, was er nicht mochte, ausgefüllt habe, so erinnerte sie sich, habe er zuerst das Wort «Einsamkeit» geschrieben. Beim A von «Alle Lebewesen» habe seine Hand stark gezittert.

Als Diana und June zurückgekommen seien, erzählte June, habe Diana Broughton laut und hysterisch des Mordes beschuldigt. Sie habe Errolls Feldmütze mitgebracht und das Schlafzimmer mit Fotos von ihm vollgestellt.

Sie sei von den Vorgängen derart beeindruckt gewesen, daß sie Broughton keine Fragen gestellt habe. «Doch danach war ich sehr um ihn besorgt», sagte sie. «Der Schlüssel zu allem, was vorgefallen war, war seine Einsamkeit. Er war herausgefordert worden, es zu tun. Es war nicht von langer Hand geplant gewesen. Sie waren einfach zu weit gegangen. Das letzte Abendessen war zuviel gewesen und hatte ihm gezeigt, daß er endgültig verloren hatte. Und er liebte Diana doch.»

Petal Allen, eine Altersgenossin von Juanita, die mit der Familie Carberry eng bekannt war, erzählte mir 1980, daß ihr im Zusammenhang mit dem Mord an Erroll stets eine merkwürdige Sache in Erinnerung geblieben sei. Ihre Freundin Juanita habe plötzlich aufgehört zu reden und sich wie eine Auster verschlossen. Petal wußte nichts von meinem Gespräch mit Juanita und fuhr fort: «Sie machte wohl eine Phase durch, in der sie ihr Palominopony mehr liebte als das Leben.» Ich fragte sie, ob Juanita irgend etwas hätte wissen können. «Nun, sie hörte sicherlich, worüber die Erwachsenen sich unterhielten», sagte Petal, «und sie wußte auch, was sich hinter den Kulissen abspielte.»

Als der Prozeß nahte, ließ Broughton Juanita in Ruhe. «Ich glaube, er wußte, daß er sich mir anvertraut hatte, und er verließ sich darauf, daß ich ihn niemals verraten würde», sagte sie.

Juanitas Aussage hätte für eine Verurteilung Broughtons ausgereicht, doch der Polizei gegenüber stellte sie sich naiv. Sie sagte, sie könne sich nicht erinnern, irgend etwas Besonderes an dem Feuer bemerkt zu haben. (Sie glaubt heute, daß Broughton die Turnschuhe möglicherweise beseitigte, nachdem sie sie bemerkt hatte. Außerdem ist sie der Meinung, Diana habe gewußt, daß Broughton es getan habe. Sie habe sich dann seiner erbarmt und sich darauf eingelassen, ihn zu verteidigen.)

«Ich kann mich gut daran erinnern, daß die Erwachsenen mir eingebleut haben», sagte Juanita («einbleuen» war das Wort, das auch Miss Wilks gebraucht hatte), «daß es um das Leben eines Menschen gehe und daß ich im Gespräch mit der Polizei nichts sagen dürfe, das ihm Schaden zufügen könnte.»

Am Tag vor dem Mord war Juanita mit June und Diana zu van Schouten's, dem Friseur in Nairobi, gefahren. Sie habe bemerkt, daß die Halteschlaufen dort waren, wo sie hingehörten, aber es sei ein alter Wagen gewesen, sagte sie, und sie hätten vielleicht nicht mehr festgesessen. Juanita war der Ansicht, Broughton habe sich im Wagen versteckt und Erroll von hinten erschossen. Dann habe er sich an den Schlaufen festgehalten. Als der Wagen gegen den Graben gefahren sei, müßten die Schlaufen durch die Wucht des Aufpralls abgerissen sein.

Ihr Verantwortungsgefühl gegenüber Broughton habe sie bis zu diesem Augenblick, siebenunddreißig Jahre nach seinem Tod, da von abgehalten, irgend jemandem sein Geheimnis zu erzählen. Noch 1971 habe sie Broughtons Geständnis vor Connolly im letzten Augenblick zurückgehalten, bevor es ihr entschlüpfen konnte, bevor die damals wortlos getroffene Vereinbarung laut werden konnte. Wie tief muß sie diese Vereinbarung in ihrer jugendlichen Seele begraben haben – ein schreckliches Wissen, das ihr jemand anvertraute, einer, der mitten in einer Horde saufender Erwachsener, die sie nur herumschoben und quälten, als einziger ihre Partei ergriffen hatte.

Ich sah Juanita das letzte Mal in einer Seitenstraße von Mombasa, wo wir auf meine Bitte hingegangen waren, um einen Händler zu suchen, der Qat verkaufte. Die leicht bitter schmeckenden Blätter der jungen Triebe eines bestimmten Strauches sind an der Küste ein weitverbreitetes und beliebtes Stimulans gegen die erdrückende Hitze. Qat erweist sich unter anderem auch auf langen Autofahrten als sehr nützlich. Das Erkennungszeichen der Qat-Händler ist ein kleines Bündel aus in Streifen gerissenen Bananenblättern, das wie ein Talisman über der Tür hängt. Nachdem Juanita mir gezeigt hatte, wie man Qat richtig kaut, schenkte sie mir zum Abschied ein kleines Bündel davon.

Ihre entscheidende Enthüllung war so schlicht gewesen und ihre Erzählung so klar, daß ich mich plötzlich vollkommen erschöpft fühlte, so, als sei die lange Spannung wie durch einen Kurzschluß abgebrochen und das Gerüst des Geheimnisses in sich zusammengefallen. Es war eine Art postnatale Depression, noch bevor ich überhaupt mit dem Schreiben angefangen hatte. Aber ich fühlte auch eine gewisse Euphorie, da ich dem Ende der Fährte näher gekommen war, als ich je für möglich gehalten hatte.

Was Juanita mir gesagt hatte, war in vieler Hinsicht vollkommen überzeugend. So viele Stränge der Geschichte paßten in ihre kurze Beschreibung des Nachmittages, den sie mit Broughton in Nyeri verbracht hatte. Auch die Eindrücke, die sie als Fünfzehnjährige von Broughtons Geisteszustand hatte – die Einsamkeit, an der er zerbrechen mußte, die Angst davor, ausgelacht zu werden, und die Provokationen, die er unerträglich fand –, sprechen für die Wahrheit ihrer Aussage. Viele andere, die Broughton zu jener Zeit gut kannten, hatten unabhängig davon ähnliche Beobachtungen geäußert. Die intuitive Paula Long hatte sogar fast dieselben Worte gebraucht. Wie hatte Connolly geschrieben?

> Ein solcher Mann kann tatsächlich sein Leben lang gezwungen sein, eine Rolle zu spielen – den feinen Herrn, den Grand Seigneur –, die Geld und sozialer Rang ihm zuweisen, und dennoch beständig an einem Gefühl der Ungerechtigkeit leiden. Was für Erniedrigungen, für einen eitlen Mann, mußte er von aufgeweckten jungen Dingern in diesem neuen Land einstecken! Wieviel konnte er von Bemerkungen wie den folgenden vertragen, wenn er wirklich von Liebe und Eifersucht verzehrt und obendrein mit arroganter Gedankenlosigkeit behandelt wurde: «Der Junge ist schrecklich schwierig.» – «Was werden Sie dagegen unternehmen?» – «Jetzt komm aber, versuch doch mal, was zu essen.»

«Er brauchte dringend Mitgefühl und Zuneigung», sagte sein Freund, der Earl of Antrim. Selbst die feindselige Gwladys bemerkte nach Errolls Begräbnis: «Ich hatte den Eindruck, er würde alles tun, nur um nicht allein gelassen zu werden.» Und dann gibt es noch die schwermütigen Worte, die er in Juanitas Buch geschrieben hat. Vielleicht hatte er wirklich eine krankhafte Angst davor, im Stich gelassen zu werden. Seine Mutter war gestorben, als er zwei Jahre alt gewesen war. Sein Vater war nichts als ein ferner Feind, und seine erste Frau hatte ihn verlassen. Jetzt hatte ihn auch noch seine neue Frau, das junge Mädchen, von dem er geradezu besessen war, verlassen und zugleich öffentlich gedemütigt. Sein Stolz mochte Broughton daran gehindert haben, zu zeigen, wie sehr es ihn traf, Diana zu verlieren. Er hatte seine Gefühle zeit seines Lebens verborgen. Eifersuchtsszenen, Zornausbrüche und ultimative Forderungen hätten ihn nur erniedrigt und lächerlich gemacht. Und dann konnte er das Gelächter doch nicht verhindern: June und Diana lachten zusammen im Bett über ihn und während der Verhandlungen im Garten, als Erroll hineinging, um einen Cocktail zu mixen.

Broughton mit seiner sensiblen Eitelkeit (wie er es selbst einmal nannte) konnte eine solche Behandlung nicht ertragen. Vielleicht waren seine späteren «Geständnisse» einfach nur Versuche, seine gekränkte Eitelkeit wieder aufzubauen, sich in den Londoner Clubs zu rehabilitieren, wo man laut über seine Ehe mit der Blondine lachte, die nur zwei Monate gedauert hatte. Oder war er so durcheinander, daß er sich nur einbildete, den Mord begangen zu haben, die Tat aber nicht selbst verübt hat? Oder waren die Geständnisse eine Möglichkeit, die Aufmerksamkeit auf seine hervorragende Leistung im Zeugenstand zu lenken, die nur dann wirklich gewürdigt werden konnte, wenn die Wahrheit bekannt war?

Was ihn mehr als alles andere verrät, ist die Passivität, die er angesichts der Provokationen zur Schau trug. Sein Verhalten, das äußerlich so entgegenkommend war, war in Wirklichkeit sadistisch; so als habe er sich genüßlich vorgestellt, die Liebenden müßten sich um so unbehaglicher fühlen, je entgegenkommender er sich ihnen gegenüber verhielt. Indem er so «schrecklich zuvorkommend» war, traf er ins Herz ihrer Romanze und störte fortwährend das erregende Gefühl des gemeinsamen Geheimnisses und der Täuschung. Indem er ihrer Leidenschaft alle Hindernisse aus dem Weg räumte, weckte er in ihnen Zweifel an der Tiefe ihrer Gefühle. Nicht ihre dramatische Beziehung, sondern seine «Freundlichkeit» sollten im Zentrum des Interesses stehen. In der Folge willigte Erroll, der lediglich den Umgang mit erzürnten Ehemännern gewohnt war, demütig ein, Diana bis drei Uhr nachts nach Hause zu bringen, obwohl Broughton sie doch eben an diesem Tag offiziell ihm übergeben hatte. Damit sollte auch Diana gedemütigt werden: Die beiden wurden behandelt wie ungezogene Kinder.

Während des Prozesses war Broughtons einzige Erklärung für sein Verhalten, daß er die Ehevereinbarung habe erfüllen müssen, und das klingt nicht nach der Wahrheit. Er war bei diesem Thema von absurder Einsilbigkeit.

Harragin fragte ihn: «Ich gehe davon aus, daß Ihre Frau Ihr teuerstes Gut war, und ich habe Sie bereits über Dinge wie Land- und anderen Besitz reden hören. Nun frage ich Sie: Da wird Ihnen Ihr teuerstes Gut vor der Nase weggeschnappt, und Sie nehmen es gelassen hin, nur weil Sie diese Vereinbarung getroffen haben?» Und Broughton antwortete darauf: «Ja, denn andernfalls wäre eine solche Vereinbarung sinnlos gewesen.»

Und dann ging er wirklich zu weit.

Harragin fragte etwas später: «Und nicht einmal Ihr Stolz war verletzt bei dem Gedanken, daß Ihnen einer Ihre Frau wegnimmt?» Broughtons Antwort darauf ist geradezu lächerlich: «Nein. Der sie mir wegnahm, war immerhin ein viel jüngerer, sehr intelligenter, außerordentlich attraktiver Mann in sehr guter Position.»

Dickinson beschrieb Broughton als «wahnsinnig eifersüchtig und besitzergreifend, aber ein verdammtes bißchen zu stolz». Nach dieser Aussage könnte seine extreme äußere Ruhe auch darauf hindeuten, daß er von leidenschaftlichem Haß verzehrt wurde, den er unter allen Umständen verbergen wollte. Das gelang ihm noch nach dem Mord, im Gefängnis und beim Prozeß, so daß er die Ausnahme von Morris' Regel war, die dieser in seinen Memoiren zitiert:

> Kein Mensch, der an einem Ereignis beteiligt war, kann darüber immer nur die Unwahrheit sagen. Das Bewußtsein kann nicht unbegrenzt über das Unterbewußtsein wachen. Es kommt die Zeit, da das Bewußtsein döst oder schläft. Dann setzt sich das Unterbewußtsein durch.

Es ist kein Zufall, daß Erroll erschossen wurde, kurz nachdem Broughton bei dem Essen im Muthaiga Club die «größte Geste» seines Gleichmuts machte. Erroll mag für einen Augenblick die Gefahr gespürt haben, als er sagte: «Der alte Junge war im Grunde sogar so nett, daß bestimmt was faul ist.»

Und schließlich ist auch der folgende Gedanke von Bedeutung: Welche Reaktion zeigt ein freigesprochener Mörder oder jemand, der fälschlicherweise verhaftet wurde, im Normalfall? Er versucht, seinen Namen reinzuwaschen, indem er den Täter entlarvt, indem er heftig seine Unschuld beteuert oder wenigstens ein gewisses Interesse an den Tatumständen bekundet. Was aber tat Broughton? Gar nichts von alledem. Es führten so viele Spuren zu ihm, daß er, wäre er wirklich unschuldig gewesen, gewiß mehr Interesse daran gezeigt hätte, wer aus seinem Freundeskreis ein so kompliziertes Szenarium hätte organisiert haben können oder wer es hatte darauf ankommen lassen, daß er beinahe gehängt wurde. Er hat auch Diana gegenüber seine Schuld nie abgestritten. Alles, was er tat, war, in einem Augenblick starker emotionaler Belastung zu Juanita zu sagen, er habe Erroll erschossen und sie brauche keine Angst zu haben.

Über Broughtons letzten Tagen in Afrika liegt eine gewisse Tragik. Vielleicht lag die Schuld letztlich doch an Afrika. Kenia hatte Broughton einst seine glücklichsten Tage beschert. Jahre später würde Diana in diesem Land zu Ruhm und Reichtum kommen. Sie war aufgenommen worden. Er hatte dem Land einen Besuch zuviel abgestattet.

Die handelnden Personen

Der innere Kreis

Josslyn Hay, 22. Earl of Erroll, geb. 1901. Schule in Eton. Vorzeitiger Abgang. 1920–1922 kurze Tätigkeit im Außenministerium. Militärattaché, Hochkommissariat, Berlin.

1924 Mit Lady Idina Gordon (s. d.) nach Kenia. Heirat im gleichen Jahr. Begründer des «Happy-Valley-Kreises».
1928 Erbt den Titel 22. Earl of Erroll. Scheidung.
1930 Heirat mit Mary (Molly) Ramsay-Hill (stirbt 1939).
1934 Beitritt zur British Union of Fascists (Britische Faschistenvereinigung) für ein Jahr.
1936 Sekretär des Production and Settlement Board (Amt für Produktion und Siedlungstätigkeit), Kenia.
1939 Mitglied des Gesetzgebenden Rates. Assistent des Heeressekretärs für die Kolonie Kenia.
1940 Heeressekretär.
1941 Ermordet am 24. Januar.

Sir John Henry (Jock) Delves Broughton, geb. 1883. Schule in Eton. Irish Guards (Captain).

1913 Heirat mit Vera Boscawen.
1914 Erbt Baronetswürde sowie Güter in Cheshire und Staffordshire.
Verläßt auf Antrag das Truppentransportschiff, bevor sein Regiment nach Frankreich ausläuft.
1913–1927 Verschiedene Safaris in Kenia. Erwerb von Kaffeeplantagen.
1935 Vera verläßt ihn mit Lord Moyne. Lernt Diana Caldwell (s. d.) kennen.
1940 Scheidung. Im November Heirat mit Diana Caldwell in Durban, auf dem Weg nach Nairobi.
1942 Stirbt am 5. Dezember.

Diana Caldwell, geb. 1913. Tochter von Seymour Caldwell, Red House Hove, Sussex. Kurz verheiratet mit Vernon Motion.

1940 Heirat mit Broughton in Durban am 5. November. Ankunft in Nairobi am 12. November.

1943 Heirat mit Gilbert Colvile (s. d.). Scheidung 1955.

1955 Heirat mit Tom, 4. Baron Delamere (s. d.).

1987 Stirbt am 4. September.

Carberry, June, geborene Mosley, geb. 1912. Dritte Frau von John Carberry (s. d.), Heirat 1930. Freundschaft mit Diana Caldwell bei deren Ankunft in Nairobi.

Gwladys (sprich Gladis), *Lady Delamere*, geborene Beckett, geb. 1898. Heirat mit 1. Sir Charles Markham (1920); 2. Hugh, 3. Baron Delamere (s. d.). 1938 Mayor von Nairobi. Stirbt 1943.

de Trafford, Alice, geborene Silverthorne, geb. 1900. Amerikanische Erbin. 1922 Heirat mit Graf Frédéric de Janzé (s. d.). 1925 Ankunft in Kenia. 1927 Scheidung. Schießt im Gare du Nord, Paris, auf Raymond de Trafford (s. d.) und verletzt ihn und sich selbst. Von der Anklage des versuchten Mordes freigesprochen. 1932 Heirat mit de Trafford. Trennung nach drei Monaten. 1937 Vorläufiges Scheidungsurteil. Stirbt 1941 in Gilgil, Kenia.

Dickinson, Hugh, geb. 1906. Schule in Harrow. 1941 nach Kenia zum Royal Army Signal Corps (Übermittlungstruppe der Königlichen Armee) versetzt. Enger Freund von Diana Caldwell. Lebt in London.

Poppy, Arthur. 1941 Chef des CID (Criminal Investigation Department, Kriminalpolizei) von Nairobi. Vorher Scotland Yard. Nach Kenia versetzt, um eine Abteilung für Fingerabdrücke aufzubauen.

Soames, John Beaucroft (Jack), geb. 1883. Als Farmer in Nanyuki niedergelassen. In Eton Mitschüler von Broughton.

Wilks, Dorothy. Südafrikanische Hausangestellte, persönlich für Diana zuständig, wenn sie sich in ihrem Haus in Karen aufhielt. Lebt im Ruhestand in Durban, Südafrika.

Der äußere Kreis

Bowles, Patricia. Engste Freundin von Alice de Trafford. Lebt in Kilifi.

Carberry, John, geb. 1892 als John Evans-Freke. Erbt 1898 den Titel Lord Carbery (Familienname Carberry). Schule in Harrow, Trinity, Cambridge. 1914 Marineeintritt. 1919 Bürgerrecht der USA. 1920 Nairobi, legt den Titel ab und ändert den Namen durch einseitige Urkunde in John Evans Carberry. Heirat 1. 1914 mit José Metcalfe, Scheidung 1919; 2. 1922 mit Maria Anderson, die 1928 als Pilotin bei einem Flugunfall ums Leben kommt; 3. 1930 mit June Weir Mosley (s. d.) von Johannesburg.

Carberry, Juanita, geb. 1926. Tochter von Maria und John Carberry. Lebt in Mombasa, Kenia.

Hugh Cholmondeley, 3. Baron Delamere, geb. 1870. Pionier und Wortführer der Siedler. Farmer und Politiker. 1897 erste Reise nach Kenia. 1903 erhält er als erster Siedler die Erlaubnis, Land (in Njoro) zu erwerben. Heirat 1. 1899 mit Lady Florence Cole; 2. 1928 mit Gwladys Markham (frühere Ehefrau von Sir Charles Markham). Stirbt 1931.

Tom Cholmondeley, 4. Baron Delamere, geb. 1900. Schule in Eton (zusammen mit Erroll). Heirat 1. 1924 mit Phyllis Anne, Tochter von Lord George Scott; 2. 1944 mit Ruth Mary Clarisse, Tochter des 1. Barons Mount Temple; 3. Diana Colvile (s. d.), Tochter von Seymour Caldwell. Stirbt 1979.

Colvile, Gilbert de Préville, geb. 1888. Schule in Eton (zusammen mit Broughton und Lord Francis Scott). Einer der bedeutendsten Viehzüchter des Landes. 1943 Heirat mit Diana Broughton.

de Janzé, Frédéric. Autor von *Vertical Land*. 1922 Heirat mit Alice Silverthorne in Chicago. 1927 Scheidung.

de Trafford, Raymond. Playboy. Lernt 1924 Alice de Janzé während ihrer Flitterwochen in Kenia kennen. 1927 Schußverletzung durch Alice im Gare du Nord. 1932 Heirat mit Alice. Trennung im selben Jahr. 1937 Vorläufiges Scheidungsurteil. 1939 zu drei Jahren Haft wegen Totschlags verurteilt.

Drury, Nina, geborene Layman. Frühere Ehefrau von Jack Soames (s. d.), 1927. Lebt in London.

Lady Idina, Countess of Erroll, geborene Sackville, geb. 1893. Tochter des Earl De La Warr. Wechselt in fünf Ehen sechsmal ihren Namen, und zwar in Gordon, Wallace, Hay, Erroll, Haldeman und Soltau. 1924 Heirat mit Josslyn Hay, dem späteren Earl of Erroll. 1930 Scheidung. Ihr Landsitz Clouds in der Nähe von Gilgil ist der Mittelpunkt von Happy Valley. Stirbt 1955.

Erskine, Sir Derek. Direktor der Erskine and Duncan Ltd., Nairobi. Anhänger von Kenyatta vor der Unabhängigkeit. Stirbt 1977.

Gregory, Dr. Joseph. Allgemeinpraktiker irischer Herkunft, bevorzugter Arzt der besseren Gesellschaft in Nairobi.

Lezard, Julian (Lizzie). Südafrikanischer Davis-Cup-Tennisspieler. Glücksspieler. Nicht entlasteter Gemeinschuldner. 1939 von seiner Frau und seinen Freunden nach Kenia geschickt. 1941 nach Kairo versetzt.

Long, Paula, geborene Gellibrand. Gefeierte Schönheit. Verheiratet mit Boy Long. Viehzüchter in Elmenteita. Enge Freundin von Alice de Trafford (s. d.). Lebt in Oxfordshire, England.

Pembroke, Richard (Dickie). Major der Coldstream Guards. 1940 nach einer Affäre mit der Ehefrau eines Regimentskameraden Antrag auf Versetzung nach Kenia, wie es die Regimentsregel vorschreibt. Liebhaber von Alice de Trafford, nach Lezard (s. d.).

Portman, Hon. Gerald, später Lord Portman. In Eton zusammen mit Erroll und Tom Delamere. 1941 Aktivdienst in Nairobi.

Repton, Dushka. Russische Exilantin. Frühere Ehefrau von Guy Repton, Farmer in Kenia. Freundin von Nina Drury (s. d.). Lebt in London.

Lord Francis Scott. Jüngerer Sohn des Duke of Buccleuch, geb. 1879. In Eton zusammen mit Broughton, Colvile (s. d.). Als Soldat seit den frühen zwanziger Jahren in Kenia. 1931 Wortführer der Siedler nach dem Tod von Hugh Delamere. 1915 Heirat mit Lady Eileen, geborene Elliott, Tochter des Earl of Minto.

Eileen, Lady Francis Scott, siehe oben.

Wirewater, Nancy. Pseudonym der Geliebten von Erroll im Jahre 1940.

Danksagungen

Besonderen Dank schulde ich Francis Wyndham, Tom Maschler, Cloe Fox, Joanna Bridge, Faith Evans, Jonathan Galassi, Fred Seidel und natürlich Cyril Connolly.

Ich möchte aber auch den folgenden Personen meinen aufrichtigen Dank aussprechen. Sie haben mir sowohl in England als auch während meines Aufenthaltes in Kenia 1979 ihre Erinnerungen anvertraut und mir ihren Rat, ihre Hilfe und in vielen Fällen ihre großzügige Gastfreundschaft zuteil werden lassen: David Allen, Jim Allen, Petal Allen, Lady Altrincham, Hermione Baddeley, Sandy Birkbeck, Anstis Bewes, Jack und Doria Block, Sir Michael Blundell, Patricia Bowles, Sir Evelyn und Lady Delves Broughton, Lady Elizabeth Byng, Julian Byng, Juanita Carberry, Earl of Carnarvon, Bruce Chatwin, Lady Clark, Quentin Crewe, Lady d'Avigdor-Goldsmid, Hugh Dickinson, Nina Drury, Dicky Edmondson, Lady Erskine, Francis Erskine, Mary Ann Fitzgerald, Alastair Forbes, Udi Gecaga, George Githii, Alfred Harwich, Cockie Hoogterp, Alan Horn, Sir Charles Johnston, Tim Jones, Deirdre Levi, Paula Long, Beryl Markham, Sir Iain Moncreiffe of that Ilk, Lady Mosley, Mark Peploe, Lady Antonia Pinter, Peggy Pitt, Benjamin Pogrund, Arthur Poppy, Peter Quennell, Tessa Reay, Dushka Repton, Mirella Ricciardi, Sylvia Richardson, Pamela Scott, Sir Sacheverell Sitwell, Louise Stjernsward, Xan Smiley, Dan Trench, Errol Trzebinski, Sbish Trzebinski, Humphrey Tyler, Lady Jane Wellesley, Martin Wilkinson, Stella Wilkinson, Marie Woodhouse.

Besonders möchte ich Xan Smiley danken, daß er mir erlaubt hat, Auszüge aus den Tagebüchern seiner Großmutter, Lady Francis Scott, zu verwenden.

Die Grabschrift *Fu I* zu Beginn des zweiten Kapitels wurde mit freundlicher Erlaubnis von Faber & Faber Ltd aus den *Collected Shorter Poems* von Ezra Pound übernommen.

Folgenden Personen bin ich zu Dank verpflichtet, weil sie mir erlaubt haben, Fotografien aus ihren Sammlungen zu benutzen:

Patricia Bowles für die Fotos mit den Nummern 3, 6, 13 und 27; Lady Clark für Nummer 25; Hugh Dickinson für die Nummern 16, 18 und 24; Nina Drury für die Nummern 1, 2, 5, 7 und 8; Dushka Repton für Nummer 9; der *Sunday Times* für die Nummern 26 und 32; dem *Tatler* für die Nummern 10 und 12. Das Urheberrecht für die Bilder Nummer 28 und 29 liegt bei mir. Mein Dank geht auch an Guillaume de Rougemont, der mir erlaubt hat, das Foto von Alice de Janzé und ihren beiden Töchtern abzudrukken.

Mein ganz besonderer Dank jedoch gilt Diana, Lady Delemare, die mir über die Ereignisse im Jahre 1941 persönlich berichtete.

1982 J. F.

Ein Nachruf auf Diana in der *Daily Nation*, Nairobi, September 1987.

Diana home from the sea

By STRIKER

THE death in the UK earlier this week of Diana, Lady Delamere, is a milestone linked not only with the history of Kenya but also this country's horse racing industry, dating right back to its beginnings, and, indeed, our sports fishing at the coast which, in its own right, has in recent years developed into a major tourist attraction.

Diana, or Lady "D", as she was known to one and all in the fishing world, fished her well-loved (and immaculately maintained) "White Bear" off the Kenya coast over at least the last 30 years or more ("White Bear's" predecessor, if I remember it right, was "Bazzer", which eventually went into charter service), though geographically her main loyalty was to the waters off Kilifi, where "White Bear", shippered by David Partridge, was berthed.

My personal and valued if limited acquaintance with the late Lady "D", indeed, dated back to the coastal fishing scene more than 25 years ago, but later I was to find, too, that her's was a major influence in the Kenya horse racing world as, indeed, had been the case with the Delamere family right from the days, in 1920, when the first Lord Delamere was president of what was then probably known as the Kenya Turf Club.

In later years, his son Tom Delamere (Diana's husband, who died some five or six years ago) was also a great racing and breeding stalwart, especially after 1950 when Tom was a Senior Steward and, in his later years, a sort of "father confessor" of the Jockey Club.

In the early seventies I sometimes visited these Delamere stables at Elmentaita, which were a showpiece run by trainer Valerie Limb and Husband Johnny.

Both great sports, horse racing and deep-sea fishing, have in fact lost a great champion with the passing of Lady "D" — and I think it goes with out saying that the famous Lady Delamere competition out of Kilifi, which I remember participating in on so many happy occasions, will be continued as a memorial event. I need hardly add that in so doing it will have the full support not only of this correspondent but also of *The Standard* Newspapers associated with.

Lady Delamere

Lady Diana Delamere starb am 4. September 1987, dem Tag, an dem die letzte Klappe zu Michael Radfords Film «Die letzten Tage in Kenya» fiel. Sie liegt neben Gilbert Colvile und Tom Delamere auf einem Hügel von Colviles Farm begraben.

Literatur für Kopf Hörer

«Es ist eines, ein Buch zu lesen. Es ist ein neues und recht andersartiges Erlebnis, es von einem verständigen Interpreten mit angenehmer Stimme vorgelesen zu bekommen.»
Rudolf Walter Leonhardt, DIE ZEIT

Erika Pluhar liest Simone de Beauvoir
Eine gebrochene Frau
2 Tonbandcassetten im Schuber
(66012)

Bruno Ganz liest Albert Camus
Der Fall
Deutsch von Guido Meister.
3 Tonbandcassetten im Schuber
(66000)

Elisabeth Trissenaar liest
Louise Erdrich
Liebeszauber
2 Tonbandcassetten im Schuber
(66013)

Erika Pluhar liest Elfriede Jelinek
Oh Wildnis, oh Schutz vor ihr
Keine Geschichte zum Erzählen
1 Tonbandcassette im Schuber
(66002)

Hans Michael Rehberg liest
Henry Miller
Lachen, Liebe, Nächte
Astrologisches Frikassee
2 Tonbandcassetten im Schuber
(66010)

Produziert von Bernd Liebner

Eine Auswahl

Rowohlt Cassetten

w Doreedos, de

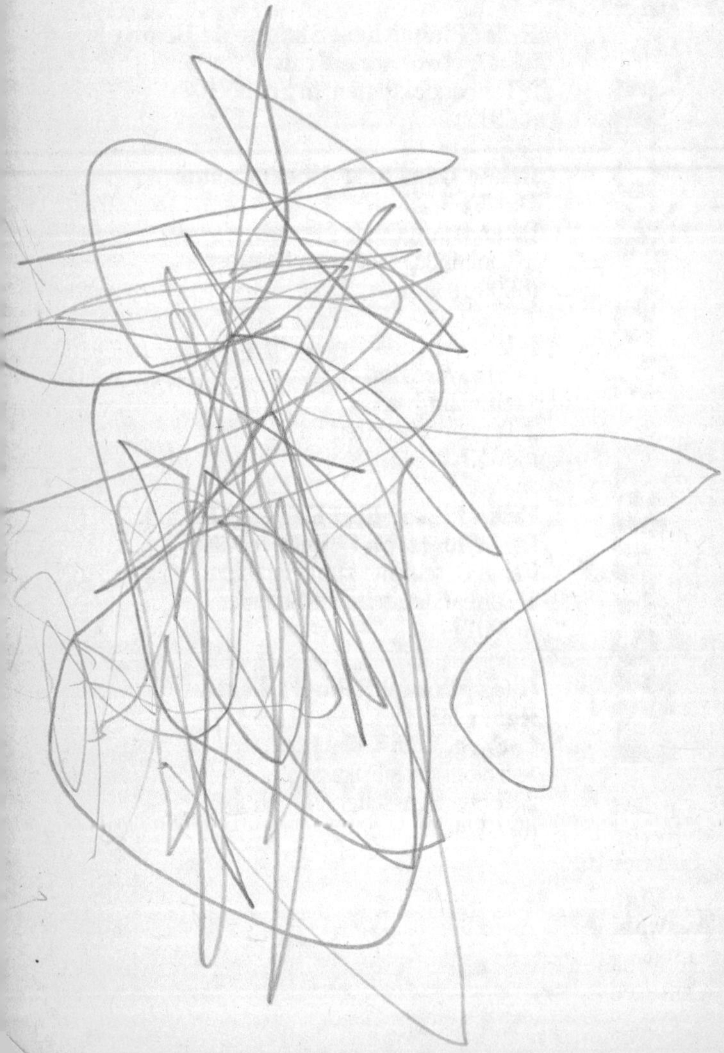